边疆民族考古与民族考古学集刊

FRONTIER ETHNIC ARCHAEOLOGY & ETHNOARCHAEOLOGICAL STUDIES

中山大学人类学系
中国社会科学院边疆考古研究中心 编

边疆民族考古与民族考古学集刊

第一集

FRONTIER ETHNIC ARCHAEOLOGY & ETHNOARCHAEOLOGICAL STUDIES

VOL.I

中山大学人类学系
中国社会科学院边疆考古研究中心 编

文物出版社

责任印制　陈　杰
责任编辑　张征雁

图书在版编目（CIP）数据

边疆民族考古与民族考古学集刊．第一集／中山大学人类学系，中国社会科学院边疆考古研究中心 编．—北京：文物出版社，2009.11

ISBN 978-7-5010-2877-1

Ⅰ．①边…　Ⅱ．①中…②中…　Ⅲ．①边疆考古－丛刊②民族考古学－丛刊　Ⅳ．①K86－55②K85－55

中国版本图书馆 CIP 数据核字（2009）第 196274 号

边疆民族考古与民族考古学集刊　第一集

编者　中山大学人类学系、中国社会科学院边疆考古研究中心

出版发行　文物出版社

地址　北京市东直门内北小街 2 号楼

邮政　100007

网址　http://www.wenwu.com

邮箱　E-mail:web@wenwu.com

印刷　北京美通印刷有限公司

经销　新华书店

开本　787×1092　1/16

印张　20.75

版次　2009 年 11 月第 1 版

印次　2009 年 11 月第 1 次印刷

书号　ISBN 978-7-5010-2877-1

定价　128.00 元

发刊要言

《边疆民族考古与民族考古学集刊》由中山大学人类学系、中国社会科学院边疆考古研究中心等机构合作创办，是一种面向海内外的国际性学术文集，1～2年不定期出版一集。

本集刊以发表海内外学者有关边疆民族考古和民族考古学调查、研究论文和书评为主，兼及民族考古学理论与方法论探讨。

本集刊旨在重建中国民族考古学及边疆民族考古的知识体系、促进中国考古学学科发展、推动海内外边疆民族考古与民族考古学研究合作，为考古学、历史学、人类学和民族学等学科间的沟通与对话，提供一个学术平台。

本集刊欢迎上述学科及相关学科领域的学者惠赐稿件。

本集刊文本以中文为主，兼刊英文稿件。

目　录

欧亚草原与东北亚民族考古

华北“边脊细石核”工艺初探

——由内蒙古阿拉善苏呼图细石器制作场的发现说起

王仁湘

（中国社会科学院考古研究所）

［内容提要］内蒙古阿拉善的苏呼图调查发现一处大型细石器制作场，获得非常丰富的细石器资料，对于研究华北细石器工艺传统有十分重要的意义。在大量的细石核中，发现较多的带边刃（边脊）的核坯，也见到不少剥离的边脊式石叶，研究表明细石叶的剥片首先是从这边脊开始的，我们由此提出“边脊细石核”工艺概念，并建议命名为“苏呼图细石器技术”，希望能对华北细石器工艺体系的研究有所推动。

［Abstract］ A large-scale production of microlithic market found in Sukhutu of Alxa, access to very rich information on the microlithic, microlithic tools in northern China for the research process are very important for the traditional.

A large number of microlithic in the nucleus and found that more band – edge blade (edge ridge) nuclear billet, but also to see a lot of spin-off of the side stone ridge-type leaf, the study shows that leaf stripping microlithic tablet is the first ridge from here to start We thus put forward the “ microlithic ridge edge” technology of the concept and suggested the name “ microlithic Sukhutu technology.”

华北发现的的细石器遗存历来很受研究者的关注，细石器工艺技术传统的研究是其中的一个重点。学者们一直在努力构建华北传统的细石器工艺体系，不过由于受资料的局限，也受方法的局限，研究还有待进一步深化。

所谓资料的局限，包括有两个层面的问题，一方面是田野资料的不系统，另一方面是认识还不到位。虽然发现的资料在数量上已是非常可观，但在关键点上还有明显欠缺，还不足以让我们获得完整全面的认识。例如所见石核石叶数量虽多，但表现制作工艺不同阶段的石核与石叶还难以排出完整的时序，或者说还没有将不同时序产生的石制品很明确地区别开来。认识方法上的问题，主要是在材料的选择上有明显偏差，所以不能保证结论的准确性。例如在研究细石核技术时，我们较多关注的是那些终极石核的形态，没有更多关注初始形态的石核。

在内蒙古阿拉善的苏呼图调查发现了一处大型细石器制作场，获得非常丰富的细石器资料。在大量的细石核中，发现较多的带边刃（边脊）的核坯，也见到不少剥离的边脊式石叶，可以认为细石叶的剥片首先是从这边脊开始的，我们由此提出“边脊细石核”工艺概念，并建议命名为“苏呼图细石器技术”。

一

2007 年 5 月末，我们往宁夏和内蒙古交接地带进行细石器专题调查，对主要分布在沙丘地带的一些遗址作了环境考察，采集到一批细石器标本。在内蒙古阿拉善苏呼图（又写作苏红图、苏宏图）附近调查了一处古遗址，获得了大量细石器标本。苏呼图遗址在 2 年前被发现，当地博物馆的文物工作者先后作过几次调查，采集了大量的细石器标本。及至调查小组再次到达遗址时，我们仍然为之惊叹，遗址上还能采集到大量细石器标本，细石器与石片碎屑成片分布，一看就知道是一处大规模的细石器制作场。这个石器制作场能够在戈壁中的沙丘上保存下来，我们感到它本身就是一个奇迹（图一）。

苏呼图所属行政区划为内蒙古西部阿拉善左旗的乌力吉苏木，遗址西南部距苏呼图嘎查大约 7 公里，北部约 80 公里即为中蒙边界。向南约 8 公里为孤立突兀的希克日音海尔

图一 苏呼图遗址地貌

汉山（糖果山），北面约6公里是塔本哈日山（黑五指山），两山虽然都不是高山，但在较为平坦的戈壁上仍显得非常醒目。遗址南部是相当宽阔的一片大戈壁，北面有一条较宽的东西向古河道。石器制作场选定在河岸边三个相连的沙包上，整体面积东西长500多米，南北宽300多米。沙包高3～4米，北面较高，南为与戈壁相连的缓坡。平均海拔高度在920米左右。

据陪同的蒙族向导说，遗址所在的沙包上，原来生长着茂密的梭梭林，现在遍地都是完全枯死的树根，已经没有了一点儿绿色。苏呼图在蒙语里的意思是“大片的红柳林”，从它的得名可以知道那一带经历过较为湿润的绿色年代。

这处石器制作场虽然没有为后来的地层所掩埋，也有流沙扰动的局部破坏，但大体应当还是保持着它的原始状态，因为遗物的分布范围感觉还是比较清晰。初步踏勘后得知，制作场由10多个独立的工作点组成，彼此间的距离有十数米至数十米不等。一个个面积大小不同的石器石屑散布地点，让我们可以判断出当时每一处制作点的规模。一般一个制作点的范围是在10多平方米大小，中部最大的一处面积超过100平方米。在这样的制作点，遗物分布都比较密集，在1平方米范围内采集的石器与石屑超过1000件（图二）。

在调查过程中，我们甚至还可以根据制作点遗物的分布状况，认定不同地点制作工艺的重心所在。有的地点如西北角采集石核坯较多，有的地点则见到石核和石屑较多，说明石核制作与叶片剥离是由不同的人承担的，也说明这是两个可以分段操作的程序。按常理分析，细石叶的叶片剥离技术要求更高，应当是由技术更熟练的人来承担。这样的分工，自然提高了细石器制作效率，当然也会提高剥片的成功率。

另外还有一点也很值得注意，那就是在不同地点见到的石器原料也有所区别，有的地点以一般石料为主，有的则是以石英类为多，它们的硬度和结构有些区别。这似乎一方面表明不同材质的制作工艺会有不同的技术要求，另一方面表明或许是制作者对某类材质掌握着更好的技术，所以他们会有这样特别的选择。当然，根本的原因应当是因不同需要而进行的原料选择，不同的原料也造就了不同的技术。

制作场发现的遗物主要是细石器制品，包括大量的石核和石核坯、石叶与石屑，还有各式箭镞和刮器。也有一些磨制石器及器坯，还有陶器，包括少量的彩陶片。

根据共存物特别是陶片判断，苏呼图细石器制作场的年代应当不会太早，似乎可以初定在距今5000年左右，待进一步研究后才能最终确定它的年代。

苏呼图的发现非常重要，最大的收获体现在各式细石核上。细石核有最初的荒坯，也有大量剥离完石叶的终极石核，更有许多中间形态的石核，三种石核的数量都很大。最重要的发现就是这些荒坯和中间形态的石核以及与之相关的石叶，它们对于探讨当时的细石器生产技术至关重要。

遗址上的标本实在太多了，我在当时连续弯下腰去采集标本，后来腰都直不起来了，干脆就双膝跪在沙包上，仔细搜寻那些细小的石叶。这一跪下来，就有了更仔细观察标本

图二　分布密集的细石器与碎屑

图三　边脊细石叶（初叶）

的时间，每见到一件觉得别致的标本，都会多观察一会儿。对于石叶，开始时只是关注那些较为整齐的单脊和双脊石叶，还有那些很长且保存很完整的石叶，觉得相当多的石叶剥离得非常完美。后来突然注意到还有一种完整的但纵脊非常紊乱的石叶（图三、四），这些石叶也有一定数量，立时想到那些整齐的石叶应当是当时无意遗落在现场的，而这种乱脊石叶则可能是有意弃置的，它们属于没有用处的一种碎屑。不过直觉让我特别关注这一种废弃物，我在想这石叶是从哪个部位剥下的？为何无用却又要剥下它？

在现场我很快注意到，这乱脊石叶其实是石核上的一个刃缘。遗址上采集的许多石核上，都能见到这样专门修理出来的刃缘。依当时观察所作记录，带刃缘的石核数量很大，在遗址北部的一处制作点上，发现大量的这类石核，它们可以分为以下几种形式：

1. 核体三面有整齐的剥片痕迹，一侧见有垂直刃缘。
2. 核体一侧刃缘开始剥离，留下清晰的片疤。
3. 核体制作有左右刃缘，均未开始剥片。
4. 核体为三面体，三侧都制作出刃缘。
5. 核体为四面体，没有刃缘（图五、六）。

这样的石核过去很容易被判断成石核式工具，有时直称为石核式刮器。但在遗址现场看到很多这样的带刃器都有剥片痕迹，所以可以肯定这都是石核。除第一类是明确的细石核以外，后面几类也应当是石核，只是还未及剥片，属于石核坯料。那些没有剥片痕迹的

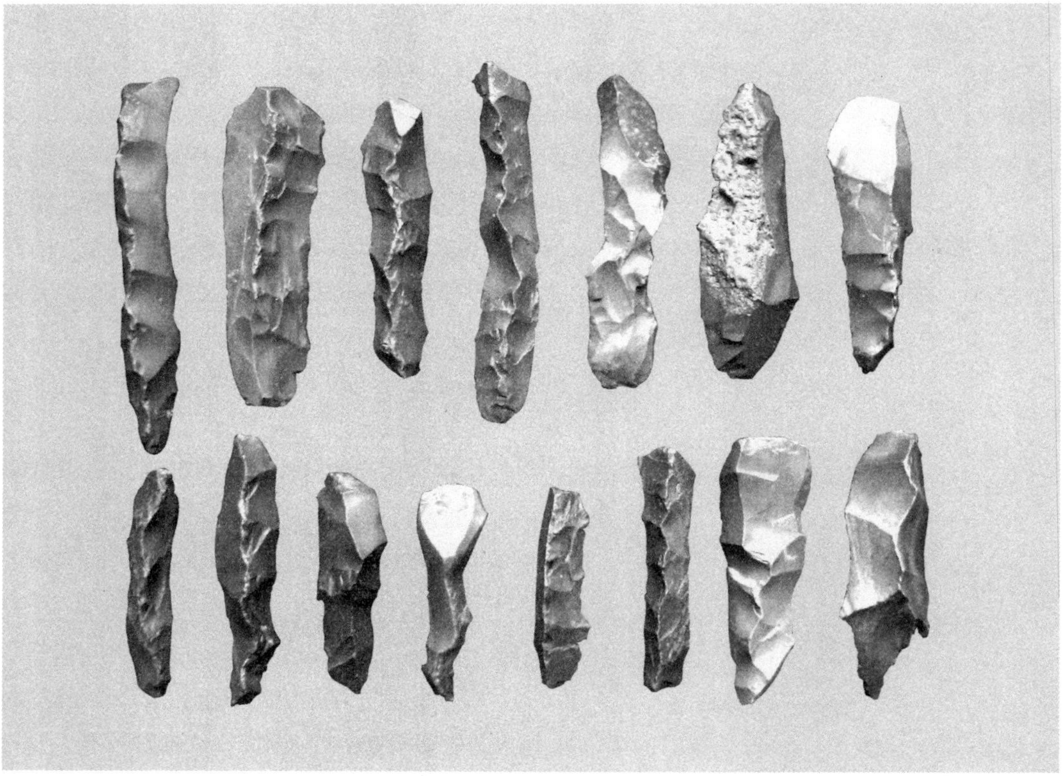

图四　边脊细石叶

带刃的石制品是最初的石核。那些连刃也未及加工的石制品则应当是石核荒坯。

核体上的刃缘全是采用左右交互打击法制成。刃线正视为直线形，侧视略为弧起，在打击时经过反复调整。石核上的这类刃缘，有的是一核一刃，也有的是一核两刃或三刃。

这些带有交互打击刃缘的石核，过去常常被归入石核刮器之列。这样的刃缘或者被称作“垂直锐棱”，它的作用没有认定。我建议将这刃缘称为“边脊”，这样的石核称为“边脊石核”。边脊石核至少有一条脊，也可以有两条或三条脊。这样的边脊并不是刃缘，带有边脊的石制品也不是刮器，它们就是标准的石核，是石核制作完成的初始形态。共存的那些已经不见边脊的终极石核，也应当曾经有过刃缘。苏呼图遗址发现大量各式终极石核，形态大多非常规整（图七、八），也见到相当多的单脊和双脊细石叶（图九、一〇），这些是细石器技术成熟的一个见证。

苏呼图遗址北面那个制作点的发现非常重要，它说明石核坯的制作在当时可能是一道专人负责的工序，而且核体做好后并不立时剥片，或者剥片由另外的人承担。从这里我们隐约可以看出细石器的制作，可能在当时已经成为一个专门化的生产活动，技术已经非常成熟，生产组织有序，各道工序有细致的分工，这一方面保证了产品的规范化，另一方面

图五 边脊细石核

图六 边脊细石核

自然也提高了生产效率。

我以为苏呼图细石器是一次很重要的发现，我在遗址现场就将这样的石核称为“苏呼图石核”，开始考虑命名为“苏呼图细石器技术”。

二

研究者历来对细石核的研究都非常重视，但也曾经将石核误认作石器。当然这样的误判，也许是一个必然的认识过程。我以为细石器石核的研究，应当将重点放在初始形态石核的研究上，这种初始形态的石核对细石器工艺的研究才是最关键的。

细石器制作的工艺流程，首先是选料，要选择硬度较大的石材。选定石料后开始打坯，依苏呼图的发现看，坯料开成扁方形的比较常见，规格控制在10厘米上下。也有断面为三

图七 终极石核

图八 终极石核

角形和不规则形的，台面和底面要进行修理。这便是常说的石核荒坯，如果不是在石器制作场所发现，我们也许不会认定它们就是准石核，也不会当作是有意制作的石制品。

图九 普通单脊与双脊石叶

图一〇 普通单脊与双脊细石叶

接着就是采用交互打击法开出边脊，对于苏呼图石核技术而言，这是一道最关键的工序。石核坯料上一般会保留着开料时破裂的棱角，选择一条较直的棱角加工边棱是最便当的。如果核体上适合打击边脊的边棱有两条或三条，那它们都有可能被打制出边脊。边脊正

图一一　石核上剥离不成功的“初叶”石片疤

图一二　二次剥离成功的初叶

视是垂直的，这非常关键，它是保证石叶垂直剥离的基本条件，在修理核体时这可能是验收的最终标准。根据观察，边脊与台面的的夹角大约在90度上下，边脊侧视有外凸的弧度，夹角与弧度都还有待进一步测定，它们与剥片的要求密切相关，表现了史前人在力学上的成熟思考。

石核边脊的作用，在于初次剥片时的阻力最小而成功率最高，而且还能保证为第二第三片石叶获得与第一片石叶同样的剥片条件。这是古人在力学认识上的一个非常重要的成就，虽然它最初也许只是经验性的知识，但却是非常科学的认识。这样的认识可以看作是科学上的一个重要发现，而且是史前期的一个重要发现。

制成边脊后，这荒坯就成了一件标准石核，它因为具备石器的一些特征而容易被我们误认为是有特定用途的石器。

边脊打成后，就可以正式剥离石叶了。第一片石叶是由边脊上剥离，剥离的边脊便是“初叶”。我们在苏呼图发现有大量的初叶，也见到石核上初叶的条形叶片疤。在有的石核上，见到初叶的叶片疤只有半条，这石核便不再使用了，操作者也许没有把握再做下去了（图一一）。但也有的初叶中还留有半条叶片疤，说明初叶的第一次剥离没有成功，但第二次的力点还选择在石核台面的同一方向点，第二次成功了，所以石叶上带有两次打击遗留的痕迹（图一二）。

初叶因为两侧没有规整的刃，所以一般被弃置不用。初叶剥离后，就在条形石片疤左右开始顺序剥片，一直到不能再剥为止。当然这中间还会不止一次地调整台面，所以最后废弃的石核不仅形体细小，而且长度也有明显变化，通常不及原来一半长了。

未及完全剥片的石核是中间状态石核，可以简称为“中间石核”。考古发现的中间石核形态变化很大，因为它们标示的是不同的剥片阶段，所以形态很不固定。不再能剥片的石核就是终极石核，它最终会被作为无用之物弃置一旁（图一三）。

这便是苏呼图细石器剥片技术的要点，我们建议将带有边脊的细石核称为“苏呼图

图一三　苏呼图的大小终极石核

石核”，将采用边脊石核制作细石器的技术称为“苏呼图细石核技术”。

史前的细石器技术，说到底主要体现在石核技术上，所以石核的研究成为我们一个重要的切入点。不过以往我们关注的重点是石核的终极形态，这对于了解史前细石器工艺的帮助是非常有限的。

判定不同阶段的石核形态并不难，不过初始形态石核的判定难度会稍大一些。过去研究者认定的石核，其实多数是石核的终极形态，用它们来说明细石器工艺是并不全面的，或者说是不可能的，也是不可取的。我们一般并不能由石核的终极形态判断它的荒坯形态，自然也不能仅由终极石核完全了解细石器的加工技术。那是一些废弃物，通过它我们只能猜测细石叶的剥片过程，而不能准确建构细石器技术体系。

我们在描述细石核技术时，通常不过是简单地提到修理荒坯和台面，然后是剥离石叶。从哪里最先剥离石叶，我们一般不会提起，或许觉得这并不是一个重要的问题。其实可能台面修理的重要性远没有石叶脊面的修理那样大，至少对苏呼图石核来说是如此。

研究中最重要的是必须关注石核坯体的制作，关注初次剥片。史前人会有各种方式剥离石叶，形成不同的细石器工艺传统，但这第一片石叶在许多工艺上都是非常重要的，只有在这第一片成功剥离之后，才可能最终获得成功。为着保证第一片石叶剥离成功，在制作核坯时会打出一条以上的边脊，有可能是两条，也有可能是三条。有的石核在第一条边脊剥片后，另外的边脊还保留着。也有的三脊石核在一条边脊剥片成功后，另两条边脊仍然保留着。当然如果持续剥片，最后出现的很可能就是一个锥形的终极石核。

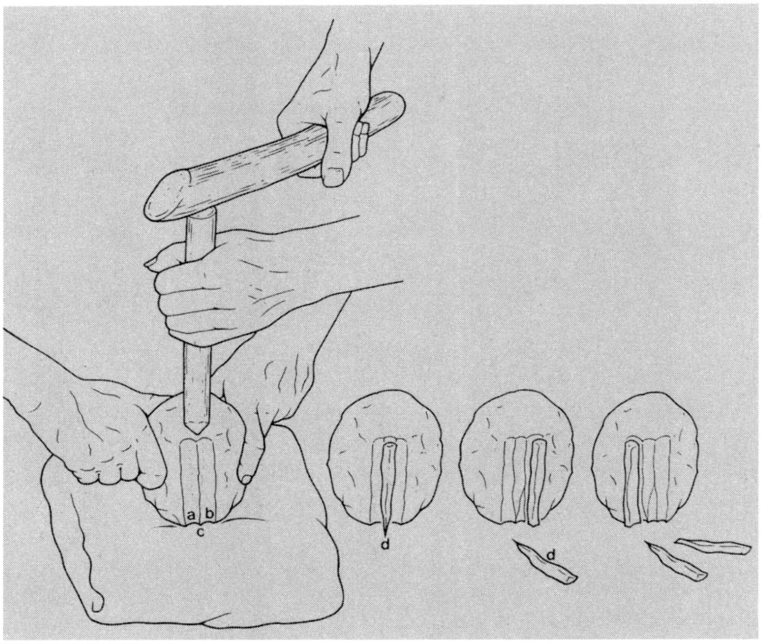

图一四　欧洲“双初叶”细石核技术示意图

根据国外旧石器考古研究的成果，我们知道研究者认为晚期智人在制作细石器时，是直接在核体上采用压剥法，通过剥掉两片石叶的方法在石叶片疤间制作一条脊棱，然后由脊棱上开始正式剥片[1]。这种细石核技术如果结论成立的话，那实际是一种无脊石核，但它也有初叶设计的理念，不同的是，它有两条初叶（图一四）。我们可以将它重新定义为双初叶石核技术，它虽然也是以造就一个剥片的脊棱为目的，但方法完全不同，与边脊石核技术区别明显。最重要的是，边脊石核技术的成功率会高得多，也省力得多。

三

苏呼图边脊细石核技术是非常成熟的细石器技术，它的发展一定经过了非常漫长的过程。我们建议将所有边脊细石核归入苏呼图技术系统，将苏呼图石核作为华北细石核的一个典型代表。当然这不是说明苏呼图的发现在年代学上有什么优势，而只是要表明我们的认识是由苏呼图确立起来的。我们注意到在30年前，贾兰坡先生就对这类石核进行过讨论，但可惜他当时并没有从技术层面上作进一步探讨。他这样写道：

> 袁复礼教授于1932年从宁夏回族自治区北部银根所采的细石器中，就有截去两头并沿着周身从不同方向打成的柱状的黄色火石的荒坯；特别是它的一侧有用交互方法打击的边棱……

我们在银根的材料中，还见到横断面呈桃形、上大下小的石核，它的一侧满布剥落石片的疤痕，另一侧保留有交互敲击出来的垂直锐棱。这样的石核，过去也常常称为“石核刮器”，其实可称为“半锥状石核”，因为从细石器遗址中还发现许多横断面呈三角形的石叶，背面具有交互打击纵脊，显然是从半锥形石核上剥落下来的垂直锐棱部分[2]。

贾先生注意到了银根石核的要点，他很明确地纠正了将带棱石核当作石核刮器的说法，但却没有作更深入的讨论。其实他提到的从石核“垂直锐棱”上剥落下来的“三角形石叶”，正是我们说的“初叶”。有意思的是，贾先生当初所依据的材料出自银根，银根与苏呼图同属阿拉善，而且相距不过只有约60公里之遥。这也就是说，华北地区典型的边脊细石核在80多年前就已经发现，只是我们在研究过程中一直没有认清它的面目，没有将它放到应有的高度来认识。

后来陈星灿先生整理中瑞西北科学考察团在内蒙古巴彦淖尔盟采集的细石器资料，也观察到石核一侧有经交互打击形成的比较尖锐的刃缘，他认为这样的刃缘“可能是剥离石叶时需要加固而特意制成的”，而且特别指出过去它被当作是石核刮器的一个证据是不充分的[3]。陈星灿对带刃石核提出了怀疑，也作出了自己新的解释。现在看来，巴彦淖尔的这种石核，也属于苏呼图技术系统，石核上的刃缘制作的目的并不是为了固定用的。巴彦淖尔与阿拉善是近邻，在细石器制作上表现出技术的一致性也是可以理解的。

由内蒙古阿拉善苏呼图调查发现的大型细石器制作场中获得的细石器资料，对于研究华北细石器工艺传统有十分重要的意义。我们由此提出“边脊细石核”工艺概念，并建议命名为“苏呼图细石器技术”，希望能对华北细石器工艺体系的研究有所推动，也希望这是对过去相关研究的一个新的补充。

边脊细石核技术的起源，以及它的分布与成熟过程，还有它与其他细石器制作技术的关系，都有待进一步研究。边脊石核的实验研究也有待进行，华北边脊石核技术传统的最终确认也还有待来日。

注 释

[1] 美国时代生活出版公司：《人类的黎明》，《人类文明史图鉴》，吉林人民出版社，2000年。

[2] 贾兰坡：《中国细石器的特征和它的传统、起源与分布》，《古脊椎动物与古人类》1978年2期。

[3] 陈星灿：《内蒙古巴彦淖尔盟的史前时代遗存——中瑞西北科学考察团考古资料的整理与研究之一》，《考古学集刊》第11集，1997年。

参考文献

盖培：《阳原石核的动态类型学研究及其工艺思想分析》，《人类学学报》1984年3期。

陈淳:《中国细石核类型和工艺初探—兼谈与东北亚、西北美的文化联系》,《人类学学报》1983 年 2 期。

陈淳:《几何形细石器和细石叶的打制及用途》,《文物季刊》1993 年 4 期。

杜水生:《楔型细石核的类型划分和细石器起源》,《人类学学报》2004 年增刊。

王建、王益人:《下川细石核形制研究》,《人类学学报》1991 年 1 期。

朱之勇、高星:《虎头梁遗址楔型细石核研究》,《人类学学报》2006 年 2 期。

侯亚梅:《水洞沟:东西方文化交流的风向标——兼论华北小石器文化和“石器之路”的假说》,《第四纪研究》2005 年 6 期。

安志敏:《海拉尔的中石器遗存——兼论细石器的起源和传统》,《考古学报》1978 年 3 期。

王向前等:《山西蒲县薛关细石器》,《人类学学报》1983 年 2 期。

王建等:《下川文化—山西下川遗址调查报告》,《考古学报》1978 年 3 期。

贾兰坡:《中国细石器的特征和它的传统起源分布》,《贾兰坡旧石器时代考古论文选》,文物出版社,1984 年。

加藤真二著、袁靖译:《对日本、渤海湾周围地区细石叶文化的几点认识》,《考古学文化论集》4,文物出版社,1997 年。

石兴邦:《下川文化研究》,《庆祝苏秉琦考古五十五年论文集》,文物出版社,1989 年。

陈星灿:《内蒙古巴彦淖尔盟的史前时代遗存——中瑞西北科学考察团考古资料的整理与研究之一》,《考古学集刊》第 11 集,1997 年。

沈辰:《细石器工艺、细石器传统及山东细石器的初步研究》,《桃李成蹊集》,香港中文大学中国艺术考古中心,2003 年。

白虎参宿与欧亚草原

郭　物

（中国社会科学院考古研究所）

［内容提要］中国是文明古国，农业在古代占有绝对重要的地位。由于农业生产授时的原因，中国古代对天象的观测和总结非常发达，并且以非常神奇的艺术形式来表示。其中以四象二十八宿最为突出。中国对天文系统的认识在周边的文化中留下一定的痕迹。本文注意到以参宿为代表的白虎可能很早就影响到草原民族，迄今可以作为证据的是阿尔泰地区发现的具有参宿特征蜷曲状的豹（或虎）形牌饰，其艺术样式渊源应当是中原商周文化中类似的虎形或者装饰虎纹的器物，夏家店上层文化可能在传播过程中起到重要的媒介作用。通过夏家店上层文化和三海子文化等，商周文化中的这些艺术形象和天文知识为草原民族所吸收，并根据需要有所变通，成为各民族文化的一部分，广为流传。

［Abstract］The agriculture occupys an important position in ancient China, for the time service to the agricultural production, the observation and the conclusion of the astronomical phenomena is well - developed. At same time, the astronomical phenomena was signified by the way of supernatural art, the twenty - eight lunar mansions is a representative one among them which was sublimed into four emblematic symbols finally. The systemic cognizance to the astronomy in ancient China influenced the cultures condistributed the periphery region. This paper notices that the knowledges and the art images of the constellation of Shenxiu (the Orion in the West) might be spreaded to the people of the Eurasian steppe through the upper Xiajiadian culture and the Sanhaizi culture, the evidence is the metallic belt in image of a tiger or panther in ankle position discoveried in Altai region which was springed from the similar decorative images in the culture of Shang and Zhou Dynasty. These knowledges and images with the characteristics of the constellation of Shenxiu have been accommodated more or less to the every nomad in the steppes and become one organic part of its culture.

农业在古代中国占有绝对重要的地位。由于农业生产授时的原因，中国古代对天象的观测和总结非常发达，认识到星宿运行和时间、季节变换的关系，这些知识还同政治思想、宗教礼仪和宇宙观合为一体。在这个过程中，慢慢形成了自己的天文学体系。其中以二十八宿、四象最为突出，二十八宿又按四季出现的方位均分为四个天区，各用一“神兽”来称呼，它们是：东方苍龙、南方朱雀、西方白虎和北方玄武。古人在黄昏时观四象，哪一象出现在东方的地平线上，便知道了春夏秋冬哪一季节的来到，以安排农事活动。

二十八宿、四象的最终形成经过了很长的时间，学术界至今还在不断研究其发展演变的历史。简而言之，《尚书·尧典》所记四仲中星已有周天恒星分为四方的意思，其中一部分内容可能反映了较早时期流传下来的思想。在商代甲骨文中，作为授时的心宿中央一星心宿二（天蝎座 a）大火星比较明确，卜辞中的火星记录涉及到殷人对大火星的祭祀、观测大火星以指导民时和火正之官的多方面内容[1]。西宫、虎星的记载有一些线索[2]，但是作为西宫白虎中授时主星的参宿却不是太明确[3]，看来，西宫、参宿和虎星概念的出现以及三者之间产生关系的时间和缘由还需要继续的研究。从现有的材料看，三者产生关系可能在殷商之后。河南三门峡上村岭虢国墓地出土的一枚周代四象铜镜可能反映了这个时期的四象思想。战国早期四象比较明确，《左传·昭公四年》有西陆、北陆的说法[4]。1978 年湖北随县战国初年古墓（葬于公元前 433 年）出土的漆箱盖上有与二十八宿相对应的苍龙和白虎的图像，证实了四象至少起源于公元前 5 世纪。战国时代的著作《周礼》中有四象的文字记载，但它与后世所载还不太一样。到了西汉《淮南子·天文训》（公元前 2 世纪）则有现存较早的关于四象的文字记载，它与后世所传完全一致。东汉天文学家张衡在《灵宪》中用生动的语言描述过它：“苍龙连蜷于左，白虎猛踞于右，朱雀奋翼于前，灵龟圈首于后”[5]。

古代中国生动有趣、富有政治象征意义的天文知识系统对周边的文化具有一定的影响。《史记·匈奴列传》对白登之围里匈奴人的阵势有这样的描述：“匈奴骑，其西方尽白马，东方尽青駹马，北方尽乌骊马，南方尽骍马。”青駹马，色青；骊，黑色；赤黄曰骍，匈奴四个方位骑兵坐骑的颜色居然和四象对应的颜色一致。因此可以明确地说，汉代时期，按五行配色的四象已经影响了匈奴。从一些草原文物看，中国内地的天文知识的某些部分以及由此产生的一些思想意识可能比较早就影响到欧亚草原上生活的人群。这些天文知识为草原民族所吸收，并根据他们的需要，有所变通，成为其民族文化的一部分，广为流传。本文注意到以参宿为代表的白虎星座可能很早就影响到草原民族，迄今可以作为证据的是蜷曲状的豹（或虎）牌饰。

一

《史记·天官书》记载：“参为白虎。三星直者，是为衡石。下有三星，兑，曰罚，为斩艾事。其外四星，左右肩股也。小三星隅置，曰觿，为虎首，主葆旅事。”白话文的意思是参宿形状如同白虎。中间三颗东西直立的星，其平如衡，称为衡石。衡石下有三颗星，直立如锥，名为罚，主占卜有关斩杀的事。衡石外的四颗星，是参宿的左右肩、左右

图一 河南南阳出土东汉白虎星宿石刻画像

股。参宿上面边隅处有三颗小星排成三角形，名为觜觿，如同参宿这头白虎的虎头，主占卜军旅事。值得指出的是，“西方白虎”被认为是包括奎、娄、胃、昴、毕、觜、参七宿及其附近天区构成的星象，但就文献和文物材料反映的情况而言，西宫白虎主要是如《史记·天官书》所言，指的是觜、参两宿构成的虎形星象[6]。“三星直者”是白虎星象最核心、最显著的特征，从西汉壁画和东汉画像石看，白虎星象主要以呈直线排列的三颗星表示，有的是两组三星相互垂直（图一）。

本文注意到在阿尔泰地区（西伯利亚）发现的蜷曲状虎（或认为是雪豹）形金牌饰也具有类似的特征。其中有一件比较著名，镶嵌了八颗圆形彩石，可惜宝石已经脱落丢失（图二）。相似的青铜牌饰在这个地区还发现一件（图三，1）。本文推测这些豹形饰牌可能是白虎星宿的象征，雪豹的形象应当是为了适应本地特有动物而调整的结果。从镶嵌在豹形饰牌上的宝石位置看，和白虎星宿的特征相似。两个脚掌和尾巴末梢三颗宝石表现的是参宿的中央三星，即参1、2、3构成的衡石。虎头上的耳、眼和鼻孔的三颗宝石表现的是觜宿。尾部的三颗星表现的应当是参宿中罚的部分。可以看出，这些镶嵌宝石的圆窝，除了衡石利用前后掌和尾尖有所变通外，总的看，这些圆圈的位置和参宿诸星存在比较一致的对应关系。作为参宿标志的衡石三星较为明显（图二）。

迄今发现的类似草原文物中，图瓦地区阿尔赞1号冢发现的蜷曲状豹形牌饰时代较早而且较为明确，不过这个牌饰没有显示任何星宿的特征（图四，3）[7]。从形制分析，第一节所述两件显示星宿的牌饰可能是从阿尔赞1号冢发现的蜷曲状豹形牌饰发展而来。尽管北方民族用动物象征星宿可能是较早就有的思想，但从现在的考古材料看，在动物风格牌饰上开始明确表现参宿星象图案的时间应当在公元前8世纪以后，因为阿尔赞1号冢的

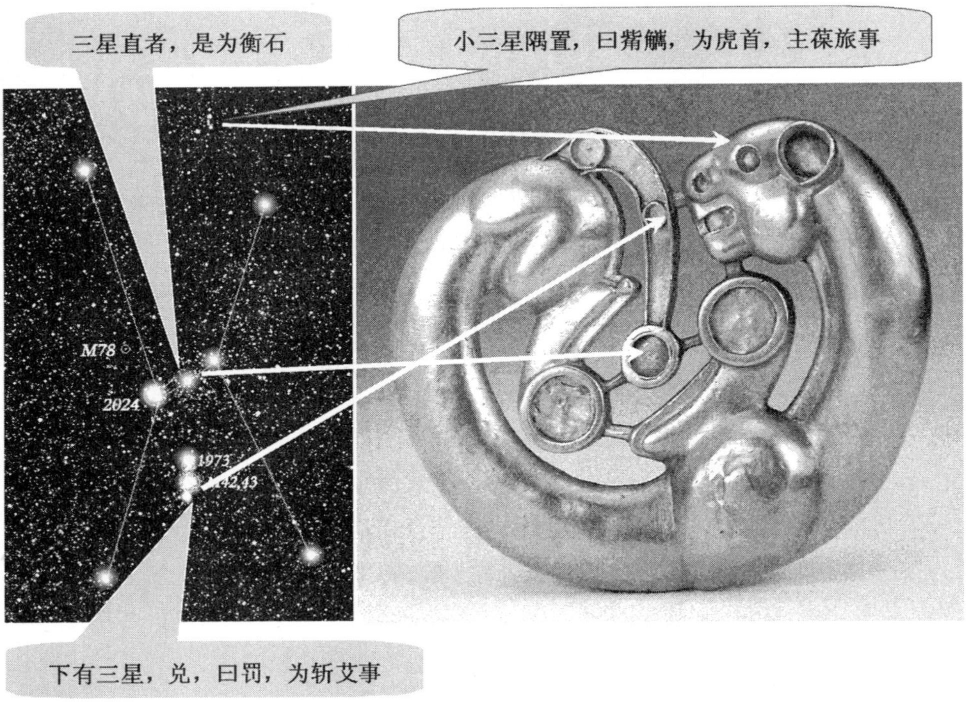

图二　彼得大帝西伯利亚宝藏中蜷曲状雪豹形
金牌饰与参宿的对应关系示意图

时代约为公元前9世纪末[8]。新疆木垒县征集的铜牌饰也有类似的构图，不过有了一些改变，主要以眼鼻耳构成的三个圆圈强调参宿的特点（图三，2）[9]。以上几件文物可能是三海子文化的代表器物之一[10]。

这种动物风格牌饰通过三海子文化曾直接或者间接地传播到更广大的地区。早期的斯基泰文化中有类似的发现，在哈萨克斯坦草原也有若干类似的发现（图三）。如果不是按特别严格的标准，仅是蜷曲状的大型猫科猛兽的艺术形象，那么可以在欧亚草原地带找到非常多的例子。

二

西伯利亚地区发现的此类器物的样式可能来源于内蒙古东南部地区较早发达的牧业文化，这类蜷曲状的动物风格艺术主题在这个地区有很久远的传统[11]。

基于现有的材料，夏家店上层文化的蜷曲状虎形饰牌可能是欧亚草原蜷曲状动物纹样的源头。不过就中国北方以及图瓦地区的蜷曲状虎（豹）形动物饰牌看，都应当是商周

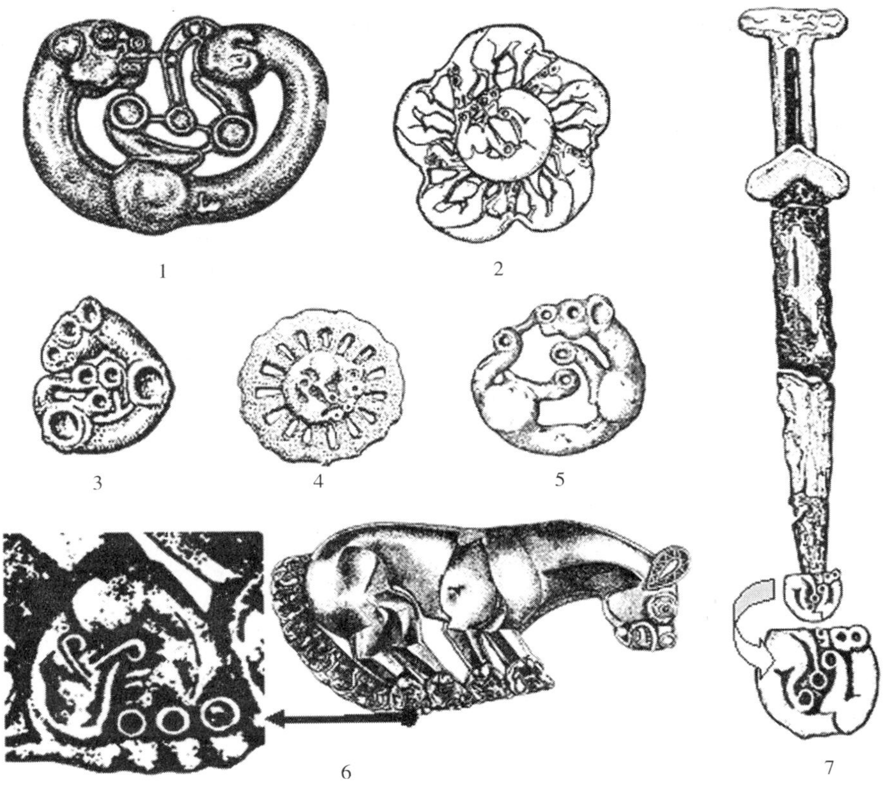

图三　欧亚草原发现参宿特点的蜷曲状动物风格文物

1. 西伯利亚发现器物　2. 新疆木垒县征集铜牌饰　3、4、5. 哈萨克斯坦发现的三海子文化式器物　6、7. 丰提克地区斯基泰文化发现器物

文化中类似蜷曲状玉器影响所致，而且也存在着周文化中的类似器物影响图瓦地区的可能（图四、图六）。夏家店上层文化可能是具有白虎星象特征的文物向其他草原地区传播过程中非常关键的环节。内蒙古东南西拉木伦河地区的夏家店上层文化和这里原先的文化不同，夏家店上层文化中少见猪的形象，虎的形象比较流行，这在较早的时期就已经初见端倪。小波汰沟发现的周初“圉簋”耳部牺首下加铸了虎噬猪的形象，这个现象似乎说明西周初，明确、完整的虎的形象在这个地区开始出现。虎的形象首先在中原特有的簋上出现，可能暗示着夏家店上层文化流行虎形艺术的现象可能和中原商周文化中类似的做法有关系。从江西新干商代大墓的发现看，中原商代青铜艺术中的老虎形象似乎来自中国南方[12]。在商、周文化中有很多以虎为器形或者装饰的器物，这些动物在巫术和祭祀活动中可能具有一些特别的作用和意义[13]。除了蜷曲状的虎外，这个时期的虎多采用匍匐在地的形象。受其影响，这两种表现方式在北方地带并行流行至春秋中晚期左右，夏家店上

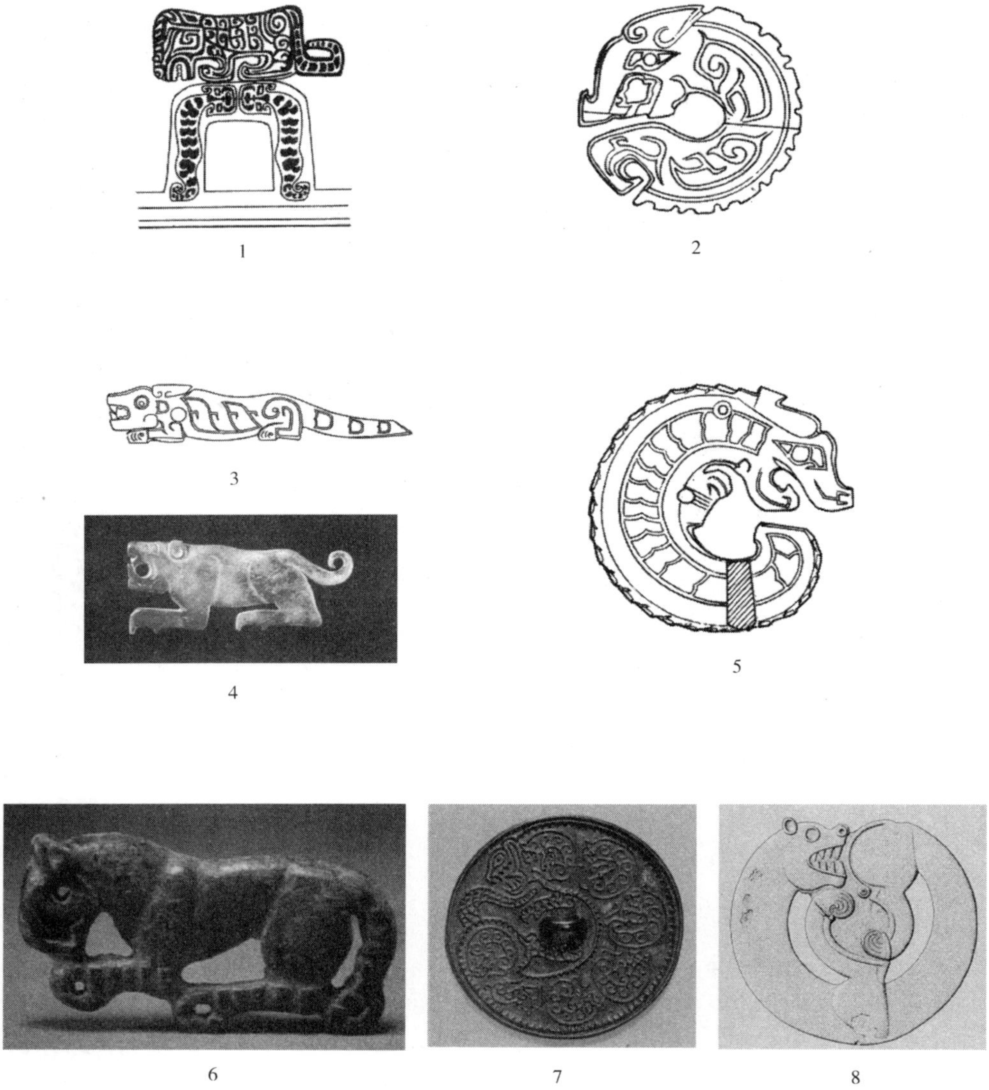

图四　商周时期以虎为主题的文物发展示意图（大致以序号为发展顺序）

1. 江西新干大墓出土铜鼎耳部卧虎细节　2. 河南安阳妇好墓出土虎形龙玉器　3. 河南安阳妇好墓出土卧虎形玉器　4. 宝鸡弶国墓出土卧虎形玉器　5. 陕西沣西张家坡墓地出土蜷曲状虎形龙玉器　6. 内蒙古赤峰地区出土夏家店上层文化器物　7. 日本藏夏家店上层文化蜷曲状虎纹铜镜　8. 图瓦阿尔赞1号冢出土蜷曲状豹形牌饰

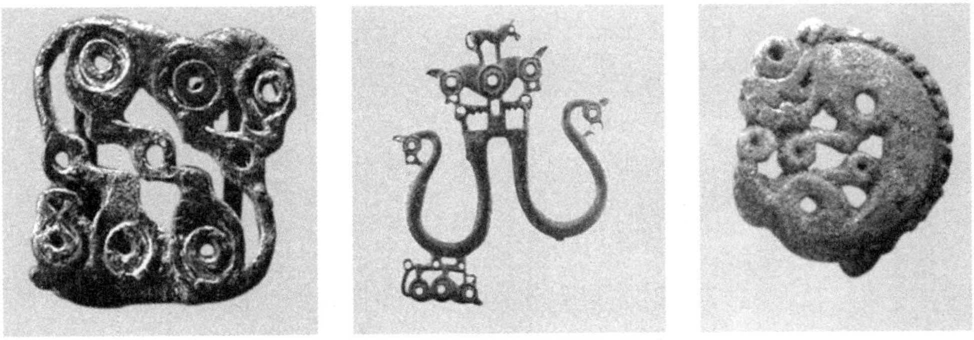

上

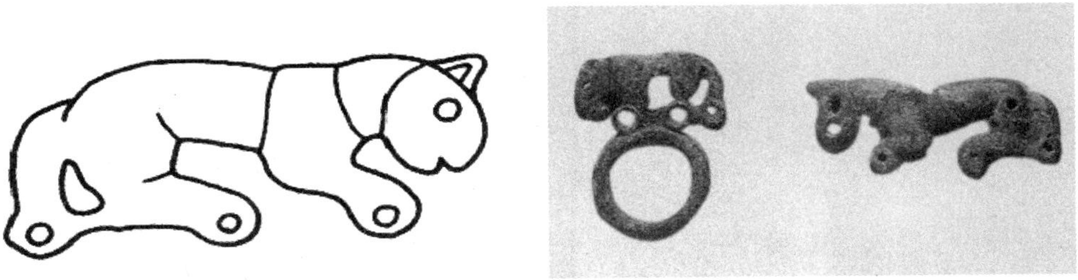

下

图五　夏家店上层文化中有明显的参宿特征的某些虎形饰件

上：夏家店上层文化　下：北辛堡文化

层文化之后，虎的形象在北方地区蜷曲状动物风格艺术的文物艺术品中渐渐消失，多流行匍匐或者站立状的虎形牌饰。值得指出的是，夏家店上层文化人群可能本来就熟悉东北虎的形象，因为这个文化的形成和分布更东更北地区的高台山文化关系密切[14]。受到中原文化影响后，通过艺术方式来表现虎也在情理之中。

内蒙古东南部地区流行虎的形象可能反映了这个地区经济方式、文化宗教方面的一个变革。值得注意的是，夏家店上层文化中的某些虎形饰件有明显的参宿特征，比如牌饰、马衔、挂缰钩等，证据就是这些文物上具有明显的三星呈一条直线的特征，而且还扩展到其他动物形象上。夏家店上层文化之后，虎形牌饰多分布于从河西黄土高原经鄂尔多斯、晋北，到桑干河谷东端一线。玉皇庙文化发现具有参宿特征的金质和青铜虎形饰牌，同样也表现在其他动物形象上（图五）。在河北北部的中山国早期墓中，也出这种金的虎形牌饰。有学者认为北方人群使用的有些虎形牌饰可能反映了对昴星团的崇拜，比较确定的如

图六　昴星团和可能象征昴星团的动物风格文物

1. 昴星团　2. 日本藏内蒙古出土铜镜　3. 内蒙古发现的虎纹牌饰　4. 阿鲁柴登发现金牌饰

夏家店上层文化在蜷曲状虎形牌饰身体中安排6个涡纹或者7头动物（六头蜷曲小虎和一头走兽）。战国晚期阿鲁柴登发现嵌7颗宝石金牌饰，虽然有些偶然性，但有可能属于此类崇拜的可能性（图六）。《史记·五帝本纪》："日短，星昴，以正中冬。"孔安国曰："日短，冬至之日也。昴，白虎之中星。亦以七星并见，以正冬节也。"昴在古代曾作为春天开始的标志，后来因为岁差而演变为整个参宿，进而成为秋天的标志。昴也被称为西陆，西陆一词的演变，深刻反映了昴星团在历史发展中的变化。昴星团和北方牧人关系密切。《史记·天官书》记载："昴曰髦头，胡星也"，而且"正义天街二星，在毕、昴间，主国界也。街南为华夏之国，街北为夷狄之国。"至少在西汉早中期，昴星团被认为是北方游牧人的象征。这个思想可能渊源很早，从夏家店上层文化的某些文物可以推测，这个时期可能同时存在对昴星团和白虎星座的崇拜。由于夏家店上层文化是草原地带较早繁荣起来的一个牧业文化，因此其文化可能会影响到欧亚草原上的其他人群。塔加尔文化中的有些器物装饰的卧虎也具有三星呈直线的特点，显示了和夏家店上层文化类似器物的密切关系。

三

有一段文献记载为上文探讨的文物样式、思想艺术的传播提供了一个更早的背景。《左传·昭公元年》引郑子产的话说："昔高辛氏有二子，伯曰阏伯，季曰实沈，居于旷林，不能能也，日寻干戈，以相征讨。后帝不臧，迁于商丘，主辰。商人是因，故辰为商星。迁实沈于大夏，主参。唐人是因，以服事夏、商。"《史记·天官书》"晋之疆，亦候在辰星，占于参罚。"晋国疆域内的吉凶，也是候望于辰星，占卜于参、罚星。以陶寺遗址和天马—曲村遗址为中心的地区就是文献中记载的"大夏"、"唐"。在晋西南发现的陶寺文化被认为是陶唐氏的遗存[15]。阏伯和实沈之争可能是参历和火历的争执，结果火历胜出[16]。有些学者认为"参商不相见"这个神话反映了夏、商两族的矛盾斗争[17]。

受自然环境的影响，在与山西临近的同属黄土高原区的陕北和豫西地区，少有前仰韶文化遗址的发现，之后的农业文化基本是从周围地区迁入[18]。从文献记载看，迁于大夏的实沈原先属于帝喾的后代，大汶口文化晚期遗存有可能和帝喾有一些关系。这个时期在晋南分布的是庙底沟二期文化，之后是陶寺文化，因此，庙底沟二期文化等在晋南的出现可能和实沈的迁徙有关。这些文化属于中原农业扩散的结果，而这些文化到达晋中以后，最后游离出原来的系统，在气候变化的背景下，走上了畜牧为主的道路。有学者推测实沈可能是更北一些以晋北石楼等地发现的青铜器为代表的考古遗存，认为殷商时代活动于石楼至太原一带的北方牧人应是实沈部落。《国语·晋语》说："实沈之墟，晋人是居。"这说明晋被分封到"唐"之前，实沈生活过的大夏已经成为废墟。《管子·小匡》记齐师"西征攘白狄之地，遂至于西河，方舟投柎，乘桴济河，至于石枕。"学者据这两个记载进而认为，可能说明周初分封以前，一部分实沈部落已经迁到了黄河以西的地方[19]。现在考古界一般把陕西北部时代相当于商代晚期的考古学文化称为"李家崖文化"，这个文化可能是从早一个阶段内蒙古东胜县为中心分布的"朱开沟文化"发展而来。在李家崖文化的形成源头中，也有一部分来自晋中夏商时期的文化遗存[20]。在更北的河套地区则分布着西岔文化。这些文化和南部的商周文化有密切的关系，同外贝加尔、萨彦—阿尔泰地区也同样交流频繁。在北方地区人群迁徙、文化变迁和文化交流过程中，参宿的概念可能较早就为北方人群所知晓，比如朱开沟文化商式铜戈上的虎头形象可能与此有关。不过从已经发现的文物看，在草原文物上明显表现白虎星宿主要还是从夏家店上层文化开始。

因此，《左传·昭公元年》这段文献记载可能还说明中原农耕民族经过农业扩散后发生的一次分化，分化的长期结果是农耕社会中分化出一部分人，进入北方地区，最后发展为畜牧为主业的社会，并成为和中原互动的一支重要力量。由于稻—粟为组合的民族注重春夏季节的农耕，所以对有利于春夏播种等农事授时的大火星比较关注。北方农作物多为粟（黍）—麦为组合[21]，从现在的情况看，冬小麦的耕种主要在秋冬春三季，和参宿的出没很一致。《管子·轻重丁》：“正月之朝，谷始也；日至百日，黍秫之始也；九月敛实，平麦之始也。”这条文献说明在春秋时期已经有秋季开始种植麦类的做法。不过甲骨文的记载说明，商代晚期商人控制的地区可能还没有种植冬小麦，因此商代以前实沈主参是否和冬小麦种植有关系还需进一步研究[22]。值得指出的是，后来发展起来的牧业，参宿出没的秋、冬、初春是比较关键的季节，诸如祭祀、清点人畜数量等工作都集中在秋天。另外秋冬季节也是攻伐的多发期。比如《逸周书》卷六记：“孟秋秋行冬令，则阴气大胜，介虫败谷，戎兵乃来。”《史记·匈奴列传》曰“岁正月，诸长小会单于庭，祠。五月，大会茏城，秋，马肥，大会蹛林……课校人畜。”所以，他们对出现于秋冬季节的参宿比较重视。

四

观象授时并服务于社会生产活动是古人认识自然、利用自然过程中取得的一个重要成就。由于能通过掌握星体运动的规律来确定和预知比较准确的时间，古人可以计划并最终完成将来一定时间内的事情，特别是和生存息息相关的各种生产活动。在古代知识水平和社会背景下，与此相伴的是对这些天文知识的艺术化、神秘化、宗教化和政治化，二十八宿和四象体系的形成就是一个极具代表性的例子。

古代中国通过长期观察和实践总结出来的这些天文、历法知识，对于社会发展相对落后的草原地区不但具有吸引力，而且非常有价值。参宿白虎思想和艺术在北方地区的传播对认识这个问题提供了一个实例。

通过本文的梳理，可以对具有参宿白虎特点的文物在欧亚草原传播有一个初步的认识。无论是夏家店上层文化的蜷曲状和匍匐状虎形牌饰，还是阿尔赞1号冢发现的蜷曲状豹形牌饰，其艺术样式渊源应当是中原商周文化中类似的虎形或者装饰虎纹的器物。夏家店上层文化很有可能先吸收了这个艺术样式，同时也吸收了西宫、虎星的概念。蜷曲状的虎形牌饰在夏家店上层文化中最初有可能被用来表示昴星团，参宿则用匍匐状的虎形器物表示。图瓦地区蜷曲状豹形牌饰有可能受到夏家店上层文化的影响，但也可能直接受到周文化的影响。从现在的发现看，西伯利亚（最有可能是阿尔泰地区）的牧人可能较早把参宿的特征表现在蜷曲状的动物风格牌饰上，这些牌饰可能是三海子文化的典型器物之

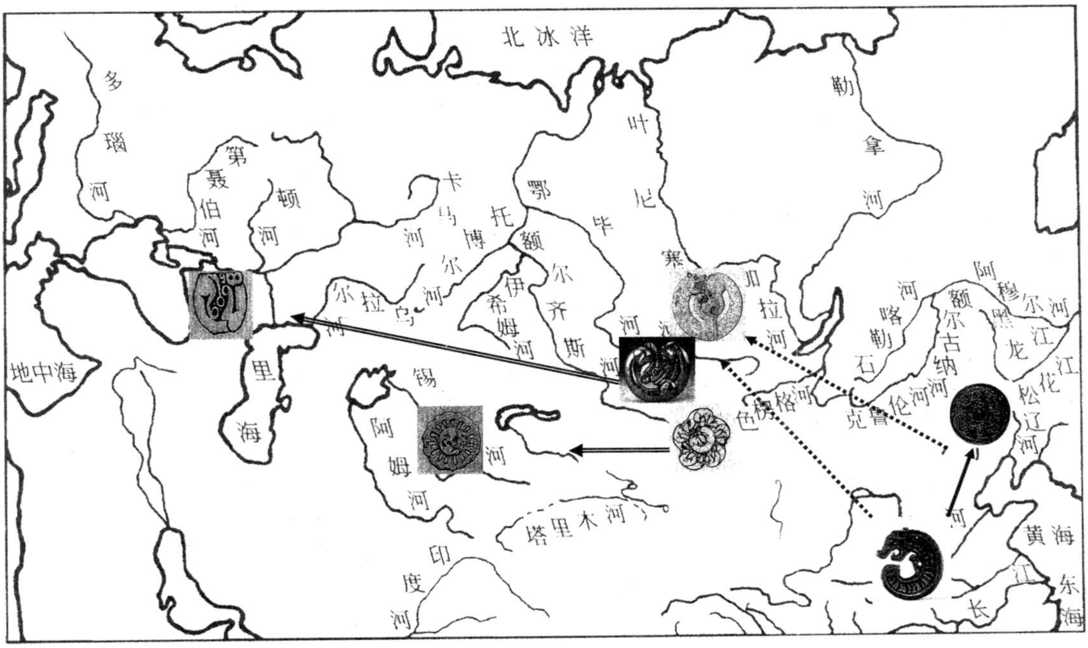

图七　蜷曲状动物牌饰源流及带有参宿特点牌饰传播示意图

（单实、虚线表示起源传播关系，实线表示较为明确，虚线表示传播关系不明确，双线箭头表示带有参宿特点牌饰的传播情况）

一。通过三海子文化，带有参宿特征的蜷曲状大型猫科动物形象的器物传播到整个欧亚草原地带，并流传了不短的时间，艺术形象也根据各地人群的喜好发生了变化，成为草原艺术中非常独特的部分（图七）。

注　释

［1］商承祚：《殷契佚存考释》，15页，金陵大学中国文化研究所，1933年；沈建华：《甲骨文中所见二十八宿星名初探》，《中国文化》第10期，79页，1994年；冯时：《殷历岁首研究》，《考古学报》1990年1期。

［2］饶宗颐：《殷卜辞所见星象与参商、龙虎、二十八宿诸问题》，《胡厚宣先生纪念文集》，39页，科学出版社，1998年。

［3］冯时：《殷卜辞二十八宿之检讨》，《新世纪的中国考古学——王仲殊先生八十华诞纪念论文集》，304～319页，科学出版社，2005年。

［4］昴星团曾被称为西陆。昴在古代作为春天开始标志，后来因为岁差而演变为整个参宿，进而成为秋天的标志。孔庆典：《西陆考》，载上海交通大学人文学院网站（http：//shss. sjtu. edu. cn/shc/0405/xiluk. htm）；武家璧：《德国内布拉星盘的天象问题之探讨》，《中国文物报》2006年4月21日7版。

［5］叶叔华主编：《简明天文学词典》，196、267页，上海辞书出版社，1984年。

[6] 冯时:《中国天文考古学》,311～313页,社会科学文献出版社,2001年。

[7] M. P. Grjaznov, *Der Großkurgan von Arzhan in Tuva*, Südsibirien. München, 1984, p. 31, 37, 58.

[8] 关于阿尔赞1号冢的时代争议比较大,俄罗斯近年对此墓进行了测年研究,认为其时代为公元前9世纪末。

[9] 王炳华:《新疆东部发现的几批铜器》,《考古》1986年10期,888～890页,图二,2。

[10] 郭物:《三道海子文化初论》,《欧亚学刊》第九辑,中华书局,2009年。

[11] G. N. Kurochkin, Izobrazheniya svernuvshegosya khischnika v tagarskom iskusstve. KSIIMK, iss. 207: 59－67, 1993. S. V. Alkin, Entomologicheskaya identifikatsia Hunshanskikh nefritov (postanovka problem). In III itogovaya sessia Instituta arkheologii I etnografii SO RAN, noyabr 1995. Novosibirsk: Izd. IAE SO RAN, pp. 14—16. Arkheologicheskie svidetelstva suschestvovania kulta nasekomykh v neolite Severo－Vostochnoi Azii. In Drevnie kultury Severo－Vostochnoi Azii: Astroarkheologia. Paleoinformatika. Novosibirsk: Nauka, pp. 134－143. 前揭林沄文。乌恩:《欧亚大陆草原早期游牧文化的几点思考》,《考古学报》2002年4期;《论中国北方早期游牧人青铜带饰的起源》,《文物》2002年6期;《略论欧亚草原早期游牧人艺术中的蜷曲动物形象》,《考古》2002年11期。E. S. Bogdanov, "The origin of the image of a predator coiled up in a ball in the 'eastern province' of the Scythian realm", *Archaeology, Ethnology & Anthropology of Eurasia*, 4 (20), pp. 50－55, 2004.

[12] 艾兰:《虎纹与南方文化》,《"迎接二十一世纪的中国考古学"国际学术讨论会论文集》,180～182页,科学出版社,1998年。

[13] 张光直:《商周神话与美术中所见人与动物关系之演变》,《中央研究院民族学研究所集刊》(1963) 16,115～146页;《商周青铜器上的动物纹样》,《考古与文物》1981年2期;《中国古代艺术与政治——续论商周青铜器上的动物纹样》,《新亚学术季刊》4期,29～35页,1983年。以上三文均收入著者《中国青铜时代》,生活·读书·新知三联书店,1999年。

[14] 董新林:《高台山文化研究》,《考古》1996年6期。

[15] 中国社会科学院考古研究所:《中国考古学》(夏商卷),59～60页,中国社会科学出版社,2003年。

[16] 和士华:《纳西古籍中的星球、历法、黑白大战》,民族出版社,2002年。

[17] 参宿白虎相当于西方的猎户座。希腊神话中有一善于狩猎的巨人奥利翁,一次他口出狂言:"天下再没有比我更厉害的了,任何动物只要碰上我这根大棒就叫他立刻丧命。"这话得罪了太阳神阿波罗,他在奥利翁行走的路上放上一只大毒蝎,企图害死猎人,因此猎人和毒蝎便成为死敌。后来,它们均被升上天空,一个成为猎户座,一个成为天蝎座,两者位于相反的位置。当天蝎座从西边隐去时,猎户座才从东边升起,此起彼落,永不相见。猎户座和天蝎座在中国古代分别相当于参、商二星。有意思的是,就"永不相见"这一点来说,中西方的文化在远古时代具有相似性。已经有学者注意到,东方的星宿和西方的星座能完全对应的就是这两个,而且还存在相似的寓意。不知道其间存在什么样的关系。

[18] 陈星灿:《黄河流域农业的起源:现象和假设》,《中原文物》2001年4期。

[19] 林梅村:《帝辛甲骨所见殷宫秘史》,《学术集林》卷十四,远东出版社,1998年。收入《汉唐西域与中国文明》,18～19页,文物出版社,1998年。

[20] 中国社会科学院考古研究所：《中国考古学》（夏商卷），592～593页，中国社会科学出版社，2003年。

[21] 小麦可能是西方传入的农作物，山东校场铺遗址发现了龙山时代的小麦，这为进一步探讨《左传·昭公元年》这段记载提供了重要的线索。

[22] 冯时先生赐教，谨致谢忱！

关于肃慎史地研究中考古材料的运用

——《肃慎起源及迁徙地域略考》商榷

郑君雷

（中山大学历史人类学研究中心）

［内容提要］在民族史研究中考古材料的重要性越来越受到重视。肃慎史地研究经常涉及夏家店上层、夏家店下层、西团山、滚兔岭等考古学文化以及山戎、东胡、秽貊、沃沮等族群的考古学文化族属认识。本文对《肃慎起源及迁徙地域略考》相关考古材料的运用以及相关考古学文化的族属认识提出不同意见，指出民族史研究应该注意比较晚近的考古研究成果，而考古学者也有必要将相关综合认识和新近认识及时提供给民族史学界，加强与民族史学界的沟通。

［Abstract］ The Archaeological materials become more and more important in Ethnic - group history research. Su shen`s historical and geographical rsearch often concern about Archaeology Culture such as Upper Xiajiadian culture、Lower Xiajiadian culture、Xituanshan culture、Guntuling culture. It also concerns about Shanrong、Donghu、Huimo、Woju's ehnic - group identity in Archaeology Culture. This thesis discusses about some subject which was researched in General Research of Shu shen's Origin and Migration. It is mainly about the utilization of archaeological materials and the ethnicity research in Archaeology Culture. This thesis points out that it is necessary to pay attention to the current achievement of Archaeological research. The author suggests Archaeologist should prive some imformation to Ethnic - group history researcher. These information include integrative achievement and current discovery in archaeological study. This kind of cooperation between Archaeologist and Ethnic - group history researcher is very important.

在民族史研究中，考古材料的重要性越来越受到重视，而将某种考古学文化确定为某一族群的遗存，即考古学文化族属的研究，也是考古学者关心的事情。“但在文献记载简略而考古工作不充分的情况下，每一具体问题的探索，往往经过漫长而曲折的道路，依然聚讼纷纭”[1]，肃慎研究就是这样。

肃慎史地研究颇受关注，《肃慎起源及迁徙地域略考》[2]（简称《略考》）亦成一家言。《略考》考察其前关于肃慎民族发展史的研究成果，大体归纳为两种，“其一，迁徙说，即认为肃慎族以东北地区为大致范围，在不断的迁徙中发展。此一结论，又以确定肃慎族的发源的不同，而大致分作起源于今山东半岛，为东夷之夙沙卫说，以及起源于燕山山脉说。其二，定域说，即认为肃慎民族自古以来就在东北的某一范围内繁衍生息。此一结论又以确定肃慎族的活动范围的不同，而分作今吉林市附近松花江流域说（即认为西团山文化是肃慎文化），今松花江以东的牡丹江流域说（即认为莺歌岭文化是肃慎文化），及今黑龙江中下游地区说。近一二十年以来，迁徙说已少有人提及，定域说则基本被确定下来”，概括精当。《略考》赞同迁徙说，依据文献史料将商周之际的肃慎族发源地考定在辽宁西部、内蒙古东南部靠近燕山山脉地区，认为“夏家店文化”属于此期的肃慎遗存。约当春秋时期肃慎族向东北方向迁徙，推断东迁地点在吉长地区向东至长白山麓，西团山文化属于此期的肃慎遗存。约在西汉初年肃慎再次北迁，分化为中部族群（挹娄）、北部族群和南部族群，滚兔岭文化属于挹娄遗存，蜿蜒河类型和波尔采文化则为北部族群的遗存。笔者对《略考》相关考古材料的运用以及相关考古学文化的族属认识有不同意见，这里提出来请教。

一

“迁徙说”和“定域说”都是以文献为基础的。

文献史料中出现的肃慎可以分为先秦和汉晋两个大的阶段。

《大戴礼记·少间篇》、《竹书纪年·五帝纪》、《史记·五帝本纪》等记载舜、禹时肃慎（息慎）与中原已经建立联系；《竹书纪年·周纪》、《尚书·序》、《逸周书·王会篇》等记载商周时期肃慎（稷慎）与中原亦有来往；东周肃慎仍然见于《春秋经传集解·昭公九年传》、《国语·鲁语》、《山海经·大荒北经》等著述。文献史料关于先秦肃慎的记述颇简略，各家理解有别。仅就与中原的距离而论，有些学者认为先秦肃慎比较远，在“大荒”、在“海外”、在“不咸山”等；有些学者认为较近，或山东半岛、或冀北、或辽西等，持后种观点的学者经常强调《左传》昭公九年“及武王克商……肃慎、燕、亳，吾北土也”这条记载。《逸周书·王会篇》依一定次序记述四方远夷排列，《略考》注意到“西面者正北方”稷慎、秽人、良夷、扬州、解、发人、俞人、青丘、周头、黑齿、白民当属地域有关联的一组，很正确；但是以为这一组民族仅是分布在山东半岛北部、辽东半岛南部向西至河北北部似有些绝对，诸如俞人、青丘、周头、黑齿、白民之属实难以确指，包括肃慎在内的这一组民族的分布范围未必局限于此，《三国志·东夷传》说“东夷有肃慎之贡，皆旷世而至”，也可以理解为是肃慎较远的缘故。

一般认为，先秦的肃慎至东汉魏晋已称挹娄。《三国志·东夷传》记“挹娄……，古之肃慎氏之国也”，《晋书·四夷传》记“肃慎氏，一名挹娄”。关于挹娄的地望，许多学者指在三江平原东至俄罗斯滨海边区。问题在于，也有学者不相信肃慎就是挹娄的前身。另外，史汉两书的四夷传未见肃慎，有学者以为西汉时期的真番是肃慎异称，地当牡丹江中游[3]。

显然，单纯依据文献史料解决肃慎史地问题有很大难度，“迁徙说”和“定域说”以及其中的具体观点都可以找出若干论据，这也是民族史学者重视考古材料的原因。较早时候考古学者对肃慎遗存的认识也是众说纷纭，“本世纪以来，日本考古学者提出过肃慎在辽东半岛的设想，我国考古界多主张在吉林中部，近来则有人主张在黑龙江省牡丹江流域，有人以为在夏家店下层文化分布区。苏联考古界曾有人认为是在滨海边区的南部”[4]。近些年来，东北地区青铜时代和早期铁器时代的考古学框架已经初步建立，考古学者在一些问题上逐渐取得共识，有些认识与《略考》不同。更重要的是，肃慎史地研究经常涉及夏家店上层、夏家店下层、西团山、滚兔岭等考古学文化，也牵连山戎、东胡、秽貊、沃沮等族群的考古学文化族属认识，因此作些讨论还是有必要的。

二

《略考》主张“夏家店文化”是早期肃慎遗存，认为“夏家店上、下两层文化同属于一个文化系统”而在时间上存在早晚之别。按，以“夏家店文化”来统称“夏家店上层文化”和“夏家店下层文化”很不正确，因为在考古学上并不存在所谓的“夏家店文化”。

考古学文化的确认和命名非常谨慎，也有基本原则。夏鼐先生主张以一群具有明确特征，经常伴出的类型品作为划分考古学文化的标志，以首次发现的典型遗址的小地名来命名考古学文化[5]。夏家店下层文化和夏家店上层文化是各自独立的考古学文化，即便两者之间存在继承关系，或者属于同一文化系统，也不能以所谓“夏家店文化”来统称。实际上，“绝大多数遗址都包含两种以上的考古学文化堆积”[6]，比如王湾遗址的三种遗存被分别称为“王湾一期文化”、“王湾二期文化”、“王湾三期文化”；“半坡文化”与“庙底沟文化”有继承关系却仍然各自命名，就是因为文化内涵存在着“质”的差别。

夏家店下层文化和夏家店上层文化是辽西地区最先确认的两种青铜文化，分布地域有某些重合，两者关系自然引起注意 。《略考》将夏家店下层文化和夏家店上层文化统称为“夏家店文化”，实质是认为两者属于同一文化系统的不同发展阶段，这是将其视为肃慎遗存的重要前提之一。但是《略考》并未注意到比较晚近的研究成果，因此论证是有问题的。

首先，《略考》界定的夏家店上层文化分布范围包括努鲁儿虎山以东的大、小凌河流域。其实，许多考古学者已经认识到夏家店上层文化只是分布在努鲁儿虎山以西，至远包括努鲁儿虎山东麓[7]。至于凌河流域，在夏家店下层文化消亡以后，继起的是魏营子类型（年代约在商代后期至西周前期，曾被认为是夏家店下层文化和夏家店上层文化之间的过渡类型，后来有些学者指出其是与夏家店上层文化大体并行的两种不同谱系的考古学文化[8]），其后是凌河类型（年代约在西周晚期至战国，也曾被视为夏家店上层文化的一个地方类型，其后许多学者指出不宜归入夏家店上层文化[9]）。

其次，《略考》以为夏家店下层文化“其年代大约相当于殷商或更早”，夏家店上层文化“其年代大约相当于西周、春秋，也可能晚到战国时期”，这种表述不甚准确，而且形成两者年代似乎前后衔接的印象。实际上，夏家店下层文化的基本年代相当于夏至早商。夏家店上层文化的基本年代相当于晚商至春秋，中间有比较明显的年代缺环。

第三，通过对夏家店下层文化和夏家店上层文化的全面分析，可以确定，两者的主要陶器基本上不存在演变脉络，青铜器也不存在承袭线索，房址和葬俗明显不同[10]。有学者认为夏家店下层文化是由豫北冀南的后冈二期文化居民迁徙至西辽河流域后吸收当地居民的文化成分产生的[11]，而夏家店上层文化在人种和文化因素上都有源自高台山文化的迹象[12]（高台山文化分布在下辽河流域，大体以医巫闾山为界与夏家店下层文化并行）。这些情况表明两者实在难以归入同一文化系统。

当然，对于夏家店下层文化和夏家店上层文化的分布、年代、文化内涵、源流等问题亦有不同意见，确实也有学者认为两者间存在某种继承关系。不过，“（夏家店上层文化）从其命名的时候起，学者们已经注意到了它与夏家店下层文化有着极其鲜明的区别，属于不同系统的考古学文化。目前仍无法从夏家店上层文化中辨识出与夏家店下层文化有直接继承关系的一组遗存。所以从总体上看，在西辽河水系区夏家店下层文化的后继者中，还很难指认哪一支是它的主要继承者。关于夏家店下层文化的最终去向，仍有待于进一步认识”[13]。这应该是代表了近来多数学者的意见。

退一步讲，即便两者属于同一文化系统，仅根据“从分布范围看，夏家店文化区正是肃慎族活动地区，时间亦大体相当”就将夏家店下层文化和夏家店上层文化与肃慎联系起来似也武断。因为在《略考》界定的“夏家店文化”分布区域以内（“辽宁西部、内蒙古东部靠近燕山山脉地区”，包括燕山以北，燕山以南也有零星分布）属于商至战国时期的考古学文化不下10支（如辽宁西部有魏营子类型和凌河类型，内蒙古东南部有水泉文化，河北北部有军都山类型，燕山以南有大坨头文化、围坊三期文化、张家园上层文化），而也有学者希望将孤竹、山戎、秽貊、东胡甚至箕子朝鲜等部族的遗存与这一地域挂钩，如何就一定将夏家店下层文化和夏家店上层文化与肃慎相联系。

夏家店上层文化的族属最有可能是山戎。曾经一个时期，夏家店上层文化属于东胡遗存的看法很流行，随着考古研究的深入，“东胡说”已难以立足，证据有三。其一，东胡在战国后期仍然活跃在燕赵长城以北，但是重新界定范围的夏家店上层文化并没有晚至春秋中期的明确迹象。其二，东胡后裔东部鲜卑和契丹的颅骨均属于北亚蒙古人种，但是夏家店上层文化的出土颅骨属于东亚蒙古人种。其三，东胡是游牧民，而夏家店上层文化的生计则是定居农业（《略考》也注意到夏家店上层文化的经济形态不会是以畜牧业为主），这些都是“东胡说”难以解释的[14]。关于山戎遗存，主要亦有两种意见，其一是与夏家店上层文化相联系，其二是与燕然山周围的东周遗存相联系。山戎在春秋初期最强大，齐桓公北伐山戎的进军路线是循滦河上溯，过令支、孤竹而越燕山。夏家店上层文化最发达的阶段是在西周晚期至春秋初年，而燕然山一带的东周遗存分布在冀西北方向，最发达阶段也是在春秋战国之际。显然，将夏家店上层文化视为山戎遗存更为合理[15]。

至于大、小凌河流域的凌河类型（或称十二台营子类型，年代约在西周中晚期至战国中晚期），由于曾被视为夏家店上层文化的一个地方类型，过去也被指为东胡遗存。根据现有认识，凌河类型与辽东地区的同期遗存具有亲缘性，当与秽貊人有关[16]。而东胡遗存，有可能已经在赤峰市林西县井沟子墓地（春秋晚期至战国早期）露出线索[17]。

三

《略考》认为，“约当春秋时期，随着东胡与山戎的发展，肃慎族离开其原始居地，向着东北方向迁徙”，根据文献“推断肃慎族东迁的地点在今吉长地区向东直到长白山麓”。《略考》主张“于吉长地区发现的西团山文化群应即为肃慎东迁后的居址遗迹”，为此重点论证了西团山文化与夏家店文化的关系，认为“夏家店文化与西团山文化是密切联系的，绝不是完全割裂、无继承性的”。遗憾的是，这些论证亦不能成立。

西团山文化分布在第二松花江中游地区，年代约在西周初年至战国中期。对西团山文化的认识已经相当充分，从考古学文化谱系的角度分析，西团山文化与夏家店下层文化和夏家店上层文化绝然不会有密切联系，也谈不上继承性，这里不作具体讨论。《略考》举出的“同属于农业文化”、“部分石器有一致性”、“都饲养家畜特别是猪”这样的特征可以适用于多种“有先后之别”的考古学文化，不能据此说明这些考古学文化都有密切联系或存在继承性。在出土陶器方面，即便是如《略考》所言若干陶器形制有某种相似性也需要具体分析（尤其需要考虑是否为典型器物，以及在陶器群中的数量和比例）。西团山文化均为素面夹砂红褐色陶，手制泥片套接成型，三足器实足经常先做出榫再接器腹，流行横桥耳和疣状把手；随葬陶器以横桥耳壶、罐、疣状把手钵、碗为基本组合，遗址陶器基本组合为鼎、鬲、罐、壶、碗、豆，其中横桥耳壶和深腹圜底鼎分别是随葬陶器和遗址陶器中的指征性器物[18]。可以说西团山文化的陶器与夏家店下层文化和夏家店上层文化存在着结构性差别。

“西团山文化出土的青铜文化典型器物‘曲刃短茎式青铜短剑’就是从夏家店地区传播过来的”说法亦可斟酌。“曲刃短茎式青铜短剑”也被称为“东北系青铜短剑”，近来研究表明两点，一，东北系青铜短剑起源于辽东，热河山地不是主要分布区；主张东北系青铜短剑起源于辽西的一些学者所例举的早期剑型多出自努鲁儿虎山以东，前已述，已不属于重新界定的夏家店上层文化分布范围。二，根据共存铜器，东北系青铜短剑占居统治地位的地域至少可以划分出大小凌河区、辽河区、辽东半岛区和松花江区计四个亚区，结合共存陶器划分的考古学文化当更多[19]。显然不能以“曲刃短茎式青铜短剑”的共有作为判断西团山文化与夏家店下层文化和夏家店上层文化具有密切联系或继承性的依据。

关于西团山的族属，曾经有“肃慎说”和“秽貊说”两种意见，后说显然允当。包括《略考》在内的多数意见均认为三江平原的滚兔岭文化和蜿蜒河类型与汉晋时期肃慎（或挹娄）有关，但是西团山文化与这两支考古学文化谈不上什么联系。《三国志·东夷传》说“夫余库有玉璧、珪、瓒数代之物，传世以为宝，耆老言先代之所赐也。其印文言‘濊王之印’，国有故城名濊城，盖本濊貊之地”，夫余中心区域已经确定在吉长地区，西团山文化属于秽貊遗存应无疑议[20]。有学者将公元前3世纪以前的东北亚系青铜文化分为两支，认为分布在辽西和辽河平原的一支是貊人遗存，分布在辽东、吉长地区和朝鲜半岛的一支是秽人遗存，也是将西团山文化归属于秽人遗存[21]。

四

《略考》认为，西汉初年以后肃慎在秽貊人的夹击下被迫向更北方迁移，“在这次迁徙中，由于周边环境、所迁地域的不同，加之与当地原始居民的融合，原本差异不大的肃慎民族分化、组合成几个各具特点的族群。从文献记载和考古发现来看，主要可以分为三大族群，即中部（挹娄）族群、北部族群、南部族群”。认为滚兔岭文化是挹娄族群的遗存，蜿蜒河类型属于北部族群的遗存。这里不讨论挹娄与肃慎的关系，只是指出挹娄的范围不会仅局限于滚兔岭文化分布区，而是将蜿蜒河类型的分布区包括在内的。

《三国志·东夷传》记载挹娄“在夫余东北千余里，滨大海，南与北沃沮接，未知其北所极”，这段记载中唯有“滨大海”是相对确定的地理坐标。滚兔岭文化虽然可以与挹娄挂钩[22]，但是分布范围局限于张广才岭以东、松花江以南的佳木斯、七台河、宝清等市县，绝对不会“滨大海”。而蜿蜒河类型（同类遗存在俄罗斯境内被称为波尔采文化）分布在黑龙江中游以下直达海口的沿岸地带，南及滨海边区，年代在汉晋时期。波尔采文化房址为半地穴式，发现储藏的粟、家畜骨骼和石镞，有纺织业，未见陶豆，均与《三国志》记述挹娄“常穴居”、“有五谷、牛、马、麻布”、“俗好养猪”、“青石为镞”、“东夷饮食类皆用俎豆，唯挹娄”不相符合[23]。只是《后汉书》提及挹娄“土地多山险”，却与蜿蜒河类型主要分布在平原不尽相符。依据蜿蜒河类型陶器与滚兔岭文化的相似性，可以考虑为挹娄内部不同族群的遗存。

《略考》认为肃慎再次北迁的原因之一是沃沮的壮大和向西发展，并且将晋初肃慎的分布地域划定在“西起牡丹江流域，南到宁安、东宁一带，东到大海，北到黑龙江中下游地区”，均与其对沃沮范围的认识相关。依此认识，《略考》认为挹娄位于南北沃沮之间而非北沃沮之北，“沃沮（南沃沮）北界与挹娄接，当在今牡丹江中游地区”，同时认同图们江流域的延吉小营子遗址属于沃沮遗存。

考古学界普遍指团结文化为沃沮遗存（同类遗存在俄罗斯境内被称为克罗乌诺夫卡文化，东北朝鲜亦有分布）。团结文化分布在绥芬河和图们江流域及其入海口两翼的海岸地带，年代上限约在春秋战国之际，下限至少进入东汉纪年，已知分布区域的“南北直线距离近400公里”，时代和地望与《三国志·沃沮传》“东沃沮在高句丽盖马大山之东，滨大海而居。其地形东北狭，西南长，可千里。北与挹娄、夫余，南与濊貊接”的记载吻合[24]。果此，则《略考》对沃沮的认识应该重新考虑。

第一个问题是关于北沃沮的方位。文献史料对北沃沮方位的记述是有矛盾的。《三国志·挹娄传》和《后汉书·挹娄传》皆言北沃沮在挹娄以南。《三国志·沃沮传》记“北沃沮一名置沟娄，去南沃沮八百余里，其俗南北皆同，与挹娄接”，未言南北。只有《后汉书·沃沮传》言“又有北沃沮，……界南接挹娄”，方位显然有误。

第二个问题是关于图们江流域“延吉地区的小营子遗址”与“汪清地区的遗址”的性质。查《略考》相关注释的引文，“汪清地区的遗址”当是指“以汪清百草沟为代表的墓葬和遗址”。比较晚近的研究表明所谓“汪清地区的遗址”并不单纯，其中较晚期的新安闾上层应该归入团结文化，自然排除了与肃慎的关系；较早期的新安闾下层和新华闾墓葬已经进入青铜时代（可以暂名为“柳庭洞类型”），与西团山文化的密切关系无从谈起。至于“延吉地区的小营子遗址”实际是小营子墓葬，年代甚至早于“柳庭洞类型”，更与沃沮无涉[25]。

第三个问题是关于牡丹江流域汉晋时期遗存的性质。这一地区最先发现的汉代遗存是牡丹江中游的东康类型。有些学者将其视为团结文化的牡丹江类型，有些学者则强调其与团结文化的差异性。20世纪90年代以来在牡丹江中下游地区又确定出东兴文化、桥南文化和河口遗存。其中东兴文化（两汉）见有来自滚兔岭文化、团结文化和松嫩平原的文化因素；桥南文化（战国至西汉时期）和河口遗存（东汉末年至魏晋）可能是东康类型的地方性变体。这些新近识别出来的文化类型分布范围均比较小，文化性质也不是很不清楚[26]。显然，在这种情况下讨论牡丹江流域考古学文化的族属具有相当大的推测成分。

五

考古学文化的族属研究操作难度相当大[27]，认识不统一亦是正常。实际上，较早时候已经有学者在讨论考古学族属研究的基本理论时系统地反驳了将夏家店下层文化、夏家店上层文化和西团山文化与肃慎相联系的观点[28]。《略考》对比较晚近的考古研究成果注意不够，因此结论与考古学界有很大差异。目前，民族史学者普遍意识到考古材料的重要性，考古学者也有必要将相关考古研究的综合认识和新近认识及时提供给民族史学界，更有必要加强考古学文化的族属研究，加强与民族史学界的沟通。笔者以为现有考古材料支持“迁徙说”或“定域说”均为时尚早，只是藉此将若干新近认识介绍出来，供研究民族史的同志参考和讨论。

审读文献，笔者亦以为先秦时期的肃慎不会远至三江平原以迄滨海边区，“迁徙说”确是一种思路。就青铜和早期铁器时代东北考古学文化和民族分布的整体格局而言，凌河流域、辽河平原、辽东山地、第二松花江流域和黑龙江东南部山地基本为秽貊占据，大兴安岭以南至西辽河流域以迄燕山，西周春秋时期的居民大抵戎狄，战国以来则是游牧族群的活动区。只有松嫩平原北部，与中原和三江平原相距均不甚远，考古工作也不充分，寻找先秦肃慎遗存时值得注意。受到《略考》启发，研究肃慎史地的另一思路则是考虑汉晋挹娄只是汉晋肃慎的一支，则汉晋肃慎的分布有可能超出三江平原以迄滨海边区。无论哪种情况，肃慎的考古学文化应该与滚兔岭文化和蜿蜒河类型存在某种渊源关系，而且居民颅骨应该含有比较强烈的东北亚蒙古人种成分。

注　释

［1］林沄：《肃慎、挹娄和沃沮》，《辽海文物学刊》1986年创刊号。

［2］范恩实：《肃慎起源及迁徙地域略考》，《民族研究》2002年3期。

［3］孙进已、冯永谦主编：《东北历史地理》（第一卷）第三编第一章第三节，黑龙江人民出版社，1989年。

［4］同注［1］。

［5］夏鼐：《关于考古学上文化的定名问题》，《考古》1959年4期。

［6］张忠培：《研究考古学文化需要探索的几个问题》，《中国考古学：走近历史真实之道》，科学出版社，1999年。

［7］林沄：《中国东北系青铜短剑初论》，《考古学报》1980年2期；朱永刚：《夏家店上层文化初步研究》，《考古学文化论集》（一），文物出版社1987年；翟德芳：《中国北方地区青铜短剑分群研究》，《考古学报》1988年3期。

［8］朱永刚：《夏家店上层文化初步研究》，《考古学文化论集》（一），文物出版社，1987年；李伯谦：《张家园上层类型若干问题研究》，《考古学研究》（二），北京大学出版社，1994年；朱永刚：《东北青铜文化的发展阶段与文化区系》，《考古学报》1998年2期；董新林：《魏营子文化的界定及相关问题略论》，《青果集——吉林大学考古系建系十周年纪念文集》（二），知识出版社，1998年。

［9］同注［8］。

［10］卜箕大：《辽西地区青铜时代文化》，吉林大学博士学位论文，1998年。

［11］王立新、卜箕大：《对夏家店下层文化源流及其与其他文化关系的再认识》，《青果集——吉林大学考古系建系十周年纪念文集》（二），知识出版社，1998年。

［12］朱永刚：《论高台山文化及其与辽西青铜文化的关系》，《中国考古学会第八次年会论文集》，文物出版社，1996年。

［13］同注［12］。
［14］林沄：《东胡和山戎的考古学探索》，《林沄学术文集》，中国大百科全书出版社，1998 年。
［15］同注［14］。
［16］林沄：《说貊》，《史学集刊》1999 年 4 期；王建新、刘瑞俊：《先秦时期的秽人与貊人》，《民族研究》2001 年 4 期。
［17］王立新：《探寻东胡遗存的一个新线索》，《边疆考古研究》第 3 辑，科学出版社，2004 年。
［18］朱永刚：《西团山文化墓葬分期研究》，《北方文物》1991 年 3 期。
［19］林沄：《中国东北系铜剑初论》，《考古学报》1980 年 2 期；林沄：《中国东北系铜剑再论》，《考古学文化论集（四）》，文物出版社，1997 年。
［20］王绵厚：《秦汉东北史》，辽宁人民出版社，1994 年。
［21］王建新、刘瑞俊：《先秦时期的秽人与貊人》，《民族研究》2001 年 4 期。
［22］贾伟明、魏国忠：《论挹娄的考古学文化》，《北方文物》1989 年 2 期。
［23］同注［1］。
［24］林沄：《论团结文化》，《北方文物》1985 年创刊号。
［25］同注［23］。
［26］黑龙江省文物考古研究所等：《黑龙江海林市东兴遗址发掘简报》，《考古》1996 年 1 期；李砚铁等：《黑龙江依兰县桥南遗址发掘及相关问题》，《北方文物》2000 年 1 期；黑龙江省文物考古研究所等：《河口与振兴》，科学出版社，2002 年。
［27］郑君雷：《文化人类学的族群认同与考古学文化的族属研究》，《思想战线》2007 年 4 期。
［28］张忠培：《民族学与考古学的关系》，《中国考古学：走近历史真实之道》，科学出版社，1999 年。

华南与西南民族考古

南蛮不蛮

——读《香港深涌黄地峒遗址试掘简报》

容观夐

（中山大学人类学系）

［内容提要］2004～2005年香港深涌黄地峒遗址的调查与试掘，揭示出了该遗址的考古面貌，提供了重要的香港史前考古信息，试掘简报也已发表。本文是作者对《简报》的读后感，并根据自己的心得体会，对上古百越民族史等问题略抒管见，以求学界的讨论。

［Abstract］The survey and a trial excavation at Wong Tei Tung Site, Sham Chung, Hong Kong during 2004 to 2005 reveal important archaeological information about Hong Kong in the prehistorical times. This article is a review of the author to the Site' s Preliminary Report, and some further questions about the history of "Bai Yue"（百越）during the ancient times, etc..

一

2004年11月底至2005年1月，由香港考古学会与广州中山大学岭南考古研究中心联合对香港深涌黄地峒遗址进行了调查和试掘。《香港深涌黄地峒遗址试掘简报》披露："这是一次打制石器的加工场，其范围之大（南北长约300、东西宽约100米）和石制品密度之高（试掘10平方米，出土及采集石器3261件）实属罕见。""出土石器比较丰富，旧石器时代的加工技术大部分在此都能见到。"[1]

据有关报道，黄地峒遗址出土的石器有九大类型（手斧、手镐、砍砸器、镞形器、刮削器、雕刻器、锥形器、尖状器、楔形器、锛形器），两套组合（楔形器+刮削器+手斧+手镐；镞形器+锥形器+雕刻器+长石片）和八大技术特点（多为阔大于长的横石片为素材，使用锐棱砸击法制片，台面经过修理，以压削法在石片上进行细致的二次加工，有两面器技术，使用两极法如石核中有一类在形态上类似东南亚勒瓦娄技法削离石片的龟背型石核和在形态上有接近东南亚苏门塔勒式的石核和技术）[2]。可以说，"这是一个全新的组合，许多以前无法研究有关打制石器加工技术的系统发展流程都有希望在此得以解决”。可以预见，“该遗址的进一步发掘和研究，对了解和解决岭南以及中国南方地区旧石器文化发展的问题将有很大的帮助。”[3]

我认为，由它构建起来的社会面貌用“南蛮不蛮”四个大字来表达是最贴切的了。

二

今天，我们所处的时代是交叉科学时代，研究者要复原具体地区及其群体的历史是离不开多学科和跨学科合作的[4]。

我清楚地记得2000年7月28～30日在四川广汉市召开“殷商文明暨纪念三星堆遗址发现七十周年国际学术研讨会”的盛况。会上各国的专家对三星堆遗址及其文化进行了考古学、人类学、历史学、民俗学、宗教学、神话学、冶金学、地理学等多学科的交叉研究[5]。会后出版了由宋镇豪、肖先进主编的《夏商周文明研究五·殷商文明暨纪念三星堆遗址发现七十周年国际学术研讨会论文集》[6]，有力地推进了地方史研究的发展。

今天，研究者们要探究上述深涌黄地峒遗址的主人及其族属等历史原貌，首先要重视与探索华南地区历史面貌有密切联系的分子人类学的研究成果。上海复旦大学现代人类学研究中心李辉博士根据数据的主要成分分析得到百越民族系统遗传结构有三个特点：

1. 百越有单起源的遗传学迹象，可能大约三、四万年前发源于广东一带，而后慢慢扩散开来；

2. 百越二分为以浙江为中心的东越和以版纳为中心的西越；

3. 百越群体在发展过程中曾经由广东向东北、西北、西南三个方向迁徙[7]。

可喜的是，我国从事南方民族史的学者根据李辉博士的提示，已经梳理出百越族群由广东向边地迁徙的概貌。简言之，越人向西南的迁徙绝不可能是由一次或一段时间完成。大量族群迁徙的历史表明，同源的民族，分开的时间越长，语言的变异或差异就越大，相互之间就越难通话。实地接触中你会发现，在傣、壮、侗三个同源民族之间，广西壮族与千里之外的西双版纳的傣族语言相对更接近，而与紧联的贵州侗族，语言却差异很大。从这一角度可以看出，华南越人向西南的迁徙距今天不会太远久[8]。

三

对上引百越有单起源的遗传学迹象，可能大约三、四万年前发源于广东一带而后慢慢扩散开来这一首要特点，它使我想起语言学家早就指出的地名学的知识可以捕捉历史上具体群体行踪的道理。因为地名的研究“时常供给重要的证据，可以补充和证实历史家和考古家的话。”[9]

《集韵》有云：“蛮人所居曰峒。”现今香港特别行政区辖境内仍有一批以洞或峒字的地名。例如粉岭的莱洞、上水的古洞、大埔的沙螺洞和洞梓、十四乡的大洞。这些地方，既非山洞或水洞，亦不似明清两代的洞和里，而多数是山岭地区的村落，相信是越蛮人居住留下来的遗迹。更值得注意的是在西贡北约和船湾以北山坡地区也出现一批峒字的地名，包括上引《试掘简报》遗址的黄地峒以及鸡麻峒、南山峒、观音峒、大峒、兴光峒、鹿湖峒等，它们都是在偏僻的高山地区，极可能因汉人抵达之后被迫退到山区以求生存[10]。此外，还有粉岭丹竹坑的策峒（旧称黎峒）、下策峒、大洞禾寮以及西贡深涌的南北洞（亦称牛湖塘）等等，都是古代越人或“越蛮”聚居过的地方[11]。

在香港特别行政区辖境内又有以刀耕火种为业的畲民聚居过。他们聚居过的地方都留下村名或地名。在新界地区有沙田的上下田的上下輋、大埔林村的大芒輋、沙头角莲麻坑的坪輋、十四乡的輋下、西贡蚝涌的莫遮輋、横輋、西贡北港的輋经笃、东平洲的輋脚下，以及大屿山东涌的蓝輋等地[12]。

此外，在香港特别行政区辖境内，还有不予识别的“獠疍”、“疍蛮”或疍户，又称水上疍家[13]。他们浮家泛宅散居于沿海港湾，尤以后海湾、大埔海、西贡沿岸及离岛的港湾最多，迄今新界濒海仍有名为疍家湾者[14]。

我们可以推断在香港特别行政区辖境内，在很早很早的时代是古越族的原始聚居地。除了浮家泛宅散于沿海港湾一带的疍民外，上引部乡的畲族居民无疑地是在古越族不断地向外迁徙当中从粤东地区乘虚移入的[15]。

四

黄地峒遗址的发现以及上引居民聚落的诸多峒地的出现，直接地显示了古越族的先民自距今三、四万年始就生息繁衍在香港特别行政区辖境内了。换言之，黄地峒遗址的发现直接传递和回答了上引分子人类学研究成果中第一个特点，即百越在“三、四万年前发源于广东”香港特别行政区辖境内，“而后慢慢扩散开来”的正确主张。

按《试掘简报》披露试掘10平方米出土3261件石制品推算，遗址总面积300米×150米=45000平方米，估计石制品储藏量将达到一个惊人的程度！这一惊人的数量，除了满足国内古越族地区需求之外，还有可能远销至邻近的台湾省甚或东南亚地区。

以上立论当否？请研究、讨论。

注 释

［1］吴伟鸿、王宏、谭惠忠、张镇洪：《香港深涌黄地峒遗址试掘简报》，《人类学报》2006年1期。以下行文时简称《试掘简报》。

［2］方俊明、罗京：《岭南疑是华人发源地》，《大周刊（人文版）》总625期，香港大公报编印，2006年1月30日。

[3] 同 [1]。

[4] 中国科学技术培训中心:《迎接交叉科学的时代》,光明日报社,1986 年;中国科学院、中国社会科学院:《现代自然科学与社会科学相结合》,湖南人民出版社,1986 年。

[5] 见《中国文物报》2000 年 8 月 16 日第一版。

[6] 社会科学文献出版社,2003 年。

[7] 李辉:《百越遗传结构的一元二分迹象》,《广西民族研究》2002 年 4 期;李辉、宋秀峰、金力:《人类谱系的基因解读》,《二十一世纪》2002. 71 (6) 95105,香港。

[8] 苍铭:《百越族群西南边地迁徙史略》,《民族史研究》第五辑,民族出版社,2004 年。

[9] L. R. Palmez, 1936, *Modern Linguistics*. P. 168;转引自罗常培:《语言与文化》,北京出版社,2004 年。

[10] 饶玖才:《香港地名探索》,9 ~ 10 页,香港天地图书有限公司,1998 年。

[11] 肖国健:《香港古代史》,7 ~ 8、12 ~ 14 页,中华书局,1997 年。

[12] 同 [11]。

[13] 同 [10]。

[14] 同 [11]。

[15] 参阅朱洪、李筱文:《广东畲族古籍资料汇编——图腾文化及其他》,中山大学出版社,2001 年;广东省民族研究所:《广东省畲族社会历史调查资料汇编》,内部资料,1983 年。

珠江三角洲地区先秦几何印纹观察点滴

——竹编、铜器纹样与陶器的几何形纹饰

李　岩

（广东省文物考古研究所）

［内容提要］本文主要考察了广东东莞圆洲和村头贝丘遗址的陶器纹饰，将其母体和在器表的施纹情况与现代所见竹编器物进行了类型学比较，认为陶器纹饰中的部分几何形印纹母体源自竹编器皿的纹样；同时根据两遗址不同的年代，分属于新石器时代晚期和商时期，进而指出陶器的几何形印纹自源出竹编器皿之后的历史时期，走出了自己独立发展的轨迹。

［Abstract］ The article majors in reviewing the line decoration on the pottery discovered at both Yuanzhou and Cuntou Shell relics in Dongguan, Guangdong, it compares the styles of the pottery and the decorated lines they carry on the surfaces with the modern bamboo wares ever seen, thinks that part of the geometric printed lines of pottery comes from patterns of bamboo wares; while further points the geometric printed lines on pottery developed its own way independently since the historic period it came out of bamboo wares, according to the different ages the two relics existed, of which one is in the late Neolithic age, the other in the Shang Dynasty.

去年年底，笔者有机会到“中国竹子之乡”的怀集县进行田野考古工作，在田野考古调查过程中，看到各种竹编的器物在人们日常的生产生活中广泛制作和使用，通过观察，发现竹编器物所形成的器形和外表纹样与几何印纹有不少相似之处，因此，在县博物馆有关同行的帮助下，就有意识收集了部分竹编器物的资料，以便日后的研究。这就是本文的缘起。

本文所以称为竹编和几何印纹一、二，是由于谈涉及竹编和几何印纹两方面的关系，但并不是十分系统，而是一些不成熟的、零星的看法和观点，应当说，所谓几何印纹与竹编纹样之间的关系，远远不止文中所及，特别借助本次大会的机会，以求得方家指正。

一

竹编器物由于保存困难，在考古发掘中所见稀少，1958 年，在钱山漾新石器时期遗

址出土了200多件竹编，其中大部分篾条经过刮磨加工。其后在湖北、湖南、河南等地的战国墓葬中也出土过一些竹编器皿，有席、帘、笥（箱）、扇、篮、篓、筐等。基本可以认为，在我国竹子产地，特别是南方地区，至少在新石器时代竹编器皿就得到普遍的制造和使用。现代常见用于生产生活的竹编器物主要有：用于粮食等装运的箩、簸箕；各种提篮，包括运输家禽和家畜的提篼；放养家禽的竹子栅栏；捕鱼所用的工具和鱼篓；晾晒用的箔；以及竹编的各类椅子和其他用具，如筢子、刷子等（图一—图五）[1]。从竹编的基本技法来看，主要有如下几种：

图一 箩

图二 箕

图三 用于运输家禽和家畜的提篮

图四 用于祭祀或走亲戚的提篮

1. “十”字编法：顾名思义，即用此法编织的平面效果，其竹篾相交呈十字形。即把径篾间隔排列后，编篾与径篾成垂直相交，隔一片编篾捡一片径篾。如果将径篾与编篾靠拢无缝，则编出的成品就是一个笆，如果编篾与径篾不靠拢，则编出的成品就有“井”字形的小方孔或长形孔。

图五　常用于晾晒物品的箔

图六　疏朗的十字编效果

图七　较为紧密的十字编效果

图八　典型的人字编纹样效果

2. “人”字形编法：用此法编织的平面效果，其竹篾相交呈人字形。把径篾全部靠拢，编编篾时，捡二片径篾隔二片径篾，又再捡二片径篾，以此类推。编篾每片都靠拢，不留空隙，这样，编出的图形即成为“人”字形条纹。

3. 绞纹编法：径篾按一定间隔排列，编篾二片或三片或四片或五片，按径篾空隙依法扦入，然后将第一片编篾隔二片径篾捡二片径篾再编编篾，依次编下去，这样编织出来的纹路就成“绞绳状”，箩、背篼、提篼等的口子处的“锁口”通常都用这种编法。

4. 菱形纹编法：用四片径篾相互交叉，然后在交叉处编入编篾，这样形成的图形，就

图九　绞纹编法效果之一

图一〇　绞纹编法效果之二

成菱形，如果增加两条竹篾则还可以编织出六边形的纹样来（图六—图一一）[2]。

在一件竹编器皿上，上述技法通常是结合使用的。其中“十”字编法、“人”字形编法、菱形纹编法常用于底部和器皿壁的编织，而绞纹编法则常用在收口时使用。

以竹编的角度而言，现在我们所说的十字也好，人字也好，这些名称的产生显然无法与技法产生的年代同日而语，但是这里反映出后人对竹编纹样组成要素的理解：其纹样组成要素是基于线形而产生的，这与竹编依靠竹篾为原料不无关系。如果说加入了后人的意识，那就是用十字、人字这样的文字来描述其象形。

图一一　菱形纹编法的典型效果

竹编四种基本技法所产生的纹样效果，通过两个遗址的材料进行对比使我们可以清晰地看到，几何印纹为装饰特点的陶器纹样与其具有很大的相似性。

二

由于笔者目前正在进行东莞进行村头遗址[3]的整理和报告编写工作，因此，与竹编纹样进行对比的资料主要来自该遗址；同时，也将东莞圆洲遗址[4]的陶器作为主要对比组资料。即主要考古资料限于珠江三角洲地区的发掘资料。

东莞圆洲遗址的器物被区分为一、二两期，其中第一期的陶器中，A型罐中有两件标本恰好可以复原，得以从整体角度对它们进行观摩。

标本T0301④:9。灰陶。肩部（近领端）饰两周相互交错条纹，近似曲折纹，腹上部素面，下部饰长方格纹。标本T0303④:4为交错的条纹与方格纹组合纹（图一二）。

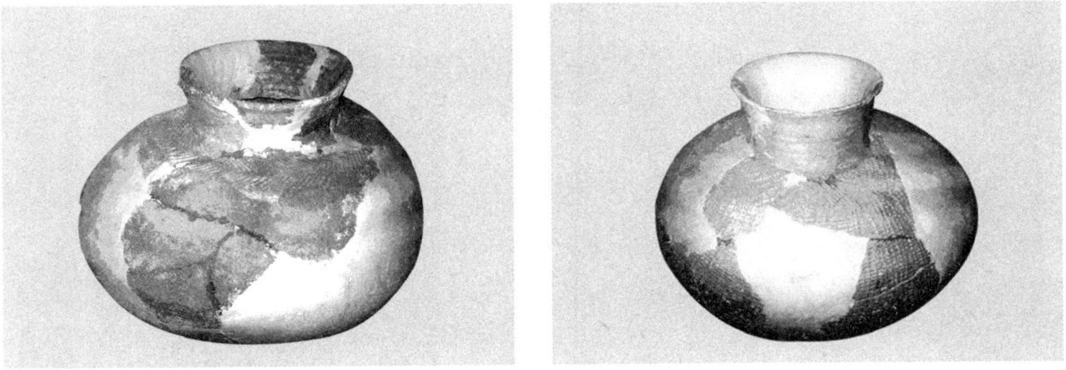

图一二 东莞圆洲遗址标本T0301④:9、标本T0303④:4

这两件标本，特别是标本T0301④:9。如果与竹编盛储器比较，那么，两者的相似之处也是显而易见的：竹编编盛储器的壁与收口，通常采用的是两种技法，特别是收口部位的技法，与底部和壁部明显不同，从箩的情况即可看到这种情况。陶器口沿或领部是其陶质盛储器自身的造型，而其肩部，尤其是近领或沿部的器身部分装饰则与竹编收口技法与壁部技法所产生的纹样相似——近领端肩部的条纹或直线对应收口绞纹编法所产生的纹样；而两标本的方格纹则对应十字编所产生的纹样。笔者作出如下推论：圆洲一期陶器的装饰风格有取材于竹编器皿的做法，甚至达到直接模仿竹编纹样的情况——近领端的直线和条纹与器壁的方格纹组合；而且，不同的纹样直接模仿竹编纹样——直线和条纹与绞纹编法纹样、方格纹与十字编纹样。需要说明的是，不是所有陶器的条形纹样都与竹编收口纹样相关，而是还要观察其具体装饰的部位。

东莞圆洲遗址第一期的面貌与鱿鱼第一期[5]、三水银洲第一期[6]址相关遗存相似，而年代也大体相若，距今4000余年。

我们再看看村头遗址陶器纹饰的情况。

图一三　东莞圆洲遗址标本 T0301④: 9 局部，类似竹器收口绞纹编的纹样

图一四　村头遗址部分菱格纹的变化

与竹编纹样相关联的纹样主要有：曲折纹、方格纹、菱格纹、席纹（编织纹）、梯格纹等（图一三—图一六）。

在村头遗址中，已经基本看不到东莞圆洲遗址第一期那样模仿竹编盛储器的组合纹饰了，但是，组合纹饰这个传统仍然保留了下来。其他的相关纹样也发生了明显的变化。

曲折纹流行，根据不同器物种类和个体大小，组成曲折纹的线段粗细多样，基本与器形的大小成正比；同时，线段间的宽度也有疏密之差。其在器物上拍印的方向基本是沿水平方向成行排列。

变化最多的是方格纹和菱形纹样。

图一五 村头遗址部分方格纹和变化

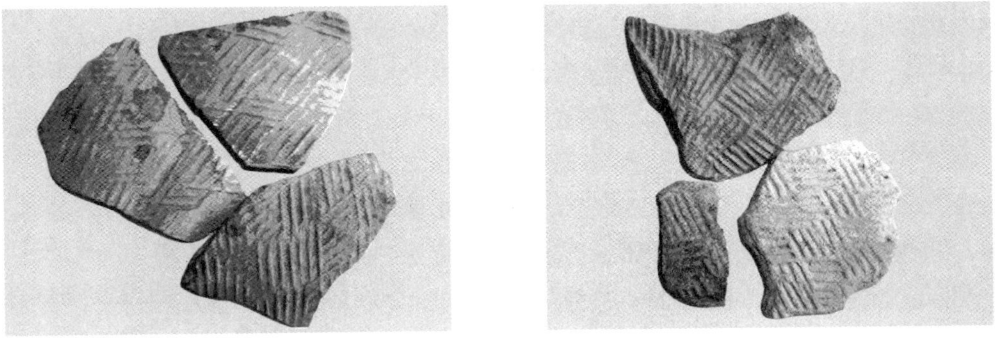

图一六 村头遗址部分席纹和变化

方格纹在竹编器中，是十字编方法产生的纹样。其基本造型是接近正方形或矩形，当竹篾宽度相等，编织时经、纬篾间距离相等时，呈近正方形的网格分布；当竹篾宽度不等，或编织时经、纬篾间距离不等时，则呈现矩形网格分布。在村头遗址所见的方格纹常见这两种形态，装饰的器物主要在各类凹底或圈足罐器表，有的从领部以下，有的从肩部以下通饰全身。拍印时在器表的排列并非完全沿水平或垂直方向，推测与工匠施印时手的姿势相关，倾斜拍印相对顺手，但是，通过对器表观察，构成方格纹类的线条基本是沿90°方向两两相交；而菱格纹类则两两相交的角度或大于90°，或小于90°。在此基础上，方格纹出现多种变化，有以线条构成的长方格纹，双线或多线方格纹，或者在方格内填加圆圈，或者加对角线，还见有少量以凸、凹方块以四方连续方式构成的方格纹。菱格纹的情况与方格纹类似，基本造型是平行四边形图案，有单线构成的，类似平行四边形的菱格纹，有以线条构成的双线或多线菱格纹，或者在方菱格内填加圆圈，或者加对角线等样式。在器物表面的分布也同于方格纹的做法，拍印仍然是倾斜的排列，但通过一个陶拍留下的印记还是可以与方格纹区分开来的。

根据现在的认识，梯格纹似乎被归入方格纹中更合适些，因为它的基本构成要素，可以看作是直线组成的矩形，只是施纹的拍子中，将一组纹样刻画为一到两个纵列，看起来像梯子般而被命名。与竹编中的十字编方法纹样比较，只是经线的距离大于纬线的距离，并且将经线或纬线方向中的一条突出出来，没有做相互交叉处理，仍然可以看作是源于十字编纹样的产物。

席纹的情况从其线条相压的状况分析，应当与竹编中的十字编纹样相同，只是它所模仿的竹编纹样是一组竹篾用十字法编织的样子。

从形态学角度看来，村头遗址陶器表面的梯格纹和席纹与竹编纹样的初始状态更为接近，而方格纹与菱格纹则在陶器纹饰的发展轨迹上向前迈进了，从与十字编和菱格编接近的形态演变出增加了对角线和圈点的造型，或者从某种意义上可以说这时的陶器之方格纹与菱格纹从学习竹编纹样，逐步演变为陶器装饰艺术的构图。诚然，由于没有系统的排队，这两种陶器纹样的原初状态的具体形制还不能完全肯定，但从逻辑的角度已经展现了从模仿到走出自身特点的轨迹。

村头遗址的年代为大约距今 3000 余年，明显晚于东莞圆洲遗址第一期遗存的年代，但它们都存在着几何印纹的装饰传统，或许分别代表了珠江三角洲地区几何印纹传统之早晚不同的两个大的时段。

相当于广东地区浮滨[7]类型阶段时期的遗存，在珠江三角洲地区目前被得到进一步确认，比较典型的有横岭山遗址相当于商周之际的遗存，增城石滩遗址[8]，香港马湾遗址[9]的部分遗存，珠海亚婆湾第二组遗存[10]等。其陶器装饰纹样与村头及其前的相比，变得简单化，或为方格纹或为菱格纹、细席纹等，至于器表施釉者，不及粤东地区常见。该阶段的年代大约相当于商周之间至西周早期之间。

横岭山遗址[11]是另一个阶段的重要代表。以第三期为最，盛行菱格纹、夔纹、雷纹、云纹、篦点纹等。装饰风格发生了重大的转变，其年代大约在西周中晚期左右。

三

从前述简单的比较中，笔者得出如下浅显的认识：

1. 圆洲至村头阶段是珠江三角洲地区陶器几何形纹饰传统形成的重要阶段，在这个阶段之内，竹编纹样被用于陶器表面装饰大体经历从模仿到抽象两个不同阶段。

东莞圆洲遗址第一期所代表的阶段，几何印纹的组合方式和具体纹样与竹编器皿十分接近，几乎达到了模仿的程度；而村头遗址所代表的时期情况发生了变化，直接的模仿基本没有了，而且，在十字编和人字编以及菱格编纹样的基础上，陶器纹饰本身变化发展出更抽象、更复杂的几何形花纹，逐步确立了作为源于竹编又自身发展的重要地位；同时，我们也看到，并非这个阶段的所有陶器纹样都来源于竹编，由于不在本文讨论之列，暂不涉及。

2. 陶器几何形纹饰的变化与技术进步密切相关，而且技术进步也导致了人们审美观念上的变化，竹编和铜器的使用对相应阶段陶器纹样的变化产生了显著的影响。

陶器几何形纹饰的变化与技术进步密切相关所指的并不仅仅是陶器制作技术的进步，并于其他手工业技术的进步与变化关系密切。从东莞圆洲遗址第一期陶器纹饰的情况分析，显然竹编技术在当时具有重要的地位，由于保存条件的限制，考古发掘品中虽然竹编器皿少见，但从陶器中可以映射出其影响。或者说，珠江三角洲地区和南方的几何形纹饰审美传统相当部分来源于当时人们对竹编器皿审美活动的积累，并将这种积累转借到陶器的装饰与审美中去了；以这样的视觉角度观察，当铜器制作出现以后，铜器纹饰的因素，也被利用到陶器的装饰当中，横岭山遗址中，夔纹陶阶段的各种陶器装饰纹样，比较多地引入了类似夔纹、乳钉等纹样。珠江三角洲这个阶段的陶器装饰，更多地表现出一种过渡类型：从圆洲到村头时期的竹编纹样因素基本消退，而铜器的出现时间不长，从陶器纹饰特点来看，其纹样简单，而且相对潦草，加之釉陶因素的出现，同时也不像横岭山夔纹陶时期那般的使用铜器纹样。于是，我们可以粗略地看到变化轨迹上的三个明显阶段：村头遗存之前，从对竹编纹样的模仿到抽象；浮滨类型阶段的过渡以及横岭山夔纹陶阶段新兴因素注入。并且从铜器纹样被引入陶器装饰的时间进程来看，被模仿的对象出现早，而模仿的结果出现略晚，与圆洲村头阶段模仿竹编纹样的时间进程十分相似。

3. 认识方法上的意义，对于文化现象的认识既分析又总和。

通过几何印纹与竹编纹样资料的收集和点滴比较，说明人类学调查的方法对于我们理解和认识考古发掘品是可以依托的一个角度，应当说是有所裨益的，相信还有更多的空间。同时，也促使我在思考一个问题，田野考古报告中我们对遗迹、遗物的分类和描述如何能够再综合，以整体的观点和不同的角度对其进行认识，做到分析和综合的共用，避免分析、分类之后从认识者的立场将原本相互有着密切联系的遗存割裂开来。以遗物为例，这种联系不仅表现在不同质地类别的遗物的联系，还包括了不同质地类别器物的相互联系。在对这些文化现象进行认识和诠释的时候，既有分析，同时又将诸如陶器纹样的各类文化现象放在一个综合的背景和历史演变过程中加以认识和理解。

以上是笔者个人田野调查的心得，错漏难免，恳请指正。

本文写作过程中得到同行刘志远和黎雄日两先生的大力协助，特此感谢！

注　释

［1］笔者在怀集田野调查时所拍摄。

［2］同［1］。

［3］广东省文物考古研究资料。
［4］广东省文物考古研究等：《东莞圆洲贝丘遗址发掘简报》，《考古》2000 年 6 期。
［5］广东省文物考古研究等：《南海市鱿鱼岗贝丘遗址发掘报告》，《广东省文物考古研究所建所十周年文集》，岭南美术出版社，2001 年。
［6］广东省文物考古研究等：《广东三水市银洲贝丘遗址发掘简报》，《考古》2000 年 6 期。
［7］揭阳考古队：《揭阳的远古与文明》，科学出版社，2004 年。
［8］广州市文物考古研究所：《羊城考古发现与研究》，文物出版社，2005 年。
［9］香港特别行政区古物古迹办事处：《香港马湾岛东湾仔北史前遗址发掘简报》，《考古》1999 年 6 期。
［10］广东省博物馆等：《珠海考古发现与研究》，广东人民出版社，1991 年；李子文：《亚婆湾遗址及相关遗存的再认识》，《广东省文物考古研究所建所十周年文集》，岭南美术出版社，2001 年。
［11］广东省文物考古研究所等：《博罗横岭山》，科学出版社，2005 年。

边疆考古特色：追踪文化遗存的创造者

——珠江水系岭南前几何印纹陶文化遗存分析

赵善德　黄小茜　饶晨

（暨南大学历史系）

［内容提要］本文分析了珠江水系岭南前几何印纹陶诸文化遗存，并估算其创造者的人口规模。认为距今7000年前后，随着“大西洋期”的到来，以“甑皮岩人”为主体的洞穴先民向旷野扩张，其中部分向东北迁徙（如广西的晓锦）；另一部分向南迁徙。向南迁徙的一支到达西江上游的浔江一带，最后再顺水南下到达珠江口岛屿，创造了咸头岭文化；另一支到达西江上游的封开一带，最后再东进到达今粤北一带，创造了石峡遗址第一期文化遗存乃至第二期文化遗存（石峡文化）。由此，本文初步回答了岭南考古的三个问题：洞穴先民的去向；咸头岭文化的起源；石峡文化的“来龙”。并由此获得启示：先秦岭南缺乏延续时间长的大遗址（地广人稀）及野生资源丰富，支持以采集和渔捞谋生方式为主的人们频繁游动；“大西洋期”珠江水系岭南地区的野生资源种类互补及季节性波动小，但水文与地貌变化致使其生态环境发生较大的变迁，又支持生态环境并不迫使人们恒久定居。进而认为当我们结合生态环境的变迁，留意追踪文化遗存的创造者，将更易于发掘蕴藏于文化遗存中的文化信息，加深理解文化形成时期的发育规律。

［Abstract］This article tries to analyze the cultural relics of potteries with pre – geometrical styled veins in Lingnan of the Pearl River drainage region, and then to estimate population of its creators. The analysis reveals that the primitives in caves, with the people of Zengpiyan as its majority, moved out to weald as the coming of the Atlantic Period. Some of them migrated northeastward (for example to Xiaojin in Guang Xi Province), and others migrated southward. One tribe of the latter part arrived in the region of Xun River, the upper part of Xi River, reached the islands at the end of the Pearl River down the river to the south, and then created the culture of Xiantouling. Another tribe firstly arrived in the area of Fengkai in the upper drainage region of Xi River, then migrated eastward into the northern part of Guangdong Province and created the first period or even the second period of the culture of Shixia there. So that, this article puts forward solutions to the three problems of Lingnan archaeology, that is, the destination of the primitives in caves, the origin of the culture of Xiatouling, and the headstream of the culture of Shixia. And it also reveals that there were few long – lasting and spacious sites but abundant wild resources in Lingnan (as a result of less people on large land), before Qin Dynasty. Such environment allowed people to make a wandering living mainly by gathering and fishing. The natural species in Lingnan of the Pearl River Drainage region were complementary and its seasonal fluctuation was less serious, but the ecological environment changed a lot as the hydrological condition and landscape changed. Such conditions didn't encourage people to settle down permanently. These remind us that it will be easier for us to discover the information hided in the cultural relics and get a deeper apprehension of the development rules of a culture during its formation period, if we pay attention to search the creators of cultural relics by analyzing their ecological environment.

梳理先秦珠江水系岭南地区的考古资料发现，总体特征有二：一是遗址的分布具有时、空集结性。即某一时段某一子地理单元（指岭南区内下位的自然地理单元）的文化遗存丰富，其他子地理单元贫乏；下一时段另一子地理单元的丰富，其他子地理单元贫乏。二是缺乏延续时间较长的大遗址，难于追寻考古学文化的来龙去脉（表一）。从理论上说，先秦岭南地广人稀；野生资源丰富、种类互补、季节性波动小；最后冰期和冰后期期间珠江三角洲区内的水文地貌变化颇大等等。这对于以狩猎、采集和渔捞为生计方式的先秦岭南先民来说，当人口达到最高容量而生产报酬不能增长时，人们多采取扩张[1]的手段去降低输出量而提高输入量。扩张就意味着人口游动迁徙。一个人群，游动迁徙到新的生态环境里去谋生，假如新地点没有另一个人群居住，会出现这样的情况：其文化既受新的生态环境的制约，又受传统文化的影响，而使新文化既与生态环境又与传统文化存在着千丝万缕的联系；假如新地点存在着另一个人群，则因为不同传统文化面对相同的生态环境也会有不同的适应策略，而使同一环境中的新、旧文化既有区别又有联系。辨清联系和区别，对深入分析和充分理解考古资料大有裨益。要做到这一点，追踪人——文化的创造者，是最好的切入点。本文以珠江水系岭南前几何印纹陶文化遗存为分析实例。

表一 文化遗存分布密集度的变化

子地理单元 / 遗存分布 / 时间	五岭南麓	珠江三角洲冲积平原	珠江三角洲网河平原北部	珠江三角洲网河平原南部
11000～7000 B. P	较密集、较丰富	海进沉没	海进沉没	海湾岛屿上有零散分布
7000～5000 B. P	个别、贫乏	个别、贫乏	个别、贫乏	丰富多彩的咸头岭文化
4800～4300 B. P	内容丰富的石峡文化	个别、贫乏	个别、贫乏	衰微的咸头岭文化
夏商西周时期	较密集、较丰富	个别、贫乏	密集、丰富	较密集、较丰富
东周时期	较密集、较丰富	密集、丰富	较密集、较丰富	衰微的几何印纹陶文化

一　珠江水系岭南前几何印纹陶文化遗存

珠江水系岭南地区，主要指两广地区，但不包括广西的桂林、柳州、南宁一线的以西地区，以及广东的梅江和韩江流域地区（图一，阅读以下各节时，请参考此图）。

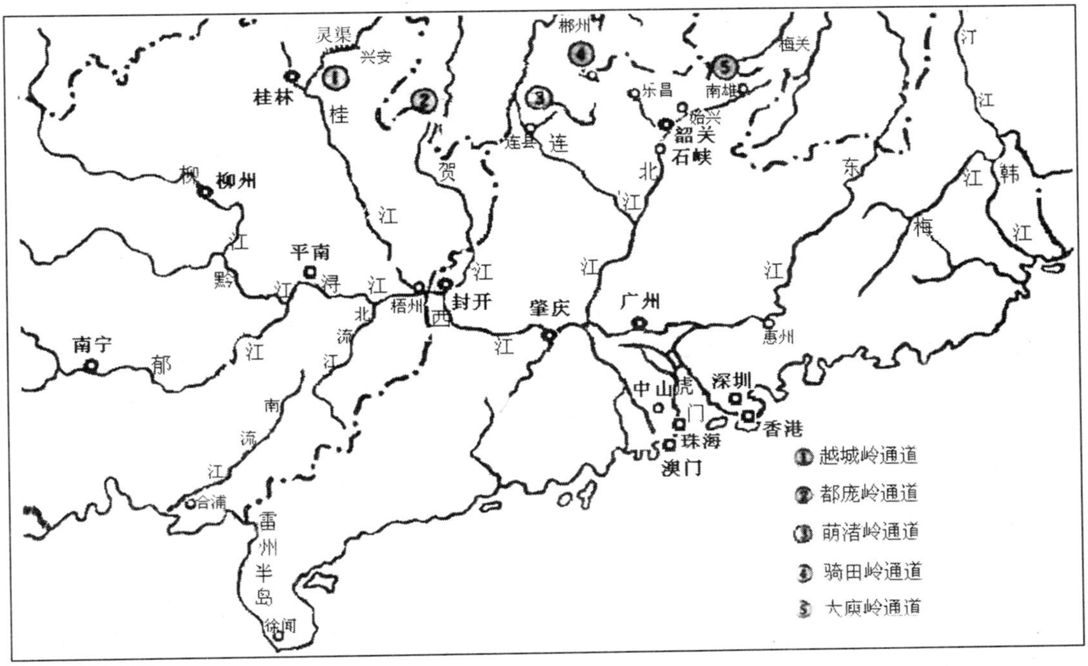

图一　珠江水系岭南地区略图

“印纹陶作为一种文化不妥，但作为一种重要文化特征因素，存在于中国东南几省，从新石器时代一直到秦汉时期确是事实。可以把它作为一把‘钥匙’，帮助我们打开探索中国这一重要地区从原始社会到秦汉以前重要历史课题的大门。”[2]我们使用“前几何印纹陶文化遗存”之称谓，仅在便于从总体上认识珠江水系岭南地区先秦的文化遗存。

珠江水系岭南地区的“几何印纹陶文化”，何时发生、其过程如何，尚待利用最新的考古资料（例如高明古椰遗址）进一步梳理和分析以往的考古资料。目前的认识是：约在距今4000年前后，多元起源[3]。因此，前几何印纹陶文化的文化遗存，涉及新石器时代发端至距今4000之前的考古资料，一般不包括“贝丘遗址”。主要的文化遗存有：桂林甑皮岩及广西地区与之相关的文化遗存、蚬壳洲及粤西北地区与之相关的文化遗存、石峡遗址第一期第二期及粤北与之相关的文化遗存、咸头岭文化的文化遗存。下面按“追踪文化遗存创造者”的思路阐述这四批文化遗存的基本内涵，再于此基础上说明它们的关系。

二 咸头岭文化遗存

在今珠江三角洲南部发现了一系列遗址，包括增城市的金兰寺，东莞市的万福庵和蚝岗[4]，深圳市的咸头岭[5]、大黄沙[6]、大梅沙[7]和蛇口赤湾[8]，香港特区的大湾[9]、涌浪[10]、春坎湾、蟹地湾[11]、铜鼓和深湾[12]，中山市的南朗龙穴[13]，珠海市的后沙湾[14]、草堂湾[15]、万山群岛东澳岛南沙湾[16]和东澳湾[17]，澳门特区的黑沙湾[18]和路环[19]等。鉴于这些遗址所出的文化遗存具有自生特点，年代又在距今6500～5000年间，故有学者将这个文化遗存群命名为咸头岭文化（图二、三），并进行考古学方面的分析[20]。2004和2006年，深圳考古工作者对深圳咸头岭遗址进行了第四次和第五次发掘，由于发掘者的出色工作，可将该文化的年代初步甄定为距今7000～6000年间[21]。

目前还很难说明咸头岭文化的来源。因为一般认为，最后冰期时南海海平面低于现今100多米，冰后期海平面迅速上升，至距今6000年左右，则略高于今。在今珠江三角洲，海水入侵北达广花平原，东至东莞，因此除丘陵山地外，大部分平原地区为大约20米水深的浅海环境[22]。也就是说，当冰后期海进高峰到来之前，可能有远古先民在今珠江三角洲平原（当时为大陆架平原）活动；但随着海进，他们上溯到了南岭山地。由于原地的丘陵山地变为大海中的孤岛，谋生空间有限，即使有部分人高迁至此[23]，也不会有太大的发展潜力而创造出丰富多彩的咸头岭文化。

当无法解释一群遗存的来源时，我们自然把眼光转向更大空间、更早时段的文化遗存中去。针对咸头岭文化的来源，我们曾在20世纪90年代推测来自“珠江三角洲中、北部”[24]。之所以产生这不全面的结论，乃当时高要蚬壳洲的材料尚未发表，曲江石峡遗址的材料也没有系统整理，而未将其中的第一期文化遗存甄别出来。后来，何介均教授认为乃湖南沅江先民进入西江水系，把诸如白陶制作技术等带到了（引者注：作者仅指文化交往）网河平原南部[25]，给我们予启示。但深究之，长江水系的沅江由南向北流，西江水系的融江、桂江由北向南流，既有难于逾越的分水岭阻挡，之间又相隔千余里，路途遥远。并且，从生态环境的角度考察，南岭山脉是中国南亚热带与中亚热带的天然分界线，南北的气温、水文和植被等差别极大，是南北生物分布的一条重要界线[26]。假如仅根据某些文化遗存的相似，便判断是工程巨大的人群迁徙，是否妥当？于是我们梳理了岭南的考古材料，有了一些发现。

三 桂林甑皮岩及广西地区与之相关的文化遗存

桂林庙岩洞穴的文化遗存，约当13710±270～12730±370年间，未发现更晚的与之衔接[27]。临桂县大岩洞穴[28]共有6期的文化堆积，从旧石器时代晚期至新石器时代中期

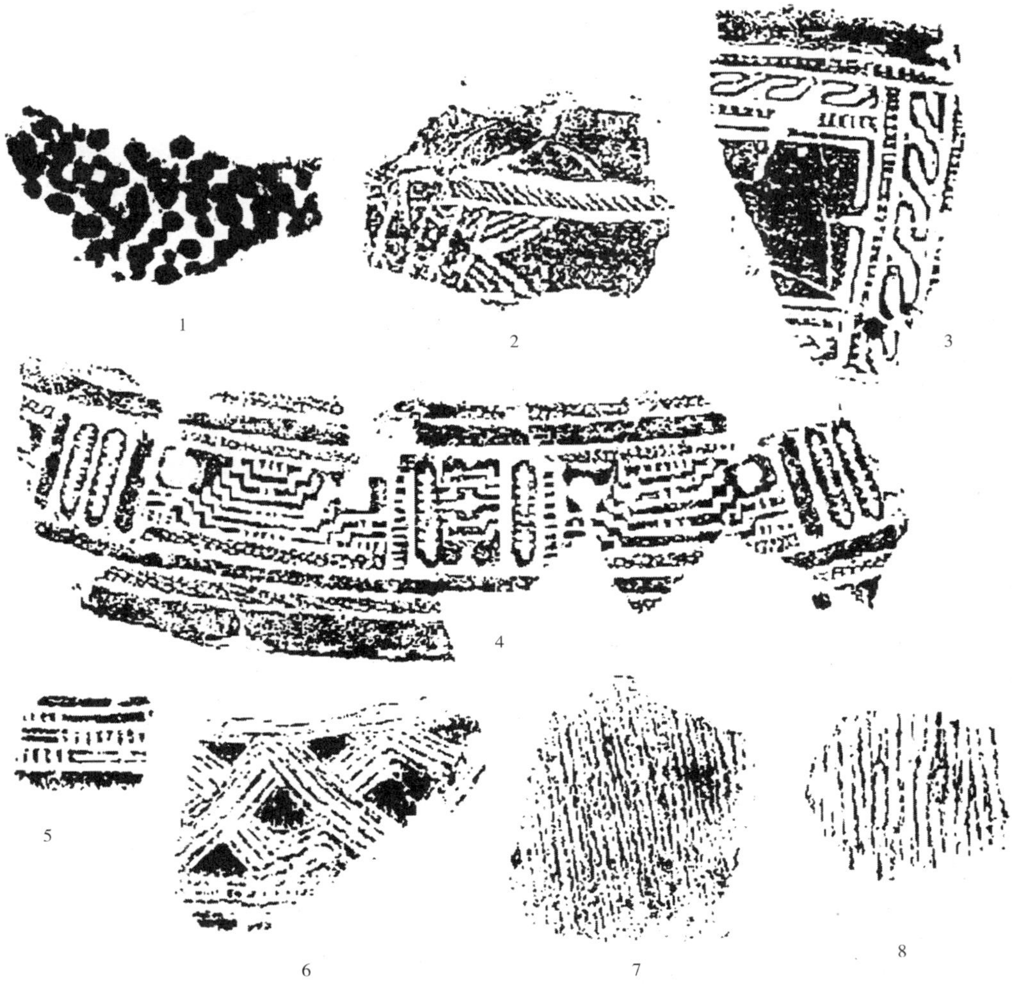

图二 咸头岭文化典型纹饰

1. 陶器纹饰拓片（采自注释［37］，图五，13） 2～4. 陶器上的浅浮雕图案（采自杨耀林：《深圳咸头岭史前文化遗存初步研究》，《广东省文物考古研究所成立十周年纪念文集》，图五，广东美术出版社，2005 年） 5～8. 深圳大黄沙遗址第二层陶器（采自朱非素：《试论石峡遗址与珠江三角洲古文化的关系》，图四，13、14、17、21，出版信息同上）

的前 5 期都衔接得比较紧密，但第 6 期的文化遗存已相对贫乏；并且，第 5 期中的绳纹陶、篮纹陶、刻划纹陶等，一方面与咸头岭文化的相似，同时又与第 6 期的方格纹陶（几何印纹）衔接不上。又结合甑皮岩[29]的材料（图四、五），可知桂林一带虽然从旧石器时代晚期的较晚阶段至新石器中期，一直有文化踪迹可寻，但大约在距今 7000 年前后就“断裂”了。一个偌大的桂林地区，延续了数千年的文化突然断裂，是否意味着文化主人的迁徙呢？实际上，顺桂江水东南下，安全性极佳，毫无风浪之苦，远比同属咸头岭文化珠江口东西两岸人们的交往容易和安全，只要利用最简单的水上运载工具（以往我

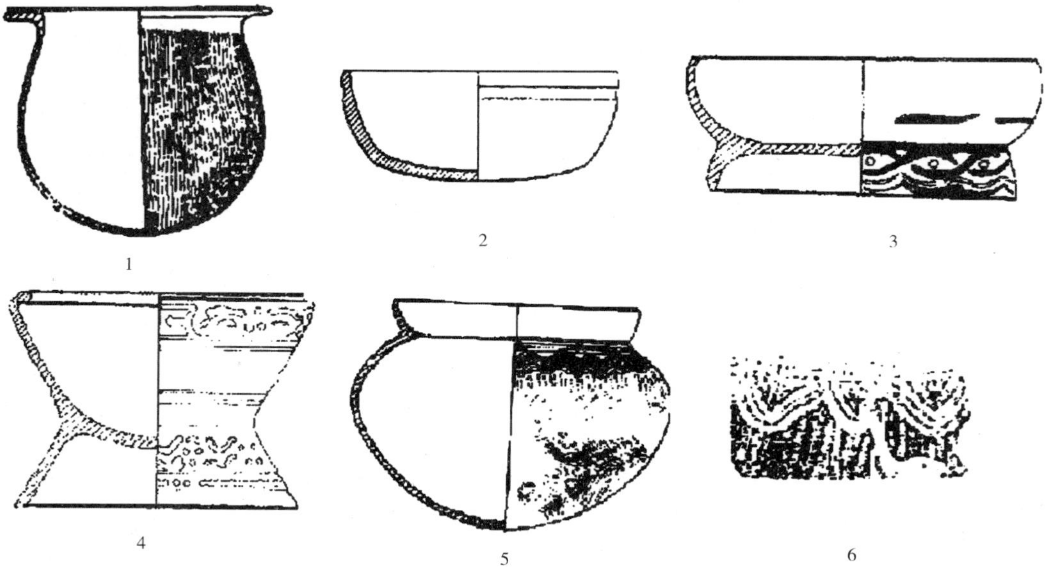

图三　咸头岭文化典型器物

1. 陶罐（采自上揭朱非素文图一，2）　2. 陶盆（采自上揭朱非素文图一，5）　3. 彩陶圈足盘（采自上揭朱非素文图二，6）　4. 白陶圈足盘（采自上揭朱非素文采自图二，8）　5. 釜（采自上揭朱非素文图六，1）　6. 纹饰（采自上揭朱非素文图六，8）

们曾分析推测咸头岭文化可能有船）[30]，现年代较其略晚的高明古椰遗址已有船桨被发现，可为有力佐证）即可直达梧州，进入西江。

特别是，当我们带着这个疑问去查阅广西平南县石脚山遗址[31]的材料时，疑问顿释：该遗址位于浔江（西江上游）支流白沙河岸边，采集到新石器早期的文化遗存；发掘出土的细绳纹、刻划纹、“纺轮状器”等（图六），却与咸头岭文化的文化遗存极为相似（白衣黑彩绘着圆点和圆圈组合纹的泥质灰陶片不一定属于此列）；也存在相当于“几何印纹陶文化”早、中期的文化因素（粗犷的几何印纹、鼎、斗笠（锅盖）状纺轮、圈足器等）。可知这里早在新石器早、中期就与桂林地区有所联系，但也在后来出现了文化的“断裂”，然而断裂前夕的文化遗存已经与咸头岭文化有所联系了。

在距今 11000 ~ 7000 年间的南岭山地，植被和气候经历了三个阶段的变化：疏林、温湿偏凉→阔叶植物为主的针阔叶混交林、暖热潮湿→针叶植物为主的针阔叶混交林、温暖稍干[32]，实有资源日渐匮乏的嫌疑。桂东北地区还有一个水生资源变化的问题：距今 6500 年前后海进达到最高峰时，由于海水的顶托作用，河流入海口的水域范围发生过变迁，因此历史地理学家在“珠江三角洲演变图”上是这样画的：崖门—开平水口—江门—鹤山—高明明城—肇庆金利—肇庆—芦苞—黄埔—增城石滩—东莞企石—莞城—东莞长安—深圳南头[33]。也就是说全新世早期上述地区临近江河的入海口，而随着海平面稳定和现代珠江三角洲的日渐形成，就逐步变为江河的中游了。众所周知，临近江河入海口区

图四　甑皮岩第五期遗存常见纹饰

1～5. 采自注释［29］《桂林甑皮岩》（下同），图八二，1、2、6、7、17　6、7. 采自注释［29］，图八三，2、5　8、9. 采自注释［29］，图八五，3、4

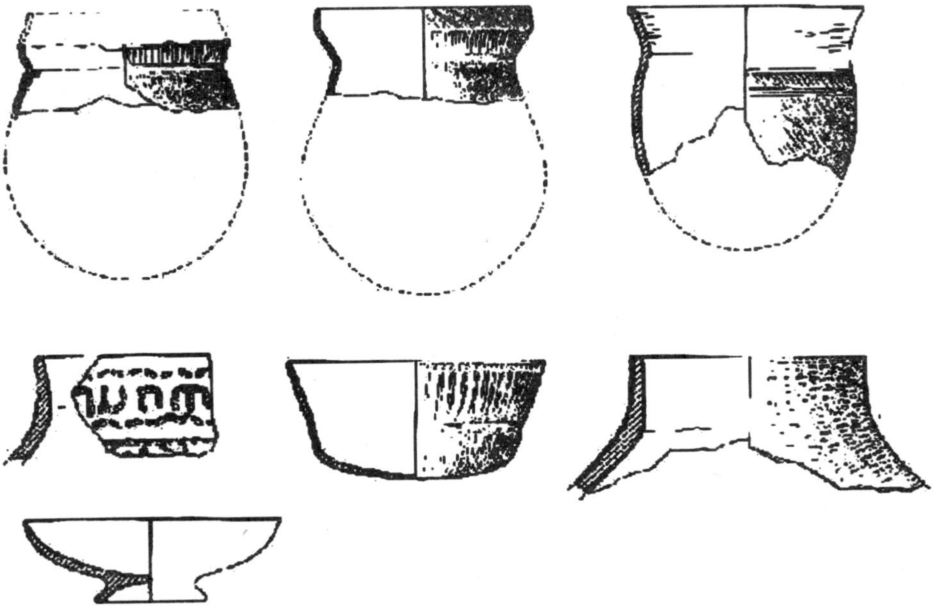

图五　甑皮岩第五期遗存典型器物

（采自注释［29］，图一八七）

域中易于渔捞的水生资源，远比中游区域要丰富得多。所以说在距今7000年前后，这里的水生资源也逐渐由丰富向相对贫乏转变；反之，今珠江口沿岸及其岛屿上的“沙堤—泻湖生境”也随之发育，这种小生境中的水生和陆生资源均非常丰富和易于攫取，人类

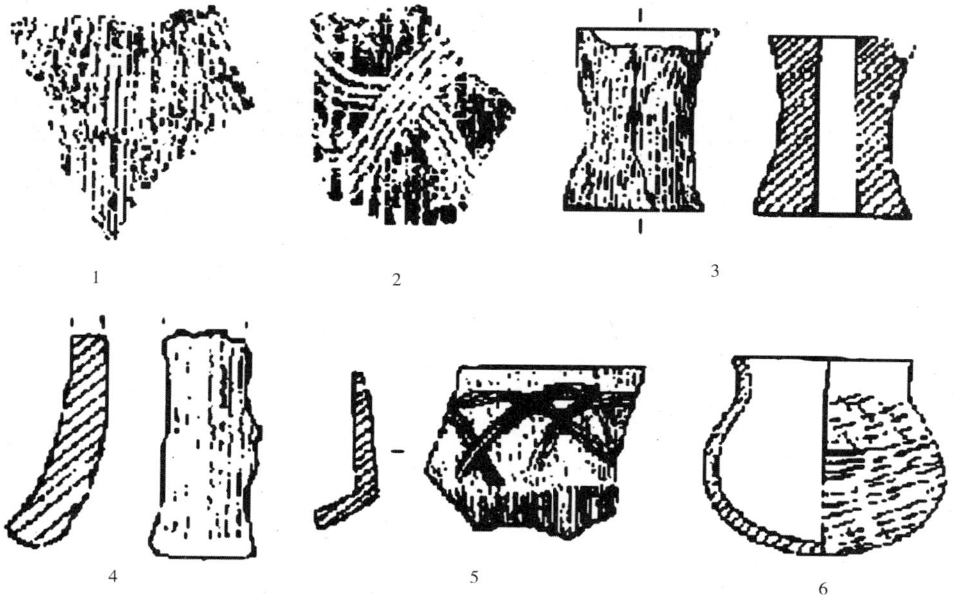

图六 石脚山遗址的陶器

1. 细绳纹（采自注释［31］，图四，10） 2. 划纹与绳纹组合纹（采自注释［31］，图四，14） 3、4. 仿轮状器（3采自注释［31］，图五，2；4采自注释［31］，图五，14） 5. 罐（采自注释［31］，图五，12） 6. 釜（采自注释［31］，图五，16）

所需要的蛋白类、维生素类和淀粉类食物种类互补，各种资源的年周期性波动小即季节性互补，是发展狩猎采集经济的得天独厚之地[34]。进而言之，生态环境的变迁也引发人们向东南迁徙。

问题已经比较清晰了，从文化特征、迁徙路线和生态环境的转变等方面考察，都支持人口的迁徙。但假如人群规模太小，则迁徙说很难成立，下面作人口规模的分析估算。

根据《甑皮岩遗址墓葬登记表》（即《桂林甑皮岩》附表四），1965～2002年甑皮岩共发掘了32座墓葬。2001年的4座中属于第四、第五期的各2座；1973年的23座中，“从埋藏深度来看，较深的墓葬主要位于D（引者注：当为B）T2的西北部，如M5～M7，其年代大体在第四期之前；BT2探方未掘至生土，不排除存在早于第四期墓葬的可能。但BT1、BT3、DT1H和DT3已掘至生土，这些探方中的墓葬埋葬较浅，其年代应较晚，大体属甑皮岩遗址第五期。”[35]根据这段文字又参考《甑皮岩遗址墓葬平面分布示意图》（即《桂林甑皮岩》图一七），把探方BT2中1973年的7座墓葬排除出第五期，由于已知的第五期墓葬多分布在靠近洞口的南面，而1965年的发掘区在靠近洞内的北面（据《桂林甑皮岩》图一〇），故可认定1965年的5座墓葬不属于第五期。这样，桂林甑皮岩第五期墓葬数目＝32－2－7－5＝18（座）。第五期的年代为距今约8000～7000年间，但不能说在这1000年间只有18个死者，当时以狩猎、采集和渔猎为生业，游动性大，能将具有血缘关系的18人集中埋葬在一起，时间跨度不会很大。若估计为30年，这群人的年死亡人数＝18人÷30年＝0.6人/年。又估计这群人的死亡率为20‰，那么，常住人口＝年死亡人数÷死亡率＝0.6人÷20‰＝30人。若估计死亡率不变，时间跨度为20年或10年，则人群的规模为60人或90人。还有一种非常规的估算，那就是撞上天灾，这18人是在2～3年间死亡的[36]，那也得有2倍于死者的人群才可能将这18人集中埋葬在一起。这样，常住人口＝18×2＋18＝54（人）。综之，估计甑皮岩人群在走出洞穴之时约有60～90人是可接受的。如果这个人群的大部分东南迁，筚路蓝缕，足以创造出内容丰富的咸头岭文化。

四　蚬壳洲及粤西北地区与之相关的文化遗存

广东高要蚬壳洲文化遗存[37]的特征相似于“后沙遗存Ⅰ期”[38]者，即咸头岭文化中较早者（而不是属于较晚的“后沙遗存Ⅱ期”），这说明两地具有某些相同的文化因素。蚬壳洲共发掘墓葬24座（包括试掘的3座），有1墓为3人合葬，2墓为2人合葬，则共有28个个体。有13座墓葬开口在④A层下，从《简报》所举例的M19、M20、M28、M32、M17中得知，墓葬的填土中均“夹杂部分贝壳碎屑”，而④B层“为黄褐色黏土和贝壳层，贝壳所占比例较大”，因此这13座墓葬应当打破④B层。有5座开口在④B层下。同时墓葬间还有3组打破关系。另外从举例的墓葬中还看到，5座开口在④A层下的均为“躯体蜷曲极甚”的屈肢葬（蹲踞葬）。2座开口在④B层下的墓葬则只是下肢收曲的屈肢葬。因此说，这些墓葬还是可能分期的。由于出土遗物实在太少，《简报》未分期，不过即使分期了，文化期之间的年代和文化相也不会断裂。若按照甑皮岩的常规计算法，这里的常住人口也应当是60～90人。

上面的分析不但支持距今7000年左右桂林地区先民的绝大部分东南迁，还说明了今高要地区是这支“移民”的重要中转站（因为迄今尚未在高要蚬壳洲附近发现其后继文化遗存）。

五　石峡遗址第一期第二期及粤北与之相关的文化遗存

桂林的移民还可能有另外一支。

20世纪70年代已有学者观察到石峡遗址中存在早于“石峡文化”的文化遗存[39]。1998年开始系统整理石峡遗址材料时，吸收了近年的考古研究成果，正式把这一期的文化遗存甄别出来，称之为“石峡遗址第一期文化遗存”。其中没有见到彩陶，但白陶器盖、泥质灰褐（或红褐）陶的圈足盘和直沿溜肩垂腹罐以及粗（或细）绳纹、刻划纹、篦点篦刷纹、旋纹、阴线圆点圆圈纹、镂孔纹等纹饰，确实与“后沙遗存Ⅱ期”的相似

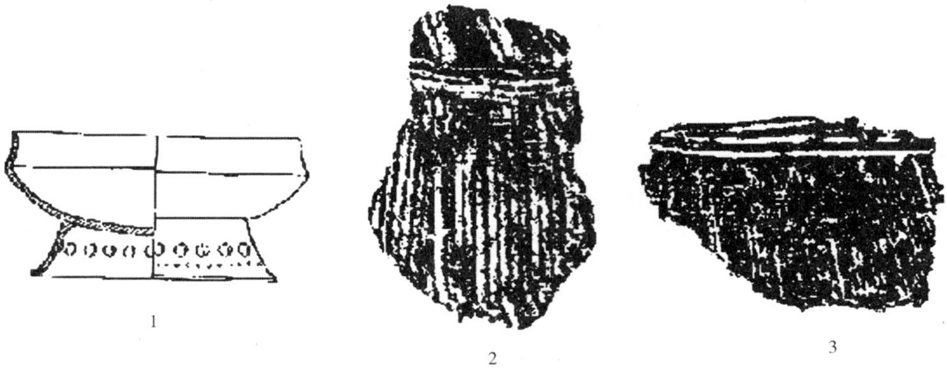

图七 石峡遗址第一期遗存部分陶器

1. 圈足器（采自上揭朱非素文图五—1，12） 2、3. 石峡第一期文化遗存陶器纹饰（采自上揭朱非素文图五—2，4、9）

（图七）。如果考虑到移民，从空间上的高要蚬壳洲和时间上的"后沙遗存Ⅰ期"迁徙演变到石峡的"后沙遗存Ⅱ期"，本来也可理解。但更大空间地往上溯，则可看到这样一条路线：从桂林经过阳朔、平乐，只要到了钟山，便可顺着贺江直达今广东的封开。封开县城附近的勒竹口遗址，曾发现饰以绳纹、篮纹和素面的夹砂粗陶为主的，也即近似于"后沙遗存Ⅰ期"的文化遗存[40]。在封开县城东30公里的杏花河（贺江支流）两岸，古遗址众多，其中与石峡文化有一定关系的乌骚岭墓地，竟清理了111座墓葬[41]。这些材料表明，封开经过东面的杏花河，与其东北的石峡存在着文化交往。易言之，桂林移民中有一支经过贺江东迁到达石峡也是可能的（因为迄今尚未在勒竹口或乌骚岭附近发现其先行或后继的文化遗存）。

由于石峡遗址第一期文化遗存是系统整理材料时才甄别出来的；"石峡文化"（即第二期文化遗存）是在未及系统整理材料时就提出来的，因此到现在系统整理材料时，有些遗存（例如总体风格上相似于"后沙遗存Ⅱ期"，但圈足又比较高的圈足盘）的归属就成为问题了。其实正是这些可此可彼的材料蕴涵着文化由此发展至彼的信息。再深入思考，石峡第一期文化遗存中的器盖、圈足盘、刻划纹、阴线圆点圆圈纹、镂孔纹以及乌骚岭的三足器，演变发展到"石峡文化"的盖豆（包括子口器）、圈足盘（包括其他圈足器）、刻划纹、镂孔纹以及三足器（虽然足的形态迥异但均为三足器）也顺理成章。易言之，当我们把眼光转移到更大空间、更早时段的文化遗存上去，廓清桂林移民的基本走向时，石峡文化的来源也就略显清晰了。

石峡文化距今约4800～4300年间，正是咸头岭文化的鼎盛时期，但二者之间只有偶尔的交往，例如在咸头岭文化的文化遗存中偶尔见到石峡文化样式的器物。也许这就是"陆人居陆，水人居水"的缘故。

六 作为佐证的棠下环文化遗存

以文化人类学的角度视之，一个人群，游动迁徙到新的生态环境里去谋生，假如新地点没有另一个人群居住，新文化会出现这样的情况：其文化既受新的生态环境的制约，又受传统文化的影响，而使之既与生态环境又与传统文化存在千丝万缕的联系；假如新地点存在着另一个人群，则因为不同传统文化面对相同的生态环境也会有不同的适应策略，而使同一环境中的新、旧文化既有区别又有联系。为了辨清这种联系和区别，下面顺便考察珠海棠下环文化遗存[42]。遗址的总面积逾12000平方米，三次共发掘了1500平方米。发掘者称为新石器文化遗存的彩陶圈足盘和圆形石饼，即本文中“后沙遗存Ⅰ期”的典型器物。实际上，《简报》中的夹砂厚胎的A型钵、豆和圈足盘也应当属于该期的文化遗存。此外的其他文化遗存则为发掘者甄定为商时期。这两大期文化遗存确实存在着文化发展系列上的缺环——从目前所发现的材料看来，这种缺环在珠江三角洲南部是普遍存在的：今南海市境内在册遗址52处，可判明年代者23处，全部为晚期（即棠下环《简报》中的商时期遗存）。深圳市先秦遗址52处，内属早期（即咸头岭文化时期遗存）的遗址5处，晚期者18处。珠海市公布遗址34处，其中早期遗址5处，晚期遗址31处（2座遗址上有早晚两期遗存）[43]。并且，“连接后沙湾遗存和东澳湾遗存的中间环节尚不清楚，而且两者自身特征所存在的联系也还需要更多的材料来补充和说明”[44]。我们注意到，“后沙遗存Ⅰ期”的文化遗存“仅见于（棠下环）Ⅱ区原本靠近海湾的部分探方”，也就是靠近坡前的堆积。这些文化堆积“受到（商时期的文化遗存）较为严重的破坏”；而所谓的土著文化难于与之抗衡。为什么？唯一的解释是原住民迁徙而导致文化衰微。

为何迁徙，迁往何处？

首先是生态环境的变迁促其迁徙。由于海平面的相对稳定，在“距今4000年前后……西、北江三角洲的滨线已推至顺德县龙江、都宁、西海，番禺县紫泥、沙湾、市桥、市楼、莲花山、化龙，广州东郊南岗一带”[45]。同时也致使珠江口沿岸和岛屿的沙丘逐渐向海前延，沙质土中多生长针叶、肉茎、有刺、耐盐的或低级的沙生草本植物，泥质土壤中红树林发育，泻湖逐渐淤积成陆，资源递减[46]。但是夏商时期的网河平原北部，虽然陆地上的资源贫乏，但水域作小块零散分布，海水淡水交换频繁，水体浅，营养丰富，所以水生资源非常丰富且易于捕捞。

其次，相对应的资料也说明夏商时期“人们的主要活动转移到贝丘遗址上来了”[47]：早在咸头岭文化（大湾文化）的繁荣时期，网河平原北部只有寥寥几个小遗址[48]，而到了夏商时期，如上引资料所见，遗址密集了。

再次，说“咸头岭人”迁徙，还有文化品格的原因。如前所述，咸头岭文化的主要创造者是从桂林一带辗转迁徙过来的，因此这种文化是“移民文化”。当生态环境发生变迁时，移民文化首先选择的有效适应方式是扩张而不是强化，也不是改进技术和精细文化内部的结构。

七 结 论

先秦珠江水系岭南地区的文化遗存分布的特征，一是时、空集结性较强；二是缺乏延续时间较长的大遗址，难于追寻文化遗存的来龙去脉。我们分析了该地区的“前几何印纹陶文化遗存”，并倍加留意追踪文化遗存的创造者，以及粗略估算其人口规模。得知，距今7000年前后，随着“大西洋期”的到来，以“甑皮岩人”为主体的洞穴先民，走出溶洞向旷野扩张，其中部分向东北迁徙（如广西的晓锦遗存）。但主要一部分向南迁徙：一支到达西江上游的浔江一带，最后再顺水南下到达珠江口岛屿，创造了咸头岭文化；另一支到达西江上游的封开一带，最后再东进到达今粤北一带，创造了石峡遗址第一期文化遗存乃至部分第二期文化遗存（石峡文化）。

“大西洋期”前后，珠江水系岭南地区的野生资源丰富、季节波动性小、种类互补，但水文与地貌的变化致使其生态环境发生较大的变迁，支持人口的频繁游动，也支持以渔捞采集为生计的前几何印纹陶先民，追随水生资源丰富的地区迁徙。所以说，先民们由石灰岩地区一步一步地迁徙到珠江口岛屿，最后创造了丰富多彩的咸头岭文化，是文化与生态环境高度啮合的结果。毋庸置疑，石灰岩洞穴先民的迁徙谋生，也是一种“妄试”的过程。因此先民中的一支，最后迁徙至粤北河谷盆地的石峡遗址，是可以理解的。然而，他们在有效地适应环境的过程中，也主动植入外部文化因素（例如岭北的“樊城堆文化”），最后创造了诸如石峡文化这样的农业文明，也是文化与生态环境高度啮合的结果。

总之，根据岭南考古材料的具体情况，留意追踪文化遗存的创造者，结合生态环境的变迁，以及远古先民有效地适应生态环境的品格，去综合分析某一时间段的文化遗存，将加深理解其文化内涵乃至人类文化发育的规律。

注 释

［1］“在技术不变的情况下，投入较多的人力或使他们工作时间长一些或速度快一些，可以提高产量。如果只增加人力而不扩大进行食物生产的地域，那就是强化，但如果进行食物生产的地方按比例扩大，而每公顷或每平方公里的投入的人力不变，那么这种系统就是扩张性的，或增长性的，但不是强化性的。”见［美］马文·哈里斯著，李培茱、高地译，陈观胜校《文化人类学》，59页，东方出版社，1988年。

［2］苏秉琦：《中国文明起源新探》，73～75页，商务印书馆（香港），1997年。

［3］珠江三角洲史前遗址调查组：《珠江三角洲史前遗址调查》，《考古学研究（四）》，355～403页，科学出版社，2000年；赵善德：《虎头埔文化与岭南考古研究》，《揭阳考古》，210～216页，科学出版社，2005年。

[4] 这三处遗址的情况请参阅，a. 莫稚：《广东考古调查发掘的新收获》，《考古》1961 年 12 期；b. 珠江三角洲史前遗址调查组：《珠江三角洲史前遗址调查》，《考古学研究（四）》，科学出版社，2000 年。
[5] 深圳市博物馆：《深圳市大鹏咸头岭沙丘遗址发掘简报》，《深圳考古发现与研究》，文物出版社，1994 年。
[6] 深圳市博物馆：《深圳市大黄沙沙丘遗址发掘简报》，《深圳考古发现与研究》，文物出版社，1994 年。
[7] 深圳博物馆：《广东深圳大梅沙遗址发掘简报》，《文物》1993 年 11 期。
[8] 杨耀林等：《深圳市先秦遗址调查与试掘》，《深圳考古发现与研究》，文物出版社，1994 年。
[9] 区家发等：《香港南丫岛大湾遗址发掘简报》，《南中国及邻近地区古文化研究》，香港中文大学出版社，1994 年。
[10] 香港古物古迹办事处：《香港涌浪新石器时代遗址发掘简报》，《考古》1997 年 6 期。
[11] 巴尔德著，招绍瓒译：《香港文物志》，香港市政局出版，1991 年。
[12] 秦维廉：《南丫岛深湾考古遗址调查报告》（中文版），香港考古学会，1978 年。
[13] 李子文等：《中山市龙穴新石器时代沙丘遗址》，《中国考古学年鉴》，文物出版社，1992 年。
[14] 李子文等：《淇澳岛后沙湾遗址发掘》，《珠海考古发现与研究》，广东人民出版社，1991 年。
[15] 梁振兴等：《三灶岛草堂湾遗址发掘》，《珠海考古发现与研究》，广东人民出版社，1991 年。
[16] 梁振兴：《东澳到南沙湾遗址调查》，《珠海考古发现与研究》，广东人民出版社，1991 年。
[17] 广东省博物馆等：《广东珠海市淇澳岛东澳湾遗址发掘简报》，《考古》1990 年 9 期。
[18] 邓聪等：《澳门黑沙》，澳门基金会、香港中文大学出版社，1996 年。
[19] 邓聪等：《香港和澳门近十年来的考古收获》，《文物考古工作十年》，文物出版社，1991 年。
[20] “咸头岭文化”最先由北京大学李伯谦教授提出。后中山大学李松生教授撰文论述（《试论咸头岭文化》，《深圳考古发现与研究》，文物出版社，1994 年）。再后香港同行撰文详论并提出“大湾文化”的新命名（邓聪等：《大湾文化试论》，《南中国及邻近地区古文化研究》，香港中文大学出版社，1994 年）。
[21] 李海荣：《沙丘遗址发掘方法试探》，《古代文明研究通讯》总第二十九期，2006 年 6 月。
[22] 黄光庆：《珠江三角洲新石器考古文化与古地理环境》，《地理学报》1996 年 51（6）：508 ~ 517。
[23] 曾祥旺：《广东番禺钟存大乌岗发现的旧石器》、《广州番禺飘峰山旧时期遗存》，《南方文物》1996 年 2 期、1997 年 4 期。
[24] 赵善德：《珠海沙堤遗址研究》，《珠海考古发现与研究》，广东人民出版社，1991 年。
[25] 何介钧：《环珠江口的史前彩陶与大溪文化》，《南中国及邻近地区古文化研究》，香港中文大学出版社，1994 年。
[26]《珠江志》编委会：《珠江志》第一卷，广东科技出版社，1991 年。
[27] 以上的年代数据引自赵朝洪：《中国从旧石器时代向新石器时代过渡阶段研究的新进展》，《文化的馈赠》，北京大学出版社，2000 年。
[28] 傅宪国等：《桂林地区史前文化面貌初现》，《中国文物报》2001 年 4 月 4 日文物考古版。

[29] 广西文物工作队等：《广西桂林甑皮岩洞穴遗址的试掘》，《考古》1976 年 3 期；中国社会科学院考古研究所等：《桂林甑皮岩》，文物出版社，2003 年。

[30] 赵善德：《运用考古资料探索先秦岭南文化的尝试》，《文博》2003 年 4 期，69 ~ 75 页。

[31] 广西文物工作队等：《广西平南县石脚山遗址发掘简报》，《考古》2003 年 1 期。

[32] 王丽娟：《桂林甑皮岩洞穴遗址第四纪孢粉分析》，《人类学学报》1989 年 2 期。

[33] a.《珠江志》卷一 136 页，图 1 ~ 4，广东科技出版社，1991 年；b. 李平日等：《珠江三角洲一万年来环境演变》78 页，图 4 ~ 3，海洋出版社，1991 年。

[34] 赵善德：《几种简易的摄食方法与咸头岭文化的谋生方式》，《中国文物报》2002 年 6 月 7 日第 7 版。

[35] 中国社会科学院考古研究所等：《桂林甑皮岩》，194 页，文物出版社，2003 年。

[36] 关于天灾导致先民的多量死亡，乃受到周昆叔教授启示后的推测。周教授认为，南方溶洞的文化堆积一般均为“钙华板”所叠压，大西洋期（约距今 7500 ~ 6000 年），降水量大为增多，溶洞中渗水量和淀积的碳酸钙也随之增多，因此钙华板一般形成于大西洋期。同时在钙华板形成的过程中，溶洞中无时不在滴水，相当潮湿（即使没有形成钙华板的溶洞也如此），所以此期间的溶洞已经不适合居住，为人们所放弃。当然这也算是洞穴居民所处生态环境的“突变”，有导致人群多量死亡的可能性。

[37] 广东省博物馆等：《高要县龙一乡蚬壳洲贝丘遗址》，《文物》1991 年 11 期。

[38] 李子文：《珠海史前文化序列初论》，《珠海考古发现与研究》，广东人民出版社，1991 年。

[39] 朱非素等：《谈谈马坝石峡遗址的几何印纹陶》，《文物集刊》3，文物出版社，1983 年。

[40] 广东省文物考古研究所等：《广东封开勒竹口遗址发掘简报》，《文物》1998 年 7 期。

[41] 广东省文物考古研究所等：《封开县乌骚岭新石器时代墓葬群发掘简报》，《文物》1991 年 11 期。

[42] 广东省文物考古研究所等：《珠海平沙棠下环遗址发掘简报》，《文物》1998 年 7 期。

[43] 珠江三角洲史前遗址调查组：《珠江三角洲史前遗址调查》，《考古学研究（四）》，科学出版社，2000 年。

[44] 李子文：《珠海史前文化序列初论》，《珠海考古发现与研究》，广东人民出版社，1991 年。不过，随着新的考古发掘成果的增多，以及借之对以往资料的精细整理和分析，“缺环”也许会为之弥补。我们期待着诸如高明古椰文化遗存的材料早日公布。

[45] 李平日等：《珠江三角洲一万年来环境演变》，73 页，海洋出版社，1991 年。

[46]《珠江志》编纂委员会：《珠江志》卷一，171 页，广东科技出版社，1991 年。

[47] 赵辉：《珠江三角洲地区几何印纹陶的出现和文化的发展》，《中国考古学的跨世纪反思》，香港商务印书馆，1999 年。

[48] 珠江三角洲史前遗址调查组：《珠江三角洲史前遗址调查》表一四，《考古学研究（四）》，科学出版社，2000 年。

闽南粤东地区的青铜时代文化

魏　峻　刘志远
（广东省文物考古研究所）

［内容提要］作为中国南方几何印纹陶分布的重要区域之一，粤东闽南地区自新石器时代晚期以来的考古学文化就表现出相似且鲜明的地方特色。本文在综合分析该区域青铜时代文化考古资料的基础上，对这些文化的特征、类型、分期及其源流进行了重新讨论。对于粤东闽南地区青铜文化的聚落结构、社会政治经济结构的考察显示，该区域青铜文化的发展及其与周边青铜文化的互动关系中存在着明显的不平衡性。土著文化自身特点和结构的逐渐变化，代表了区域青铜文化与外来文化交流的不断深化，并最终被同化的过程。

[Abstract] The archaeological cultures of Eastern Guangdong and Southern Fujian district, where is one of important districts of pottery artifacts with geometric designs, has the same and distinctive features from late Neolithic. Based on the compositive analysis of archaeological data of Bronze Age in this district, the author restudies the characteristics, stages, types and origins of those archaeological cultures. Further discussing of the settlement pattern, sociopolitical and socioeconomic reveals there are obvious imbalance existing in the developmental course of local cultures and it interplays with peripheral cultures. The gradual changing of the characteristics and structures of local Bronze Age culture represents the intercourse between those cultures is strengthen gradually, and the process that the local culture has been assimilated finally.

一　概　述

闽南粤东是指博平岭—莲花山以南的广东东部和福建省西南部地区，行政区划上包括广东省的潮州、揭阳、汕头、汕尾以及福建省的漳州、厦门和泉州等地，这一区域与现代闽南语方言区的空间范围大致吻合。整个区域的地形由西北向东南呈倾斜下降之势，大致从山地到丘陵再到冲积平原和滨海低地（图一）。作为我国南方几何印纹陶的重要分布区域之一，粤东闽南地区自新石器时代晚期以来的土著文化具有较强的相似性和鲜明的地方特色。

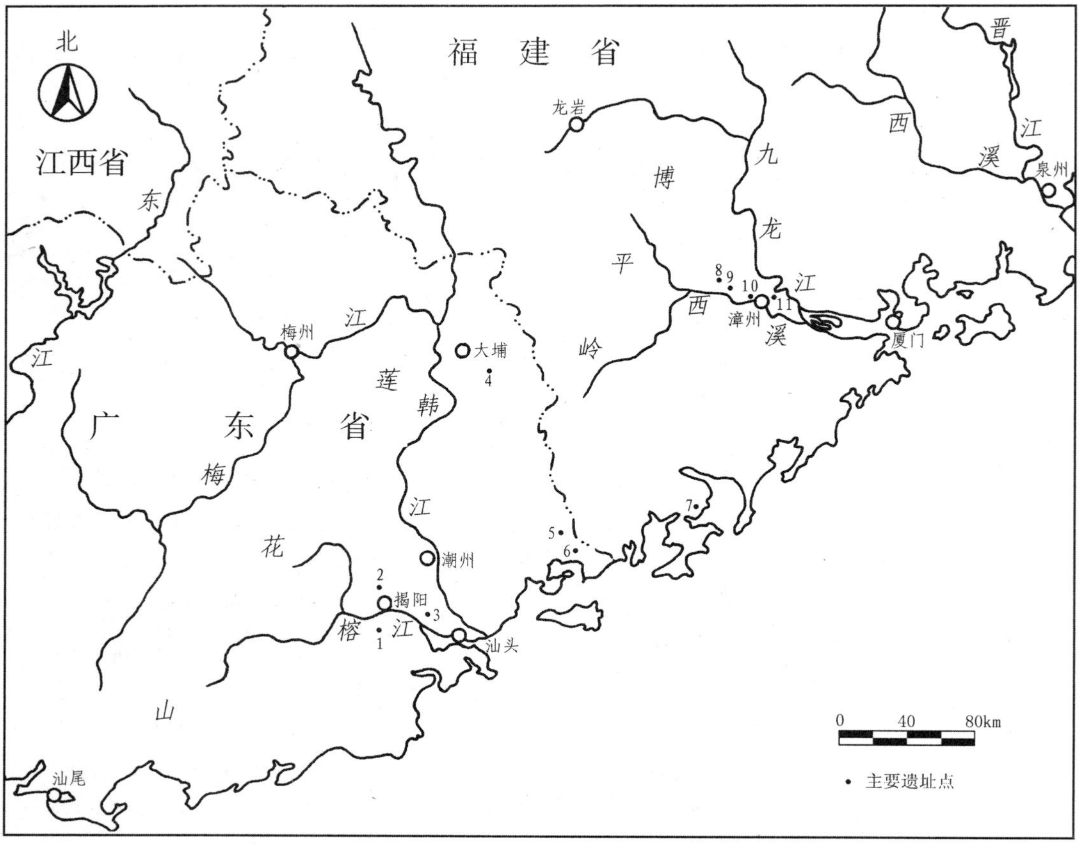

图一 粤东闽南地区主要遗址位置图

1. 普宁市后山遗址 2. 揭东县面头岭墓地 3. 揭东县华美遗址 4. 大埔县金星面山墓地 5. 饶平县塔仔金山墓地 6. 饶平县顶大埔山墓地 7. 云霄县墓林山遗址 8. 漳州市乌仑尾墓地 9. 漳州市狗头山墓地 10. 漳州市松柏山墓地 11. 漳州市虎林山墓地

粤东闽南是我国南方地区最早开展考古工作的区域，早在20世纪30年代已有学者开始调查和研究该区域的青铜时代文化。纵观这一区域青铜时代文化发现和研究的历程，大致可分为三个不同的发展阶段。第一阶段从1930年~1973年。最早对粤东闽南地区进行青铜时代遗物研究的是意大利神父麦兆良（Fr Rafael Maglioni）。1936~1946年间，麦神父把他在广东省东部（主要是海丰一带）采集到的大量古代遗物进行了初步分期，认为其中的径尾遗址和宝楼遗址可分别作为铜石并用时代及青铜时代的代表[1]。而约略同时，中国学者饶宗颐[2]、林惠祥[3]也分别在粤东和闽南地区采集到不少青铜时代遗物。1949年之后，广东和福建的文物工作者先后在该地区进行过考古调查或试掘，虽然获得了一批具有独特面貌的古代文化遗物，但囿于资料过于零星而一直未能对该地区青铜文化发展谱系和特点形成系统认识。第二阶段为1973~2000年。以广东饶平浮滨墓地[4]发现的一种全新青铜时代文化遗存为契机，考古学界对粤东闽南地区青铜文化的考古研究变得活跃起来，浮滨文化的性质和特点得以确认。1978年李伯谦先生率先将粤东闽南地区作为独立的青铜时代考古学文化区进行了分期研究[5]。随着广东梅江—韩江流域、榕江流域，福建九龙江流域调查和发掘资料的日益增多[6]，粤、闽两省的文物工作者对各自区域内的青铜时代文化特点和分期的认识也逐渐清晰起来，建立起从后山文化到浮滨文化，然而是以夔纹陶为代表的文化遗存，并逐渐发展到战国时期的越系青铜文化的初步序列[7]。第三阶段从2001年至今。福建公布了一批漳州市发现的青铜时代墓葬资料，包括虎林山[8]、松柏山[9]、鸟仑尾[10]、狗头山[11]等处。粤东地区则由北京大学震旦古代文明研究中心牵头，广东数家科研单位联合开展了《古揭阳（榕江）先秦两汉考古学文化综合研究》课题。在两年多的时间里，课题组对榕江流域的古文化遗存进行了系统调查，并选择发掘了其中数处遗址[12]。大批资料的刊布，必将推动粤东闽南地区青铜文化研究的深度和广度。近年来发表的一些成果也证明了这一点，除了继续深化青铜时代文化内涵和谱系的基础研究外[13]，研究者们正逐渐把研究的范围拓展到对该地区青铜文化社会结构、生计方式以及文化与环境间的互动等方面[14]。

二　青铜时代文化的分期

粤东闽南地区青铜时代文化的发展序列已初步建立，后山文化、浮滨文化、以夔纹陶为典型特征的青铜文化遗存和战国时期越系青铜文化的先后演替关系清楚。然而已有考古资料显示，这些文化的内涵已经表现出一些阶段性发展的特点，本文将以近年来发表的粤东闽南地区青铜时代遗存资料为基础，尝试进行进一步的分期研究。

（一）后山文化

新近发表的资料显示，后山文化至少可以区分为早晚两期。早期文化遗存仅见于闽南的漳州一带，以南靖县鸟仑尾遗址的东南区墓葬为代表。此时的陶器多为夹细砂或者泥质的灰陶，高火候的泥质硬陶少见，流行圜底器、凹底器，平底器和圈足器数量很少。以高领折肩圜底尊、折肩凹底罐、浅盘高柄豆为常见组合，有一定数量的素面陶，器表纹饰常见刻划的网纹、斜线纹以及拍印的复线菱格纹、网格纹等。部分泥质陶器的器表还有涂抹一层黄色陶泥的做法。石器以小型石锛为主，同时可见少量石戈。晚期文化遗存则遍布整个粤东闽南地区，陶器以夹细砂或者泥质的灰陶、灰褐陶为主，凹底器依然流行，其次为圈足器和圜底器，平底器数量较少。典型器物包括大口折肩的圈足或者凹底尊形器、形态不同的折肩凹底罐、敛口或者子口钵、折沿浅腹豆等。除素面器外，器表纹饰多见刻划或者拍印的斜线纹、网格纹、复线菱格纹等。然而分别以普宁后山和漳州松柏山的墓葬为代表粤东、闽南地区的后山晚期遗存的文化面貌存在一定程度的差异，应该代表了后山文化晚期两个不同的地方类型。后山类型陶器多为泥质灰色硬陶（超过陶器总数的80%），装饰拍印的几何形纹饰。盛行凹底器，常见器形包括各式陶罐、钵、豆和鸡形壶等；石器种类单调，可见石锛及石拍等。松柏山类型的陶器以夹砂陶为主，其中细砂陶又能占到总数的90%以上，陶器的火候不高，一般呈灰褐色。素面陶占一定比例，纹饰多为拍印和刻划的几何形纹饰，同时也能见到在器物表面涂抹细泥的现象；凹底器和圈足器同样流行，常见器形包括大口折肩的尊形器、各式凹底罐和折沿豆等；石器除石锛外，还有石戈、石镞等（图二）。

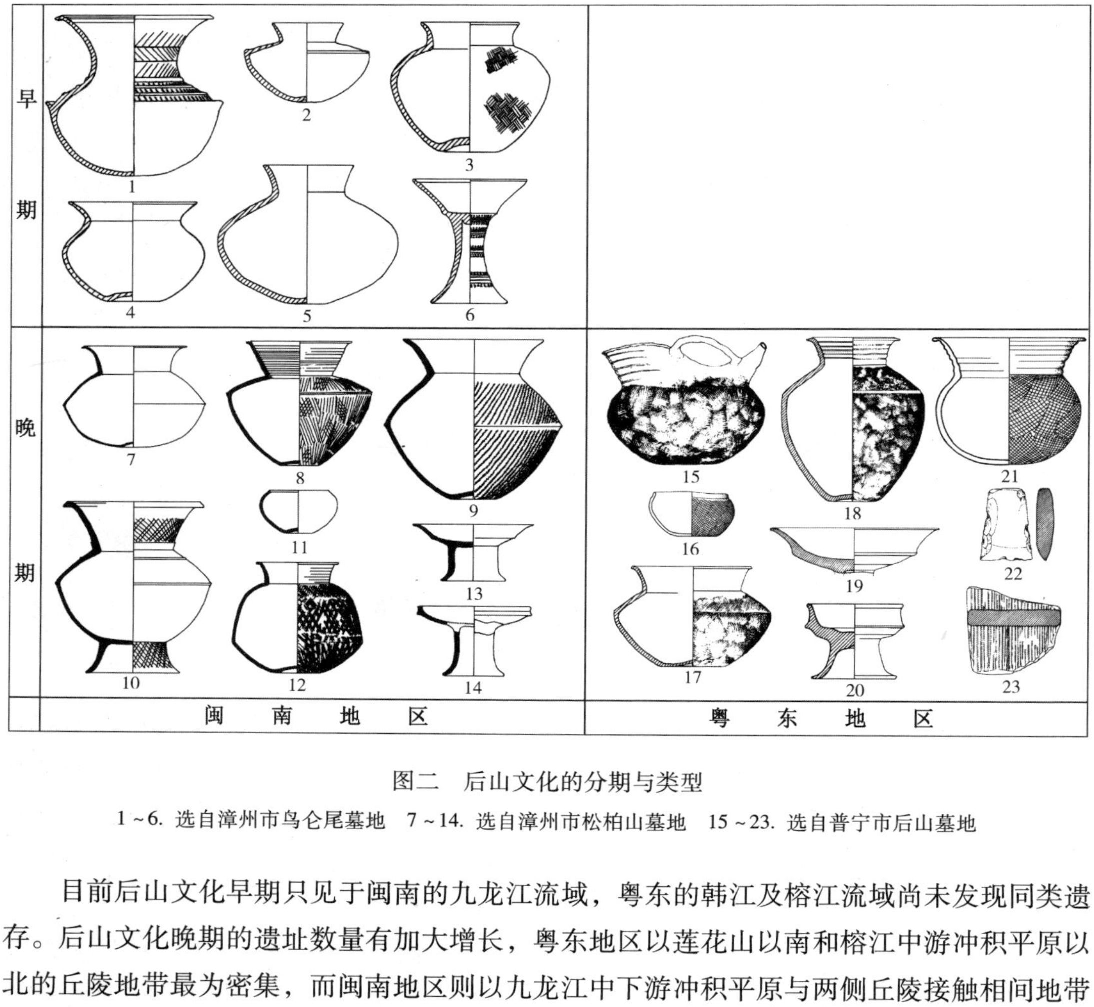

图二 后山文化的分期与类型

1～6. 选自漳州市鸟仑尾墓地 7～14. 选自漳州市松柏山墓地 15～23. 选自普宁市后山墓地

目前后山文化早期只见于闽南的九龙江流域，粤东的韩江及榕江流域尚未发现同类遗存。后山文化晚期的遗址数量有加大增长，粤东地区以莲花山以南和榕江中游冲积平原以北的丘陵地带最为密集，而闽南地区则以九龙江中下游冲积平原与两侧丘陵接触相间地带最为密集。如果将眼光投向更广阔的空间，可以看出至迟在其晚期阶段时，后山文化的分布范围已向北囊括了梅江流域，向西北则扩张到东江上游的和平、龙川附近，而其西界也至少到达了广东的海陆丰一带。鸟仑尾 M2 底部的木炭 ^{14}C 测年为距今 3550 ± 60 年，相当于商代早期。考虑到鸟仑尾东南区墓葬出土的部分器物与深圳屋背岭第一期、第二期器物均有相似之处，推测后山文化早期的年代约相当于商代早中期之际或者略早。后山遗址出土的部分器物与吴城文化第二、三期的器物在器形、风格上存在相似性，由此我们认为后山文化晚期的年代大约相当于商代晚期。

（二）浮滨文化

浮滨文化是继后山文化之后出现在粤东闽南一带的土著青铜文化遗存，该文化也至少包含了早晚两个不同的发展阶段。浮滨文化早期以鸟仑尾 M13、M14、M19、M23 为代表。陶器多为灰色或者灰褐色泥质陶或者夹砂陶，火候不高。器物中多见圜底器和圈足器，同时也存在一定数量的凹底器；典型器物有侈口圜底罐、圈足壶、折沿浅腹豆、杯等；除素面陶器之外，器物表面常装饰短条纹，也有器表涂抹黄泥的习惯，但这一阶段釉陶的比例非常低；同时石器的数量较后山文化有了较大增长，常见个体较小的石锛、石戈和石质的装饰品等。浮滨文化晚期以漳州虎林山的大部分墓葬、饶平浮滨墓地以及大埔金星面山墓地为代表。陶器多为灰褐色或者黄褐色泥质陶，流行圈足器和平底器，有少量圜底器而基本不见凹底器。典型器物包括大口尊、深腹矮圈足豆、圈足壶、带把罐、垂腹壶等。有纹饰的陶器多饰短条纹，器物表面常施酱黄色或者酱褐色釉，不少器物上有单体或者复合式的刻划符号。石器发达，数量多且制作精美，包括各式石戈、石矛、大小不同的凹刃石锛以及各类石质装饰品等。一些墓葬中还出土了铃、戈、矛等青铜器。

浮滨文化在粤东闽南一带有着较为广泛的分布，遗址数量和空间密度相对于后山文化时期有大幅增长。浮滨文化的分布范围较大，莲花山南北两翼的粤东、粤东北和闽南一带都能见到这类文化遗存，不过九龙江中下游地区和榕江中游地区的遗址似乎更为密集。虎林山 M13 和 M18 两墓腰坑底部木炭的^{14}C 年代分别为距今 3040±60 年和距今 3120±80 年。结合浮滨文化的大口尊、凹刃锛、有栏直内无胡铜戈在吴城文化的偏晚阶段都能找到同类器的线索，有理由相信浮滨文化存在的时间大约相当于中原地区的商代晚期至西周前期。

（三）华美文化

作为青铜时代的土著文化之一，华美文化主要分布在粤东闽南的沿海地带。该文化的陶器多为火候不太高的红褐色或者灰褐色夹砂陶，泥质陶数量较少。器物群中凹底器、圜底器和圈足器都较为发达，但是基本上不见平底器。典型器物包括宽沿釜、尊、带耳圈足罐、杯、矮圈足豆、筒形支座等，器表一般装饰梯格纹、方格纹或者条纹，一些器物的口沿、肩部施有条带状或者卵点状的红彩（图三）。因为泉州狮子山、东山坑北和云霄墓林山下层都发现过铜渣，说明该文化可能已经有了青铜制品[15]。华美文化的石器以打磨兼施为主要特征，既有磨制的两面有凹窝的“凹石”和小型石锛，也有少量打制成形的砍砸器。

华美文化主要见于在从汕头直到泉州一带的粤东闽南沿海地带，遗址的空间分布较稀

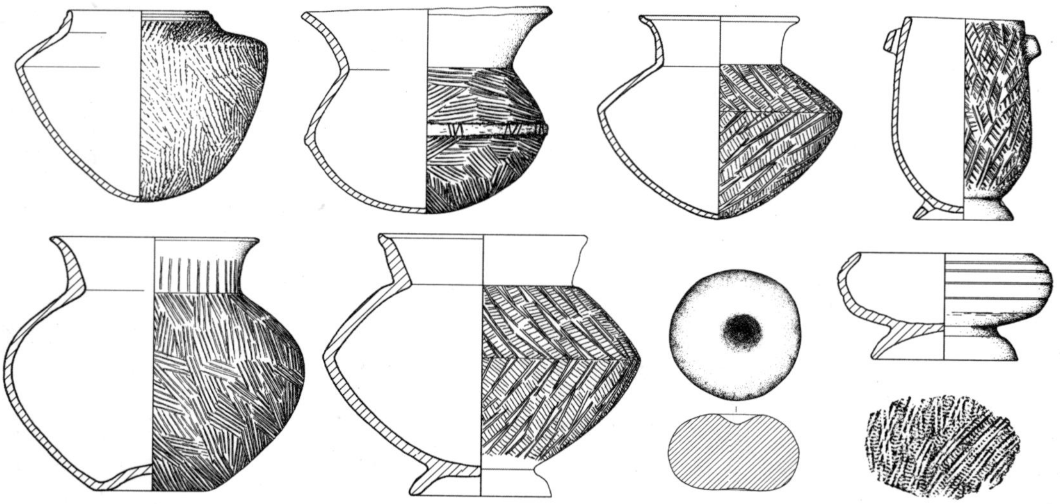

图三　华美文化典型器物

（均选自揭东县华美沙丘遗址）

疏，类型主要为贝丘遗址或者沙丘遗址，台地和坡地类型的遗址虽有发现但是数量相当有限。鉴于泉州、惠安一带的华美文化陶器特征明显受到来自闽江流域的同时期文化因素的影响，推测应该是该文化分布的边缘地带。由于缺乏直接的^{14}C 数据和地层证据，故对于华美文化年代判断主要依靠基本器物群的组合和形态特征，以及与周边地区古代文化特征相似性的对比。我们认为华美文化的年代与浮滨文化大体同时，约相当于中原的商代晚期至西周时期。

（四）以夔纹陶为代表的文化遗存

以夔纹陶为特征的古代遗存是西周至春秋时期岭南地区的代表性文化遗存，东江流域为其分布最密集的区域之一。大约从西周中晚期开始，此类遗存开始进入粤东地区，闽南的漳州一带至迟在春秋早期也受到了影响。以夔纹陶为代表的文化遗存以泥质硬陶为陶质器皿中的主流产品，器物种类单调，常见罐、瓮等。器物表面装饰夔纹、重菱格凸块纹、涡纹、弦纹、勾连雷纹等组合的复合纹样，一些器物还施有酱紫色陶衣或者薄釉。青铜制品数量增加，石器的加工也更显精细。陶器的形态和装饰风格显示，粤东地区的夔纹陶时期遗存包含了两种不同来源的文化因素：A 组因素明显来自东江中下游地区，B 组因素则可能显示了来自闽北或者浙江地区的文化影响（图四）。现有考古资料表明，粤东闽南地区的夔纹陶时期的遗存也存在着进一步分期的可能。

这一时期的遗址数量虽然较少，但在整个粤东以及闽南漳州一带的低山丘陵和沿海地带都有发现。由于同时期的闽北以及闽江流域更多受到来自江浙一带的青铜文化的影响，推测莆田、泉州一带应是岭南和江浙两个青铜时代文化圈的交错影响地带。

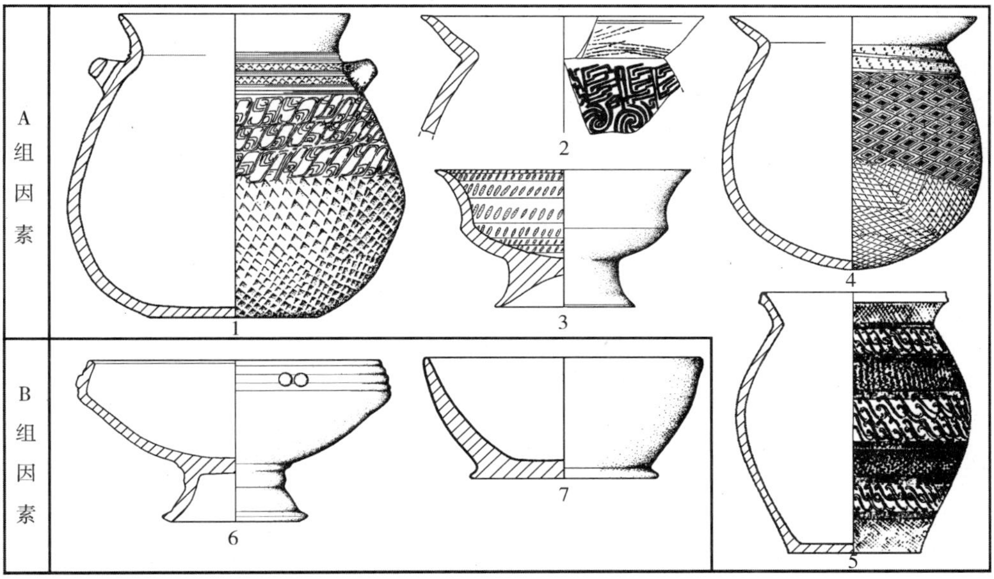

图四 夔纹陶时期的器物与文化因素

1～4. 揭东县采集 5. 惠来县采集 6、7. 选自揭东县面头岭墓地

（五）战国时期的越系青铜文化

粤东闽南地区的战国时期越系青铜文化以原始瓷、印纹硬陶和青铜器为主要特征，与珠江三角洲地区的同时期文化遗存之间有着较强的文化同一性。此时无论印纹硬陶还是原始瓷器都以平底器为主，包括个体较大的瓮、罐和碗、盅、盒、器盖等个体较小的器物，器物表面常有拍印的几何形纹饰及刻划符号。青铜器群中工具和武器发达，青铜容器总体数量不多。石器的数量有限，但在形态上却表现出多样化的趋势（图五）。

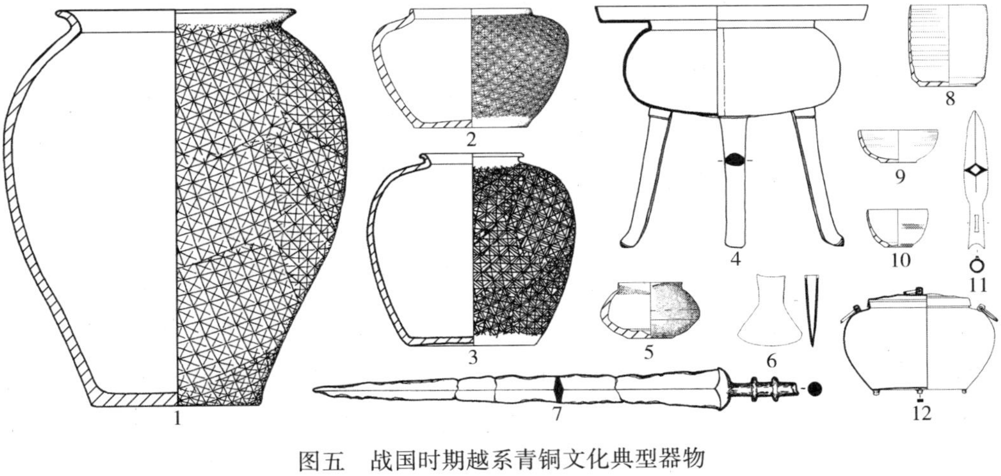

图五 战国时期越系青铜文化典型器物

1～4、7～10、12. 选自揭东县面头岭墓地 5、6、11. 选自揭西县赤岭埔墓地

根据揭东县面头岭的战国时期的墓葬资料[16]，可以将粤东闽南地区的越系青铜文化分为连续发展的三个阶段。一段以面头岭 M1、M3 为代表，多泥质硬陶，器类包括凹底或平底陶罐、盂、碗和青铜鼎、盘，陶器表面常饰方格纹或施酱紫色陶衣。二段以面头岭 M2、M14、M24 为代表，器物群中原始瓷器发达，包括碗、匜、杯等，陶器多为饰复线对角线纹或者方格纹的硬陶，铜器数量增多。三段以 M11、M28 为代表，铜器和原始瓷器发达，陶器可见瓮、平底罐等。闽南地区的长泰县犁头山 M1[17]应该是属于第三段的文化遗存。

三　区域青铜文化的社会结构

以物质形态呈现的考古学资料可以折射其被使用时的经济和社会状况，虽然其反映的社会内涵一定是局部的，甚至是片面的，但是只要有合适的方法来甄别材料，仍然可以透“物”见“人”，了解到当时社会生活和社会结构的相应内容。因此只要方法得当，粤东闽南地区青铜文化的遗迹、遗物也同样可以成为我们解析当时社会结构的“钥匙”。

后山文化的聚落多分布在冲积平原和高丘陵的过渡带上，一般选择山顶平台居住。调查资料显示，后山文化的聚落往往呈现出数处遗址在空间上相互邻近而组成小型聚落群的特点（图六）[18]。这些小型聚落群都是以单个小生境环境为依托而形成，聚落群中的各聚落都具有面积不大（一般面积都在数百至数千平方米不等）、结构简单、文化堆积较薄，且各聚落的文化遗物基本相同的特点，这些聚落群可能代表了同时期单个社会群体的半流动性营地。据此，我们推测当时以聚落为单位的单个社会群体的规模非常有限，这一观点也同样得到了墓葬材料的支持。后山文化的墓地规模都不大，常常也就是由十来座墓葬组成，例如鸟仑尾墓地包含墓葬 16 座，松柏山墓地包含墓葬 7 座，后山墓地包含墓葬 10 座。这些墓葬多依山脊分布，在空间上多以 2～3 座为一组。由于民族志资料已经反复证明，墓葬的空间距离的远近常常反映了社会成员间血缘间的亲疏关系，故而可以推测后山文化每个墓组中的死者应该是血缘关系更为密切的社会单位成员。如果这些墓组代表了当时最基本的社会单位的话，那么由墓组构成的墓地显然就是更高一级的社会单位。后山文化的墓葬均为竖穴土坑墓，随葬品数量不多。各墓地的墓葬之间和不同墓组之间在墓坑大小、随葬品数量和质量上基本不存在差别，显示社会组织内部的成员和成员单位间并未发生分化。至于不同的聚落群之间，在规模、结构和性质方面也未见到明显的不同，推测其相互之间应该不存在支配关系。后山文化的生产工具组合简单，没有发现明确与农业生产有关的石器类型，可知这一时期即使农业的生产方式已经存在，其规模和在居民生计结构中所占的比重也应该是非常有限的。由于更早的新石器时代晚期粤东闽南地区的土著文化中已经存在了生产的社会分工，而社会发展程度相似并具有高超制陶水平的后山文化也同样应该具备了社会生产的专门化分工。

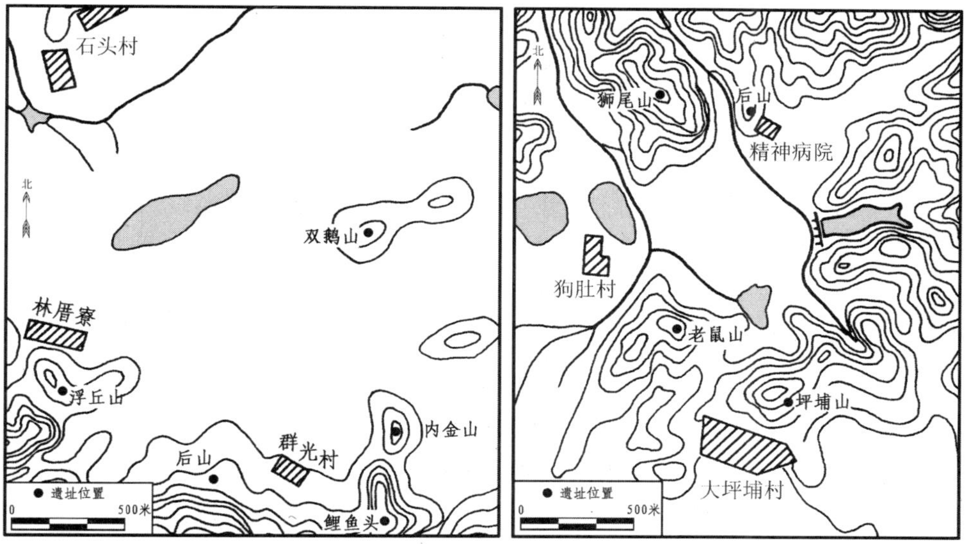

A. 鲤鱼头遗址群　　B. 坪埔山遗址群

图六　后山文化的聚落群

浮滨文化的聚落仍然较为集中地分布在粤东闽南地区的冲积平原与高丘陵之间的过渡带上，聚落的空间密集程度较后山文化时期有相当程度的增加。小地理单元内的聚落聚群分布的现象不复存在，聚落的构成明显经过规划，居址和墓葬各自占据独立的空间，生者与死者的存在空间有着明确的界限。此时原始居民在聚落中的活动强度和聚落周边的活动空间有明显增加的趋势。不同聚落之间的差别变大，聚落面积和出土物信息显示了浮滨文化的社会已发生分化，可能产生了中心聚落和一般聚落之别。浮滨文化时期的单个聚落面积较大，文化堆积增厚，墓葬资料显示当时的社会群体的规模较后山文化时期扩大，一个墓地中往往有超过十余座的墓葬，如饶平塔仔金山 16 座、大埔斜背岭 11 座、漳州虎林山 19 座[19]。浮滨文化同一墓地的墓葬在空间上的分组现象似乎并不明显，但是墓葬之间的差别开始显现。墓地一般依山脊分布，空间位置相对较高（如位于山脊顶部或者接近顶部）的墓葬在结构、规模、随葬品构成方面明显优于其他墓葬，在虎林山、塔仔金山、狗头山等墓地皆是如此。墓葬间的这种差异暗示了墓主人在身份和社会地位上的不同。可以说至少是在浮滨文化晚期阶段，粤东闽南一带的社会产生了明确的分化，这种分化的线索既见于聚落内部也见于聚落之间，等级社会出现。或许正如饶宗颐先生推断的那样，“浮滨在殷周之际曾经是属于越族的一个王国”[20]。从墓葬的随葬品来看，北方地区的礼制和礼器传入浮滨文化系统，部分贵重物品（如牙璋、青铜器等）的再分配体制已经成形。釉陶、石戈和石锛的形态和工艺显示出当时社会上已经存在手工生产的专门化分工。以狩猎—采集为基础的经济方式显然不足以支撑分层社会及专门化手工生产的存在，因此我们推断在整个浮滨文化时期，农业生产才是构筑社会发展的经济基础。

华美文化的遗址主要见于滨海地带的沙丘和贝丘之上，部分遗址中有使用石构建筑的现象[21]。现有调查资料表明，华美文化的聚落面积较小且相互之间的空间距离较大，聚落中常有较多的贝壳堆积并可见陆生动物骨骸（如麋鹿、牛等）。墓地的规模不大，揭阳面头岭的发掘资料显示该文化的墓葬也存在2~3座为一组的空间布局方式。墓葬的随葬品数量有限，相互之间无显著差别。华美文化的制陶技术和后山文化有相似之处，石器类型中甚至可见一部分打制石器。分析现有考古资料，我们认为华美文化的社群规模不大，社会发展程度不高，没有见到明确存在社会分层的证据。结合各遗址中贝壳堆积丰富、不少遗址中发现代表滨海采集渔捞经济特征的“凹石”等线索，推测该文化的所有者是商周时期存在于粤东闽南沿海以渔猎—采集经济为主要生计方式的社会群体。

当以夔纹陶为典型特征的文化遗存传入粤东闽南地区时，该地区的遗址数量意外地较浮滨文化时有了大幅下降。这一时期的聚落面积不大，文化堆积厚度有限且聚落的空间分布较为稀疏。因为缺乏经过考古发掘的资料，现有调查材料尚不足以形成对当时社会结构的基本认识。在同一时期的东江流域，则已经形成了明确的以等级社会为基础的文化群体。现在看来，以夔纹陶为典型特征的文化遗存向粤东闽南地区的传播过程，应该是以暴风骤雨式的方式在较短的时间内完成的。根据粤东地区存在与博罗一带器型、陶胎质地特点相同的器物的线索，推测这一阶段文化因素的由西向东扩张的过程，应该不仅仅只是制陶技术或者文化观念的流动，而更大可能性是东江流域的社会组织及人口西进的结果。如果这一论断成立，那么粤东闽南地区受到影响的就不会只限于物质遗存的形态和功能，分层社会的观念及相应的生活、生产方式也会成为这一带居民日常生活的有机组成部分。

粤东以及闽南漳州一带的文化面貌在战国时期与整个岭南地区的越系青铜文化的同一性特征显著。粤东闽南的越系青铜文化分布空间扩大、遗址数量增加，单个遗址连续使用的时间较长。虽然目前粤东闽南地区战国时期的考古资料多为墓地材料，我们对于当时居住的情况所知甚少，但仍然可以根据这些墓葬资料简单推测出当时社会所具有的一些特点：一是社会生产力水平显著提高。原始瓷、青铜器和石器的数量和工艺显示了专业化生产的存在，青铜工具已经用于当时的生产、生活；二是社会的等级分化显著。墓葬在结构、规模和随葬品种类、数量方面的不同，显示墓主人的身份、地位存在明显差异；三是社会环境相对动荡，区域或者集团间的斗争较为激烈。在南岭北侧的势力和人群大举南进的背景下（主要是楚人，更晚还包括秦人和汉人），不同地域集团和势力之间矛盾的尖锐化并不难理解，或许这正是为什么本地区战国时期墓葬中普遍随葬青铜兵器的重要原因之一。

四 区域文化互动关系演变

作为中国东南具有自身鲜明特色的青铜时代区域之一，闽南粤东一带同周边地区的同时期文化不断进行着交流和互动。然而，区域文化发展的态势不仅受到区域内经济、文化、环境甚至政治因素的作用，而且不同区域间文化发展形势、强弱之不同也会同样会给区域文化带来难以预料的长远影响。考古材料显示，粤东闽南地区在青铜时代的不同发展阶段也经历了区域内部和外部不同因素的交互作用的过程。

后山文化时期粤东闽南地区的文化因素经历了由北向南，再由东向西的传播过程。闽南一带的土著遗存在闽江流域的文化因素影响下首先完成了文化形态的转变，形成具有独特风格的区域文化——后山文化。这一文化一方面在九龙江流域形成完整的发展序列，另一方面又在塑造粤东地区文化面貌的过程中起到了重要的作用。特别是到了后山文化发展的后期阶段，受东来的浮滨文化因素的推动，粤东一带的后山文化因素更是加速了向莲花山以北以及东江中上游地区扩散过程。

浮滨文化时期是粤东闽南地区的土著文化因素向周边地区扩散态势最为强盛的阶段。与后山文化时期一样，区域内及区域之间的文化因素也呈现出由东向西，再向更西传播的趋势。浮滨文化首先在九龙江流域形成后，在短时间内迅速传播粤东地区，然后逐渐影响了梅江、东江流域的区域文化特征，并最终把自己的文化因素扩散到珠江三角洲地区。如果说后山文化向西的扩散过程在很大程度上是“被动的”，受到外在因素推动的话，那么浮滨文化的向西扩散过程则应该是“主动的”，文化本身的内在因素其到了决定性作用。

在以夔纹陶为典型特征的文化因素流行之时，文化区域间的文化互动关系较之浮滨文化时期发生逆转——来自东江流域的文化因素开始向东传播，并渐次影响到榕江流域、韩江流域和九龙江流域。受到现有考古学资料的限制，我们尚无法确切判断此时区域间文化因素逆向流动的根本原因何在，但是这种变化可能暗示了包括粤东闽南在内的岭南地区的社会结构和社会组织正在发生着某种变化。前文的分析中可以看出此时粤东地区至少包含了两种不同来源的文化因素，这一点与我们认定的夔纹陶时期的文化因素主体上由西向东传播并不矛盾，因为从已发现的考古资料看，来自闽北或者江浙的文化因素进入粤东地区的年代较早且持续短，而且在数量也十分零星。

战国时期，粤东闽南一带分布的是越系青铜文化，其文化面貌与珠江三角洲及粤北等地表现出很强的共性，并且随着时间的推移这种共性更呈现逐渐增强的趋势。北方文化因素（特别是楚文化和江浙一带的文化因素）的融入，进一步促进了具有鲜明特征的越系土著青铜文化系统在整个岭南地区的繁荣和广泛传播。

附记：本文为国学大师饶宗颐先生倡议，北京大学李伯谦先生主持的“古揭阳（榕江）先秦两汉考古学文化综合研究”课题系列研究之二。

注 释

[1] 麦兆良（刘丽君译）：《粤东考古发现》，汕头大学出版社，1996年。

［2］饶宗颐：《韩江流域史前遗址及其文化》，香港，1950 年。

［3］林惠祥：《福建武平县新石器时代遗址》，《厦门大学学报》第四期，1956 年。

［4］广东省博物馆、饶平县文化局：《广东饶平县古墓发掘简报》，《文物资料丛刊》（8），文物出版社，1983 年。

［5］李伯谦：《我国南方几何印纹陶遗存的分区、分期及其有关问题》，《北京大学学报（哲学社会科学版）》1981 年 1 期。

［6］广东省博物馆、揭阳县博物馆：《揭阳地都蜈蚣山遗址与油柑山墓葬的发掘》，《考古》1988 年 5 期；广东省博物馆、大埔县博物馆：《广东大埔县古墓葬清理简报》，《文物》1991 年 11 期；汕头市文管会、揭阳县博物馆：《广东揭阳县战国墓》，《考古》1992 年 3 期；广东省文物考古研究所等：《广东普宁池尾后山遗址发掘简报》，《考古》1998 年 7 期；福建省博物馆、厦门大学人类学系：《福建诏安考古调查简报》，《福建文博》1987 年 1 期；福建省博物馆、南靖县文化馆：《福建南靖县三凤岭西周墓》，《东南文化》1990 年 4 期；福建省博物馆：《福建墓林山遗址发掘简报》，《东南文化》1993 年 3 期。

［7］朱非素：《闽粤地区浮滨类型文化遗存的发现与探索》，《人类学论文选集》，中山大学出版社，1986 年；吴诗池：《浅谈福建南部先秦考古及有关问题》，《福建文博》1988 年 2 期；郑辉、陈兆善：《九龙江流域先秦文化发展序列的探讨》，《福建历史文化与博物馆学研究》，1993 年；吴春明：《晋江、九龙江流域新石器和青铜时代文化遗存》，《南方文物》，1996 年 3 期；陈兆善：《试论浮滨文化》，《南方文物》1996 年 4 期。

［8］福建省博物馆、漳州市文管办、漳州市博物馆：《虎林山遗址》，海潮摄影艺术出版社，2003 年。

［9］同上。

［10］福建博物院文物考古研究所、漳州市文物管理委员会办公室：《鸟仑尾与狗头山》，科学出版社，2004 年。

［11］同上。

［12］揭阳考古队：《揭阳的远古与文明》，公元出版有限公司，2003 年；广东省文物考古研究所等：《广东榕江中下游地区商周时期遗存调查》，《四川文物》2005 年 2 期；揭阳考古队：《揭阳考古（2003—2005）》，科学出版社，2005 年。

［13］揭阳考古队：《揭阳考古（2003—2005）》，科学出版社，2005 年；杨建军：《试论广东东部的后山类型》，《四川文物》2005 年 3 期。

［14］魏峻：《粤东地区的考古学文化与环境互动》，《南方文物》2008 年 1 期；李伯谦：《关于岭南地区何时开始铸造青铜器的再讨论》，“文物保护与南中国史前考古国际研讨会”论文，2007 年 12 月。

［15］吴春明：《晋江、九龙江流域新石器和青铜时代文化遗存》，《南方文物》1996 年 3 期。

［16］汕头地区文物管理站、揭阳博物馆：《揭阳东周墓发掘简报》，《汕头文物》9 期；广东省博物馆、汕头市文管会、揭阳县博物馆：《广东揭阳县战国墓》，《考古》1992 年 3 期；揭阳考古队：《揭东县面头岭墓地发掘报告》，《揭阳考古（2003—2005）》，科学出版社，2005 年。

［17］福建省博物馆：《漳州发现商周、西汉墓葬》，《福建文博》2001 年 1 期。

［18］魏峻：《粤东地区的考古学文化与环境互动》，《南方文物》2008年1期。

［19］由于上述经过正式考古发掘的浮滨文化墓地都遭到了不同程度的破坏，所以这些墓地实际包含的墓葬数应该大于清理出的墓葬数量。

［20］饶宗颐：《从浮滨遗物论其周遭史地与南海国的问题》，《岭南古越族文化论文集》，香港市政局，1993年。

［21］吴春明：《晋江、九龙江流域新石器和青铜时代文化遗存》，《南方文物》1996年3期。

鲤鱼墩新石器时代贝丘遗址出土人骨的研究意义*

李法军　冯孟钦

（中山大学人类学系　广东省文物考古研究所）

［内容提要］近年在广东湛江鲤鱼墩遗址发现的人骨材料是近20年来粤西地区发现最多且保存相对完整的新石器时代贝丘遗址的人骨材料。以往工作已经建立起了北方地区的古代人种学坐标体系，但是由于自然埋藏条件的原因，长江以南地区很难发现保存完整的古代人骨标本。与北方地区相比，南方地区除了少数著名人类骨骼化石地点外，新石器时代以来的人骨资料更是屈指可数。这种状况严重制约了南方地区人种学的发展。由此而产生的现状是，我们至今仍对南方地区古代人类的种族特征分布感到模糊。而今我们欣喜地发现，在两广地区，随着南海灶岗、桂林甑皮岩、增城金兰寺、佛山河宕、南海鱿鱼岗、遂溪鲤鱼墩和邕宁顶蛳山等遗址的相继发现和发掘，其所出土的人骨材料已经为我们开展岭南地区的古人类研究提供更大的可能性。岭南地区先秦时期人种类型并不单纯，而鲤鱼墩人骨的发现对于探讨雷州半岛以及两广地区种族类型的演变、雷州半岛居民种族类型的独特性、古越族的产生和形成、现代该地区居民的种族起源研究以及该地区社会复杂化过程研究具有重大意义。考古学现象提示我们，雷州半岛的文化传统可能与西江水系的文化大传统是一致的，而与其邻近的粤东地区不同。人类的体质特征与其文化类型具有密切的相关性，我们据此提出一种假设，即"雷州半岛与西江水系的新石器时代居民存在种族类型上存在密切关系"，但是我们尚需要进一步的研究才能验证这个假设。

［Abstract］In recent years, the human bones, which were found in the Neolithic site of Liyudun in Zhanjiang City of Guangdong Province, are the materials preserved relatively well in Western Guangdong. We have established the ancient race coordinate system of Northern China by the previous works, however because of the natural condition of embedding, it' s very difficult to find the perfect ancient human bones in Southern China. This situation has restricted seriously the developments for the paleoanthropology of Southern China, and now we still know a little about the physical distribution of ancient peoples in this wide region. At the present, we are delighted to find that a new scene: with the findings

* 本文获中山大学青年教师桐山基金项目（11400－9350094）资助。

of the sites in Zaogang, Zengpiyan, Jinlansi, Hedang, Youyugang, Liyudun and Dingsishan, there are more probabilities for us to develop the paleoanthropological researches of the Lingnan Area. We think that there is a multifarious physical distribution in Lingnan Area. We also have known that the cultural tradition of Leizhou peninsula is very similar to Xijiang river according to the archaeological researches. We put forward a hypothesis that the ancient residents lived in Leizhou peninsula and Xijiang river had a close relationship in their physical characters.

2002年11月~2003年1月，广东省文物考古研究所、湛江市博物馆和遂溪县博物馆组队对湛江鲤鱼墩遗址进行了发掘。此次发掘过程中发现的8座单人屈肢葬引起了笔者的关注，因为其中所出的人骨材料是近20年来，粤西地区发现最多且保存相对完整的新石器时代贝丘遗址的人骨材料。它们的发现对于探讨雷州半岛以及两广地区人类种族进化与分布、古越族的产生和形成、现代该地区居民的种族起源研究以及该地区社会复杂化过程研究具有重大意义。本文就这批新发现的人骨材料并结合雷州半岛和西江流域的考古学研究来探讨其在该地区人种学研究中的作用。

一 南方地区古人类研究的局限性

古人类研究的对象一般包括化石人类和骨骼人类两个部分。化石人类的研究偏重于人类的宏观演化、现代人的起源及其人种分化的研究；骨骼人类研究则关注于中国史前及历史时期人群的体质特征的微观演化与分布，关注民族的产生和涵化。

在中国，旧石器时代晚期的人类在体质特征上向着蒙古人种的演化方向更近了一步。该阶段的远古人类被称为晚期智人，人群之间已经开始出现形态发育上的地区性差异[1]，但其仍处于蒙古人种的形成阶段。人种分化的历史进程在中国新石器时代得到了充分的发展，气候的变迁、农业文明的诞生以及人群间相对隔离的状态都是促进人群间在体质上形成差异的重要因素[2]。一般认为，新石器时代的人种演变包括了三个大的人种地理分布区，即黄河流域、北方及东北地区和华南地区。公元前3000年左右，黄河中下游的仰韶文化和大汶口文化逐渐被龙山文化取代，先前在仰韶时代居民身上的被认为是较为原始的性状逐渐消退。公元前二千纪左右，随着地区间社会生产力的进一步发展，以中原华夏族为中心的我国古代各民族间的文化交流和基因融合变得更为普遍和频繁，因此这一时期的人种特征出现了纷繁复杂的景象：不仅同一个体上具有两种以上不同类型的体质因素，而且还表现在同一群体中有可能出现两种差异性很大，属于不同种族类型的个体[3]。

早期的体质人类学与考古学结合，从而产生了中国的人种学。以往工作已经建立起了北方地区的古代人种学坐标体系[4]。但是，由于自然埋藏条件的原因，长江以南地区很难发现保存完整的古代人骨标本。与北方地区相比，南方地区除了少数著名人类骨骼化石发现地点外，新石器时代以来的人骨资料更是屈指可数。这种状况严重制约了南方地区人种学和考古学的发展。由此而产生的现状是，我们至今对南方地区古代人类的种族特征分布感到模糊。这里只简要列举几处较为重要的古人类化石地点和部分较为重要的新石器时代人骨材料出土地点。

（一）古人类化石材料

华南地区的人类化石在整个中国乃至世界的古人类研究当中占有重要地位，虽然发现较多，但大多比较零碎，其中比较重要的有如下材料。

1. 汤山直立人化石

发现于江苏南京江宁汤山镇西南公路南侧的葫芦洞内。1993 年 3 月，当地工作人员在清理洞穴时发现了两块头骨碎片和一颗牙齿，这三块化石标本分别被编为 1 号、2 号和 3 号标本[5]。1 号标本相对较为完整，较为完整的部分包括额骨、顶骨左侧前部、左侧蝶骨、鼻骨、左侧上颌骨和左侧颧骨。此外还包括部分枕骨和部分右侧顶骨。1 号头盖骨化石可能代表了一个女性成年个体[6]。最新的铀系法测定和县直立人的生存年代距今约 62 万年 ~50 万年[7]。

2. 郧县直立人化石

发现地点有两处。一处是湖北郧县城东北约 50 公里的梅铺公社的杜家沟东侧寨梁子山的龙骨洞，共发现 4 颗人牙化石，分别为左下侧门齿、左上中门齿、左上第二前臼齿和左上第一臼齿[8]；另一处是湖北郧县城西约 40 公里弥陀寺村附近的曲远河口的学堂梁子，在一个阶地堆积物中发现了一具人类颅骨化石，编号为 EV9001，之后在这个地点又发现了一具颅骨化石，编号为 EV9002。这两具颅骨都具有粗壮的眉嵴，眶后缩窄明显，没有明显的矢状嵴，乳突粗大，有明显的枕外圆枕。根据古地磁法测定，动物群的时代距今约 87 万年 ~83 万年，根据电子自旋共振法测定其年代距今约 56.5 万年[9]。

3. 马坝人

1958 年 6 月，广东曲江县马坝镇农民在当地狮子山的一个石灰岩洞穴中挖出了许多化石，在这些化石当中有一件残破的人类头骨化石，中山大学梁钊韬鉴定出其为古人类头骨化石，后被命名为马坝人。马坝人的眉嵴粗壮，有眉嵴上沟，矢状嵴较弱。眶型近圆形，眶下缘较锐利，与欧洲的尼安德特人接近，可能是与尼安德特人的祖先有过基因交流的结果[10]，但他们之间的差异性是主要的[11]。其生存年代距今约 14 万年[12]。

4. 柳江人

1958 年冬发现于广西柳江通天岩山洞附近的一个小洞穴里。中国科学院古脊椎动物与古人类研究所的李有恒等又在此发现了其他的人类化石标本。柳江人的化石标本包括一个完整的颅骨、两段股骨、四段肋骨、第 9 至第 12 腰椎、五块腰椎、完整的骶骨以及髋骨。这些化石可能属于不同的个体。有学者认为柳江人颅骨所代表的个体应当是一个男性，额结节和顶结节发育较弱，眉弓发育。额骨明显后倾，前囟点的位置比现代人的靠后，额骨下部有微弱的矢状嵴。面部短宽，上面部比较扁平。明显的低眶，鼻骨宽大而且扁平，梨状孔短阔，鼻根部略有凹陷[13]。其生存年代目前尚无确切数据，依据铀系法测定的结果，最小值为距今约6.7万年，最大值距今约22.7万年~10.1万年[14]。

（二）古人骨材料

到目前为止，南方地区主要的新石器时代人骨材料地点包括：长江中下游的江苏龙虬庄[15]、金坛三星堆、湖北房县七里河[16]，枣阳雕龙碑、安徽尉迟寺[17]，上海崧泽[18]，浙江余姚河姆渡[19]、平湖庄桥坟，福建闽侯昙石山[20]，广东佛山河宕[21]、增城金兰寺[22]、南海鱿鱼岗[23]、遂溪鲤鱼墩、南海灶岗，广西桂林甑皮岩[24]和邕宁顶蛳山等。虽然发现地点较多，大多数人骨材料保存情况不佳。

如前所述，由于有限的人类化石和骨骼遗存，使得古人类学家难以依据现有材料勾勒出南方地区古人类演化的清晰轮廓。因此，发现并完整保存史前时期的人类化石和骨骼材料显得尤为重要。而今，我们欣喜地发现，在两广地区，随着桂林甑皮岩、南海灶岗、增城金兰寺、佛山河宕、南海鱿鱼岗、遂溪鲤鱼墩和邕宁顶蛳山等遗址的相继发现和发掘，考古学家们已经为我们开展这一地区的古人类研究创造了极大的可能性。

二　雷州半岛和西江水系的三个人种学坐标

在两广地区，目前已发现的人骨保存较好的新石器时代遗址按照考古学文化可划分为两个大的部分，即珠江三角洲地区和西江水系地区。从现有的考古学文化分布来看，包括雷州半岛和西江水系在内的桂东粤西地区的考古学文化具有较为密切的联系，特别值得关注的是这一地区的葬式大多为屈肢葬。在这个地区目前已经发掘的遗址中，邕宁的顶蛳山、桂林的甑皮岩和湛江的鲤鱼墩所出人骨保存完好（图一），特别是顶蛳山所出土的人骨更是丰富，因而构建起了这一地区人种学研究的三个重要的支点。

1. 鲤鱼墩遗址

该遗址位于北部湾东岸的遂溪县江洪镇北草村委会东边角村东南之鲤鱼墩（图二）。1982年被发现，1991年被确立为湛江市文物保护单位。遗址面积约1200平方米，揭露面积629平方米。文化堆积分为6层，除表土外，第2~6层为新石器文化层。其中，第2~5层为贝壳堆积，第6层为黄色沙土层。第6层陶片只有夹砂红陶，火候低，厚薄不均，纹饰凌乱、粗糙。第5层陶器为夹砂红褐陶，器形只见钵形釜，外饰绳纹再抹平，造成乳丁状效果。第4层陶器为夹砂褐陶，也只见钵形釜，外饰以毛蚶或泥蚶划出的或斜或竖的平行条纹。第3层出细砂磨光红衣陶，口沿被刻成锯齿状，颈部并有菱形交叉刻划纹。第2层出窄沿厚唇釜或罐。鲤鱼墩4~6层与广西邕宁顶蛳山三期有较多相似处，而3层则

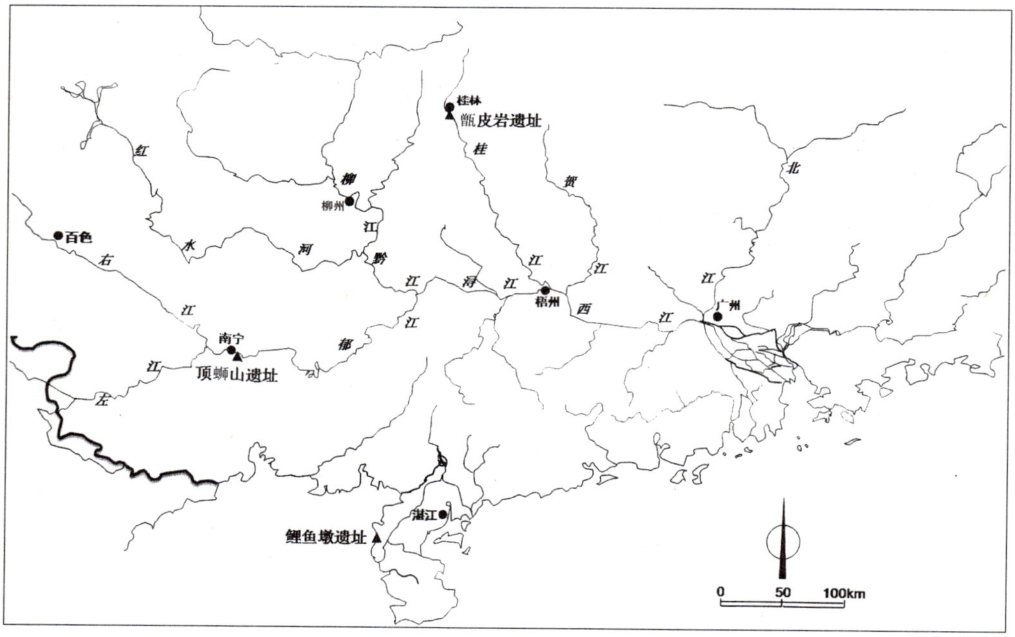

图一　三个主要遗址位置示意图

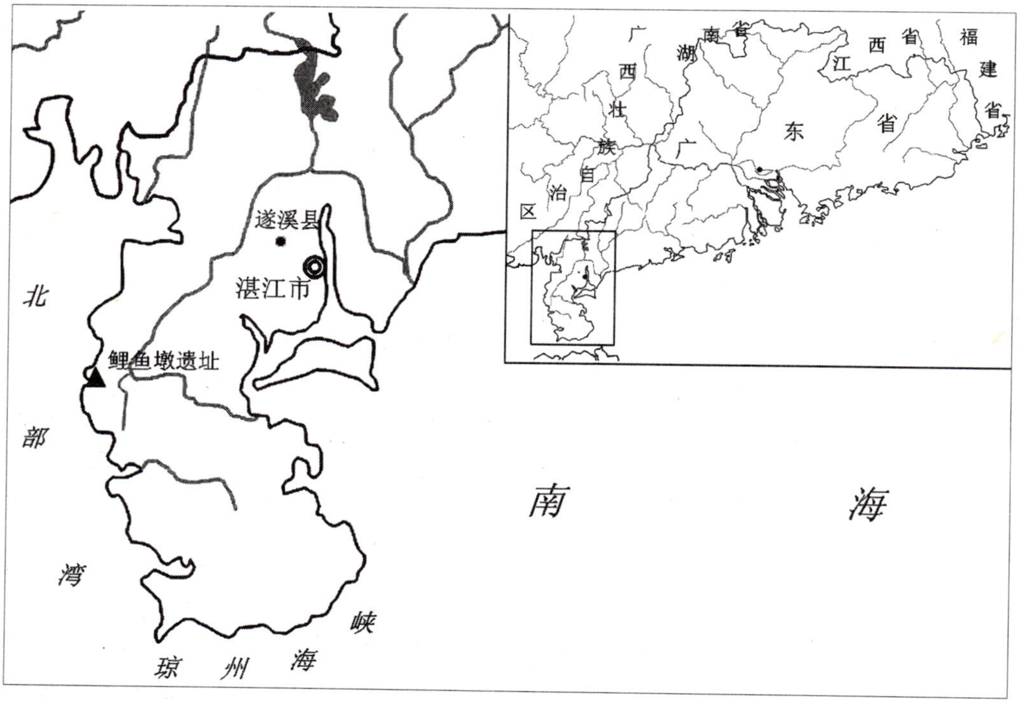

图二　鲤鱼墩遗址位置示意图

与顶蛳山四期和广东曲江石峡遗址一期有较多共同因素。鲤鱼墩2层釜、罐与珠江三角洲已趋同。目前测年数据只有两个：4层贝壳5050±100，2层贝壳3120±90。估计最早年代约在距今6000~7000年。发现的墓葬8座中，其中M6、M7和M8三座地层关系最明确，都开口于5层下，打破6层。其余地层已被扰乱。

2. 顶蛳山遗址

该遗址位于广西邕宁县蒲庙镇新新行政村九碗坡村东北约1公里处，是广西目前保存面积最大、出土遗物遗迹最丰富且最有代表性的新石器时代的贝丘遗址之一。1997年4月，中国社会科学院考古研究所、广西壮族自治区文物队、南宁市博物馆联合对顶蛳山遗址进行了第一次发掘。目前确定的遗址面积5000平方米，分为居住区和墓葬区。在墓葬区清理墓葬331座，出土人骨骸400多具，葬式包括仰身、侧身、俯身屈肢葬及屈肢蹲葬等多种形式的屈肢葬。出土的细小石器及数量较多的陶器均为广西同类贝丘遗址中首次发现。此外，还发现成排、有规律的柱洞，为长方形干栏式建筑，在广西史前考古中首次得以确定，对探讨广西史前人类的居住形式及干栏建筑的起源及发展具有重要的价值。文化遗存可分为四期，距今万年左右的第一期就出现了陶器，器类仅见圜底罐或釜形器。制作和装饰手法均极原始[25]。二、三期即为“顶蛳山文化”，年代约距今8000~7000年，属新石器时代早期遗存。第四期已进入新石器时代晚期，年代约距今6000~5000年。顶蛳山遗址对认识广西及南方地区史前贝丘遗址文化的特征和内涵、构建这一地区史前文化的基本框架和序列、对揭示不同于黄河及长江流域的自然环境中人类如何生存发展的模式和探讨史前华南与东南亚地区的文化交流及人与自然的互动关系等均具有重要的意义。

3. 甑皮岩遗址

该遗址位于广西桂林市独山南麓，是岭南已知新石器时代洞穴遗址中保存最为完整的一处。甑皮岩遗址于1965发现，历经了1973年和2001年两次发掘，出土了丰富的陶器、石器、骨器、角器、蚌器和人骨、动物遗骸。甑皮岩遗址奠定了桂林地区乃至华南及东南亚地区的史前文化序列。以甑皮岩遗址为标尺，参照桂林其他史前遗址的资料，可以初步构建桂东北地区距今35000~3500年间的古代文化发展框架。甑皮岩遗址两次发掘获重大考古发现，其中距今约12000年前的“素面夹砂”陶器是迄今大陆考古发现最古老的陶器之一，这为研究中国制陶业的起源和新石器时代的开端提供了重要依据。甑皮岩遗址是距今12000~7000年之间桂林先民生活的中心场所，于原来估计的距今9000年向前推进3000多年。对甑皮岩的发掘和研究还表明，甑皮岩人早在12000年前就能制作大型陶器，在遗址发现的陶罐被证实为中国最原始的成型陶器之一，专家们据此推测，桂林有可能是陶器的起源地之一[26]。甑皮岩遗址出土了27具新石器时代人骨，多为屈肢蹲葬和二次葬。平均死亡年龄为27.2岁[27]。

三 雷州半岛古人种研究的几个相关问题

雷州半岛曾发现了大量的史前贝丘遗址，但是并未发现有完好的人骨，这使得学术界一直无法对该地区史前时期的人类种族特征有一个清晰的认识。鲤鱼墩新石器时代遗址古人类骨骼遗存的发现将有助于我们认清雷州半岛甚至南方地区的人种演化过程，有助于研究古代百越的形成和发展。

1. “俗化百越”是一个历史建构过程

从考古学文化分布来看，岭南地区在赵佗建立南越国之前基本保持着地区性的文化特征，无论是北部的石峡文化还是南部的以珠海宝镜湾遗址为主的滨海文化都是如此。南越国建立以后，逐步实行了“俗化百越”的政策，使得该地区的考古学文化面貌发生了改变。由于北方族群的不断南迁，不同的体质类型开始逐渐融合，也使得该地区的人种学面貌发生了改变，原来以古华南类型[28]为主的体质逐渐融入了东亚类型的遗传特征。文化与体质就这样开始相互发生作用，从而构建起岭南地区具有地方特色的体质与文化历史进程。

2. 岭南地区先秦时期人种类型并不单纯

从现有的资料来看，与现代东亚类型居民相比较而言，岭南地区不同区域的先秦时期族群的体质特征相对一致，但是仍然存在着体质上的某些差异，汉代以后差别开始明显。有研究结果表明，广西贵县罗泊湾汉墓人骨的人种学特征与广西桂林甑皮岩新石器时代居民的特征以及广西现代族群的特征相近，而与福建闽侯昙石山和广东佛山河宕新石器时代居民的特征差异明显[29]。这说明，在人种类型上看似比较一致的岭南地区，其人种类型的构成并不是单纯的，应当对这种差异的原因进行深入的研究，而鲤鱼墩人骨的发现，为这种探讨提供了可能。

3. 种族类型能够反映考古学文化面貌

对岭南地区先秦时期人类种族类型的分析表明，在很大程度上，体质类型与文化特征之间存在着明显的对应关系。我们可以暂时将岭南地区的文化粗略地划分为 3 种类型，即外来文化、本地文化和过渡文化。我们知道，外来文化即中原文化以及楚文化是直接传播到岭南地区的，那么传播这些文化的主体是来自北方地区的人，他们的体质特征与本地文化的创造者是存在明显区别的[30]，而两者碰撞后所产生的混合文化的主体可能会是两种体质类型的混合类型。理清上述这些客观存在的不同的体质类型，有助于我们识别不同的文化因素，并更易于探讨考古学文化的变迁问题。

4. 雷州半岛的种族类型演变

目前，我们对雷州半岛各个族群的体质特征的认识来自于对现代各个民族的体质调查。由于缺乏古代居民的研究资料，我们对于该地区族群体质类型的演变过程是比较模糊的。即便是拥有了像鲤鱼墩这样珍贵而又理想的研究资料，我们仍然缺乏足够的能够构建该地区种族类型演变图景的材料。但是，鲤鱼墩遗址所处的时代（^{14}C结果为公元前6000～前5000年）和位置能够为我们提供可与先前发现的临近地区的新石器时代人骨材料进行比较研究的可能性。

5. 雷州半岛居民种族类型的独特性

从现代雷州半岛的族群类型来看，至少包括了四个群体，即广府人群体、潮汕人群体、客家人群体和北方人群体。从体质特征上来看，这四个群体都有所不同，广府人属于原住居民，是较为典型的南亚类型体质；潮汕人和客家人何时来此居住已不可考，潮汕人与闽越有较强的联系，属于东亚类型；客家人较接近北方类型，但已经存在明显的与南亚类型混合的特征；北方人群体体质较为复杂，至少存在北方典型的东亚类型和西南的峡江类型。语言学的研究结果与体质类型的分布规律较为一致。因此，至少现在看来，这个地区存在着复杂的人种学现象。那么，先秦时期的情况如何呢？我们希望通过对鲤鱼墩居民体质的研究，从科学的角度来阐释该地区的真实种族变迁过程。

6. 雷州半岛与西江水系居民存在种族类型上的相近性

这一假设是建立在考古学文化分析基础之上的。鲤鱼墩新石器时代遗址虽然是一处贝丘遗址，但其葬俗却与广西桂林甑皮岩遗址以及邕宁顶蛳山遗址的葬俗相近，都是普遍流行曲肢葬。这种葬俗在粤东地区的考古学遗址当中是不见的。此外，陶器的组合和其他遗物也表明这个遗址是属于粤西和广西的古文化系统，此地出土过多具铜鼓，而在粤东地区不见。

这些现象提示我们，雷州半岛的文化传统可能与广西地区的文化大传统是一致的，而与其邻近的粤东地区不同。那么，我们据此提出这样一种假设，“西江水系的新石器时代居民存在种族类型上存在密切关系”，因为如果存在文化的传播，那么应当是以直接传播为主的，也就是以人本身的迁徙和互动为媒介的，所以相近地区在文化上的相似性，在某种程度上是能够暗示人群种族类型的相似性问题的。但是我们需要进一步的研究才能验证这个假设。

注　释

［1］吴汝康：《广西柳江发现的人类化石》，《古脊椎动物与古人类》1959年3期；吴新智：《山顶洞人的种族问题》，《古脊椎动物与古人类》1960年2期；赵一清：《山顶洞人二女性种族属源问题的研究》，《古脊椎动物与古人类》1961年1期；颜訚：《从人类学上观察中国旧石器时代晚期与新石器时代的关系》，《考古》1965年10期。

［2］［3］潘其风、朱泓：《先秦时期我国居民种族类型的地理分布》，《苏秉琦与当代中国考古学》，科学出版社，2001年。

［4］朱泓：《中国东北地区的古代种族》，《文物世界》1998年1期；朱泓：《中国南方地区的古代种族》，《吉林大学社会科学学报》2002年3期；朱泓：《内蒙古长城地带的古代种族》，《边疆

考古研究——中国北方长城地带青铜文化考古国际研讨会论文集　第一辑》，科学出版社，2002年。

[5] Mu X. N., H. K. Xu, D. C. Mu, et al.: *The discovery of hominid fossils from Tangshan, Nanjing. Acta Palaeontol Sin*, 32: 393 ~ 399, 1993.

[6] Liu W., Y. Zhang and X. Wu: *Middle Pleistocene Human Cranium From Tangshan (Nanjing), Southeast China: A New Reconstruction and Comparisons With Homo erectus From Eurasia and Africa. American Journal of Physical Anthropology*, 127: 253 ~ 262, 2005.

[7] Chen Q, Wang YJ, Liu ZC, et al.: *U – series dating of stalagmite samples from Hulu Cave in Nanjing, Jiangsu Province, China. Acta Anthropol Sin*, 17: 171 ~ 176, 1998; Zhou CL, Wang YJ, Cheng H., et al.: *Discussion on Nanjing Man' s age. Acta Anthropol Sin*, 18: 255 ~ 262, 1999; Zhao JX, Hu K, Collerson KD, et al.: *Thermal ionization mass spectrometry U – series dating of a hominid site near Nanjing, China. Geology*, 29: 27 ~ 30, 2001.

[8] [9] 吴汝康、吴新智、黄慰文、祁国琴:《中国古人类遗址》，上海科技教育出版社，1999年。

[10] 吴新智:《马坝人在人类进化中的位置》，《纪年马坝人化石发现三十周年文集》，文物出版社，1988年；吴汝康、吴新智、黄慰文、祁国琴:《中国古人类遗址》，上海科技教育出版社，1999年。

[11] 吴汝康:《马坝人化石在我国人类发展史上的重要意义》，《纪年马坝人化石发现三十周年文集》，文物出版社，1988年。

[12] 朱泓主编:《体质人类学》，高等教育出版社，2004年。

[13] 吴汝康、吴新智、黄慰文、祁国琴:《中国古人类遗址》，上海科技教育出版社，1999年；朱泓主编:《体质人类学》，高等教育出版社，2004年。

[14] 吴汝康、吴新智、黄慰文、祁国琴:《中国古人类遗址》，上海科技教育出版社，1999年。

[15] 韩康信:《测量研究报告——龙虬庄遗址新石器时代人骨的研究》，《龙虬庄——江淮东部新石器时代遗址发掘报告》，科学出版社，1999年。

[16] 吴海涛、张昌贤:《湖北房县七里河新石器时代人骨的研究报告》，《北京猿人第一头盖骨发现五十周年纪念论文选编》，1979年。

[17] 张君、韩康信:《尉迟寺新石器时代墓地人骨的观察与鉴定》，《人类学学报》1998年1期。

[18] 黄象洪等:《崧泽遗址中的人类和动物遗骸》，《崧泽》，文物出版社，1987年。

[19] 韩康信、潘其风:《广东佛山河宕新石器时代晚期墓葬人骨》，《人类学学报》1982年1期。

[20] 韩康信、张振标、曾凡:《闽侯昙石山遗址的人骨》，《考古学报》1976年1期。

[21] 韩康信、潘其风:《广东佛山河宕新石器时代晚期墓葬人骨》，《人类学学报》1982年1期。

[22] 吴新智:《广东增城金兰寺遗址新石器时代人类头骨》，《古脊椎动物与古人类》1978年3期。

[23] 黄新美、刘建安:《广东南海县鱿鱼岗新石器时代晚期墓葬人骨》，《人类学学报》，1988年2期。

[24] 张银运、王令红、董兴仁:《广西桂林甑皮岩新石器时代遗址的人类头骨》，《古脊椎动物与古人类》1977年1期。

[25] 曹兵武:《中国早期陶器与陶器起源（一）》，《中国文物报》2003年6月1日。

[26] 中国社会科学院考古研究所、广西壮族自治区文物工作队、桂林市文物工作队、桂林甑皮岩遗址博物馆：《桂林甑皮岩》，文物出版社，2003年。

[27] 王明辉：《体质特征》，见《桂林甑皮岩》，文物出版社，2003年。

[28] 朱泓：《中国南方地区的古代种族》，《吉林大学社会科学学报》2002年3期。

[29] 彭书琳、张文光、魏博源：《贵县罗泊湾西汉墓殉葬人骨》，《广西贵县罗泊湾汉墓》，文物出版社，1988年。

[30] 潘其风：《中国古代居民种系分布初探》，《考古学论文集》（一），文物出版社，1987年；朱泓：《中国南方地区的古代种族》，《吉林大学社会科学学报》2002年3期；朱泓：《内蒙古长城地带的古代种族》，《边疆考古研究—中国北方长城地带青铜文化考古国际研讨会论文集第一辑》，科学出版社，2002年。

参考文献

张振标：《现代中国人体质特征及其类型的分析》，《人类学学报》1988年4期。

傅宪国、李珍、周海、刘琦、贺战武：《桂林甑皮岩遗址发现目前中国最原始的陶器》，《中国文物报》2002年9月6日。

广东省博物馆：《广东东兴新石器时代贝丘遗址》，《考古》1961年12期。

广东省博物馆：《广东南海县灶岗贝丘遗址发掘简报》，《考古》1984年3期。

广西文物工作队、桂林市文物管理委员会：《广西桂林甑皮岩新石器时代洞穴遗址的试掘》，《考古》1976年3期。

韩康信、潘其风：《河姆渡新石器时代人骨的观察与研究》，《人类学学报》1983年2期。

刘武、杨茂有、王野成：《现代中国人颅骨测量特征及其地区性差异的初步研究》，《人类学学报》1991年2期。

刘武、铃木基治：《亚洲地区人类群体亲缘关系》，《人类学学报》1994年3期。

俚人文化特征初论

冯孟钦
（广东省文物考古研究所）

［内容提要］本文以洛（阳）湛（江）铁路发现的俚人遗存为基础，综合历史文献和以前有关俚人遗存的零星发现，归纳出俚人的文化特征为山居、环壕聚落、住干栏、种稻、以袋状坑储粮食、织葛、广用特征鲜明的陶器、石质量器和容器发达、制造和使用北流型铜鼓及流行鸡卜、凿齿、文身、船形土坑墓和瓮棺葬习俗等。

［Abstract］ Based on the finds of archaeological work in the Luozhan railway (from Luoyang to Zhanjiang) at the section of Guangdong , the article sums up the traits of Li people culture with the odd finds in the past and historical records as the follows: mountain and pile dwelling, village with ring structural ditches, rice - planted, grain stored in deep pits and cloth with kudzu vine. Pottery and stone vessels are also widely used here. Besides, the porcelain are not advanced. It made and used Bronze drum of "Tape Beiliu" . What ' s more, chicken divination, tooth avulsion , tattooing, olla bury ect are the popular customs.

俚人是东汉至唐代之间主要活跃于粤西桂南的土著民族，古高凉地区是其活动的重要区域。他们主要来源于先秦时期的西瓯、骆越，是诸越族未融合于汉族者的后裔[1]。对俚人的文化特征的专门研究，目前只见到陈水润先生的《俚乡文化概说》[2]，但该文略嫌宽泛而简略。现根据文献史料和考古发现，特别是洛（阳）湛（江）铁路岑溪（马路墟）至茂名段（广东境内）铁路建设工程范围考古发掘发现的一批俚人遗存，试对俚人的文化特征作一初步探讨。

洛湛铁路岑（溪）茂（名）段粤境全长122公里，由北而南途经广东信宜市、高州市、茂南区和电白县，在电白县羊角镇与三茂铁路联通。2006年6~7月进行的调查勘探共发现以马岭岗和亚公山为代表的南朝至唐代遗址和遗物点17处，2007年3~10月，对其中7处进行了发掘。这7处遗址自北而南分别是信宜荔枝岗、马岭岗，高州塘尾岭、屋背岭、牛角山、亚公山和光山。遗址都在高州中北部、信宜中南部以鉴江为中心的狭长河谷地带高50米以下的山上或山边，多靠近河流，在主流（鉴江，信宜段称东江）和支流交汇处。共计发掘11500平方米，其中以马岭岗和亚公山发掘面积较大，分别为4800平方米和3400平方米。发现了一批遗迹、遗物，取得重要发现。

西瓯、骆越是俚人的祖先，而壮族是俚人的后裔（粤西和桂东南“汉”族在血统上与俚人也相关）。因此，历史文献关于西瓯、骆越和壮族文化特点的记载，也可作为参考。

一　俚人居住环境的选择与房屋形态

1. 俚人喜山居，住干栏

《隋书·地理志》说：“俚人……巢居崖处……”。“崖处”就是“山居”。洛湛铁路发掘的7处遗址6处在山顶，只有其中1处在山边。7个遗址以亚公山最高，达47.86米。《隋书》卷八十《列女·谯国夫人》说冼夫人家族“跨据山洞，部落十余万家”，其“山洞”也应理解为这种山居村落。考古发掘证明，俚人住地多选择在高约50米的山岗顶部或山坡，属于山居民族。而“巢居”指的是住干栏式建筑。干栏，史籍除名“巢居”外，又名“栅居”或“楼居”。《南齐书·州郡志》载：“广州镇南海……而俚僚猥杂，皆楼居山险”。中宿（今清远）“俚民皆巢居鸟语”。刘宋沈怀远《南越志》云：“晋康郡……夷人……其俗栅居，实为俚之城落”。

洛湛铁路各遗址都发现了数量不等的柱洞。亚公山柱洞主要分布在遗址东北部和西南部壕沟内侧边缘。牛角山的柱洞主要分布在东北部，荔枝岗柱洞主要分布于山顶，既有圆形柱洞，也有方形柱洞，方形柱洞打破半风化的灰白色基岩，甚规正。马岭岗的柱洞分布在山顶部分。塘尾岭、屋背岭柱洞较少。这些有可能是干栏建筑遗迹，但很难进一步求证。

洛湛铁路发现一种平底内耳釜（图一），初步推测这种釜是吊在干栏内的火塘上使用的，其双耳之所以置于口沿内侧，显然是为了防止被火烧断。

2. 俚人村落设环壕

图一　内耳釜（高州市博物馆藏）

洛湛铁路7个遗址除了塘尾岭可能因为发掘面积过小（500平方米）没发现壕沟外，其余6处遗址都发现了多道环形壕沟。在信宜马岭岗和高州亚公山遗址西南面最外围的壕沟，宽、深都超过2米，初步判断，这些环形沟是用于防御的。

3. 俚人村落内部普设袋状坑

南朝至唐时期的“袋状坑”在岭南地区是首次发现和首次认识，以往考古调查时曾在阳春有所发现，当时被误认为窑址。通过洛湛铁路的发掘，我们初步可以确认，它是俚人活动留下来的独特的聚落设施。其中亚公山发现约90个，马岭岗63个，牛角山20个，屋背岭8个，荔枝岗6个，光山2个。在密集的地方，像亚公山，一个10米×10米探方内就发现10个。袋状坑口径一般在0.4～0.6米，深2～3米，底径多在1.5～2米，也有少量深超过3米，底径超过2米的。斜弧壁，平底，部分坑壁设有壁龛，或（和）底有柱洞，1～6个不等，1个柱洞可能原来安装有独木梯以便出入，多出的柱洞，大小不一，可能是安放陶罐留下的。部分坑口沿外侧有一圈柱洞，说明原来盖有雨棚。由于袋状坑内发现了柱洞、壁龛等遗迹和陶罐、炭化稻米等遗物，因此，初步推断袋状坑大部分是用来储存食物的。

二 俚人的经济生活与物质创造

1. 种稻

俚人的先民在从事谷物农业之前，从事的是以种植块根、块茎作物为特色的园艺（园圃）农业[3][4]。俚人无疑继承了其祖先的生业，并有所发展。俚人已从事稻作农业是毫无疑问的。在亚公山H57底部堆积厚约0.3米的炭化稻米，在马岭岗H3也发现零星炭化稻米。粒长6、宽2毫米。品种有待鉴定，未知是水稻还是旱稻。

当然，俚人必然还继续种植薯蓣一类块根植物，且从事渔猎、饲养家畜家禽、采集野生植物等重要的家庭副业，就像20世纪50年代前黎族地区一样。

2. 葛织卉服

南方古代民族在我国纺织史上曾经作出过伟大的贡献。我们对宋末元初杰出的女纺织家黄道婆的事迹耳熟能详，但对作为黄道婆纺织技术来源的海南黎族的纺织技术，知之不多，也重视不够。黄道婆的事例足以说明，黎族的纺织技术在宋元时期比汉族要高。而黎族的纺织技术乃继承自古代的俚人等南方古代民族。在这方面，容观夐教授发前人所未发，做过专门研究[5]。

关于俚人等古代民族的纺织与服饰，历代都有记载。《禹贡》古扬州条有“岛夷卉服，厥篚织贝”。容教授认为“岛夷是海南岛上之夷”，卉服“肯定是盛行于南方两广地区少数民族先世的服饰”。《汉书·地理志》颜师古注曰：“卉服，絺葛之属”。絺，《现代汉语词典》释为“细葛布”。孔颖达《尚书正义》说：“卉服，葛越也。南方布名，用葛为之。左思《三都赋》谓蕉葛之属也”。杨孚《博物志》：“芭蕉……其茎如芋，取镬煮之，如丝，可纺织为絺綌。即今交趾葛也”；“篔筜生水边，……庐陵界有之，始兴以南又多，小桂夷人绩以为布葛”。贾耽、李吉甫《十道记》：广西容州“夷……鼻饮跣足，……无蚕桑，缉蕉葛以为布”。《太平寰宇记》引顾微《广州记》：“广西阿林县有勾芒，俚人砍其大树，新条更新，取其绩以为布，软滑甚好”。《太平寰宇记》：广西桂州“有古终藤，俚人以为布，古夏书曰：岛夷卉服。此之谓也。”

根据以上的记载，俚人绩布的原料不是棉花（木棉除外），而是麻类、芭蕉、竹子的纤维等所谓“蕉葛”一类木本植物，以丝代苎，织之为布。笔者认为，这可能跟曾经流行于环太平洋地区的“树皮布（无纺布）”[6]有些关系，是对“树皮布”的继承和发展。海南岛在20世纪还留存树皮布。“树皮布”是利用木本植物的纤维，“蕉葛”纺织同样也是利用木本植物的纤维，属麻纺系统，而与棉纺大为相异。因此，“蕉葛”纺织是古代南方民族，包括俚人文化上的一个特色。

“卉服”又称“卉衣”、“卉裳”，历代都见记载。《后汉书·南蛮西南夷传》：“镂体卉衣，凭深阻峭……”。刘宋颜延之《三月二日曲水诗序》：“卉服之酋，回面受吏”（《颜延年集》卷二）。唐张说之《广州都督岭南按察五府经略使宋公遗爱碑颂》有关古代越族的特点是：“文身、凿齿、被发、儋耳、衣卉、面木、巢山、馆水、种落异俗，……语言不通”（《张说之文集》卷十二）。白居易《送客春游岭南二十韵》：“红旗围卉服，紫绶裹文身”（《白居易集》卷十七，岳麓书社，1991年）。宋柳宗元《岭南节度使响军堂记》“卉裳罽衣，胡夷蜑蛮”（《柳柳州文集》卷三）。明丘浚《南溟奇甸赋有序》：海南岛“是以三代之前，兹地在荒服之外而为骆越之域；至于有汉之五叶，始偕七郡而入于中国。南蛮之刁未易也，椎结卉服之风未革也”（《丘文庄公集》）。

所谓“卉服”、“卉衣”或“卉裳”，是指用缬织技术造出富有文采（花纹）的“斑文布”做成的衣裳。

3. 制造和使用独具特色的陶器

目前在粤西南发现的南朝至唐代的遗存，出土陶器种类并不丰富，但数量多，大体上包括四系罐、双耳钵、内耳釜、环状提梁壶、甑形器等，最有特色的是内耳釜、环状提梁壶、甑和宽平折沿罐。

罐：最多，有侈口、直口、敞口诸种，以绳纹四系罐数量最多见，全部都是平底或平凹底器，不见圜底器。罐类纹饰也很有特点，有的口沿唇面上戳印或压印方格或叶脉状篦点纹，或乳钉，主体则饰水波纹、弦纹、菱格内十字纹等。

釜：以前各地无论是史前还是历史时期考古发现中所见的釜无一例外都是圜底釜。圜底能够使受热面积增大，从而达到节能降耗的目的，而洛湛铁路俚人遗存中一件圜底釜也没有。洛湛铁路出土陶釜以侈口折沿内耳釜最具特色。内耳釜是吊起来使用的，釜耳安在口沿内侧是为了防止吊绳被火烧断。内耳釜和提梁壶都适于军旅生活。在7个遗址中，以马岭岗出土最多内耳釜（图一）。

壶：只见一种有环状提梁的壶，无口，只有进气孔和流（兼作进水孔），流孔也小，适于运动中携带使用。这种壶都是黄白色泥质陶，火候较低，以亚公山出土较多。发掘资料中目前尚未有复原器，但从高州博物馆馆藏的采集品中，我们可以看到这种完整器物的样子（图二）。

甑形器：矮桶状，宽内平折沿，大口直壁平底。暂名为甑形器（图三），其具体用法还要研究。

在南朝时期，汉人区域瓷器已经相当普及，广东其他地区发现的南朝墓也都出土大量的瓷器，但在俚人地区，广泛使用的是自己制造的、富有地方和民族特色的陶器，瓷器还是稀罕品。

瓷器初步观察只有碗一种。大部分釉已脱落，饼足或假圈足。由于陶器的特征太明显，以至与其他地区同时期的陶器的可比性不强，因此，就要根据与陶器具有共存关系的瓷器来断代，“以瓷器证陶器”。所以瓷器数量虽少，但却是重要的断代依据。从数量少、器物形态与汉区相同等分析，瓷器可能是从汉区输入的，即俚人可能尚未掌握制瓷技术。

图二 提梁壶（高州市博物馆藏）

4. 石容器、石量器

马岭岗出土了数件很有特色的以云母岩挖成的像釜或罐的容器和石升；亚公山也出土了类似的石升等。1983 年在高州曹江黄榄山出土 1 件滑石制作的石斗，平面略呈椭圆形，器身两边有一对对称方耳，加工较粗，凿制痕迹甚为明显。口径 22.6、高 11.7 厘米。同地点另出有 1 件石方升，也是滑石制作，主体平面呈长方形，窄边两头有方耳，与口齐平，耳中穿孔。长 11.2、宽 9.2、高 4.5 厘米。黄榄山采集的两件量器原定为西汉，应是南朝至隋唐物。在今天广西壮、瑶民族中，仍然保留这种制作使用石容器的传统。

图三 甑形器（洛湛铁路出土）

5. 无格单脊铁剑

在亚公山和荔枝岗都出土无格单脊铁剑，剖面呈三角形，而汉人所用剑为有格双脊，剖面为菱形，两者区别明显。

6. 犀盾

犀盾，俚人常备的兵器。左思《吴都赋》云：“家有鹤漆，户有犀渠”。《新唐书·郑怀忠传》记述岭南酋户蓄兵时提及“家鹤漆，户犀渠，此民风也”。《太平寰宇记·岭南道》记梧州风俗云：“南越至新宁（今湖南新宁县）多俚僚，善为犀渠，左太冲（左思）所谓‘户有犀渠’也”。

7. 北流型铜鼓

铜鼓是我国南方古代少数民族的重器，是上层人物权力和财富的象征，同时也是娱神和群众性活动的乐器。中国古代铜鼓被分为8个类型（中国古代铜鼓研究会编：《中国古代铜鼓》，文物出版社，32页，1988年），其中北流型和灵山型的分布范围与俚人的分布范围大体相同，根据已故何纪生先生的意见，北流型和灵山型铜鼓的流行年代为汉到唐代初年，与俚人活跃于岭南的时间也相符。因此，北流、灵山型铜鼓的制造和使用者是俚人[7]。

目前已知广东省内各文博单位共藏有古代铜鼓200多面，从文献记载、铜鼓地名和出土地点看，主要分布在北江以西地区，而属于古高凉地的茂名市是出土铜鼓最多的地方。据当地文博部门统计，信宜已发现60多面，而高州也达20多面，主要是北流型和灵山型鼓。

《太平御览》卷七八五引裴渊《广州记》“俚僚贵铜鼓，唯高大为贵。面阔丈余，……”。《陈书·欧阳頠传》：“梁左卫将军兰钦少与頠善，故頠常随钦征讨。钦南征夷僚，擒陈文彻，所获不可胜计。献大铜鼓，累代所无”。《隋书·地理志》：自岭以南20余郡，（俚人等）“并铸铜为大鼓”。上述引文中一再出现描述铜鼓的高大。而在8个类型的铜鼓中，以北流型和灵山型（何纪生认为灵山型是北流型的一个发展形态）为最大，且以前者更显著。在现存的铜鼓中，面径超过1米的，北流型有30多只，灵山型也有10来只。广西博物馆陈列的“铜鼓王”（北流型）面径达165、残高达67.5厘米。

北流型铜鼓集中发现于广西郁江、浔江东南和广东西江以南地区，与历史记载的俚人活动中心区相吻合；根据广西考古所同行透露，洛湛铁路出土的陶器，也见于桂南地区，因此，三方面的范围是相一致的，北流型铜鼓为俚人制造和使用得到了学术界的公认。

三　俚人的语言与文字

1. 说“鸟语”

《隋书·地理志》说：中宿（今清远）“俚民皆巢居鸟语”。壮族是俚人的后裔，顾炎武《天下郡国利病书》说：“僮性质粗悍，露项跣足，花衣短裙，鸟语夷面……”；《大清一统志》卷四六二桂林府二：“僮瑶与异类，花衣短裙，鸟语兽行……”。

东南地区的古越人崇拜鸟，以鸟为图腾，曾在汉字篆书的基础上创造出钟鼎铭文书体“鸟书”（容庚：《鸟书考》，《中山大学学报》1964年1期），但史载越人及其后裔说“鸟语”，不知与此是否相关。所谓“鸟语”，或者可以理解为与汉语不同的言语，汉人听不懂，就像听鸟兽的言语一样，也有可能是汉人对这种听不懂的语言带有民族偏见的鄙视性的称呼，具有贬义。在广东三大民系中，数广府系与俚人关系最为密切。可以说，岭南本无汉人，俚人是广东的土著居民。我们知道，粤方言即起源于粤西，即俚人活动中心区。在粤方言中，仍可依稀看到若干古越族（俚人先民）的文化因素，可以看到在语音、语法、词汇方面古壮侗语（即俚语“鸟语”）的投影。有人曾对《广州方言词典》做过抽样统计，音义特别、有音无字而其音义又与壮侗语族语言多少有相近或相似的词，占总词量的6% ~8%（张永钊：《粤语与壮侗语的现象比较与人类学考察》，《百越史研究》，贵州人民出版社，1987 年），故有的语言学家说这是“以南壮的腔发北汉的调”（岑麒祥：《从广东方言中体察语言的交流和发展》，《中国语文》1953 年 4 月号）。

2. “刻木以为符契”

按史籍所记，俚人是没有文字的。《隋书·地理志》载：俚人“刻木以为符契”。“符契”含有两层意思，即“符号”与“契约”。如有文字，大可以立字“为据”，为“约”，而用不着“刻木”。“刻木以为符契”就是刻木记事。前些年在高州良德水库边上长坡雷洞村发现了一些石刻符号，部分像汉字，部分只是汉字的部首或部首的重新组合。笔者2007 年 12 月间曾作过考察，还不能确认这是否为俚人的文字，但值得学术界关注。

四 俚人的信仰与习俗

1. 鸡（骨）卜

《史记·封禅书》：“是时，既灭越，……乃令越巫立越祝祠，安台立坛，亦祠天神上帝百鬼，而以鸡卜。上信之，越词鸡卜始用。”《汉书·郊祀志下》有相似记载。柳宗元《洞氓》诗曰：“鹅毛御腊逢山罽，鸡骨卜年拜水神。”《太平寰宇记》卷一六一《贺州风俗》：“俗重鬼，常以鸡骨卜”。段公路《北户录》：“南方当除夜后将发船，皆杀鸡择骨而卜”。苏东坡被谪海南，曾过冼夫人庙，因作《冼庙》诗，中有“暴牲菌鸡卜，我当一访之”句，反映了俚人信奉鸡卜的情况。黎族也流行鸡卜[8]。鸡卜在今天西南民族中还比较流行（吕大吉、何耀华主编：《中国原始宗教资料丛编》，上海人民出版社，1993 年）。鸡卜又分鸡胫骨卜、鸡头卜、鸡翅骨卜、鸡血卜、鸡蛋卜等。从柳宗元诗及民族史学家练铭志看来，俚人的鸡卜是鸡骨卜[9]。

关于鸡卜的方法和过程，历史文献也有记载。《史记》正义：“鸡卜法，用鸡一狗一，生祝愿讫，即杀鸡狗煮熟，又祭，独取鸡两眼，骨上自有孔裂，似人形则吉，不足则凶。今岭南犹此法也。”《岭外代答》说得更详细：“南人以鸡卜，其法以小雄鸡未孳尾者，执其两足，焚香祷所占，而扑杀之。取腿骨洗净，以麻线束两骨之中，拥竹挺插所束之处，俾两腿骨背于挺之端，执挺再祷。左骨为侬，侬者我也；右骨为人，人者所占之事也。久视两骨侧所有细窍，以细竹挺长寸余者，偏插之，或斜或直，或正或偏，各随其斜直正偏，而定吉凶。其法有一十八变，大抵直或附骨者多吉，曲而斜或远骨者多凶”。作为一种文化遗留，此法仍较完整地保留在西南佤族中[10]。

2. 椎髻、凿齿、跣足

《白居易《骠国乐》：“玉螺一吹椎髻耸，铜鼓千击文身踊”。

《太平寰宇记》载：贵州（今广西贵港）有俚人，皆为乌髻……女既嫁，便缺去前齿”；邕州“悉是雕题凿齿”：钦州“又有獠（即俚——笔者注），巢居海曲，每岁一移，椎髻凿齿”。

凿齿是一种成丁礼。岭南新石器时代到相当中原夏商时期的“先越文化”遗址中就发现若干“凿齿”材料，如佛山河宕[11]、增城金兰寺[12]和广西扶绥敢造[13]。《炎徼纪闻》：僚“父母死，则子女折其齿投棺中，以赠永诀。”从此记载看，“凿齿”有一种含义与“割体葬仪”[14]相同，即属于“痛苦”的文化表达。

《桂海虞衡志》：（南蛮）“人椎髻跣足，或着木屐，衣青花斑布”。跣足，即光着脚。粤西地区直至20世纪70年代还流行赤足，现在夏天仍有个别小孩光着脚丫四围跑。笔者小时家贫，就常穿一双木屐，大人们对此感到奇怪（为何不光着脚丫？）。

3. 文身

文身是古越人的习俗。作为俚人的祖先西瓯和骆越有文身的记载，作为俚人文化继承者的古代壮族和黎族也保存有文身习俗，因此，文身是俚人的习俗之一。

4. 船形斜穴土坑墓

在广东，但凡提到六朝墓或南朝墓，考古工作者脑海里浮现的必然是券顶砖室墓。迄今为止，广东地区已在韶关、德庆、连州、曲江、四会、梅州、高要、始兴、揭阳、英德、连南、博罗、云浮、阳江、翁源等县市发现南朝砖室墓群。洛湛铁路的发现使我们相信，南朝时期广东的墓葬并非都是砖室墓，同时也存在土坑墓。就粤西南地区而言，砖室墓应是来自中原的汉人的墓葬，而土著俚人的墓葬，应是船形斜穴土坑墓以及瓮棺葬。当然，像冼夫人娘家世为南越首领，仰慕中原汉文化，采用砖室墓的墓葬形式也是可能的。我们在传说是冼夫人故里的电白丁村发现砖室墓露头，如果丁村果真是冼夫人故里，那么，这些砖室墓就有可能是冼氏家族墓。冼夫人本身虽是俚人，但为汉官夫人，且受皇朝封号，奉行汉官制度，汉化程度很深，电白“隋谯国夫人冼氏墓”墓上建筑遗址出土遗物中，陶器只有极少数的水波纹罐和环状提梁壶，属于俚人文化，其他则与粤地汉区同时期遗物基本相同[15]。

船形斜穴土坑墓，在信宜马岭岗共发现6座。这是一种前所未见的墓葬形制。其中M1狭长，船形，有腰坑，长3.40、宽0.76、深0.48米。腰坑圆形，位于墓坑中部，直径0.5、深0.06米。随葬浅腹圜底钵和斜壁平底双耳盆各1件，初步判断墓葬的年代属于南朝。

M9，长4.65、宽1.34、深0.62米。底部见有木炭。随葬品为罐1个，摆放在脚部，残破，不能复原。填土为泛青灰色的细腻黏土，类似白膏泥，又像水稻土。

最大的船形墓是M14，长5.56，宽1.95，深0.64米。随葬器物被打碎混在填土中。

这些船形墓墓向基本上是东北—西南向或南北向。

在岭南地区，过去曾发现过一批先秦“越人墓”，其形制特点是：墓坑狭长，长宽比在4:1以上，部分有腰坑，少数为“刀形墓”。腰坑和“刀形墓”都是中原商周时期的文化因素。1974年，在广西平乐银山岭清理了一批战国墓，有或方或圆的腰坑。1996年在广西贺州发现并清理了一种春秋早期的“刀形墓”。马岭岗的船形墓，长宽比大于4:

1，具有明显的“越人墓”特点。

广西的考古发现证明，墓葬设腰坑是西瓯人的文化特点，而将随葬品打碎混于填土中是骆越人的文化特点。洛湛铁路马岭岗既发现腰坑墓，也发现随葬品混于填土的墓，证明古代茂名地区是西瓯和骆越的混居地。所以，《隋书·地理志》潘州茂名条下说“古西瓯、骆越所居”。俚人继承了其祖先西瓯、骆越人的文化传统并有所改变。

5. 瓮棺葬

晋唐间的瓮棺葬，广泛分布于粤西南和海南岛，高州、信宜、廉江、遂溪和海南都已有考古方面的记录，而电白发现烧造用作瓮棺的陶瓮（罐）的窑址。总之，瓮棺葬是俚人实行的一种葬俗。根据遂溪、海南的资料，瓮棺葬多是二次葬，也有一次葬。

① 高州发现的瓮棺葬。1982 年在高州大潮干头墩发现南朝瓮棺葬 1 座，瓮的形态是侈口，平折沿，短颈，鼓肩，斜长腹，平底。肩部附四贯耳（横耳）并饰水波纹及弦纹。口径 30.5、腹径 38、底径 23、高 45.5 厘米。

高州亚公山 4 座，信宜马岭岗 3 座，荔枝岗 1 座。都是单个罐竖立摆放，从马岭岗 M5 看，瓮棺上有大块罐片盖着。

② 廉江发现的俚人瓮棺葬。广东省文物考古研究所 2004 年 2 ~4 月对渝湛高速公路粤境段廉江市青平镇多别村大山斜岭和锅盖岭、鲤鱼岭所做抢救性发掘中，发现并清理南朝至唐代瓮棺葬 12 座。线路外附近村子如陂仔村等也发现同类墓葬。墓圹长 1.2 ~1.36、宽 0.53 ~1.2 米。由于水土流失，最浅者只有 0.2 米，最深的也不超过 1 米。每个墓只有作为瓮棺的陶罐（瓮）1 个，大口，卷沿，斜直壁，平底，肩部附四个横耳。饰水波纹、弦纹、草叶纹等。最大的口径 26、腹径 35、通高 46 厘米。最小的口径 20、腹径 25.6、通高 29.5 厘米。泥质灰陶，火候高，质地结实。

③ 遂溪发现的俚人瓮棺葬[16]。遂溪县于 1982 年 10 月首先在河头镇双村新国园发现瓮棺葬遗存，此后于港门镇乾里尾村北灶坡、杨柑镇狭喉岭北、草潭镇坎尾岭、黄略镇茅村丁岭、建新镇潭九村、乌塘镇湛川村山下、界炮镇西边山村、附城红坎岭等地也发现瓮棺葬。

上述瓮棺葬墓区，除界炮镇西边山、黄略镇茅村丁岭两处与生活遗址略有距离外，其他各处均与生活遗址连为一体。西边山墓葬还打破东汉砖室墓。

遂溪县所发现的 9 处瓮棺葬墓地中，以界炮西边山村瓮棺葬墓最具有代表性，年代自南朝至隋唐，作为葬具的器物也多种多样，除生活用器外，还有专用瓮棺。

界炮镇西边山村在县西偏北约 42 公里处，地势南高北低，西部有小河流经，北部为田野。田野中还可见瓦砾、陶瓷片遗存，经考证是南朝前后的生活遗址（聚落），往东北约 3 公里为海滩及安铺港。

1985 年 5 月间，县文物普查队于西边山村背及村东发现瓮棺葬墓群，墓地由于反复造林及被现代墓葬扰乱，相当部分的古墓葬遭到毁坏，约 2 万平方米的坡地上有大量的瓮、罐陶片及瓮棺墓葬暴露于地表，普查队对其中 11 座瓮棺葬墓进行了清理，编号为 M1

图四　廉江瓮棺葬（方形坑，左上角为树坑所破）

~M11，其中界西 M3、M5 葬具残存甚少。

遂溪的瓮棺葬可分为两类：

第一类瓮棺葬为两个陶器口口相套组成。

第二类为三个陶器相套而成，中间一件穿底。

葬具绝大多数是生活用器，一般横置，仅界炮镇西边山 M11 为竖置。墓葬发现时大部分已裸露于地表，由于没有牢固的墓圹保护，器物均严重破损残缺。

瓮棺葬是二次葬，个别可能是小孩一次葬（界西 M9）。所有瓮棺葬棺具内泥土细腻，含沙量较少，系随雨水渗入瓮内堆积而成。所有墓葬中，无一例有骨殖遗存，绝大多数没有随葬品，仅黄略镇茅村丁岭及界炮镇西边山村各发现一例有随葬品。

④ 雷州市的俚人瓮棺葬。据《海康县文物志》（初稿）载，1976 年 4 月曾在企水镇覃态岭发现瓮棺葬多座，清理了其中两座。其一为长身硬陶瓮套住一件夹砂釜组成，全长 58 厘米。硬陶瓮，大口长身，上身刻划水波纹，口径 21、高 32 厘米。夹砂釜，敞口，宽沿，扁圆腹，素面，口径 32、沿宽 6、腹径 30 厘米。其二为两个水波纹长身陶瓮和一件夹砂软陶釜相套而成，其中位于中间的陶瓮底部被去掉，全长 105 厘米，随葬小铁刀一件。

据称，雷州半岛的徐闻县也发现有瓮棺葬，但不得其详。

⑤ 海南岛发现的俚人瓮棺葬。海南在 20 世纪 70 年代前就曾发现瓮棺葬等俚人遗存，但经考古发掘的瓮棺葬则始于 1978 年 8 月和 11 月广东省博物馆和原海南文化局、陵水县文化馆等在陵水、崖县交界的土曲湾海岸线上的军屯坡（属陵水）、番岭坡（属崖县）两个地点发掘的 12 座瓮棺葬。这些瓮棺葬的结构可分为几种不同的形式。

第一种5座，以两件陶器口沿相套而成，部分墓有随葬品，随葬蓝色琉璃珠和黄色琥珀，属婴幼儿墓；

第二种4座，以三件陶器（中间的一件将底部凿穿）相套而成，随葬品有大粒青绿色琉璃珠和红蓝白三彩琉璃珠各一粒，应是小孩墓；

第三种1座，以三釜一瓶共四件陶器相套而成（其中一釜及瓶底部凿穿），棺上有经烧裂的二件大石块，该墓应是成人墓；

第四种2座，以五件陶釜（其中三件凿穿底部）相套而成。瓮棺上面放置两件经烧裂的大石块。其中一墓随葬夹砂粗陶小罐二件。这也应是成人墓。

以上四种瓮棺均侧置于海边沙土中，距地面深0.2～0.71米，方向9°～68°之间，瓮棺通长0.5～1.8不等，少数为成人墓，多数为未成年人墓。

根据杨式挺《海南自治州文物普查散记》，还见一种六器瓮棺葬[17]，故实际上海南存在五种瓮棺葬。

曾广亿《海南岛东汉瓮棺墓发掘考略》将海南这批瓮棺墓的年代定在东汉，并列举了6项理由[18]，但其重点放在论证该批器物年代早不到西汉。从洛湛铁路发现的水波纹四系罐等与南朝、唐初瓷器共存的关系分析，海南这批墓葬的年代也大体上在晋唐间。

汉代开始经略海南，但自东汉、三国后，中央政权对海南的统治中断。南朝梁间，冼夫人派兵到海南，重新恢复了大陆中央皇朝对海南的治理。上述发现瓮棺葬的“军屯坡”，正是冼夫人屯兵处。因此，海南海边沙土上的瓮棺葬，也有可能是跟随冼夫人到海南的俚人士兵及其夭折儿童的墓葬。

分析从高州到海南的瓮棺葬，葬具（瓮、罐）的形态具有较多相似点，年代都集中在南朝至唐这个阶段，最大的差异是在墓葬结构上。高州、廉江目前发现的瓮棺葬葬具都只有一个陶器，遂溪为二、三个陶器，海南则有二、三、四、五、六个陶器，不再见单个陶器，显示文化传播的方向性。另外信宜、高州的瓮棺葬都是圆坑竖置，而廉江的瓮棺葬却是方坑横置，显示出一定的差异。究竟是由海南传向高州，还是由高州传向海南？只要对葬具的年代做一排队就清楚了。目前所掌握的情况是，两地原来定的年代都早到东汉，而根据洛湛铁路的发掘，发现两地定的年代都偏早。结合历史情况，其起源地应在单瓮（罐）葬地区，即廉江、化州、高州一带，也即俚人活动之中心。

不少古籍都谈到俚人“鼻饮”，如《炎徼纪闻》“僚人，古称天竺。……其支而尤异者，则有飞头、凿齿、鼻饮……”。宋哲宗时，苏轼谪居海南，其子苏过随侍，苏过曾描述说：“苏子居岛夷，……其民卉服鼻饮，语言不通……”[19]。笔者从人的生理特点臆测，“鼻饮”似不可能，而很可能是由于观察错误和以讹传讹，故不将此条列为俚人的文化特点。

上述引文中，有的原文所记并不称“俚”，但笔者以“俚”待之，这一方面出于同族异称的考虑，另一方面则由于是对南方民族的概称或对南方民族事象的概述，这当中也就包括俚人在内。在古籍中，时可看到“俚僚”联文的情况，那么其所指是俚、僚抑或俚与僚？对这个问题，陈寅恪先生曾在《魏书司马睿传江东民族条释证及推论》[20]一文中有精辟论述，他指出："凡史籍之止言僚或夷僚联文而属于梁益地域者，概僚之专名初义，伯起书（即《魏书》）之所谓僚当即指此。凡属广越诸州范围有所谓僚或以夷僚、俚僚等联缀为词者，当即伯起书之俚也"。

本文是迄今为止我们所知有关俚人文化的点点滴滴的一个归纳，其中或有以鲁为兽，张冠李戴现象，请批评指正。

附言：本文写作得到高州市博物馆原馆长张均绍、馆长陈冬青两先生在文字资料、图片等方面的帮助，特此表示谢意！遂溪的资料全部来源于遂溪博物馆已故原馆长陈学爱先生手泽，谨记于此以托永念。

注 释

[1] 练铭志：《试论广东俚汉民族关系》，《中国民族关系史论集》，青海人民出版社，1988 年。

[2] 陈水润：《俚乡文化概说》，电白炎黄文化研究会、电白县冼太夫人研究会合编《炎黄风韵》第 2～3 期合刊，30～34 页，2001 年。

[3] 李富强：《"蛮荒"稻香——壮族农耕文化》，香港天马图书有限公司，1998 年。

[4] 冯孟钦、邱立诚：《试论广东原始农业的起源》，《广东民族研究论丛》第 7 辑，广东人民出版社，1995 年。

[5] 容观夐：《文化人类学与南方少数民族》，广西人民出版社，1990 年。

[6] 凌纯声等：《树皮布印纹陶与造纸印刷术发明》，中央研究院民族学研究所（台湾），1963 年。

[7] 何纪生：《北流型铜鼓初探》，《古代铜鼓学术讨论会论文集》，文物出版社，1982 年。

[8] 中南民族学院：《海南岛黎族社会调查》，广西民族出版社，1992 年。

[9] 练铭志等：《广东民族关系史》，广东人民出版社，2003 年。

[10] 李仰松：《云南西盟佤族的鸡骨卜》，《民族学研究》第三辑，民族出版社，1982 年。

[11] 杨式挺：《佛山河宕》，广东人民出版社，2006 年。

[12] 广东省博物馆：《广东考古结硕果，岭南考古开新篇》，《文物考古工作三十年》，文物出版社，1979 年。

[13] 覃圣敏：《广西风俗杂考》，《三月三》1984 年 4 期。

[14] 容观夐：《释新石器时代的"割体葬仪"》，《史前研究》1984 年 4 期。

[15] 广东省文物考古研究所 2005～2006 年发掘资料。

[16] 冯孟钦：《广东俚人遗存的考古学观察》，《百越研究》第一辑，广西科技出版社，2007 年。

[17] 杨式挺：《海南自治州文物普查散记》，《文博通讯》1983 年 2 期。

[18] 曾广亿：《海南岛东汉瓮棺墓发掘考略》，《文博通讯》1979 年 10 期。

[19] 苏过：《斜川集》卷六"志隐"。

[20] 陈寅恪：《魏书司马睿传江东民族条释证及推论》，《中央研究院历史语言研究所集刊》第十一本，1947 年商务印书馆再版本。

中古时期西南地区的粟特、波斯人踪迹

姚崇新
（中山大学人类学系）

［内容提要］本文所指西南地区包括巴蜀地区和云南地区。对巴蜀地区的粟特、波斯人的考察，主要是通过各种传世文献捕捉他们的身影。结论认为，至迟蜀汉时期起，巴蜀地区已有粟特人活动，而萧梁时期是巴蜀粟特人最为活跃的时期，这一时期可能在成都郊区出现了粟特聚落。至迟萧梁时期起，巴蜀地区已见波斯人的踪迹。流寓巴蜀地区的波斯人与流寓该地的粟特人有许多相似之处：就其具体来源来说，魏晋南北朝以河南道为主，唐代以内地为主；就其秉承的文化传统而言，一方面，他们受儒家汉文化的濡染都已经很深，另一方面，他们的某些家族都仍然保留着部分本民族的传统。可见，在相同的社会历史背景下，胡人汉化有着相近的历史轨迹。对云南地区的粟特、波斯人的考察，主要侧重于当地相关物质文化因素的分析，并辅以文献学的证据。具体而言，通过对云南晋宁石寨山滇墓出土文物以及永昌郡物产的分析，认为早在汉代云南与波斯之间就存在着物质文化交流，也就是说，波斯商人可能早在汉代就已通过滇缅道进入云南地区。粟特人最早何时进入云南地区不易判明，但文献分析表明，中唐时期，可能有一批粟特人以特殊的方式进入云南，并以特殊的身份留在了云南。总之，通过本文的考察，拓宽了入华波斯、粟特人研究的视野。

［Abstract］The areas of southwest China in this paper include Bashu area and Yunnan area. For reviewing the Sogdians and Persians in Bashu area, this paper mainly caught their silhouettes by the way of examining various ancient literatures coming down to us. The conclusion suggests that, from Shuhan times on at the latest, there had been Sogdians to be found in Bashu area, and Xiaoliang times is the most active period of those Sogdians lived in Bashu area, and there perhaps had come into being a Sogdian community in the northwest suburb of Chengdu at that time. And also from Xiaoliang times on at the latest, the trace of Persians had been found in Bushu area. There are many similarities between Sogdians and Persians both immigrated to Bushu area: With regard to their definite origins, both of them took the Henan Road as their main path to Bashu area during Weijin period and the Southern and Northern Dynasties, however, both of them mainly came from the inland of China in Tang; With regard to their cultural traditions they took, on the one hand, both of them had deeply been edified by the Chinese Confucianism, on the other hand, some families among them had still retained a part of their own national cultural traditions. It is obvious that, under the same historical background, the Chinese transformation of Huns has similar historical track. For reviewing the Sogdians and Persians inYunnan area, this paper mostly emphasizes particularly on analysing the factors of local material cultures, meanwhile, accompanying some assistant evidences from literatures. Concretely speaking, according to analysing some cultural relics unearthed from the tombs of Dian Kingdom at Shizhai Mountain in Jinning County of Yunnan, and some special local products from ancient Yunchang Eparchy (just today' s Tengchong), the author argue that, as early as Han Dynasty, there perhaps had been material cultural intercourse between Yunnan and Persia. That is to say, the Persian merchants might have arrived in Yunnan as early as Han Dynasty along the Dian – mian Route. The earliest time at which Sogdians entered Yunnan area is not very easy to make sure, however, by analysing some literatures, the author would suggest that, in mid – Tang, perhaps a passel of Sogdians entered Yunnan area by a special way, and stayed in Yunnan similarly in a special status. In a word, this case study may broaden our visual field for the study of those Sogdians and Persians who immigrated to China in mediaeval times.

或许是因为流寓南方地区的伊兰人的资料比较零碎，钩稽不易，且遗存罕见，学界以往论及中古南方地区的粟特、波斯人踪迹的文章甚少，专题讨论的文章更是鲜见，且主要集中于岭南地区[1]。最近，荣新江先生发表了《魏晋南北朝隋唐时期流寓南方的粟特人》一文，从宏观角度对中古时期南方地区的粟特人踪迹进行了初步梳理，这是笔者迄今所见第一篇专论南方地区粟特人的文章[2]。具体到西南地区，近年虽然也有学者从文献或考古材料的角度关注汉唐时期巴蜀地区的胡人动向[3]，但专题讨论中古流寓西南地区的伊兰人及其宗教信仰情况的文章鲜见。本文拟在前人及笔者以往研究的基础上，更广泛地搜集史料，并结合考古资料，对中古西南地区的粟特、波斯人踪迹作一系统考察[4]，以期对中古时期流寓中国南方的伊兰人的地域分布及其宗教信仰的研究有所推进。

一 流寓巴蜀地区的粟特人和波斯人

陈寅恪先生指出，“六朝、隋唐时代蜀汉亦为西胡行贾区域，其地之有西胡人种往来侨寓，自无足怪也。[5]”并进一步指出，“蜀汉之地当梁时为西域胡人通商及居留之地。[6]”中古时期行贾于巴蜀地区的“西胡人种”主要是粟特人和波斯人。

（一）流寓巴蜀的粟特人

关于中古巴蜀地区的粟特人踪迹，笔者在前人研究的基础上已专文进行了系统的讨论[7]，这里径将有关结论转述如下，不再赘述。

至迟蜀汉时期起，巴蜀地区已有粟特人活动，而萧梁时期是巴蜀粟特人最为活跃的时期，这一时期可能在成都郊区出现了粟特聚落。从现有资料看，流寓巴蜀地区的粟特人的身份主要是商人和佛教僧人，所以他们所从事的职业主要应该是经商和传播佛教。但无论是商人还是僧人，他们在当地似乎都有较高的社会地位，对当地社会文化当产生过一定的影响。除此以外，还有一些内地著籍的粟特人入蜀为官。迹象表明，粟特商人应是中古时期西南地区对外丝绸贸易的主要担当者之一。除了少量可能由内地（主要是两京地区）徙入之外，巴蜀地区的粟特人大部分应该是经河南道徙入的，青海境内考古材料中隐藏的粟特人讯息以及史籍所揭示的信息充分证实了这一点。经河南道徙入的粟特人的具体来源地除粟特本土以外，迹象表明，至少可能还包括以下地区：于阗、且末、若羌、楼兰、高昌以及河西地区，使巴蜀地区粟特人的来源呈多样性。通过对现有资料的分析可以看出，巴蜀地区的粟特人在保持其民族特点的同时，也在经历着汉化的过程。在蜀地以经商起家致富、后又入隋京师为官的粟特何氏家族就是一例[8]。

（二）流寓巴蜀的波斯人

波斯胡最早何时入川，不易判明，但迹象表明，至迟南北朝时期，巴蜀地区的波斯人已比较多见，波斯与南朝的交往信息可以给我们一些提示。考诸文献，可知波斯与南朝的交往始于萧梁时期。《南史》卷七九《波斯传》：“梁中大通二年（530 年），始通江左，遣使献佛牙。[9]”可见波斯与南朝之交往始于萧梁中期，之后波斯又有两次遣使萧梁，均在梁武帝时期：《梁书》卷三《武帝纪》：“［中大通五年（533）］八月……甲子，波斯国遣使献方物。……大同元年（535 年）……夏四月庚子，波斯国遣使献方物”[10]。波斯使者进入南朝的路径从当时海陆域外交通的实现情况看，取道海路和陆路的可能性均有。海路即走南海海上交通线，陆路应经西域、河南道入益州，再沿江东下至建康。由此可见，巴蜀地区是取道陆路去南朝的波斯使者的必经之地。题为梁元帝萧绎的《职贡图》残卷“波斯国”条题记引释道安《西域诸国志》残文中有“中大通二年遣中（使）经犍陀越奉表献佛牙”一语[11]，可知波斯遣使南朝，确曾取道西域、河南道入益州，再沿江东下至建康。

西胡遣使朝贡常伴以商贸活动，甚至企图通过“朝贡”来换取中国朝廷的更多的赏赐，这实际上是中古中西方贸易的一种特殊形式[12]。所以波斯商人完全有可能随朝贡使团沿途开展贸易，从而在波斯使者经行的吐谷浑境内及益州地区可能留下波斯商人贸易的痕迹。波斯出良马[13]，史载吐谷浑曾得波斯马。《魏书》卷一〇一《吐谷浑传》：“吐谷浑尝得波斯草马，放入海，因生骢驹，能日行千里，世传青海骢者是也。[14]”迹象表明，波斯马不仅进入到了青海地区，还可能进一步南下进入到四川盆地。据《听雨楼随笔》载：“郫县孙瘦石曾得波斯马，四蹄如鸡爪，腹下有鳞，形状诡异。[15]”这条材料虽然晚出，但仍有一定的参考价值，因为位于成都西北郊的郫县自南北朝以来就是成都平原的一个胡人聚居地[16]，因而郫县人得波斯马当非偶然。

唐五代时期，巴蜀地区的波斯人甚为活跃，文献所见有著籍的波斯人，也有自内地迁入者。

宋张邦基《墨庄漫录》卷四“穆护歌”条载：“苏阴和尚作《穆护歌》，又地理风水家亦有《穆护歌》，皆以六言为句而用侧韵。[17]”穆护为祆教僧侣[18]，穆护歌为祆教赛神曲[19]。“苏阴”，黄庭坚作“苏傒”：“知苏傒嘉州人，故作此歌学巴人曲”[20]；姚宽作“苏溪”：“苏溪作歌之意，正谓旁门小道似是而非者”[21]。饶宗颐先生怀疑“苏阴”、“苏傒”、“苏溪”为婆罗钵文（Pahlavi）“Sūrēn”的音译，故而苏阴其人可能出自萨珊波斯王朝祆教豪族 Sūrēn 部族，即与1955年西安出土的唐咸通十五年（874年）汉婆合璧墓志中的苏谅氏同族[22]。饶先生的推论很有见地，一方面对音上可以成立，且同一人名在汉文用字上的不统一正表明这一名字可能出自外来语的音译，而“苏阴”、“苏傒”、“苏溪”也显然不像佛教的法号；另一方面，苏阴熟谙穆护歌的情况正好与 Sūrēn 部族的祆教信仰背景相合[23]。只不过可能因为苏阴家族入华既久，到黄庭坚时代，苏阴及其家族或已改信佛教，故而被称作“苏阴和尚”。

黄庭坚既称苏傒（苏阴）为嘉州人，而嘉州即眉州，则约可推知眉州亦曾可能有出自萨珊波斯王朝豪族 Sūrēn 部族的波斯胡人居留，当已著籍。他们入川的具体年代不可考，很可能跟居留长安的苏谅和马氏一样，同为由于大食的进攻而入华的萨珊波斯王朝 Sūrēn 部族的遗民。

万州（今重庆万州区）的石处温是所见另一位著籍巴蜀的波斯人。宋路振《九国志》卷七《后蜀志·石处温传》载：

> 处温，万州人，本波斯之种，仕前蜀为利州司马。同光中（923～926年），知祥入蜀，补万州管内诸坛点检指挥使，率义兵同收峡路。……［孟］昶袭位，迁奖州刺史[24]。据此，石处温应是著籍巴蜀的波斯人后裔，他在前后蜀两朝为官，尤受后蜀器重。

穆昭嗣应是文献所见这一时期又一例著籍巴蜀的波斯人。《太平广记》卷九八《异僧》“怀濬”条引《北梦琐言》云：唐乾宁（894～898年）初，驻锡秭归郡（今湖北秭归县）的草圣僧怀濬为幼好药术的波斯人穆昭嗣父子画道士乘云图并题书[25]。成书略晚于《太平广记》的《宋高僧传》亦载此事：“释怀濬者，不知何许人……乾宁中无何至巴东……有穆昭嗣者，波斯种也，幼好药术，随父谒之，乃画道士乘云提一匏壶……穆生后以医术有效，南平王高从诲（928～948年在位）令其去道从儒。[26]”据此可知，穆昭嗣父子也应是晚唐五代时期生活于川东峡江地区的著籍波斯人，川东峡江地区当时正是南平的势力范围，故而与南平王高从诲有交往。从其家族信仰道教的情况看，入居中土的时间应该不短。

按中古入华穆姓胡人多属昭武九姓，但少数波斯胡也有以“穆”为姓者，如开元年间以波斯首领身份两次来朝的穆沙诺便是。据《册府元龟》记载，开元十三年（725 年）七月戊申，“波斯首领穆沙诺来朝，授折冲，留宿卫”；开元十八年（730 年）十一月甲子，“波斯首领穆沙诺来朝，献方物，授折冲，留宿卫”[27]。鉴于萨珊波斯王朝早已被大食攻灭，学者认为开元时来朝的穆沙诺的“波斯首领”头衔应属伪托[28]，但就其族属而言，似仍应视其为波斯人为宜。因为在波斯亡国后相当长的时期内，还不断有所谓波斯使者来朝、献方物，自开元至大历年间，使者般次达十数次之多[29]。更有甚者，还有波斯王派遣的般次，如开元二十年（732 年）八月庚戌，“波斯王遣首领潘那蜜与大德僧及烈来朝，授首领，为果毅，赐僧紫袈裟一副，及帛五十疋，放还蕃”[30]；开元二十五年（737 年）正月甲午，“波斯王子继忽娑来朝，授中郎将，放还蕃”[31]。这表明，在波斯亡国后相当长的时期内，萨珊波斯余部仍继续存在[32]，或许在吐火罗地区萨珊波斯王统名义上还继续存在[33]。那么就上述使者身份的真伪情况似乎可以作如下认识：既有真正的使者，如波斯王所遣或波斯王子等，也有假托波斯国的名义来与唐朝进行朝贡贸易的出自波斯原境的波斯豪族或商团。但就族属而言，无论是真正的使者抑或托名者，他们仍属波斯人，因而穆沙诺无疑应视为波斯人。

由此观之，文献记载穆昭嗣出“波斯种”未必完全无据。且流寓峡江地区的穆氏家族还保留着部分波斯人的民族传统，穆昭嗣“幼好药术”，正是承自波斯本土的传统。萨珊波斯王朝的医学一向发达，公元 3 ~ 8 世纪波斯是中东地区的医学中心[34]。受此传统影响，入华的波斯人多精医术通药性，下文即将讨论的随唐僖宗入蜀的波斯人李珣就是其中的杰出代表[35]。

自内地迁入巴蜀的波斯人，文献所见有定居梓州的李珣家族。后蜀何光远《鉴诫录》卷四“斥李珣”条载：

> 宾贡李珣，字德润，本蜀中土生波斯也。少小苦心，屡称宾贡，所吟诗句，往往动人。尹校书鹗者，锦城烟月之士，与李生常为善友。遽因戏遂嘲之，李生文章扫地而尽。诗曰：异域从来重武强，李波斯强学文章；假饶折得东堂桂，深恐熏来也不香[36]。

又宋黄休复《茅亭客话》卷二“李四郎”条载：

> 李四郎，名玹，字廷儀，其先波斯国人，随僖宗入蜀，授率府率。兄珣有诗名，预宾贡焉。玹举止温雅，颇有节行，以鬻香药为业，善弈棋，好摄养，以金丹延驻为务。暮年以炉鼎之费，家无余财，唯道书药囊而已[37]。

又清彭遵泗《蜀故》卷十七“著作”条载：

> 梓州李珣有诗名，其先波斯人，事蜀主衍，妹为衍昭仪，亦能词，有“鸳鸯瓦上忽然声”句。珣秀才预宾贡，国亡不仕，有感慨之音。[38]

由于上述记载稍有矛盾，以往有学者认为李珣家族系为蜀地土生波斯人，但更多学者倾向于认为是随唐僖宗入蜀而定居于蜀的内地波斯人[39]。笔者倾向于后者，李珣家族应为唐末随僖宗入蜀而后客居梓州（今四川三台）的波斯人。其家族先与唐朝皇室关系密切，客居蜀地后继而与前蜀王室关系密切，珣为蜀主王衍宾贡，妹为衍昭仪，可见其家族的社会地位不低。波斯李姓应是唐朝赐给入华的身份地位较高的波斯人的汉姓，或入华波斯人自取的汉姓，其中较著名者除李珣家族外，还有李素家族[40]。

李珣与其妹既皆以诗词擅名当世，且珣“国亡不仕，有感慨之音”，颇有儒家士大夫风范，可见其家族汉化之深。但另一方面，李珣家族仍然保留了部分波斯传统，如其弟李玹仍以鬻香药为业，延续着波斯商人所擅长的营生；再如李珣精通药学医术，特别工于海药，这也应是继承了波斯本土的传统。波斯萨珊王朝（224～651年）的医学一向发达，公元3～8世纪波斯是中东地区的医学中心[41]。受此传统影响，入华的波斯人多精医术通药性，前引波斯人穆昭嗣即是一例。而李珣在中国医药史上更占有一定地位，他著有《海药本草》一书，以记录海外药物为主，对后世中医产生过较大影响[42]。

总体上，我们从文献中捕捉到的有关巴蜀地区的波斯人的信息也十分有限，但从这些有限的信息也可以看出，流寓巴蜀地区的波斯人与流寓该地的粟特人有许多相似之处：就其具体来源来说，魏晋南北朝以河南道为主，唐代以内地为主；就其秉承的文化传统而言，也与流寓该地的粟特人相似，一方面，他们受儒家汉文化的濡染已经很深，另一方面，某些家族仍然保留着部分波斯传统。可见，在相同的社会历史背景下，胡人汉化有着相近的历史轨迹。

二　云南地区的波斯、粟特人踪迹

与巴蜀地区相比，有关云南地区伊兰人活动的文献资料更少，但爬梳文献并结合考古材料，我们仍然能依稀感觉到这一地区很早就出现了伊兰人的足迹。不过相对于巴蜀地区，云南地区的粟特、波斯人的踪迹更加隐蔽，因而更少引起人们的注意。

（一）云南境内的波斯人踪迹

20世纪50年代，云南晋宁石寨山滇墓出土了两件造型完全相同的镀锡铜盒（图一），铜盒所在的第11号墓和第12号墓的年代相当于西汉中期[43]。这两件铜盒以其独特的造

1

2

图一 石寨山滇墓出土波斯式镀锡铜盒（采自《云南晋宁石寨山发掘报告》图版肆三）
1. 石寨山第 11 号墓出土铜盒 2. 石寨山第 12 号墓出土铜盒

型和制作工艺而格外引人注目，尤其值得注意的是，它们与一件出自广州西汉南越王墓中的银盒和一件出自山东临淄西汉齐王墓中的银盒的造型和制作工艺完全一致（图二）。这些金属盒的制作工艺采用的是捶揲法，即在金属器上打压出凸瓣纹，这不是中国及周边地区的工艺传统，而是古波斯阿契美尼德王朝兴起的技术。该项技术虽然可以追溯到更早的亚述时期，但未见遗物，现存的凸瓣纹金银器主要是阿契美尼德时期的遗物。继塞琉古王国之后在古波斯帝国境内兴起的安息王朝（前 248 ~ 公元 224 年）继承了阿契美尼德时代以捶揲法制作凸瓣纹金银器的传统[44]。从安息文化艺术的承继特点看，这种可能性是完全存在的[45]。

由此可见，石寨山出土的这两件波斯式铜盒可视为西汉时期云南与西亚文化交流的见证，只是学界对它们是否为本地仿造，抑或是直接的舶来品，还有分歧。有学者认为，它们可能是按照舶来品的式样仿造的，也有学者认为是直接舶来品[46]。考虑到西亚地区出土的凸瓣纹金属器皿均以金银制成，以及当时云南地区青铜冶铸技术十分发达的事实[47]，笔者倾向于认为这两件铜盒是按照舶来品的式样仿造的。

石寨山滇墓出土的另一件值得关注的文物是年代与上两墓相当的 13 号墓中出土的一颗蚀花肉红石髓珠[48]，夏鼐先生最先发现它不同于一般的玛瑙珠，指出它表面的白色平行线纹是化学腐蚀而成的，并不是天然的[49]。据英国学者培克（H. C. Beck）的研究，这种蚀花石髓珠最盛行的时期是下列三期：早期是公元前 2000 年以前，中期是公元前300 ~ 公元 200 年，晚期是公元 600 ~ 1000 年[50]。石寨山出土的这颗蚀花石髓珠应属于中期类型。早期类型仅见于伊拉克和印度和文化的遗存中，中期类型地理分布更广，西达罗马时代的埃及，南达印度南部，东北到我国新疆，以巴基斯坦白沙瓦附近的怛叉始罗最为集中[51]。而根据英国学者麦凯（E. Mackay）的研究，这种蚀花石髓珠最早可能是在印度河流域制造而输出到别处的，后来巴基斯坦、伊朗等地也有制造[52]。可见这种蚀花石髓珠

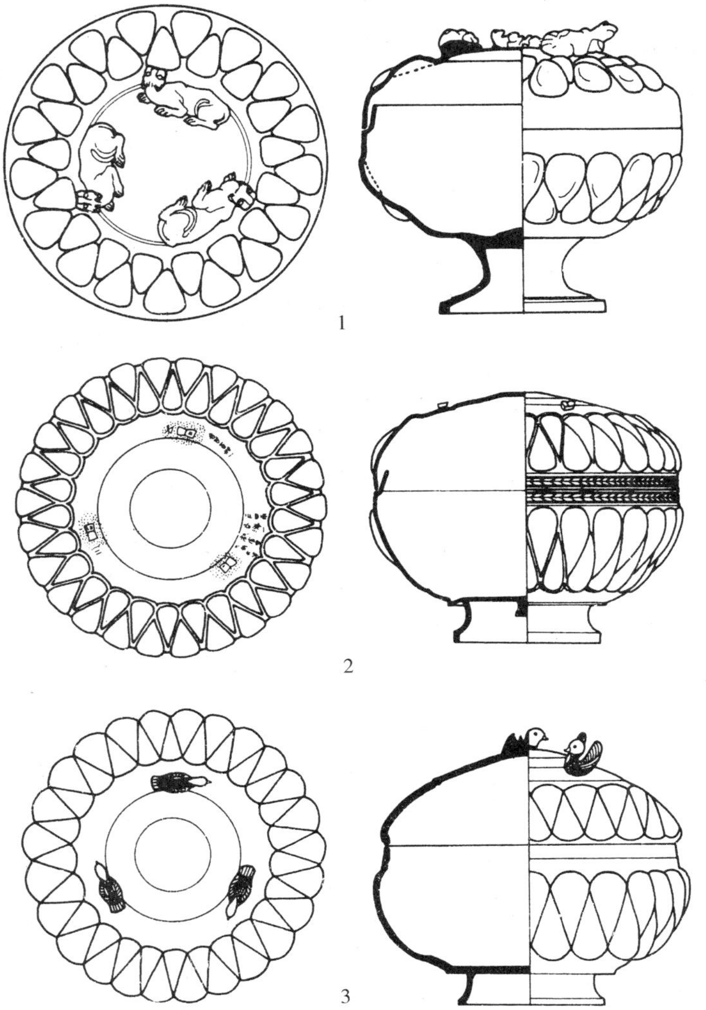
1
2
3

图二 中国境内出土的波斯式金属器皿比较（采自孙机《中国圣火》第140页图一）
1. 山东临淄西汉齐王墓出土银豆 2. 广州西汉南越王墓出土银盒 3. 云南晋宁石寨山西汉滇国墓出土铜盒

的制作地域分布甚广。但石寨山出土的这颗是否为本地制造，抑或系输入品，夏鼐先生未作判断，而张增祺、童恩正二先生则认为这颗蚀花肉红石髓珠是从西亚或印度传入的[53]。从蚀花石髓珠的制作地域分布情况看，石寨山的这颗石髓珠如果系输入品的话，它的来源地可能是印度或西亚；如果系本地制作的话，它的制作工艺应来自印度或西亚。所以无论是输入品还是本地仿制品，都不能排除与印度或西亚的联系。

上述两种文物无论是本地仿制品还是舶来品，都表明云南地区至迟从西汉时期开始已与印度、西亚开展文化交流活动。具体到与西亚的交流，有可能通过印度间接实现，也有可能与西亚存在直接的交流。因而我们推测，铜盒的制作工艺和蚀花石髓珠或其制作工艺，尤其是铜盒的制作工艺，不排除由当时兴起于古波斯帝国境内的安息王国治下的波斯人传入的可能性。由此可见，波斯人早在西汉时期可能已进入云南地区。

印度、西亚等地与云南的古代交通应是通过滇缅印道实现的，滇缅印道学者又习称永昌道，属“蜀—身毒道”的一部分。此道从汉代永昌郡（郡治在今云南保山县境内）出发，向西渡今怒江，越今高黎贡山进入滇越地区（今云南腾冲一带）。在此分作南北两道，北道经今永古、今缅甸的密支那（古掸国）至印度东北部，进而至中亚、西亚等地；南路沿今大盈江、伊洛瓦底江而下至骠国（今缅甸腹地），再泛海孟加拉湾至印度东海岸。此道约自战国晚期已经开通，自汉至唐，延续未断[54]。

由于汉唐间永昌道一直开通着，波斯与古代云南接触的可能性客观上是长期存在的，但文献中鲜见波斯与云南直接交往的记载。尽管明倪辂辑、清王崧校理、胡蔚增订的《南诏野史》载宋徽宗崇宁二年（1103 年）“缅人、昆仑、波斯三夷同进白象、香物”给大理后理国王段正淳[55]，但学者多倾向于认为这里的“波斯”指的是南海波斯而非伊朗波斯[56]；又《太平御览》卷九八一《香部·麝》引《南夷志》云：“南诏有婆罗门、波斯、阇婆、浡泥、昆仑数种外道，交易之处，多珠珍宝，以黄金、麝香为贵货。[57]”但持“南海波斯说”者同样认为这里的“波斯”是南海波斯而非伊朗波斯。

按持“南海波斯说”者认为，中国古籍所载波斯有西亚与南海之分，译名偶同，但地域不同、种族不同。但也有学者不同意中国古籍所指的波斯有西亚南海之分[58]。笔者以为，从地理方位看，中国古籍尤其是唐宋时期的文献所载的波斯确有西亚与南海之分，如《岭外代答》、《诸蕃志》中所载的“波斯国”应当是指南海波斯而非伊朗波斯[59]。但不能将泛海而来的波斯人均视为南海波斯人，伊朗波斯人也有泛海而来者，这已是不争的事实[60]。同样，也不能将进入云南地区的波斯人均视为系出南海，不排除来自西亚的可能。因为：1）前文所举考古材料证实，那种认为“伊朗波斯向来和云南没有什么关系”的观点显然是不能成立的[61]；2）伊朗波斯通过海道与包括昆仑在内的南海诸国的商贸联系十分密切[62]，安知伊朗波斯不与南海诸夷同时泛海入华贸易、同时泛海入滇进贡？所以上述与南海昆仑等并列出现的波斯不宜遽断为南海波斯，3）进入云南及其周边地区的物产有些是典型的伊朗波斯的物产。

《后汉书》卷八六《南蛮西南夷列传·哀牢传》载哀牢物产云：

> 土地沃美，宜五谷、蚕桑，知杂彩文绣，罽毲、帛叠、兰干细布，织成为章如绫锦。有梧桐木华，绩以为布。……出铜、铁、铅、锡、金、银、光珠、虎魄、水精、瑠璃、轲虫、蚌珠、孔雀、翡翠、犀、象、猩猩、貊兽[63]。

哀牢地域辽阔，包括今云南保山、德宏地区，西抵伊洛瓦底江上游[64]。《华阳国志·南中志》说“永昌郡，古哀牢国”[65]，可知永昌郡建立在古哀牢国地域之上。《华阳国志·南中志》载永昌郡物产云：

> 土地沃腴，有黄金、光珠、虎魄、翡翠、孔雀、犀、象、蚕桑、锦绢、采帛、文绣……又有罽旄、帛叠、水精、瑠璃、轲虫、蚌珠。宜五谷，出铜锡[66]。

可见永昌郡物产与哀牢物产十分相似，盖属同一地域的缘故。然而，哀牢及永昌郡因地处滇缅印道要冲，所以它们的物产绝不能仅视为当地的土特产，而根据其具体来源大体可分为三类：一类是地道的本地土特产，如学者指称的哀牢布[67]，盖即“兰干细布”、“有梧桐木华，绩以为布”之属；一类出自南海，如蚌珠之属；一类出自西方，包括印度、西亚等地，其中有些很可能出自伊朗波斯，如帛叠、水精、琉璃之属等。

《隋书》卷八三《西域传·波斯国传》载伊朗波斯物产云：

> 土多良马、大驴、师子、白象、大鸟卵、真珠、颇黎、兽魄、珊瑚、瑠璃、码碯、水精、瑟瑟……金、银、鍮石、铜、镔铁、锡、锦叠……越诺布[68]。

《通典》卷一九三《边防九》“波斯”条载伊朗波斯物产云：

> 出名马及驼……出象、师子……颇梨、珊瑚、琉璃、玛瑙、水精、瑟瑟、金、银、鍮石……铜、镔铁、锡、锦叠……越诺布[69]。

又《梁书》卷五四《西北诸戎传·波斯传》：“出龙驹马……亦有琥珀、马脑、真珠、玫（瑰）等，国内不以为珍”[70]；《魏书》卷一〇二《西域传·波斯传》：“出金、银、鍮石、珊瑚、琥珀、车渠、马脑、多大真珠、颇梨、琉璃、水精、瑟瑟……铜、锡”[71]（《北史》卷九七《西域传·波斯传》同）；《周书》卷五〇《异域传下·波斯传》：“出……颇黎、珊瑚、琥珀、瑠璃、马瑙、水晶、瑟瑟……金、银……铜、锡”[72]；《旧唐书》卷一九八《西戎传·波斯传》：“出……师子、白象、珊瑚树高一二尺、琥珀、车渠、玛瑙、火珠、玻瓈、琉璃……”[73]

由此可知，伊朗波斯盛产琥珀、水精、琉璃、金、银、铜、锡等，虽然这些物品固非伊朗波斯独产[74]，而且永昌也产黄金、琥珀[75]，但焉知所谓哀牢、永昌所出的琥珀、水精、琉璃、金、银、铜、锡等以及南诏境内婆罗门、波斯等交易时“为贵货”的黄金没有波斯所产的呢?

劳费尔指出，“帛叠”是伊朗的产品，《隋书》、《通典》所载波斯的“锦叠”实际上相当于哀牢、永昌物产中的“帛叠”，“帛”或“锦”和“叠”字联用就表示后面这字是一种织锦绸缎。而且劳氏认为“帛叠”的音是“bak - dib”，而“bak”可能是中古波斯语“pambak”（棉花），新波斯语“panpa”，那么汉语“帛叠”等于中古波斯语“bak－dib”，意思是“棉织锦”或“棉织品”，此外印度也有帛叠[76]。由此可见，所谓哀牢、永昌物产中的“帛叠”也非本地特产，属于伊朗波斯或印度的产品，从对音情况看，属于伊朗波斯的可能性更大[77]。

又，《隋书·波斯国传》和《旧唐书·波斯传》均载伊朗波斯出白象，因而焉知缅人、昆仑、波斯三夷同进给大理王的白象就一定不是出自伊朗波斯呢[78]？

又，《云南志》卷八《蛮夷风俗》载南诏“妇人……髻上及耳，多缀真珠、金、贝、瑟瑟、琥珀”[79]。同书所附《云南诏蒙异牟寻与中国誓文》又载南诏重新归顺唐朝后，于贞元十一年（795年）遣清平官尹辅酋等奉表谢恩，并献生金、瑟瑟、琥珀、白氎等物[80]。按珠、贝盖出自南海，云南地区至迟自汉代以来就常见至自南海的海贝，它们可能主要是作为货币使用的[81]，但也不排除其中少量用于装饰的可能。金、琥珀，据前文所引文献可知，或出自云南本地，或出自伊朗波斯。瑟瑟，若据前文所引文献，当出自伊朗波斯，不过，中亚粟特地区也出此宝物[82]。劳费尔认为是萨珊朝波斯的宝石[83]，所以这里的瑟瑟我们倾向于出自伊朗波斯。而氎则可能出自伊朗波斯或中亚粟特地区。氎是一种毛织品，《新唐书》卷二二一下《西域传下·大食传》载：“海中有拨拔力种，无所附属……波斯贾人欲往市，必数千人纳氎劙血，誓，乃交易。[84]”又慧超《往五天竺国传》载波斯国“衣旧，著宽氎布衫……土地出駞氎羊马，出高大驴氎布宝物。”[85]可见波斯出产氎布，既时或数千人纳之，且国人普遍以为衣，则可以想见它应当是波斯的一种广泛生产的毛织品。又上书在记述安、曹、史、石、米、康等粟特诸国风俗时说：“此等胡国，并剪鬓发，爱著白氎帽子。[86]”可见中亚粟特地区也产氎布，因而推测南诏的白氎可能来自伊朗波斯或中亚粟特地区。

我们同时还注意到，在永昌北七十四日程的小婆罗门国出一种布，名越诺布[87]。《岭外代答》卷三载大食诸国中的麻离拔国（今阿曼之米尔巴特）、白达国（今巴格达）和吉兹尼国（今阿富汗境内）也出越诺布[88]。《诸蕃志》卷上载注辇国（今南印度）、芦眉国（今阿富汗北境之巴里黑地方）亦出此布[89]。芦眉国在《岭外代答》中作眉路骨惇国，也被列入大食诸国中[90]。可见越诺布主要产于大食诸国。此外，中亚粟特地区似乎也有此布[91]。

按越诺布系一种织品，据上列《隋书·波斯国传》所载波斯物产可知，此种织物出自波斯。劳费尔也认为它出自萨珊波斯，并从对音的角度进行了论证。他认为“越”字的中古汉语发音符合中古波斯语 vār 或 vāl 型的一个字，它的意思是“一种丝织品”，而“诺”字的古音也符合中古波斯语的 nax（nakh），意思是“毛毡”或“锦缎”[92]。可见越诺布约可理解为“一种丝织的锦缎”，它确为波斯的产品，萨珊波斯被大食灭亡后，大食继承了波斯传统，仍然生产这种织品[93]。中亚粟特地区的越诺布盖也源自波斯。蔡鸿生先生指出，这种波斯锦缎，到阿拉伯哈里发时代似乎变成以白色为上品了[94]。只是文献记载又有“金字越诺布”[95]、“白越诺金字布”[96]，那么这种带金字的越诺布是否又是越诺布中的极品呢？同时我们还注意到，白越诺布可能早在阿拉伯帝国以前就有了，并且还出现在北齐宫廷之中。《隋书》卷二二《五行志上》载：“［齐］后主好令宫人以白越布折额，状如髽帼。”[97]这里的“白越布”当即“白越诺布”的省称。以北齐与西域的关系看，北齐宫廷内出现来自西亚、中亚地区的越诺布完全有可能。

由此可见，文献所谓产自东印度小婆罗门国以及南印度注辇国的越诺布实际上都是波斯的产品，它们有些可能是作为礼品或贡品从波斯输入的，但更多的则可能是作为商品由波斯商人贩运至此，或由印度商人转贩至此。波斯被大食侵灭以后，从波斯本土向域外输出此种产品的除了波斯商人外，可能还有阿拉伯商人[98]。无论如何，我们将小婆罗门国越诺布的存在视为波斯人曾抵达邻近云南西部地区的证据，庶几接近历史的真实。由是我们推测，伊朗波斯商人进而向东进入邻近的云南地区的可能性是存在的，上述那些在云南本土出现的伊朗波斯物产可以作为这种推测的物证。

通过以上对考古、文献资料的梳理与剖析，我们有理由相信，殆自西汉中期开始，亦即自安息王朝开始，至唐宋时期，伊朗波斯虽然几经变迁，但与云南地区可能都保持着程度不同的联系[99]。换言之，中古以降，云南高原上也应当留有伊朗波斯人的足迹，他们进入的途径主要应该是通过永昌道（即滇缅印道）。只是笔者并不排除自永昌道入滇的“波斯人”也包括所谓的“南海波斯”的可能性。

伊朗波斯人除了通常由永昌道入滇外，南诏时期，还有一批波斯人因战争原因而入滇，他们属于阿拉伯帝国控制下的波斯人。由于这条文献也涉及粟特人入滇的问题，所以将在下文讨论粟特人入滇问题时一起讨论。

（二）流寓云南的粟特人

自永昌道向西延伸，可通波斯、大秦，向北也可达中亚地区。所以从理论上讲，中亚地区的粟特商人也可经北天竺藉永昌道入滇，何况粟特商人的身影在印度境内并不鲜见。但遗憾的是，目前我们还没有看到粟特人循此道入滇的任何迹象。但并不能因此否定粟特人的足迹曾到达云贵高原，下面的一条材料有助于说明这一问题。

唐德宗贞元十年（794 年），在剑南节度使韦皋的努力下，南诏叛吐蕃重新归附唐朝，此后唐朝南诏便开始联手对抗吐蕃。贞元十七年（801 年），唐朝与南诏联手与吐蕃展开了一次大规模的会战，这是一次决定性的和标志性的战役，标志着吐蕃势力在唐朝西南的式微[100]。据文献记载，此战役唐与南诏大获全胜，俘获尤多，以《新唐书·南诏传》记载最详：

贞元十七年春，夜绝泸破虏屯，斩五百级。虏保鹿危山，吡罗伏以待，又战，虏大奔。于时，康、黑衣大食等兵及吐蕃大酋皆降，获甲两万首。又合鬼主破虏于泸西[101]。

虏指吐蕃，毗罗指韦皋部将杜毗罗，吐蕃大酋指吐蕃大相论莽热。参以同传上下文，知战事当发生在巂州（今四川西昌）境内的泸水（今金沙江）两岸地带[102]。这一带是唐与南诏的交接地带，正好便于唐与南诏联合用兵。

值得注意的是，吐蕃降卒中有“康、黑衣大食等兵”。这里的“康”当是粟特的代称，则兵中包含包括康国粟特在内的九姓粟特人。而“黑衣大食”兵中除了阿拉伯人之外，还应当有波斯人。随着阿拉伯帝国的向东扩张，使西亚、中亚讲伊朗语的穆斯林也被视为阿拉伯人，并被某些相邻的民族称为大食人，因而大食的涵义随之扩大，成为信仰伊斯兰教的阿拉伯人、波斯人的泛称[103]。由此可以肯定，这批黑衣大食兵中应当包含了部分波斯人。据《新唐书·大食传》，波斯被大食攻灭后，“部众犹存”，所以大食完全有可能征他们为兵[104]。

至于这些“康、黑衣大食等兵”何以出现在吐蕃军队中，学术界似乎有不同的理解。或谓吐蕃军队中出现大食兵属于吐蕃与大食联军[105]，但考诸史籍，可知贞元年间大食尚两次遣使唐朝[106]，所以说此时大食联合吐蕃对抗唐朝似无根据。而迹象表明，贞元年间，大食与吐蕃则处于敌对状态，大食一度成为吐蕃在中亚的劲敌。《旧唐书》卷一九八《大食传》：“贞元中（785～805年），与吐蕃为勍敌，蕃军太半西御大食，故鲜为边患，其力不足也。[107]”《新唐书》卷二二一下《大食传》亦谓：“贞元中，与吐蕃相攻。吐蕃岁西师，故鲜盗边。[108]”王小甫先生还利用阿拉伯文、波斯文史料中的记载探讨了这一时期吐蕃与大食抗争的若干迹象[109]。可见贞元年间吐蕃与大食的确处于敌对状态，而昭武九姓诸国早在开元年间已臣属大食[110]，那么这里的“康、黑衣大食等兵”很可能是吐蕃在西线与大食作战中所获的俘虏，被迫充作吐蕃兵，调至东线与唐朝作战[111]。而粟特兵最初可能是受其宗主国大食的胁迫，站在大食一方，在中亚参与对抗吐蕃的战争而最终成为吐蕃的俘虏的。

这批降兵既达2万之众，那么其中的波斯人和粟特人当有相当数量。这批俘虏的最终去向，文献未明确交代，不得而知。但迹象表明，他们可能要作为“生口”配在各处劳役。《册府元龟》卷四二《帝王部》载顺宗于贞元二十一年（805年）即位后，二月甲子大赦天下，制曰：“……又诸军先擒吐蕃生口配在诸处者，宜资给放还本国。[112]”由此可知，唐朝俘获的吐蕃战俘被“配在诸处”劳役。这里所谓的“诸军先擒吐蕃生口”当主要来自贞元年间西南一线的唐蕃战争，因为只有贞元年间唐朝在西南一线俘获最多。如此看来，贞元十七年之役中唐朝所获的这批吐蕃战俘，可能先是被“配在诸处”役作，后至贞元二十一年遇新皇即位大赦，被赦放回国。但是，由于这次战役是唐朝和南诏的联合作战，加之南诏新附，所以唐朝绝对不会不考虑给予南诏以战争实惠，因而作为重要战利品的战俘，南诏也应该拥有一部分。也就是说，这批战俘肯定有一部分留在了南诏，而且南诏对他们应当有独立的处置权，因而不当在唐朝的大赦放还之列。这就意味着，这批战俘中当有部分粟特人和部分阿拉伯人、波斯人一起，长期留在了云南。

以上分析告诉我们，唐贞元年间，可能有一批粟特人以特殊的方式进入云南，并以特殊的身份留在了云南。

结 论

通过本文的探讨，并结合笔者以往的研究，我们对中古时期流寓巴蜀地区的波斯、粟特胡人的动向有了较为清晰的认识。由于资料的缺乏，云南地区的西域胡人动向长期隐而难张，甚至对中亚、西亚胡人的足迹是否到达过云南地区这样的基本问题也难以确定。本文通过仔细梳理有关文献资料和考古资料，并结合该地区古代域外交通的实现情况考虑，我们可以较为肯定地说，至迟自西汉中期开始，波斯商人或即涉足云南，中古时期似乎更加活跃。而中古时期，也可能有一批粟特人以特殊的方式进入并留在了该地区。总之，通过本文对中古时期流寓西南地区的波斯、粟特人踪迹的探讨，有助于我们从总体上把握中古时期入华胡人的基本动向，同时，也为我们进一步探讨中古时期西南地区的火祆教遗痕提供了必要的背景知识。

注 释

[1] 以往论及南方地区伊兰人踪迹的文章迄今管见所及有：罗香林：《唐代桂林西域人摩崖题刻与景教之关系》，氏著《唐元二代之景教》，87～96页，中国学社（香港），1966年；姜伯勤：《广州与海上丝绸之路上的伊兰人：论遂溪的考古发现》，《广州与海上丝绸之路》，21～33页，广东省社会科学院，1991年；王承文：《唐代岭南的波斯人与波斯文化》，《中山大学史学集刊》第1辑，69～82页，广东人民出版社，1992年；刘健明：《从对外贸易看唐代岭南发展的特点》，《岭南文化新探究论文集》，香港现代教育研究社，1996年；吉田丰：《对辛姆斯－威廉姆斯〈中国与印度间的粟特商人〉一文的补说》（"Additional Notes on Sims－Williams' Article on the Sogdian Merchants in China and India"），《中国与伊朗：从亚历山大到唐朝》（*Cina e Iran: Da Alessandro Magno alla Dinastia Tang*, ed. by Alfredo Cadonna & Lionello Lanciotti, Firenze: Leo S. Olschki Editore, 1996, pp. 69～78）；荣新江：《波斯与中国：两种文化在唐朝的交融》，《中国学术》2002年4期，56～76页，商务印书馆。

[2] 韩昇主编：《古代中国：社会转型与多元文化》，138～152页，上海人民出版社，2007年。

[3] 参看罗世平：《汉地早期佛像与胡人流寓地》，《艺术史研究》第一辑，79～101页，中山大学出版社，1999年；霍巍：《胡人俑、有翼神兽、西王母的考察与汉晋时期中国西南的中外文化交流》，《九州学林》第1卷2期，38～48页，城市大学出版社（香港），2003年；刘文锁：《巴蜀"胡人"图像札记》，《四川文物》2005年4期，51～56页；冯汉镛：《唐五代来巴蜀的外国人》，《文史杂志》2006年2期，22～24页等。

[4] 本文所讨论的西南地区主要指巴蜀和云南地区。

[5] 陈寅恪:《李太白氏族之疑问》,《金明馆丛稿初编》,279 页,上海古籍出版社,1980 年。

[6] 陈寅恪:《隋唐制度渊源略论稿》,80 页,上海古籍出版社,1980 年。

[7] 参看姚崇新:《中古时期巴蜀地区的粟特人踪迹》,《西域文史》第二辑,169~182 页,科学出版社,2007 年。

[8] 参看姚崇新:《中古时期巴蜀地区的粟特人踪迹》,《西域文史》第二辑,181 页,科学出版社,2007 年。

[9] 1986 页,中华书局,1975 年。《梁书》卷五四《西北诸戎传·波斯传》所载略同,唯无"始通江左"一语(815 页,中华书局,1973 年)。

[10] 77 页、79 页,中华书局,1973 年。《南史》卷七《梁本纪》所载略同。从《南史》卷五十《刘瓛传附族子显传》可以看出波斯所献"方物"中有狮子:"时波斯献生师子,帝问曰:'师子有何色?'显曰:'黄师子超不及白师子超'……武帝甚嘉焉。"

[11] 金维诺:《职贡图的时代与作者》,《文物》1960 年 7 期,2 页图版。

[12] 蔡鸿生先生将这种特殊的贸易形式称为"朝贡贸易",参看蔡鸿生:《唐代九姓胡贡品分析》,《文史》第 31 辑,99~114 页,1988 年;蔡鸿生:《唐代九姓胡与突厥文化》,46 页,中华书局,1998 年。

[13]《梁书》卷五四《西北诸戎传·波斯传》:"波斯国……出龙驹马",815 页,中华书局,1973 年。

[14] 2240 页,中华书局,1974 年。

[15] 清·王培荀:《听雨楼随笔》卷七,《续修四库全书》第 1180 册《子部·杂家类》,435 页,上海古籍出版社,2002 年。

[16] 这里可能存在过粟特聚落,参看荣新江:《魏晋南北朝隋唐时期流寓南方的粟特人》,《古代中国:社会转型与多元文化》,142 页,上海人民出版社,2007 年;姚崇新:《中古时期巴蜀地区的粟特人踪迹》,《西域文史》第二辑,173~175 页,科学出版社,2007 年。

[17] 孔凡礼点校,116 页,中华书局,2002 年。

[18] 日本学者桑原骘藏最早指出,"穆护"、"牧护"都是 Mogu(Magi)的音译,都是指祆教僧侣。参看桑原骘藏:《祆教に關する一史料》,《史学杂志》第 3 卷第 7 号,1928 年;收入《桑原骘藏全集》第一卷,419 页,岩波书店(东京),1968 年。

[19] 参看饶宗颐:《穆护歌考》,《饶宗颐史学论著选》,上海古籍出版社,1993 年。

[20]《黄庭坚全集·正集》卷二五,649 页,刘琳、李勇先、王蓉贵校点,四川大学出版社,2001 年。

[21] 宋·姚宽:《西溪丛语》卷上,43 页,孔凡礼点校,中华书局,1993 年。

[22] 参看饶宗颐:《穆护歌考》,482 页。关于西安出土婆汉合璧《苏谅妻马氏墓志》的研究,参看夏鼐:《唐苏谅妻马氏墓志跋》,《考古》1964 年 9 期,458~461 页;伊藤义教:《西安出土汉婆合璧墓志婆文语言学的试释》,《考古学报》1964 年 2 期,195~202 页;W. Sundermann and T. Thilo, "Zur mittelpersischchinesischen Grabinschrift aus Xi' an", *MIO*, 11.3, 1966, pp. 437~450; J. Harmatta, "The Middle PersianChinese Bilingual Inscription from Hsian and the ChineseSasanian Relation", *La Persia nel medioevo*, Roma, 1971, pp. 363~376; H. Humbach and

Wang Shiping, "Die Pahlavichinesische bilingue von Xi'an", *Acta Iranica*, 28, 1988, pp. 73 ~ 82; 刘迎胜:《唐苏谅妻马氏汉巴列维文墓志再研究》,《考古学报》1990 年 3 期, 295 ~ 305 页; 林梅村:《唐长安城所出汉文—婆罗钵文双语墓志跋》, 氏著《西域文明》, 251 ~ 258 页, 东方出版社, 1995 年; 荣新江:《波斯与中国:两种文化在唐朝的交融》,《中国学术》2002 年 4 期, 66 ~ 73 页; 张广达:《再读晚唐苏谅妻马氏双语墓志》,《国学研究》第 10 卷, 1 ~ 22 页, 北京大学出版社, 2002 年。

[23]《苏谅妻马氏墓志》证明, 直到晚唐时期, 入华的萨珊波斯朝 Sūrēn 部遗民仍保持着本民族的祆教信仰。参看荣新江:《波斯与中国:两种文化在唐朝的交融》,《中国学术》2002 年 4 期, 73 页, 商务印书馆。

[24]《续修四库全书》第 333 册《史部·别史类》, 307 页 ~ 308 页, 上海古籍出版社, 2002 年。

[25] 656 页, 中华书局, 1961 年。按:《北梦琐言》系五代孙光宪撰, 二十卷, 然检通行本未见此条, 贾二强标点本《北梦琐言》(中华书局, 2002 年) 收录此条为逸文, 可从。

[26]《宋高僧传》卷二二《晋巴东怀濬传》, 562 ~ 563 页, 中华书局, 1987 年。此条后被明曹学佺《蜀中广记》原文抄录, 参看《蜀中广记》卷八七《高僧记》"川东道"《唐释怀濬传》。

[27]《册府元龟》卷九七五《外臣部·褒异二》, 11450、11453 页, 中华书局, 1960 年。

[28] 参看蔡鸿生:《唐代社会的穆姓胡客》,《中国史研究》2005 年第 1 期, 氏著《中外交流史事考述》, 78 页, 大象出版社, 2007 年。

[29]《唐会要》卷一〇〇《波斯国》载波斯国"自开元十年至天宝六载, 凡十遣使朝贡, 献方物、夏四月, 遣使献玛瑙床。九载, 献火毛绣舞筵、长毛绣舞筵、无孔真珠。至大历六年九月, 遣使献真珠等"(2119 页, 上海古籍出版社, 1991 年)。而《册府元龟》的记载尤详, 参看《册府元龟》卷九七一、九七二、九七五、九九九, 11406 ~ 11415、11450 ~ 454、11723 页等, 中华书局, 1960 年。

[30]《册府元龟》卷九七五《外臣部·褒异二》, 11454 页, 中华书局, 1960 年。

[31]《册府元龟》卷九七五《外臣部·褒异二》, 11456 页, 中华书局, 1960 年。

[32] 参看荣新江:《波斯与中国:两种文化在唐朝的交融》,《中国学术》2002 年 4 期, 68 ~ 69 页, 商务印书馆。

[33] 波斯被大食占领后, 吐火罗一度成为波斯王室残余的栖身之地。参看张广达:《萨珊朝波斯》,《中国大百科全书·中国历史》第二卷, 863 ~ 864 页, 中国大百科全书出版社, 1992 年; 氏著《文本、图像与文化流传》, 69 ~ 71 页, 广西师范大学出版社, 2008 年。

[34] 参看宋岘:《波斯医药学在古代中国》,《伊朗学在中国论文集》, 72 页, 北京大学出版社, 1993 年。

[35] 有关李珣及其医学成就的最新研究成果, 参看陈明《〈海药本草〉的外来药物与中外文化背景》, 1 ~ 57 页《国学研究》第 21 卷, 北京大学出版社, 2008 年。

[36]《文渊阁四库全书》第 1035 册《子部·小说家类》, 887 页, 台湾商务印书馆, 1986 年。类似的记载还见于明曹学佺《蜀中广记》卷四《名胜记第四·川西道·成都府四》:"《成都文类》云:'李珣, 梓州人, 其妹为蜀王衍昭仪, 有词藻, 即所称李舜弦夫人矣。'"(《文渊阁四库全书》第 591 册《史部·地理类》, 41 页); 又同书卷一〇二《诗话记第二》:"李珣, 梓州

人，事王宗衍，有词名《琼瑶集》。其妹为昭仪，亦有词藻。摘《文类》。”（《文渊阁四库全书》第592册《史部·地理类》，646页）

[37]《文渊阁四库全书》第1042册《子部·小说家类》，926页，台湾商务印书馆，1986年。

[38]《四库未收书辑刊》第壹辑第27册，684页下，北京出版社，2000年。尹鹗其人还见于清吴任臣《十国春秋》卷四四《前蜀十·尹鹗传》：“尹鹗，成都人也，工诗词，与宾贡李珣友善。珣本波斯之种，鹗性滑稽，常作诗嘲之。”（《文渊阁四库全书》第465册《史部·载记类》，402页，台湾商务印书馆，1986年）

[39]参看罗香林：《系出波斯之李珣及其海药本草》，《香港大学五十周年纪念论文集》第二册，217～219页，香港，1964年；荣新江：《波斯与中国：两种文化在唐朝的交融》，《中国学术》2002年4期，69页，商务印书馆。

[40]李素家族系出波斯贵裔，入华后颇受唐廷礼遇，世代为官。参看荣新江：《一个入仕唐朝的波斯景教家族》，《伊朗学在中国论文集》第二集，82～90页，北京大学出版社，1998年；荣新江：《波斯与中国：两种文化在唐朝的交融》，65～66页，《中国学术》2002年4期，商务印书馆。

[41]参看宋岘：《波斯医药学在古代中国》，《伊朗学在中国论文集》，72页，北京大学出版社，1993年。

[42]按《海药本草》一书早已亡佚，但李时珍《本草纲目》引用之处非常多，足见其影响。参看罗香林：《系出波斯之李珣及其海药本草》，《香港大学五十周年纪念论文集》第二册，219～239页，香港，1964年；汪悦《李珣与〈海药本草〉》，《南京中医药大学学报》（社会科学版）2001年1期，30～32页。按《海药本草》今有尚志钧辑校本，人民卫生出版社，1997年。

[43]墓葬年代的判定参看云南省博物馆：《云南晋宁石寨山古墓群发掘报告》，文物出版社，1959年。

[44]参看孙机：《凸瓣纹银器与水波纹银器》，氏著《中国圣火——中国古文物与东西文化交流中的若干问题》，141～142页，辽宁教育出版社，1996年。

[45]安息的文化艺术基本继承了波斯帝国的传统，在艺术方面，波斯建筑、雕刻与工艺美术始终是安息艺术师承的主脉。参看朱龙华：《世界古代后期艺术史》，125页，中国国际广播出版社，1996年。

[46]参看张增祺：《战国至西汉时期滇池区域发现的西亚文物》，《古代西南丝绸之路研究》第一辑，234～244页，四川大学出版社，1990年；童恩正：《古代中国与印度交通的考古学研究》，《考古》1999年4期，79～87页。

[47]这一事实通过石寨山墓群出土的青铜文物得到充分证实。石寨山墓群出土的青铜器及其他青铜文物占了出土文物的绝大部分，参看云南省博物馆：《云南晋宁石寨山古遗址及墓葬》，《考古学报》1956年1期，图版叁至图版拾；云南省博物馆：《云南晋宁石寨山古墓群发掘报告》，图版部分，文物出版社，1959年。

[48]参看云南省博物馆：《云南晋宁石寨山古墓群发掘报告》，图版壹壹陆：1，上排自左至右第六颗，文物出版社，1959年。

[49] 参看署名作铭：《我国出土的蚀花的肉红石髓珠》，原载《考古》1974年6期，收入夏鼐《考古学论文集》，569~570页，河北教育出版社，2002年。

[50] 参看培克（H. C. Beck）：《蚀花的肉红石髓珠》，《考古家杂志》（英文）第13卷第1期，393~394页，1933年。转引自夏鼐：《我国出土的蚀花的肉红石髓珠》，《考古学论文集》，574~575页，河北教育出版社，2002年。

[51] 参看夏鼐：《我国出土的蚀花的肉红石髓珠》，《考古学论文集》，575~576页，河北教育出版社，2002年。

[52] 参看麦凯（E. Mackay）：《加饰的肉红石髓珠》，《人类》（英文）1933年9月，143~146页，第150篇；麦凯（E. Mackay）：《昌胡达罗的发掘》（英文），199~201页，1943年。转引自夏鼐：《我国出土的蚀花的肉红石髓珠》，《考古学论文集》，574~575页，河北教育出版社，2002年。

[53] 参看张增祺：《战国至西汉时期滇池区域发现的西亚文物》《古代西南丝绸之路研究》第一辑，四川大学出版社，1990年；童恩正：《古代中国与印度交通的考古学研究》，《考古》1999年4期，81页。

[54] 参看方国瑜：《云南与印度缅甸之古代交通》，氏著《中国西南历史地理考释》，544~545页，中华书局，1987年；罗香林：《唐代光孝寺与中印交通之关系》，4~5页，中国学社（香港），1960年；陈茜：《川滇缅印古道初考》，《中国社会科学》1981年1期，162~176页；罗二虎：《"西南丝绸之路"的考古调查》，《南方民族考古》第五辑，398~399页，四川科学技术出版社，1993年；江玉祥：《再论古代中国西南"丝绸之路"》，《古代西南丝绸之路研究》第二辑，1~41页，四川大学出版社，1995年；陆韧：《云南对外交通史》，31~36页，云南民族出版社，1997年。

[55] 木芹会证：《南诏野史会证》，269页，云南人民出版社，1990年。

[56] 参看劳费尔（B. Laufer）著、林筠因译：《中国伊朗编》（Sino-Iranica），298页，商务印书馆，2001年；费瑯（G. Ferrand）著、冯承钧译：《南海中之波斯》，81页，冯氏著《西域南海史地考证译丛二编》，商务印书馆，1934年。此外，冯承钧（冯氏《诸蕃志校注》卷上"波斯国"条注释）、陈序经（氏著《骠国考》）、方国瑜（氏著《〈南诏野史〉考说》）、陈茜（氏著《川滇缅印古道初考》，176页）、赵吕甫（赵氏《云南志校释》242页注(5)、317页注(11)）、杨博文（杨氏《诸蕃志校释》132页注(10)）等学者也持同样观点。但对南海波斯的具体方位学者尚未达成一致，或谓在马来群岛间，或谓在苏门答腊岛之东北岸，或谓在缅甸磨地勃湾中之Bassein或其附近。

[57] 4345页，中华书局，1960年。

[58] 参看张星烺：《驳劳费尔伊兰波斯与马来波斯说》，《中西交通史料汇编》第二册，1141~1146页，中华书局，2003年。

[59] 参看宋·周去非著、杨武泉校注：《岭外代答校注》卷三《外国门下》"波斯国"条，114~115页，中华书局，1999年；宋·赵汝适著、杨博文校释：《诸蕃志校释》卷上《志国》"波斯国"条，132页，中华书局，2000年。

[60] 唐·慧超著、张毅笺释：《往五天竺国传笺释》"波斯国"条谓波斯商人"亦泛海汉地，直至

广州，取绫绢丝绵之类”，101 页，中华书局，1994 年。

[61] 这是劳费尔的观点，林筠因译：《中国伊朗编》，298 页，商务印书馆，2001 年。

[62] 唐·慧超著、张毅笺释：《往五天竺国传笺释》“波斯国”条谓波斯商人“常于西海泛舶入南海，向狮子国取诸宝物……亦向昆仑国取金”（101 页，中华书局，1994 年）。

[63] 2849 页，中华书局，1965 年。

[64] 参看方国瑜：《中国西南历史地理考释》，22 页，中华书局，1987 年。

[65] 晋·常璩撰、刘琳校注：《华阳国志校注》卷四《南中志》“永昌郡”条，424 页，巴蜀书社，1984 年。

[66] 同上注，430 页。

[67] 参看方国瑜：《中国西南历史地理考释》，21 页，中华书局，1987 年。

[68] 1857 页，中华书局，1973 年。

[69] 1042 页，中华书局，1984 年。

[70] 815 页，中华书局，1973 年。

[71] 2270 页，中华书局，1974 年。

[72] 920 页，中华书局，1971 年。

[73] 5312 页，中华书局，1975 年。

[74] 如康国曾数次向唐朝贡献水精制品，罽宾也向唐朝贡献过水精杯；唐朝的琥珀主要是从波斯输入的，但唐人知道拂林出产琥珀，此外，位于滇缅印交通线上的靠近永昌的密支那也出产琥珀；罽宾、拔汗那、吐火罗、拂林也出琉璃。参看［美］谢弗（E. H. Schafer）著、吴玉贵译：《唐代的外来文明》，494、509、526 页，中国社会科学出版社，1995 年。

[75]《文选》卷四《蜀都赋》刘渊林注云：“永昌有水出金，如糠在沙中。”又云：“永昌博南县出琥珀。”《论衡·验符篇》云：“永昌郡中亦有金焉，纤靡大如黍粟，在水涯沙中。”《资治通鉴》卷一一七“晋安帝义熙十二年”条：“宁州献琥珀枕于太尉［刘］裕。”胡注：“琥珀出哀牢夷。”《滇海虞衡志》卷二云：“琥珀出永昌，地中有琥珀，旁不生草，掘深八九尺即得之。”参看赵吕甫：《云南志校释》274 页注(2)、276 页注(1)，中国社会科学出版社，1985 年。

[76] 参看劳费尔：《中国伊朗编》，318～319 页，商务印书馆，2001 年。

[77] 刘正埮、高名凯等编纂的《汉语外来词词典》（上海辞书出版社，1984 年）也将“帛叠”一词收入伊朗语词汇之下，认为其对音于波斯语 pambak dip，与劳费尔的意见接近。参看黄时鉴：《现代汉语中的伊朗语借此初探——兼从一个侧面看中国文化心理》，《伊朗学在中国论文集》，31 页，北京大学出版社，1993 年。不过该词典将帛叠与白氎等同未必恰当，氎虽然也产于波斯，但质地与帛叠不同，说见后。

[78] 劳费尔说，从伊朗波斯如何能把大象运到云南去，是难以理解的（参看劳费尔：《中国伊朗编》，298 页，商务印书馆，2001 年）。但笔者以为，虽然伊朗波斯之象抵云南的确比较困难，但若走陆路并非绝无可能。

[79] 赵吕甫：《云南志校释》卷八《蛮夷风俗》，290 页（《新唐书》卷二二二上《南蛮传·南诏传》所载略同，6269 页，中华书局，1975 年），中国社会科学出版社，1985 年。

[80] 赵吕甫：《云南志校释》附录一，342 页（《新唐书》卷二二二上《南蛮传·南诏传》所载略

同，唯无具体年份），中国社会科学出版社，1985 年。

[81] 参看江应樑：《云南用贝考》，氏著《西南边疆民族论丛》，92～96 页，珠海大学出版社，1948 年；李家瑞：《古代云南用贝币的大概情形》，《历史研究》1956 年 9 期，85～100 页；方国瑜：《云南用贝作货币的时代及贝的来源》，《云南大学学报》1957 年 2 期，46～57 页；陆韧：《云南对外交通史》，64～68 页，云南人民出版社，1990 年。

[82]《旧唐书》卷一〇四《高仙芝传》："［天宝］九载，将兵讨石国，平之……仙芝性贪，获石国大块瑟瑟十余石，真金五六，駞驼、名马、宝玉称是"（3206 页，中华书局，1975 年。同书卷一〇九《李嗣业传》所载略同），可见石国也出瑟瑟。

[83] 参看劳费尔：《中国伊朗编》，345 页，商务印书馆，2001 年。

[84] 6262 页，中华书局，1975 年。

[85] 唐·慧超著、张毅笺释：《往五天竺国传笺释》"波斯国"条，101 页，中华书局，1994 年。

[86] 唐·慧超著：《往五天竺国传笺释》"安国、曹国、史国、石骡国、米国、康国"条，118 页，中华书局，1994 年。

[87] 赵吕甫：《云南志校释》卷十《南蛮疆界接连诸番夷国名》"小婆罗门"条载："小婆罗门……在永昌北七十四日程，俗不食牛肉……出齿贝、白蠟、越诺布"（323 页，中国社会科学出版社，1985 年）。据考，小婆罗门应在骠国西北，今东印度之曼尼普尔（Manipur）一带，参看《云南志校释》第 91 页注①、第 324 页注①。

[88] 宋·周去非著、杨武泉校注：《岭外代答校注》卷三《外国门》下，99～104 页，中华书局，1999 年。

[89] 宋·赵汝适著、杨博文校释：《诸蕃志校释》卷上"注辇国"条、"芦眉国"条，74 页、116 页，中华书局，1996 年。

[90] 按芦眉国即《岭外代答》所载的眉路骨惇国，该国地望参看《岭外代答校注》卷三《外国门》下，105～106 页注 27，中华书局，1999 年。

[91]《旧唐书》卷一九八《西戎传·康国传》载："开元六年（718 年），遣使贡献锁子甲、水精杯、马脑瓶、驼鸟卵及越诺之类"［（《唐会要》卷九九"康国"条所载略同）5311 页，中华书局，1975 年］。越诺当即越诺布。

[92] 参看劳费尔：《中国伊朗编》，323～325 页，商务印书馆，2001 年。又刘正埮、高名凯等编纂的《汉语外来词词典》（上海辞书出版社，1984 年）也将"越诺"一词收入伊朗语词汇之下，认为其对音于波斯语 vār/vāl（丝织品）+ nax（锦缎），与劳费尔的意见完全一致。参看黄时鉴：《现代汉语中的伊朗语借此初探——兼从一个侧面看中国文化心理》，34 页，《伊朗学在中国论文集》，北京大学出版社，1993 年。

[93] 有学者认为"越诺"或为"越里"的异译，越诺布也即越里布，越里布系产自越里（今越南之藩里）一带的一种精织棉布，因而越诺布非丝织品，也与波斯无涉（参看《岭外代答校注》第 103 页注⒀，中华书局，1999 年）。若然，我们难以理解越诺布何以成为波斯的物产？更无法理解大食诸国何以成为它的主要产地？可见"越诺"是不能等同于"越里"的。

[94] 参看蔡鸿生：《唐代九姓胡的贡表和贡品》，氏著《中外交流史事考述》上编，20 页，大象出版社，2007 年。

[95] 参看宋·赵汝适著、杨博文校释:《诸蕃志校释》卷上"芦眉国"条,116页,中华书局,1999年。

[96] 参看宋·周去非著、杨武泉校注:《岭外代答校注》卷三《外国门》下"大食诸国·麻离拔国"条,99页,中华书局,1999年。

[97] 630页,中华书局,1973年。

[98] 依据汉文史籍,大食似与波斯同种。《旧唐书》卷一九八《西戎传·大食传》:"大食国,本在波斯之西。大业中,有波斯胡人牧驼于俱纷摩地那之山,忽有狮子人语谓之曰:'此山西有三穴,穴中有大兵器,汝可取之。穴中有黑石白文,读之便作王位。'胡人依言,果见穴中有石及稍刃甚多。上有文,教其反叛。于是纠合亡命,度恒曷水,劫夺商旅,其众渐盛,遂割据波斯西境,自立为王。波斯、拂菻各遣兵讨之,皆为所败"(5315页,中华书局,1975年。《新唐书》卷二二一下《西域传下·大食传》所载略同,中华书局,1975年)。摒除这段文字中的传说成分,可清楚地看出大食源出波斯。但这并不符合历史实际。按大食为波斯文 Tazi 的对音,是波斯人对阿拉伯人的称呼。中国人之初知阿拉伯,盖自波斯人,故因袭了波斯人的称谓。但大食与波斯并不同种。在伊斯兰教兴起以前,阿拉伯虽曾为波斯统属,但大食并非全为波斯地(参看白寿彝:《〈新唐书·大食传〉注》,氏著《民族宗教论集》,516页,河北教育出版社,2001年;张广达:《大食》,《中国大百科全书·中国历史》第一卷,144~145页,中国大百科全书出版社,1992年。收入氏著《文本、图像与文化流传》,181~184页,广西师范大学出版社,2008年)。大食波斯种族不同显而易见,故而这里将波斯商人与阿拉伯商人加以区别。

[99] 南诏大理时期,阿拉伯帝国治下的波斯人与云南的关系可能更为密切,参看王胞生:《唐宋时期大理与波斯大食人关系浅说》,《甘肃民族研究》1988年3、4合期,70~76页。但作者将进入云南地区的波斯人均视为伊朗波斯似乎不妥。另外,作者将云南剑川石宝山石窟中的一身有"波斯国人"四字题记的摩崖造像视为唐宋时期伊朗波斯人到达云南地区的直接证据,笔者对此表示存疑。按剑川石宝山石窟开凿于南诏大理时期,带有"波斯国人"题记的这身造像在第11号窟内,为高浮雕立像,男性,其右侧上方刻"波斯国人"四字。笔者存疑的理由主要有两点:1)造像风化严重,面相已漫漶不清;2)以题记字体观察,颇疑系后来补刻。参看剑川县文体局:《南天瑰宝》,50页右侧图版,云南美术出版社,1998年。

[100] 参看[美]查尔斯·巴克斯著、林超民译:《南诏国与唐代的西南边疆》,116页,云南人民出版社,1988年。

[101]《新唐书》卷二二二上《南诏传》,6277页,中华书局,1975年。

[102] 按《资治通鉴》卷二三六、《旧唐书》卷一九六《吐蕃传下》将此事系于贞元十八年春,且谓战事在维州。但《新唐书》所披露的信息最详,今从《新唐书》。又鹿危山在维州境内(顾祖禹《读史方舆纪要》卷六七《四川二》"维州"条:"又鹿危山亦在州西,唐贞元十七年,韦皋败吐蕃于此。"),地望与泸水不符。按贞元十六、十七年,唐与吐蕃在维州地面也有大规模战事,检两唐书《南诏传》、《吐蕃传》、《韦皋传》等,颇有将两地战事记载相混淆的情况,因而这里的鹿危山可能是误记。

[103] 参看张广达:《大食》,《中国大百科全书·中国历史》第一卷,144~145页,中国大百科全

书出版社，1992 年。收入氏著《文本、图像与文化流传》，181 ~ 184 页，广西师范大学出版社，2008 年。

［104］阿拉伯帝国初期规定：服兵役只限于阿拉伯人，被保护民不能服兵役。“被保护民”是指被征服地区的信仰基督教、犹太教、祆教以及萨比教（拜星教）等宗教的民众，他们要向帝国缴纳人丁税（参看纳忠：《阿拉伯通史》上卷，210 ~ 212 页，商务印书馆，1997 年；郭应德：《阿拉伯史纲》，57 页，中国社会科学出版社，1991 年）。但这些“被保护民”若皈依了伊斯兰教，情况就不同了。

［105］参看王胞生：《唐宋时期大理与波斯大食人关系浅说》，《甘肃民族研究》1988 年 3、4 合期，71 页；李兴华等：《中国伊斯兰教史》，17 页，中国社会科学出版社，1998 年。

［106］《册府元龟》卷九七二《外臣部·朝贡五》：“［贞元］七年（791）正月……黑衣大食……遣使来朝”（11416 页，中华书局，1960 年）。又《唐会要》卷一〇〇“大食国”条：“［贞元］十四年（798 年）丁卯九月，以黑衣大食使含嵯、焉鸡、沙比三人并为中郎将，放还蕃”［2127 页，上海古籍出版社，1991 年（《旧唐书》卷一九八《大食传》、《新唐书》卷二二一下《大食传》以及《册府元龟》卷九七六《外臣部》所载略同）］。

［107］5316 页，中华书局，1975 年（《唐会要》卷一〇〇“大食国”条所载略同）。

［108］6263 页，中华书局，1975 年。

［109］参看王小甫：《唐、吐蕃、大食政治关系史》，209 ~ 211 页，北京大学出版社，1992 年。

［110］《旧唐书》卷一九八《大食传》载：“开元初，遣使来朝……其时西域康国、石国之类，皆臣属之”（5316 页）。又慧超游历五天竺途中曾见“安国、曹国、史国、石骡国、米国、康国等，虽各有王，并属大寔所管。”（唐·慧超著、张毅笺释：《往五天竺国传笺释》“安国、曹国、史国、石骡国、米国、康国”条，118 页，中华书局，1994 年）。按石骡国盖即石国，大寔即大食，慧超所见当在开元十五年（727 年）到达安西都护府以前，可见至迟在开元十五年以前，康国等昭武九姓诸国已臣属大食。

［111］张星烺先生也有类似的看法，参看《中西交通史料汇编》第二册，702 页注［1］，中华书局，2003 年。

［112］481 页，中华书局影印本，1960 年。

试论滇文化文明起源之成因

彭长林
（广西文物考古研究所、云南大学民族考古研究中心）

［内容提要］滇文化是云贵高原文明起源发展程度最高的一支考古学文化，本文对其文明起源的成因进行了初步分析。本文认为，优越的地理环境、发达的农牧业、水利工程兴建和水利管理的需要、专业化的手工业生产、对外界文化较强的吸纳和改造能力、长期而频繁的战争、规模巨大而繁复的宗教祭祀、远程贸易的繁荣等是导致滇文化文明起源发展较为成熟的主要因素。

［Abstract］Dian culture is the most developed archaeological culture in the Yunnan – Guizhou Plateou during the process of the origion of civilization. And this paper analyses the reasons causing the civilization of Dian culture. The reasons that caused its highly development during the process of the origion of civilization are favourable geographical conditions, developed farming and animal husbandry, irrigation works and irrigation management, specialized handicraft industry, strong assimilation to outside culture, frequent wars, complicated religious rites and prosperous trade.

云贵高原位于中国的西南边陲，青铜时代涌现出许多各具特色的考古学文化，其中滇文化（也称为石寨山文化）是战国至西汉时期位于滇池区域的一支风格独特的考古学文化，它以数量众多、特征鲜明的青铜器、金器、玉石器等闻名于世，在云贵高原各区域青铜文化中处于遥遥领先的地位，代表着云贵高原青铜文化的最高水平，是中国青铜文化中的一朵奇葩[1]。

与中国其他地区一样，云贵高原也经历了富有自身特点的文明起源过程，在中国文明起源研究中占有一席之地。有关文明起源的概念有多种解释，最为简明扼要的为苏秉琦先生所说的“文明起源，换句话说，即‘从氏族到国家’……”[2]。但与中原等文化较为发达的地区不同的是，云贵高原文明起源发生的时期远远晚于前者发生的新石器时代，而是在本地区的青铜时代，具有明显的滞后性和次生性。当中原等地已在封建王朝的统治之下，云贵高原仍处于文明起源的发展时期，这与其地理位置偏远相对闭塞、受中原等先进文化影响较少有关。而在云贵高原各区域中只有位于滇池区域的滇文化的文明起源发展程度最高，达到了早期国家较为成熟的方国阶段，其他区域仍处在从部落到古国的较低级阶段。

在探讨某一文化文明起源发展阶段和演进模式的同时，对该文化文明起源的背景、原因、动力、机制等也不能忽视，因为其中包含着不同文化文明起源的普遍性和特殊性。在文明起源形成机制的解释上有管理论、内部冲突论、外部冲突论、融合论、宗教管理论等诸多理论，但现在多认为文明的起源并非由单一因素形成，而是不同因素共同作用的结果。不过不同文化的文明起源虽然具有共同普遍的规律性，但也有一些基于本区域所特有的条件，从某种程度上说这些条件是促成该文化文明起源的关键因素。

从滇文化文明起源发展程度来看要远远高于云贵高原其他区域，这是一系列自然、人文、历史以及外部条件等不同因素共同作用形成的。通过对比研究，我们认为以下条件是滇文化文明起源发展较为成熟的主要因素。

一 优越的地理环境

滇文化所在的滇池区的地理环境十分优越。从地理位置来看，滇池区位于云贵高原的中部，可以有效地吸纳周边区域的先进文化和利用周边区域的自然资源，并且它还位于古代东西和南北方向多条交通要道的枢纽位置，与外界的往来十分频繁，也间接促进了本区文明的发展。

滇池区是云贵高原自然环境最好的区域，有面积宽广的平坦土地，包括滇池坝、玉溪坝和曲靖坝等面积较大的高原平坝，还有水量丰富的滇池、抚仙湖、星云湖、杞麓湖等大湖，这些平坝土壤肥沃，水利便利，适宜大规模的农业生产。附近的山坡丘陵植被茂盛，对畜牧业的发展十分有利。气候属冬无严寒、夏无酷暑、四季如春的亚热带季风气候，对农牧业的生产也很有利。这种大型平坝便于大规模的人口聚居，同时区域内的交通也较发达，各地往来便利，有利于形成统一的文化体系，对文明的出现和持续发展提供了良好的自然条件。此外，数量巨大又易开采的铜、锡、铅、锌、铁和金、银等矿产资源也为本区域青铜器、金银器、铁器等的冶铸提供了丰富、高品位而廉价的原料，这些也是促进文明起源的有利因素。《史记·西南夷列传》有“（庄）峤至滇池，（地）方三百里，旁平地，肥饶数千里……”的记载，《后汉书·西南夷列传》也记载此地“河土平敞，多出鹦鹉、孔雀，有盐池田渔之饶，金银畜产之富。”这些文献记载是对本区域优越环境的高度概括。

二 发达的农牧业

本区域优越的生态环境为农牧业的发展创造了适宜的条件，而农牧业的发达不仅为人口的增长提供了充足的粮食，也为社会复杂化的发展和文明的出现创造了必要的物质条

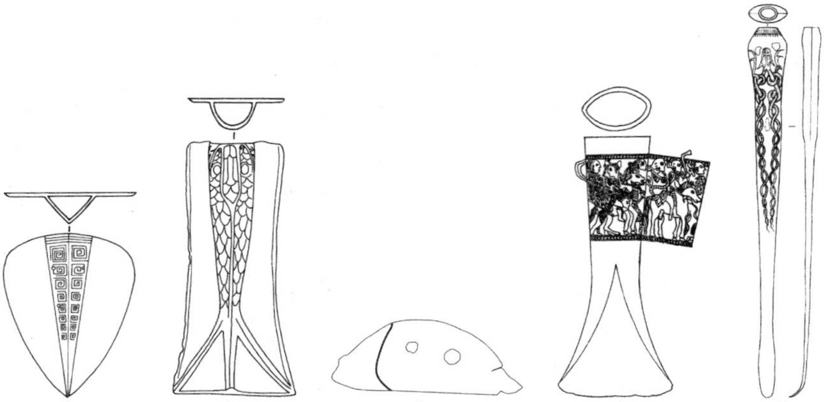

图一 滇文化农业生产工具

1、2. 李家山 M57 3. 羊甫头 M546 4. 李家山 M13 5. 羊甫头 M113

图二 滇文化贮贝器上的上仓图

件。以滇池区这样平坦宽阔的平坝而言，要供养规模较大的人口，原始的刀耕火种式的粗放农业显然是行不通的，因为四周皆为山地，可耕种的土地面积毕竟有限，只能实行精耕细作的农业方式以提高粮食产量。而平坝内地形平坦、土壤肥沃、河湖众多、水网密布、气候温暖湿润，也很适宜实行精耕细作的农业方式。各地墓葬发现的农业生产工具有锄（图一，1）、铲（图一，2）、镰（图一，3）、斧（图一，4）、卷刃器（图一，5）等，种类繁多，数量丰富，《史记·西南夷列传》中记载滇属“……耕田，有邑聚……”的民族，也证明了本区域实行的是精耕细作的锄耕农业。1998 年对石寨山以西的古环境研究发现，西汉至东汉时期稻谷花粉特别浓，说明水稻是滇文化的主要作物之一[3]。“上仓图”表现的是滇人将收获的水稻贮存于粮仓中，反映了滇人对粮食的保存方法，也说明水稻的收成应有一定数量（图二）。另外，坝子四周的丘陵山地为畜牧业的发展提供了良好的环境，《汉书·西南夷列传》记载汉昭帝时益州郡“蛮夷”造反，汉王朝派兵平叛，

图三 石寨山 M12 出土铜鼓盖面放牧图

“大破益州，斩首捕虏五万余级，获畜产十余万”，可见当时畜牧业的发展已有相当规模。本区青铜器上常有家畜的形象出现，在石寨山 M12 的铜鼓盖上有山羊、绵羊和猪混合放牧的情景，用狗来协助放牧，还有牧马、牧牛的情景，其中羊、牛、猪都是移动缓慢的动物，只能在距离居住地不远的地方牧养（图三）。牛是滇人饲养的主要家畜，也是财富的象征，在铜鼓、贮贝器、扣饰、兵器上有大量牛或牛头的形象以及表现牧牛、喂牛、剽牛祭祀、斗牛、猛兽噬牛的纹饰或塑像。马主要作为乘骑和驮运货物，其数量也很多，在青铜器上出现很多骑马的人物形象，也有驯马场面，说明马在当时的经济和社会生活中的重要作用。发达的畜牧业是农业的重要补充，为人们的食物结构提供了必不可少的营养成分，也是农业歉收时期的主要食物来源，保证了社会的稳定和持续发展。此后三国时期，南中的牛、马成为蜀国的主要来源之一。《华阳国志·南中志》记载：“亮收其俊杰建宁爨习、朱提孟琰及获为官属，……出其金、银、丹、漆、耕牛、战马，给军国之用。”《三国志·蜀志·李恢传》也记载：“赋出叟、濮耕牛战马金银犀革，充继军资，于时费用不乏。”另外，狩猎和采集也是有益的补充，虽然从滇文化表现的狩猎场面来看多是宗教祭祀和娱乐活动，但周边山林各种野生动物的大量存在也为人们应付自然灾害提供了可靠的食物来源，在 1 件青铜臂甲上刻划的各种动物纹饰可以看出滇池区的野生动物种类的丰富，而分布密集、堆积厚达数米至十余米的青铜时代贝丘遗址则说明社会下层的人们食用螺、蚌等水生动物的数量很大。生活资料来源的多样性保证了整个社会不会因自然灾害和某种食物来源的欠缺而出现衰退或崩溃，并为社会的持续发展打下基础。

这种农业方式也是中国各地文明形成过程中的经济和社会基础，曹兵武先生对此曾有精辟的论断，他认为“对于漫长而持续的中国文明，这样的经济基础的主要生业就是精耕细作式的小农经济。在精耕细作式的农业中，私田为主，公田为辅，男人被较早地逐步固定在田地中，中国式的家族得到充分的发育，血缘关系的线条得到了特别的体现，同时，敬拜祖先、合和天人的精神文化也得到培育和发扬光大。”[4]滇文化正是在精耕细作的农业和发达的畜牧业基础上使得社会分工更加细致，导致社会结构的复杂化，从而为文明的出现和持续发展提供了坚实的物质基础。

三 水利工程兴建和水利管理的需要

滇池区的农业属于典型的灌溉农业，平坝内面积广大的稻田需要大量用水。由于季风气候的影响，云南全省降水年内分配不均，大部分地区一年之内旱季长达7个月。从头年11月至次年5月共212天的降水量仅占全年总降水量的21%，其余79%的雨量集中在6～10月，特别是集中在7、8、9这3个月。由于雨量过度集中，防洪库容不足，造成汛期大量弃水，水量不能充分控制利用。从全省平均情况看，11月至次年5月用水量约占年用水量的70%，其中5月灌溉用水量又占年用水量的30%左右，而这时正处于枯季，降水量甚少，土壤湿度小，蒸发量又随气温迅速增高，因此造成作物需水量大[5]。由于大面积的稻作农业对水量的需求非常大，对水利的依赖关系显得特别突出，旱季必须浇灌，雨季必须排水，没有灌溉系统是不行的，因此兴修水利工程和合理分配水资源就成为本区农业生产管理的首要内容。《后汉书·西南夷列传》记载西汉晚期文齐为益州太守时，在滇池一带“造起陂池，开通溉灌，垦田二千余顷。”东汉陂池、水渠模型的发现也表明各种水利设施的存在，说明兴修水利工程对滇池区农业发展的作用之巨，也表明在此之前已有一定基础的水利设施存在，否则也很难建造起这样巨大的水利工程。

童恩正先生认为：“从大量的历史记载来看，中国的第一个王朝——夏王朝的建立，的确与水利有密切的关系。……不论原始的土地所有制如何——家庭所有、氏族所有或‘公有’，对土地的进一步利用（指水利事业的兴建——引用者注）使集体活动成为不可避免的事。这样，传统的社会权力，不论此权力是被称为‘酋长’、‘氏族会议’、‘王’或者‘国家’，其更直接、更有力的应用就表现在对集体劳动的控制，而非对土地的控制。如果一个人或者一个集团能够支配修建水利和开垦土地的人力，此人或此集团就拥有统治此社会的基本权力。从史实来看，中国国家权力的形成，极可能与防御和集体的水利事业有关，亦即与控制集体劳动的人力有关，而与土地所有制没有直接关系。”[6]虽然童先生认为这种对水利事业的管理活动只在北方出现而南方大多数地区不存在，但滇池区特殊的地理环境使得水利工程的兴建和水利事业的管理显得尤为重要。水利工程的不断扩大和水资源分配的管理需要不断加强，通过水利来支配集体劳动和管理社会的权力越大，而这种权力慢慢落入了少数贵族集团手中，从而形成对整个社会控制的基本权力，这是滇文化文明形成过程中公共权力的来源之一。

类似的情况还出现在近代一些地理环境相似的地区。在西双版纳傣族地区，常夏无冬，蒸发量大，干湿季节分明，旱季必须浇灌，雨季必须排水，农业对水利的依赖关系显得特别突出，因此兴修水利工程成为各级组织的首要内容，很早就有了相当完整、系统的水利灌溉组织，自上而下都设有水利灌溉的专管人员。他们的职责是：动员各村寨民众兴修沟渠；定期检查渠道；灌溉时期合理分配水量；维持管理水利的有关规定；解决水利灌溉过程中出现的纠纷等等[7]。随着水利工程的扩大，通过水利来支配各村土地的权力越大，而这种权力慢慢落入了少数人手中，从而出现了凌驾于村寨之上的不同级别的组织机构火西、陇或播、卡马、勐、西双版纳，处于最顶端的大首领既为部落联盟的首脑，又是最高军事指挥官和大土地所有者。这种情况与滇文化文明起源的背景有较多的相似之处，可以看出水利工程的兴建和水利管理的需要在文明起源及其发展过程的重要作用。

四　专业化的手工业生产

农牧业的发达使得相当一部分熟练手工业者从农事活动中解脱出来，成为专业的手工匠人。滇文化手工业生产专门化程度很高，这主要体现在金属器特别是青铜器的制作上，而滇池区及周边地区丰富的矿产资源为金属器的制作提供了便捷、廉价的原料来源，不必像中原等地那样因为原料的稀缺只能制作礼器、兵器等社会最重要的物品，而使手工业生产的规模受到限制。本区青铜文化高度发达，无论从青铜器的种类还是数量来看都显示出青铜制造业的高超技术。青铜器的种类主要有矛、剑、戈、啄、钺、斧、锄、铲等武器工具和铜鼓、贮贝器等礼乐器以及扣饰、钏、镯等装饰品，其中一个显著的特点是在青铜器上有各种繁缛的几何纹、动物和人物的平面或立体装饰。从青铜器制作过程看至少包括采矿、制模、纹饰制作、冶炼、玉石等装饰品的镶嵌、漆木柄制作和绘彩等各种工序，每一道工序都需要熟练的专业工匠，而青铜器数量的巨大，说明从事与青铜器制作有关的人员人数众多，各地出土青铜器的形制、纹饰等一致则显示出已经形成了较为集中、稳定的专业队伍。纺织业也是手工业中的重要部分，在女性大型墓中常有成套的纺织工具出土，小型女性墓中也大多有纺轮随葬，在青铜贮贝器上有不少纺织场面的塑像，表现在女性贵族控制之下的集中纺织场面，说明纺织也形成了专业化生产（图四）。某些纺织物品由于生产成本较高而十分昂贵，它们代表着财富的拥有，对当时日益分化的贵族阶层来说显得十分重要，被当作炫耀富贵、确立其身份和地位的标志，说明纺织业在当时经济生活中占有较为重要的地位[8]。此外，金银器、玉石器、陶器等的数量也相当之多，形制十分复杂，

图四 李家山 M69 出土纺织场面铜贮贝器

相应的专业人员也不少。由此可以看出，滇文化手工业的发达程度足以表明一个脱离农业生产的手工业阶层已出现。

手工业专业化的增强使社会分工日益细化，形成了一个不从事农业生产而取得生活资料的社会阶层，并使交换成为日常生活的必要组成部分，也刺激了其他行业的分工更加细化，如专事运输和贸易等职业的人员以及使社会按一定秩序运转的管理者等，从滇文化的大量图像中可以看出这几类人员的存在，从而促使社会公共权力的集中，也促进了人口的集中和中心聚落的扩大，为文明的形成和发展提供了强劲的动力。

五 对外界文化较强的吸纳和改造能力

滇池区域新石器时代晚期文化在云贵高原各区域中发展较为缓慢，落后于滇西、川西南等发展较快的区域。青铜时代较早时期仍只有少量的青铜器发现，与滇西等区域的青铜文化相比不可同日而语。但从战国中期开始滇池区的青铜文化呈现出飞速发展的态势，很快就超过了其他区域而成为云贵高原青铜文化的中心。从其文化特征分析可以看出滇文化受外界文化的影响很大，它对各种不同类型的文化都表现出极强的吸纳、模仿和改造能力，形成一种混杂着各种文化因素的复合型文化。

从物质文化来看，滇文化的青铜器、漆器、金银器、玉石器等大多数器形是源于周边其他区域或更为遥远的文化。铜兵器中的无胡戈（图五，1）是源自巴蜀文化的三角援无胡戈，管銎啄（图五，2）是从北方草原的啄戈演变而来，在管銎兵器上装饰动物塑像也是仿自北方草原文化，尖叶形锄（图五，3）则是从滇西区域的心形锄改造而成，铜釜（图五，4）、铜鼓（图五，5）也来自滇西区域，最初的贮贝器（图五，6）与越北东山文

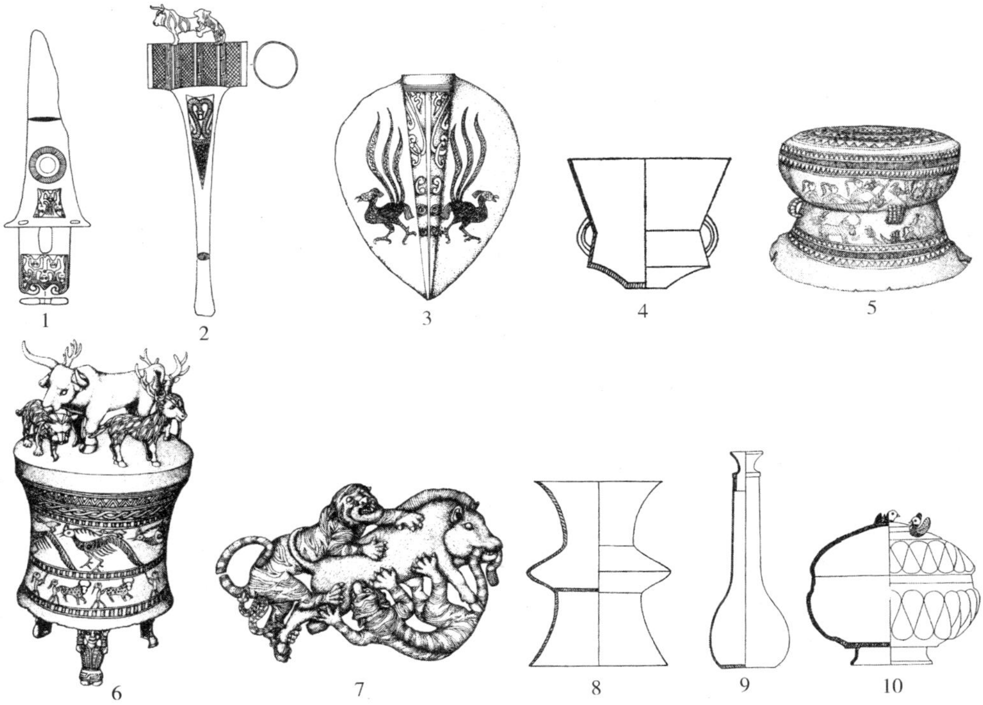

图五 滇文化仿制其他文化的青铜器

1. 羊甫头 M101 2. 李家山 M24 3. 石寨山 M6 4. 天子庙 M41 5. 石寨山 M1 6. 李家山 M22 7. 石寨山 M3 8. 李家山 M22 9. 石寨山 M14 10. 石寨山 M22

化的铜桶基本一致，青铜器上的纹饰也有不少是来自滇西区域新石器时代晚期陶器上的纹饰，扣饰（图五，7）则与欧亚草原文化风格一致，漆器与巴蜀和中原文化有较多联系。但在吸纳和模仿的基础上，滇文化创造性地生产出种类繁复并且具有本地文化特色的形制。剑、戈、矛、钺、啄、斧等兵器均有形制多样、装饰繁缛的型式，远远超过了传播它们的源文化。扣饰在继承北方草原文化的基础上，加入了大量的本地元素，如本区域常见的蛇、鸟、豹、狼等，而且构图十分灵活，成为滇文化的重要特色之一。铜鼓则突破了万家坝型鼓形制古朴、纹饰简单的特点，以形制优美、纹饰华丽而繁缛的石寨山型鼓著称于世。贮贝器在形制变化不大的情况下，在器盖上装饰各种动物和反映社会状况的塑像，成为滇文化独一无二的文化特征。尊（图五，8）、壶（图五，9）、盒（图五，10）等也来自不同地区的文化，但都加入了本地文化的元素而成为其文化特征之一。漆器的纹饰也不似巴蜀或中原文化那样纹样单一、雷同，以神话题材和云气纹为主，而是将青铜器的装饰方法移植到漆器上，内容也多为几何纹和人物、动植物等的组合，使漆器纹饰繁复多样、风格独特（图六）。这种吸纳和改造能力使滇文化达到了前所未有的繁荣，也刺激了各种文明因素的形成和发展。

对外界的吸纳能力还表现在对外来族群的容纳，一方面吸收他们的文化，另一方面也有大量不同人种的融合。从滇文化民族成分来看包括有百越、百濮和氐羌三大族群不同支系的民族，而且不同的族群出现在同一墓地之中，这也显示了他们生前混居的现象，必然有不同人种的交流。而不同人种的交流对于培育生存能力和吸纳不同文化能力较强的人群有一定的优势，促进了他们对不同文化、技术等的吸收、消化及创造能力。

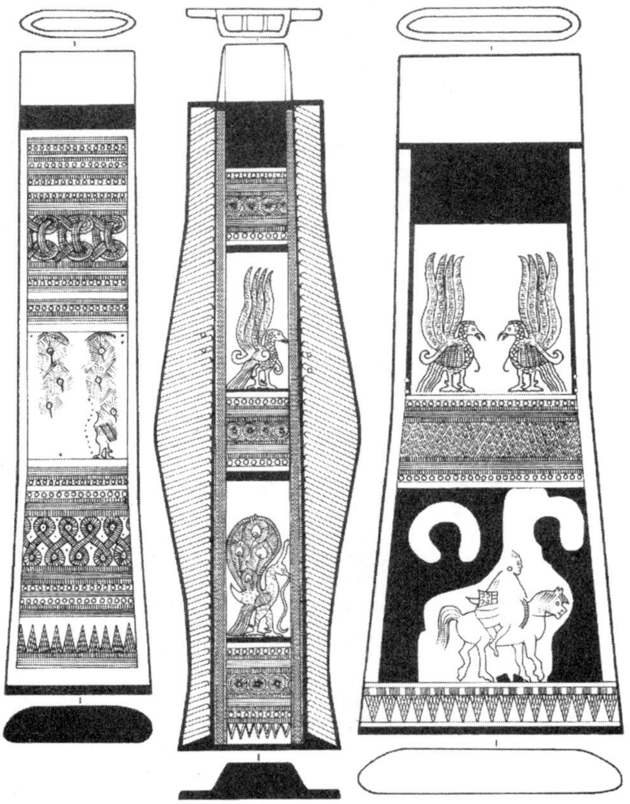

图六　羊甫头 M113 出土漆箭箙上的各种纹饰

即使最为保守的丧葬、礼乐、宗教祭祀制度等方面也有不少外来文化的影响。丧葬制度中的二层台、腰坑、棺椁制度均与滇西区域相似，珠襦覆

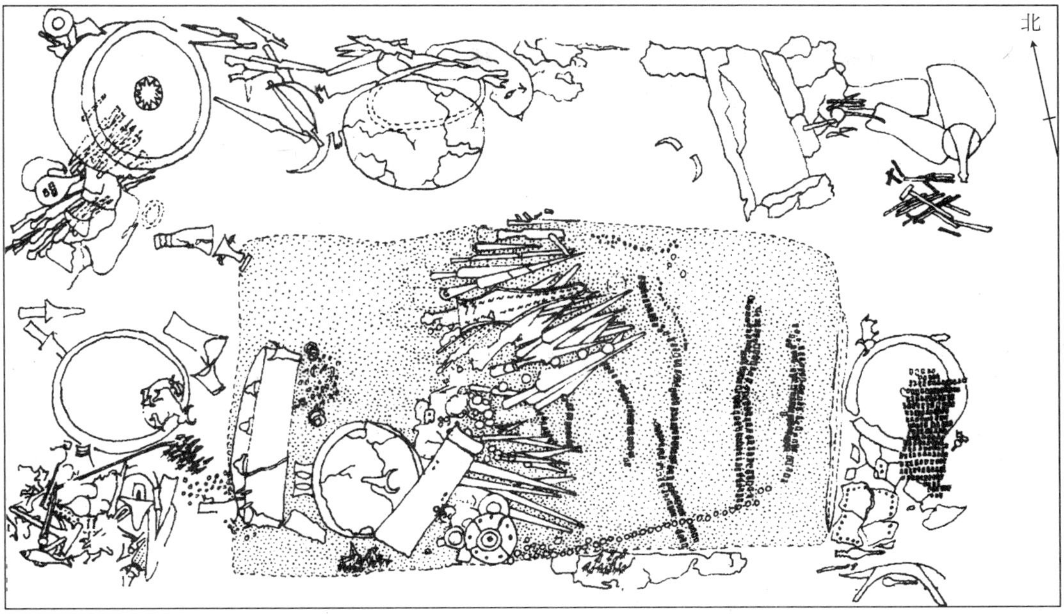

图七 李家山 M24“珠襦”覆棺情况

棺（图七）和身穿玉衣都仿自中原文化，显示其丧葬习俗是融合了不同文化的因素而形成的。礼乐制度也有不少模仿其他文化的痕迹，铜鼓、编钟与滇西区一致，淳于来自巴文化，贮贝器源于东山文化的铜桶，也呈现出不同文化礼乐制度的混合使用。宗教祭祀方面，铜柱崇拜、蛙人舞、太阳崇拜在岭南越人中盛行，祖先崇拜与中原有诸多相似之处，水上竞渡和祭祀习俗、歌舞等则大多来源于长江流域的濮、越族群，这些外来宗教祭祀制度对本地的影响较大。即使生活习俗方面也如此，如上层贵族受到汉文化的影响采用标准的跽坐姿势代替过去的蹲坐姿势，中原日用铜器和陶器代替了本区域原有的生活用器等，说明滇文化上层阶层对先进地区生活方式的仰慕和模仿。

此外，以滇池区这种次生文明的形成来看，对外来文化的大量吸纳也包括对外来文化特别是先进文化的社会组织和社会制度的模仿，这从宗教祭祀和礼乐制度的特征可以看出。从滇文化的族属来看，滇人可能是由来自长江中游的百濮、华南地区的百越和从西北南下的氐羌三大族群相互融合共同形成的，最早的统治阶层来自百濮族群，而他们是从文化发达的江汉平原经巴蜀地区迁徙而来，则滇文化早期国家的出现可能与他们对中原文化和巴蜀文化的模仿有关。

滇文化大量吸纳、模仿和改造它所能接触到的各种文化的积极因素，在较短时期内达到了其发展的顶峰，对其文明向较高层次的快速发展起到了有力的推动作用。

六 长期而频繁的战争

在文明起源的理论探讨中，卡内罗的限制理论无疑占有重要地位。他认为那些环境上受限制的农业地区，随着农作技术的进步和人口的增长导致村落的分化、扩展，进而展开土地争夺的战争，并且渐趋激烈。由于环境的限制，战败的村落被战胜者所吞并或沦为附属。随着这种过程的反复出现，较大的政治实体开始出现，最后政治单位的复杂与权力集中都演变到一定的程度，国家也就随之产生了[9]。中原地区在国家的起源过程中也经历了阪泉之战和涿鹿之战等较大规模的战争，通过战争的手段一方面推动了区域文化的组合和重组，加速了部族集团的融合，另一方面也推动了社会组织的扩大和社会结构出现多层的分化，导致权力的集中和王权的形成，从而推动了国家的诞生。滇文化的文明起源和国家形成也经历过类似的情况，战争在其中起着重要的催化作用。

从新石器时代晚期就可以看到战争已在云贵高原比较频繁地出现，元谋大墩子和宾川白羊村遗址的墓葬中无头葬或断肢葬以及被射杀致死的数量占墓葬总数的比例不低[10]。而这些遗址都是农业发达的地区，说明当时为争夺资源和土地等而发生的战斗十分激烈，为此丧生的人数不少。这种战争行为到农业发达的青铜时代为争夺土地、资源和人口而变得更为频繁，规模更大，一方面使同一区域内各自分散的村落经过征服与联盟等逐步统一为一个政治实体，另一方面也使该政治实体在战争的进程中将权力集中到少数上层贵族手中，从而加速了王权的形成和国家的产生。《史记·西南夷列传》中记载的各地君长以什数，而以某族最大，实际上也是指不同的政治联盟，不同的联盟之间也发生了长期而激烈的战争，这种联盟导致国家产生的可能性很大，当然也与该地区的文化发展程度有关。

滇池区虽然面积较大，但周边均是丘陵地带或其他部族所占据的区域，受到自然和社会环境的限制也不小，随着人口的增加和可开发耕地的逐步减少，本区域内的聚落肯定会为土地和资源发生战斗。在战争中各地聚落逐渐结成统一的政治实体，并以最大的聚落为中心，周围的聚落以中心聚落为领导，当政治机构逐步形成时，就过渡到古国时期。在滇池区逐步统一的过程中，滇西一带的昆明、巂等氐羌民族也不断向东扩张，他们之间发生了长期的战争，这种战争导致了滇人部族政权朝着国家的出现发展。从滇文化的墓葬来看，各个等级的墓葬都普遍随葬有武器，男性大墓随葬的武器数量之巨、种类之多和在战争场面中的中心位置足以说明他们都是本族的军事首领。大墓中还有不少种类的武器无实际用途而是作为军权的象征，更加证明了军事贵族阶层在社会中的重要地位。贮贝器上战争场面的一再出现说明战争在滇人贵族心目中的重要地位，是值得炫耀的丰功伟绩（图八）。武器的种类繁多，其数量在随葬品中占有很大比例，表明战争的频繁和人们为战争所投入的人力和物力很大。作为暴力机构的军队已经较为完善，从反映战争场面图像来看，滇国军队有贵族充当的将领，他们多骑马，披甲戴盔，步兵则为普通平民组成，持矛、斧、钺、弓、弩、剑、盾等，说明他们是训练有素的军队。另外，从贮贝器的驯马场面来看，当时对马的训练也有专人管理，说明骑兵也是当时军队的重要组成部分，贮贝器和扣饰上有不少表现骑士的形象，当然他们一般由贵族担任，在军队中的地位较高。军队的完善是出于对外战争和对内镇压的需要出现的。战争的目的，一方面是为了获取财富和俘虏，从献俘扣饰中可以看出滇人武士掠夺敌对部族的牛羊和妇孺（图九），贮贝器的“杀人祭铜柱”场面有押解俘虏和将俘虏作为祭祀的牺牲，另一方面也是争夺对土地和资源的控制权。滇人部族通过残酷的战争手段，将最富饶的滇池坝、玉溪坝和曲靖坝等区域纳入自己的控制之下，同时以武力守护自己的势力范围，与西面较为强大的的昆明族和其他向东发展的部族发生了长期惨烈的战争。战争使滇人部族的政治实体不断复杂化，权力集中的速度要明显快于其他区域，从而使其文明较快地朝较高层次发展。

图八 石寨山 M6 出土的战争场面贮贝器展示图

图九 石寨山 M13 出土的献俘扣饰

七 规模巨大而繁复的宗教祭祀

宗教祭祀对早期文明的形成和巩固无疑是有积极作用的，这从中国各地古文明的发展过程中可以明显地看出。长江下游的良渚文化“以大量的人力堆筑的大型祭坛，其目的主要是祭祀天地、祖先、神灵，古国的政

图一〇 石寨山M20出土的杀人祭铜鼓场面贮贝器展示图

治、经济、军事乃至日常生活，必须告之于天地祖先，需要借助于神力，也就要保持人与神、地与天之间的沟通，祭坛便像古代观念中的许多神山一样，是沟通天地间的通道。玉琮上表示祭坛的圆形穿孔，当具有与祭坛同样的功用，无疑象征天地之间的沟通。……而沟通天地的主要操作者，则是掌握最高权力的人。”[11]四川盆地的三星堆文化中的大型青铜雕像群，“毫无疑问是古蜀王国大型礼仪中心的主要器物组合，它们无一不是古蜀王国神权政体的物化表现形式。”[12]中原文明形成过程中著名的颛顼“绝地天通”的宗教改革也是如此，统治阶级将宗教事务由人人都能实施的局面收归少数人垄断，逐渐蜕变为统治阶级的工具。直到夏、商时期，神权仍与王权紧密地结合在一起，最高统治者将宗族权、战争指挥权和宗教祭祀权集于一身，“既为政治领袖，又为群巫之长，”[13]以达到巩固其统治的作用。

滇文化的文明出现和发展过程中宗教祭祀与政治权力结合的情况也十分明显，宗教祭祀在社会经济、政治和意识形态方面都发挥着重要作用，其内容主要有自然神崇拜、祖先崇拜等，其中铜鼓和贮贝器是最重要的两种崇拜物。铜鼓是中国西南和东南亚地区最重要的礼乐器，其功能有实用和社会功能两种，实用功能有击之以为乐、用以赛神、祭祀祖先和传递信息、指挥军阵等，社会功能则有作为铜鼓占有者身份和地位的化身、权力重器、财富象征、部落保护神等[14]。滇文化是石寨山型铜鼓最主要的制作者和使用者之一，以上这些功能在滇文化中都得到了广泛的体现。在大墓中多有铜鼓随葬，有的还有两、三

图一一　石寨山 M1 出土的杀人祭铜柱场面贮贝器局部展示图

面，显然是作为一种身份和地位的化身；在“杀人祭铜柱”、“诅盟”、“杀人祭铜鼓”（图一〇）等场面中，有将铜鼓塑造得比人还高大的形象及陈列十余面铜鼓或将铜鼓作为祭祀对象，显然是将铜鼓作为权力重器或保护神而崇拜。贮贝器作为贵重财富——海贝的贮藏器也逐渐取得了与铜鼓一样的重器地位并逐渐取代铜鼓成为最主要的权力象征，器盖上反映各种祭祀和战争宏大场面的塑像显示出其所持有人重要的社会地位以及标榜其丰功伟绩。此外还有铜柱崇拜（图一一），性质与铜鼓、贮贝器一样。在各种祭祀场面中，社会上层的男女贵族们明显掌握了祭祀的控制权，他们位于祭祀的中心位置，主持祭祀的仪式，拥有祭祀活动的一切解释权，以宗教形式加强对社会的控制。滇文化中祭祀活动涉及社会生活的各个方面，有祭祀农神的“初耕”场面（图一二）、祭祀蛇、虎、鳄鱼等图腾的场面、结盟祭祀的“诅盟”场面、“祖先祭祀”场面等（图一三）。从滇文化的祭祀内容来看，主要是与自然界增殖有关的自然神崇拜和生殖崇拜等集体性宗教活动，也有以贵族个人或家族祖先为对象的祖先崇拜。段渝先生认为宗教神权有双重功能：一是政治功能，一是社会功能。政治功能的发挥，使神权统治者的权力合法化；社会功能的发挥，则使神权统治者的权力稳定化，两个方面的终极目的是完全一致的[15]。滇国统治阶层正是通过这种宗教祭祀活动来巩固和加强其统治地位，一方面通过对王族祖先的崇拜使王族与

图一二 石寨山 M12 出土贮贝器上的初耕场面局部展示图

图一三 石寨山 M3 出土扣饰上的祖先祭祀场面局部展示图

祖先神的关系紧密，使其权力合法化，另一方面又通过整个社会参与的对宇宙自然神等的集体性宗教祭祀活动加强对社会的控制，使其权力稳定化。实际上，这种政治与宗教结合的模式在云贵高原一直都很盛行。《华阳国志·南中志》记载南中昆明族、叟族“尚鬼，好诅盟，投石结草，官常以盟诅要之。”三国时期，刘备死后，南中大乱，蜀汉益州太守正昂为大姓雍闿所杀，蜀汉派张裔为太守，“（雍）闿假鬼教曰：‘张府君如瓠壶，外虽泽而内实粗，不足杀，令缚与吴。’”明显是利用鬼教来控制民众达到其目的。隋唐时期，宁州出现不少“鬼主”，他们既是政治领袖，又是宗教首领，显然属于政教合一的政权模式，说明本地政治与宗教结合的程度很高。从以上分析来看，滇国利用宗教为政治服务的程度是很高的，宗教对于滇文化的文明起源起着一定的催化剂作用。

八 远程贸易的繁荣

远程贸易即外部交换，主要指一个社会系统到另一个社会系统之间的交换[16]。远程贸易在早期社会的复杂化过程中具有相当重要的作用。西方学者将早期复杂社会的政治经济体系分为关系网式和合作式。在关系网式的社会中，统治阶层致力于发展与其他社会群体贵族之间的关系网络，权利主要依靠和其他部族交换贵族物品的关系网来建立和维护，因此控制贵族奢侈品的生产、交换和分配是政治经济行为的核心。这些贵族物品一般用来象征身份等级，统治阶层用这些物品来交换生活必需品，并通过交换礼器的方式建立和扩大政治势力。这种社会的政治结构是以统治阶层的个人为本位的，表现在修建贵族居住使用的特殊建筑和大型墓葬，以及控制奢侈品的远程交换。而协作式的政治经济体系强调群体利益，忽视个人身份等级，社会内部等级制度不发达，是以团体为本位的社会[17]。当然实际情况要复杂得多，但却说明远程贸易在文明起源中的重要作用。

滇文化的远程贸易也十分发达，在其文明起源中的作用不容忽视，上层贵族在远程贸易中居于主导地位，并利用远程贸易来建立和扩大其政治权力，以达到控制社会关键领域的政治和经济行为。滇文化的远程贸易对象包括长江流域和黄河流域的中原文化、四川盆地的巴蜀文化、岭南的越文化及后来的南越国、越南北部的东山文化、南亚及更远的中东地区的同期文化，这主要得益于滇池区所处的地理位置正好位于东西和南北各个方向远程交通要道上，如与巴蜀和中原相通的“南夷道”、通往古印度的“身毒道”及与交阯往来的“麋冷道”等，与各个方向的贸易往来均保持畅通。“纳贡”场面贮贝器表现的是远方来的人向滇王贡献的场景，一些人为深目高鼻、长须，其衣着也不同于滇人装束，显然是中亚地区的人物形象，这些人从遥远的中亚来到滇池区，显然不是因为滇国的威名使他们臣服纳贡，而应是带有商贸性质的交易（图一四）。《史记·大宛列传》记载张骞在大夏（今阿富汗北部一带）见到邛竹杖、蜀布之类的物品，说明西南地区与外界的商贸往来是十分频繁的。这种远程贸易的发生从较早的新石器时代晚期开始就已存在，川西地区的广汉三星堆遗址和成都金沙遗址中的大量海贝、象牙等都是通过云贵高原从南亚、东南亚地区辗转而来的。从滇文化的贸易品种来看，主要输入的物品是贵重的奢侈品如中原地区的铜镜、南亚的海贝、蚀花肉红玉髓珠等，向外输出的物品较少，主要向岭南和越北输出较为精致的青铜兵器、铜鼓等。这些贵重物品只见于大型墓中，说明当时的贸易被上层贵族所垄断，它们也成为贵族身份和等级的象征。统治阶层利用与外地政权建立的交换网络来控制礼器和贵重物品的生产、交换和分配，将社会重要领域的政治和经济活动控制起来，以达到其控制社会的目的。此外，建立和维持庞大的关系网、组织贵重物品的生产、交换和分配也加强了统治阶层集中社会权力的速度和程度，为社会向复杂化演变提供了动力。

通过以上分析，可以看出滇文化文明起源的成因是各种因素共同作用的结果。需要注意的是，以上各种因素在滇文化文明起源中所起的作用大小并不是相同的，有些因素居于主要地位，如优越的地理环境、发达的农牧业、水利工程的兴建和水利管理的需要、专业化的手工业生产、战争的频繁出现、规模巨大而繁复的宗教祭祀等，这些因素使滇文化的物质财富较为充足、社会等级出现多层分化、各种职能的公共权力产生。其他如对外界文化较强的吸纳和改造能力、远程贸易的繁荣等的作用相对较弱，是促使滇文化文明起源的次要因素。

图一四　石寨山 M13 出土的纳贡场面贮贝器展示图

以上这些因素归结起来可以用历史地理学家所说的“地理机会”来概括，“所谓地理机会，意思是具体的历史的发展从不是在空中抽象地完成，而必当在一处或几处关键的地理部位上首先获得条件，最早发生，然后还是在地理上，渐渐扩大，最后完成。历史发展的地理机会，就是那个（些）最早具备条件的地理部位。”[18] 滇池区所具有的独特地理机会，使它在各方面的条件都优于云贵高原其他各区，因此能够在一个相对较短的时期内迅速发展起来，达到较高的文明程度，成为云贵高原最早出现较为成熟的国家形态的区域。

注　释

［1］有关滇文化的主要资料见于以下报告：云南省博物馆：《云南晋宁石寨山古墓群发掘报告》，文物出版社，1959 年；云南省文物考古研究所等：《云南晋宁石寨山第五次抢救性清理发掘简报》，《文物》1998 年 6 期；云南省博物馆：《云南江川李家山古墓葬发掘报告》，《考古学报》1975 年 2 期；云南省文物考古研究所等：《云南江川县李家山古墓群第二次发掘》，《考古》2001 年 12 期；云南省文物考古研究所等：《昆明羊甫头墓地》，科学出版社，2005 年；昆明市文物管理委员会：《呈贡天子庙滇墓》，《考古学报》1985 年 4 期；云南省博物馆文物工作队：《云南呈贡天子庙古墓群的清理》，《文物资料丛刊》（3），文物出版社，1980 年；昆明市文物管理委员会：《呈贡天子庙古墓群第三次发掘简报》，《云南文物》39 期；云南省博物馆文物工作队：《呈贡小松山竖穴土坑墓的清理》，《云南文物》15 期；云南省文物工作队：《昆明大团

山发现滇文化墓地》，《云南文物》12期；云南省博物馆文物工作队：《云南江川团山古墓葬发掘简报》，《文物资料丛刊》（8），文物出版社，1983年；云南省文物工作队：《昆明上马村五台山古墓清理简报》，《考古》1984年3期；云南省文物工作队：《云南安宁太极山古墓葬清理报告》，《考古》1965年9期；云南省文物考古研究所：《曲靖八塔台与横大路》，科学出版社，2003年。

[2] 苏秉琦主编：《中国通史·远古时代·序言》，2页，上海人民出版社，1994年。

[3] 肖明华：《滇池畔的青铜文明》，130页，天津古籍出版社，2008年。

[4] 曹兵武：《小农经济与中国文明的形成及特征——中国早期文明研究札记之三》，《中原文物》2006年4期。

[5] 王声跃主编：《云南地理》，133～134页，云南民族出版社，2002年。

[6] 童恩正：《中国北方与南方古代文明发展轨迹之异同》，《人类与文化》，重庆出版社，1998年。

[7] 王懿之：《论傣族农业文化》，《云南历史文化新探》，云南人民出版社，1993年。

[8] 罗盼霓：《云南青铜时代晚期的纺织物及显示的地位标志》，《铜鼓和青铜文化的再探索》，民族艺术杂志社，1997年。

[9] 易建平：《部落联盟与酋邦》，250～256页，社会科学文献出版社，2004年。

[10] 云南省博物馆：《元谋大墩子新石器时代遗址》，《考古学报》1977年1期；云南省博物馆：《元谋宾川白羊村遗址》，《考古学报》1981年3期。

[11] 车广锦：《玉琮与寺墩遗址》，《中国文物报》1995年12月31日。

[12] 段渝：《玉垒浮云变古今——古代的蜀国》，96页，四川人民出版社，2001年。

[13] 陈梦家：《商代的神话与宗教》，《燕京学报》1936年20期。

[14] 蒋廷瑜：《古代铜鼓通论》，216～229页，紫禁城出版社，1999年。

[15] 段渝：《玉垒浮云变古今——古代的蜀国》，105页，四川人民出版社，2001年。

[16] 科林·伦福儒、保罗·巴恩著，中国社会科学院考古研究所译：《考古学理论、方法与实践》，356页，文物出版社，2004年。

[17] 刘莉：《古代中国复杂社会的发展和衰落：社会与环境因素之分析》，《追寻中华古代文明的踪迹》，复旦大学出版社，2002年。

[18] 唐晓峰：《人文地理学随笔》，106页，生活·读书·新知三联书店，2005年。

试析贵州水族墓葬的民族特征

宋先世
（贵州省文物考古研究所）

［内容提要］本文通过对分布在贵州黔南地区的水族特殊墓葬形式的介绍与分析，提取其独特的民族元素，综合其民族文化特性，充分论证了该类墓型确属水族先民独具特色的文化遗产。

［Abstract］ In this paper, some graves in the southern regions of Guizhou Province are introduced through analyzing its racial styles, revealing its characters, mirroring its unique cultural characteristics. It proves that this sort of grave blongs to the ancestors of the Shui Nationality as well as it is their significant cultural heritage.

水族是我国56个少数民族中至今仍保留较多浓郁民族文化传统的一个古老民族，现有人口40余万，主要分布在黔南桂北的龙江、都柳江上游一带，即贵州的黔南、黔东南以及广西北部的河池地区，其中以黔南自治州的三都、荔波两县最为集中，三都水族自治县亦是全国唯一的水族自治县，水族人口的绝大部分现仍分布在这一地区，贵州境内占其总人口的90%以上，另外在云南东部的富源县古敢乡有一小部分。

根据相关资料，水族族源最早可上溯至商周之际，在殷商亡国后由中原的睢水流域一带向南转移，脱离中原文化而逐渐融入南方百越族群。秦王朝统一中国时，发兵岭南，又促使水族先民再次举族迁徙，进入现在的区域生息，从百越母体中分离出来，形成自己的族体。唐开元中，在这一地区设立“莪、劳、抚水”三羁縻州，始成建制。

在长期的社会生活与物质、精神文化发展过程中，水族创造和形成了自身的一系列民族文化特征，如奇异的水书文字、仿民居建筑式样的水族墓葬形式等，都是其别具一格、独具特色的民族文化遗产。

关于水书，已经有不少的专家学者和单位部门在进行全面系统的收藏、整理和研究，并已取得诸多可喜的研究成果。而对于数百年来长眠在地下的水族墓葬，由于各种原因，则一直未能引起足够的重视，缺乏有力的保护和深入系统的研究，以至于许多具有民族历

图一　贵州荔波水族墓葬

史价值和艺术价值的墓群毁于一旦。

20世纪80年代，水族墓葬的独特形式吸引了部分学者的眼球，民族学、考古学的一些专家学者开始关注这一现象。1982年，宋兆麟、严汝娴以及席克定等先生先后对水族墓葬这一奇异的墓葬形式进行了初步田野调查，发现并报道了其中的部分材料。同年，贵州省人民政府将荔波水甫和三都水龙乡引郎两处水族墓群定为省级文物保护单位（图一）。

但是，由于当时的条件所限，这一阶段的工作仅限于对个别墓地的表象考察，获取的资料信息极其有限，对整个同类型墓葬的观察了解不多，尤其是对该类墓葬的内部形制结构和地下部分因为从未进行过任何形式的清理发掘，所以在这方面不仅缺乏认识，可以说还是一片空白。更由于在近几十年来的农业生产、水利设施建设等人类社会活动中，受人为因素破坏和自然风化坍塌等影响，原有的许多古老墓群已不复存在，很多有价值的墓葬只剩下残穴断石，就连当年宋兆麟先生亲自调查并撰文介绍的三都县荣耀村1、4号墓，现在也了无踪迹。

有鉴于此，为了及时抢救保护水族墓群这一濒临灭绝的民族文化遗产，系统地研究整理这些独具特色的珍贵材料，贵州省文物考古研究所于2006年成立了研究小组，将水族墓群这一特定的对象列为研究课题，进行全面的调查、清理、发掘、整理、研究。并于2006年11～12月报经国家文物局批准，对位于贵州荔波县玉屏镇水甫村的水族墓地进行了首次正式的清理发掘，共发现300余座不同类型的墓葬，清理发掘了其中具有代表性的

图二 发掘修复后的水族墓葬

9座并成功地将其修复还原（图二），同时对分布在三都、荔波两县境内的同类型墓葬进行了全面系统的田野调查，获取了大量的第一手珍贵资料，根据这些翔实的材料，初步认识了水族墓群的分布地域、埋葬方式、墓葬形制结构、墓型演变关系、工艺特征、装饰手法、艺术形式与内容及其所体现的民族风格和其中折射出的民族丧葬习俗与宗教信仰。

在现代的水族聚居地区，由于年代久远失传和人们埋葬行为方式的变迁，已经早已不再使用这种古老的仿建筑式样的墓葬形式，因此在调查访问中当地的水族村民大多不认为该类墓葬是他们本民族的文化，而通通将这些墓群称为“苗坟”或“苗罐坟”。过去我们将其定义为水族墓葬，也仅仅是基于其局部外貌特征和发现在水族地区，并无更多直接有力的证据，缺乏充分的说服力。因此，在对这些墓群进行研究的整个过程当中，族属的判定就成了至关重要的首要任务。

当然，对墓主人的族别鉴定是最直接有力的证据。在这方面，中山大学人类学系已经在黔南水族地区做了数十例的活体标本数据采集，我们也在发掘过程中采集了部分死者的人体骨骼标本，两者的对比研究正在进行中，最后结论的得出还有待时日。另外，鉴于标本的数量有限，个体的差异可能也不完全代表整体的族属特征。

除此之外，在田野调查、发掘过程中观察记录到的相关资料，其实同样也可以从各个方面充分地证明这些墓群是属于当地的水族先民留下的文化孑遗，从而以令人信服的事实确立其族源文化属性。

通过对田野考古资料和相对应的民族学材料的归纳分析、参照印证和对比研究，该类墓群浮现出一系列的水族民族文化的独有特征，从不同的侧面反映了相同的文化内涵，直接和间接地论证了水族墓群的民族文化特征。下面即从田野工作中观察到的几个方面浅析其民族文化特征凸显的内容。

一 墓地的位置与水族村寨的关系

在田野工作中，我们发现几乎所有的我们定义为“水族墓葬”的墓群，其分布的具体位置都和现在水族仍在居住的地点高度统一，大多选择紧邻村寨的缓坡、林地，如水甫墓地；还有部分甚至就坐落在村子里面，与村民的房屋相比邻，如引郎墓群；这应该是由于村寨建筑环境规模变化所致，同时也反映出这些墓葬与水族村寨的紧密关系。因为在民族地区，聚族而居是一种传统特征，这既源于自身的繁衍，亦源于自我保护的需要和共同的生活语言环境。水家人世代居住在边远贫困山区，主要从事农业小生产，生产和生活条件非常艰苦，“自然的血缘亲属关系不可避免地成为社会关系的一个重要方面”。在这样的社会生活环境中，难以产生足以担当本民族政治、经济、文化中心的重镇，只能是在一定的区域范围内分布着许多大大小小的自然村寨。而有的村寨本身就是一个宗族（家族），也有一些较大的村寨同时居住着几个不同的宗族和几个较小的村寨同属一个宗族的现象。但不管是哪一种情况，在村寨附近选择适当的地点作为公共的家族墓地是没有区别的。这里面还包含着水族视祖宗为神灵的观念，将逝去的先人安葬在居所的旁边，一是表示死者仍和自己生活在一起，二是寻求神灵的庇佑，再者在实际生活中也便于安葬和照看管理。因此在紧挨水族村寨的地点大量的分布有水族墓群就不足为奇了。这也反过来论证了坐落在水族聚居地的这些墓葬应该就是水族文化凝聚而成。

二 墓形结构与水族民居的关系

在水族地区，“轻生重死”、“人死如生”是一种普遍的观念，人死了不称为死，而是称为“拜仙”，意思是去当神仙、升仙了，因此在这一观念指导下，整个丧葬活动的过程从举行丧事（水族称之为“开控”，按其规模大小可分为大、中、小以及特控，特控是最大规模的形式，参与者可达数千人之多）、墓地选择、时间安排（由水书先生根据死者的生、死日期推演择定，如时间不对则需停丧待葬，有等数月甚至数年不等）、坟茔构筑（仿民居建筑的样式）、石人陪葬等，都浸透着同一的观念意识。体现在“开控”中，首先第一件要做的事就是搭建死者亦即神仙居住的宫殿“香亭”，其制作方法通常用竹条搭建，衔接处用绳子固定，然后用彩色的剪纸和金纸贴好，并在“香亭”的“门”、“柱”等处写上“玉宇”、“瑶池”、“神仙府”以及“九楼宽广佛仕居，丸阁辉煌仙人住”等对联。反映出死者成仙，到另一世界生活，同样需要有一定的住所的意识行为。而我们调查发掘安埋死者的墓葬，其地面建筑部分，绝大多数也用石材构筑成仿房屋建筑的式样，有一层、二层甚至三层楼的。基本上是用整块的石料作墓壁，镶嵌成长方形的形状，下面铺设较大的石材作基础，上面再用厚十几厘米左右的石板覆盖，多层的则做成上小下大的形式，重叠呈塔形，顶部通常用石板斜拼成人字顶两面坡的样式，上面再装饰双鱼和双龙抢宝的石雕，有的墓顶还雕刻出瓦面的造型。在这些墓葬的两侧，往往还立有一边两根共计四根长方形的石柱用作支撑上部和固定四壁，这些石柱从侧面望去，犹如百越民族干栏式建筑中的干栏，所以有的学者也把这类墓葬称为“干栏式石板墓”。这一方面反映出这些墓葬与共存的水族民居的相似之处和亲密关系，另一方面也说明这些墓葬是源于水族先民的社会文化意识和生存环境。

三 “二次葬”与“伴祖添葬”现象

在前面我们介绍过，水族对安葬死者的时间是十分看重的，族里有人死了必须请水书先生看日子，根据死者的生辰八字和死期选择安埋的黄道吉日，如果推算出没有近期的日子，则需要等到合适的时日才能下葬，等待的时间数月至数年不等，据说最长的有等十几年的。在这过程中，死者的灵柩不能入土，只能放在家里或村寨旁停丧待葬，进行浅葬，即用长凳或木棍垫在下面，不让棺木接触地面。现在为了卫生和方便，也有的把这种形式改革变通了，先将死者下葬，在棺木的下面垫一根竹条表示与土隔离，到了选定的安葬日子再把竹条抽出来以示入土完成整个丧葬过程；还有另外一种更为简便的方法是埋葬后在坟上留出一个小孔，到了时间再用土把这个孔填上就算完事。这种停丧待葬的行为反映在墓葬中，即表现为死者的人体骨骼所处位置不可避免地会发生位移，体现出二次葬与死后即下葬的人体结构的不同。我们在清理水甫 3 号墓时，就发现有二次葬的行为，死者的头骨和肢骨摆放比较散乱，与正常死后即安葬的人体遗骨有明显的差别，当是由该民族的丧葬习俗所至。

另外，在清理水甫 37 号和 38 号墓的过程中，我们发现两者之间具有一种特殊的关系：两座墓位于同一封土堆下，系典型的异穴同冢，然而由于下面都是采用的长方形竖穴土坑，相互之间具有明显的打破关系，后埋的 38 号打破先葬的 37 号墓，早晚差别显示出两者埋葬的时间不会太近，且墓向也不完全一致。按常理推论，通常会认为是过去常见的夫妻合葬墓，后经过相关的民族学调查，始得知这是源于水族特有的一种丧葬习俗，称为“伴祖添葬”。即有晚辈去世后，为了不用再另行选择吉地和吉日，就在前辈安葬的地方就近靠着安埋，陪伴祖先，亦沾祖先的光，受祖先的庇佑。通过这种葬俗的发现，也论证了这些墓葬的水族文化特点。

四 石人陪葬现象

在水甫墓群和我们调查的另外一些墓地，使用石人作为陪葬的现象比较普遍，这也是水族墓葬的一大特点。石人的数量多寡不等，少的有两三个，多的有十来个，石人的形状也比较简略，通常雕刻成长条形身躯，圆形或三角形头部，有分体单个雕刻的，也有几个一组采用浮雕刻在一起的，人体的面部特征有的能看出五官，有的则非常简单只能分辨出头形，石人的大小通常为40～50厘米，个别较大的有70～80厘米。例水甫二号墓，有石人共10个，分前后两排竖立，长条形，前排5个，均圆形头部，三人为单体，两人为连体；后排5人，有一组三人连体，圆形头部，另一组两人连体，三角形头部，高60～80厘米。所有的石人都竖立在墓的后方即死者的头部位置，紧挨着墓室的地面部分，与墓壁距离仅几十厘米。对于此现象，有观点认为是早期殉葬制度的反映，用石人替代人殉；也有认为是当地民族的一种特殊葬俗。经过调查分析，现已基本否定第一种说法。因为在明清时期的这一地区，既没有奴隶社会的影子，更不存在人殉制度的残余，明显与所处的社会环境不符。而在墓后竖立石人用以表示后继有人的说法，不但可信而且有相关的民族学材料证明。因为当地的水族尊崇祖先，视死者为神为仙，认为人死了是到另一个世界生活，将石人立在墓后，既表达对死者的尊敬和哀悼，寓意继承先辈的遗志，亦寄望有众多的儿女相伴，死去的人不感孤独，同时也期盼受祖宗的保佑，儿孙吉祥安康。至于石人数量的多寡，水族至今崇奉生母娘娘，崇尚多子多福的观念，这是来自于其自身的繁衍及生存需要。从相对应的墓室规模来看，并非规模越大的越多，说明这只是墓主人后代人数多少的反映，不代表死者财富的等级区别。这种特殊的葬俗形式，在其他地区和其他民族中均没有发现过，根据排除法的原则，也只能认定这是当地水族所为而非其他民族的行为（图三）。

五 随葬品中的民族特征

水族墓葬基本上是分为地面地下两个部分，地下通常采用长方形竖穴土坑，使用棺木作葬具，死者仰身直肢或将两手交叉置于胸前，与现代的埋葬方式没什么区别。其最具特点的是地面建筑部分仿当地民族的居室作成房屋式样。据说里面用来放置死者生前常用的物品，男性多随葬刀枪五谷等生产工具和粮食，女性则随葬针线衣物等装饰用品，由于年代久远，墓室封闭不严，人为破坏和自然风化，如今所见的墓葬里面均空无一物，已无从了解其原貌。而地下的部分，

图三 水族墓后的陪葬石人

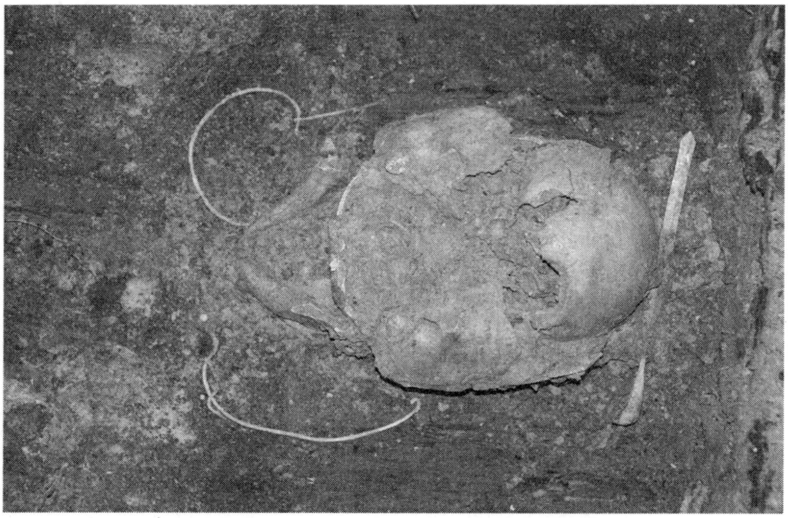

图四 水甫 M26 头部装饰品出土现场

得益于上面较重的石结构的保护，多数保存较好，使我们能够观察到一些有价值的现象。在水甫发掘的墓葬中，26 号墓就较好地反映出了死者的少数民族特征，根据死者佩戴的头部装饰品，可以很直观地看出其身前的民族装束打扮，当时死者两耳各戴一只直径约 8 厘米的银质大耳环，头顶别一根长 17 厘米的银制发簪，一副穿耳束发，与现代少数民族的特征式样无异。虽说同样的装束在苗族、侗族等其他民族中也常见，但也不能因此否定排除至今仍然使用和酷爱银饰作装饰品的水族文化因素（图四）。

六　墓葬石刻内容反映的民族文化

在水族墓群身上，最直接明显的表象特征莫过于其上面所雕刻的石刻内容，通过这些浸透着墓葬制作者思想意识文化的作品，我们可以看出其中包含着的汉民族与少数民族文化的元素及其两者的交融结合。

关于汉文化的特征，从双龙抢宝、八仙故事、太极图案等内容很容易判断，只不过这并非说明这些墓葬即属于汉族所有，而只是反映了汉文化在民族地区的传播影响而已。真正能说明和揭示其文化本质的，是墓上大量装饰雕刻的民族文化内容。我们谨撷取几个具有典型特征的例子试加以证明。

1. 铜鼓纹饰

在墓葬石壁上雕刻装饰铜鼓纹饰图案，是水族墓群一个比较明显的特征，而且装饰铜鼓的位置也非常重要，通常雕刻在墓室的后面正中央即死者头部的位置，这和当地民族把铜鼓视为礼仪重器的文化特征高度一致。铜鼓纹饰的形式有繁有简，多数为写实的式样，仿照实际器物的花纹雕刻而成，如三都县文管所收藏的两面铜鼓石刻；少数简单的仅雕刻出几道直径大小不一的同心圆纹路，如三都甲找石刻墓。无论繁简，其传达出的信息其实都是一样的，即铜鼓在该民族社会文化生活中拥有的重要地位。清代《三合县志略》记载："水家……好吹芦笙，击铜鼓。"而且水族在过去基本上是每家每户必备铜鼓，少的村寨至少有几面，多的可达几十面，每逢节庆、祭奠、丧葬等大型活动，敲击铜鼓是必不可少的重要仪式和内容。鉴于铜鼓的珍贵和重要性，虽然为防盗窃不随葬实物而仅是用石刻来代表，其意义显然是相同的。尽管在南方少数民族中使用铜鼓的不止水族一家，但同时使用铜鼓又使用这种特殊墓葬形式的仅见于水族地区而在其他民族中不见。

2. 鱼纹装饰

在墓葬顶部雕刻装饰中，鱼的形象常常被放在十分突出的地位，而且通常是以对称的双鱼作成仿牛角的形状，置于墓顶前后的两端或两侧，如水甫 M2、M3、M4、M6、M8 等墓。这种牛角形双鱼的装饰，在整个水族墓群中非常普遍，是一种广为采用的样式，而且这种风格造型从早期一直延续到中晚期，甚至到了民国时期的圆形墓葬中，也还在沿用，只不过具体的形状发生了一定的变异，鱼的形象更加生动，加入了汉民族莲莲有鱼（连年有余）等新的文化元素。

鱼作为一种动物、食物、祭品、图腾、生育象征等多方面的代表，在水族人民的生产、生活、礼仪、文化习俗等一系列社会活动中扮演着十分重要的角色。受早期渔猎经济和水族自认为起源于水边的影响，鱼的饲养和食用一直是水族最为重视的传统，在婚丧嫁娶、逢年过节、祭祖待客、祈福消灾等活动中，鱼都被摆在极其重要的位置。"饭稻羹鱼"就是水族经济生活的写照。水族认为鱼是生育的象征、是男孩子的代名词，故生孩子的时候不是问生男生女，而是问生鱼还是生虾。在盛大节日和祭祖活动中，鱼是必不可少的食物和供品。水族婚嫁，鱼也是不可或缺的提亲礼品。当水族有人去世，在整个丧葬活动过程中，只能吃素、忌荤，但只有鱼不仅不忌，而且还作为非常重要的食物待客。水族崇尚多图腾，不同姓氏宗族之间，各自拥有不同的氏族图腾，许多动物的形象都被用作崇拜对象，然而鱼却得到一致的尊崇，成为水族全体的图腾偶像。因此，这种种人世间的观念习俗，被移植到安埋死者的墓葬上面，也就顺理成章，不足为奇了。

3. 九子石刻

在水甫三号墓第二层东壁的壁面上，阴刻有一幅 9 个人手拉手并排而立的图案。开始有人认为这和墓后所立的石人一样，是代表死者的后代，表示有九个子女，或者按通行的观点，九代表多，九子表示多子多福。后来通过进一步的了解和民俗学调查，在水族家庭供奉的神龛上，发现有一种与此完全吻合的现象：即用红纸剪成相同的九个人手足相连的形象，贴在供奉的神位上作为一种神灵来顶礼膜拜，水族将其称作"牙希登"祭席，代表生母娘娘（也有称为地母娘娘），视其为掌握生育大权、给人间送来子女的天神，在水族村寨尤其是人丁不太兴旺的家庭里，是最受崇拜的对象，部分水族地区甚至还把供奉地母娘娘的日子定为年节，可见其高度尊崇的程度。在生母娘娘神位的上方，通常还插有五颜六色的“科泛”（羽状彩条），弯曲呈弧形代表天上的彩虹，寓意这是人间的天桥，生母娘娘在送子来的路途上不受河流沟渠的阻挡。这种祈盼多子多福、人丁兴旺、将生育能力寄望于神灵的民族宗教信仰，在现实生活中与墓葬石刻上体现出高度的统一，再一次充分论证了这些墓群与水族人民密不可分的关系。

4. 民族乐舞与服饰

在水族墓葬石刻内容中，身着民族传统服饰、吹奏民族乐器、载歌载舞表现民族乐舞的画面无疑是其中最大的亮点。以三都水懂一座三层墓葬为例：其上下三层四面均布满石刻，除下层正面被破坏以外，其余11处壁面雕满了内容丰富、风格各异的各种人物动物图案，尤以西壁中间第二层一幅六人奏乐的场景最为引人入胜，该组人物造型由左向右一字排开，最左面的一人身着长袍、头戴银饰、双手上举摇着圆形类似响铃的器物，走在整个队伍的前面作为领舞者，后面五人紧随其后边奏边舞前行，其中第二至第五人服饰一致，均头戴银饰、身穿圆领上衣、下著半腰长裙，裙子两边各坠一串圆形饰带，第二、三、五人手捧芦笙吹奏，第四人则手执芒筒（长圆形、一种民族乐器）吹奏，右边最后一人亦吹奏芦笙尾随其后，不同的是没有头饰、下面穿的是长裤而不是裙子，很显然与前面五人的女性装扮不一，为该组人物中唯一的男性（图五）。

图五　水族墓葬上的民族乐舞石刻

水语称芦笙为“补印”或“补谬”，芦笙的使用不仅源远流长，遍及男女老幼，而且是水族节日庆典以及丧葬活动“开控”中大跳芦笙舞离不开的乐器。在此过程中，芦笙的数量越多、规模越大，就越显风光，越能得到人们的赞许和认可。

该墓正面第三层还有一幅生活中栩栩如生跳舞的场面：一男一女分别身着民族衣裤和衣裙，两人紧紧相拥、欢快起舞，其左侧上面吊着一口釜，下面还有一头猪在吃食。非常生动形象，一个酷爱歌舞的民族跃然而出。

在正面第二层另有一幅两名青年男子抬着一腿牛肉的石刻，经民族学调查得知，这也是当地水族的一种丧葬习俗，即男死杀马、女死杀牛，用马和牛来分别祭祀去世的男女。从上面介绍的石刻内容与有关的人物形象观察，其典型的民族特征不言而喻。

七 墓主姓氏与水书石刻

水族早期的墓葬特别是仿干栏式建筑式样的墓葬，基本是既不立碑也没有任何碑文的。但是到了清代中晚期以后，受汉式文化的影响，随着长方形、圆形等晚期墓葬形式的出现，碑和碑文逐渐在一些墓上开始使用。水甫墓地300余座墓葬中，除了仿干栏式样和不规则石块堆砌的以外，其余长方形和圆形墓大多见有碑文，从其内容来看，墓主以潘姓居多，显然是这块墓地的主要家族。而在水族姓氏中，潘氏家族是一支人数较多、具有一定代表性和影响力的氏族，从其占有水甫上万平方米的家族墓地、修建需耗费相当人力物力的墓室来分析，该家族在整个水族中的实力可见一斑。这也从墓地的归属上证明了其水族文化的属性。

另外，在一些墓的碑、额、帽上面，或多或少地刻划有一个或多个水书文字或刻符，个别墓还有水书刻写的碑文，虽然数量较少、时代也比较晚，不具有普遍性，但这毫无争议是水族文化的烙印，标明这些墓群确系水族而非其他民族所有。

通过以上内容介绍与对比分析，我们已经不难看出分布在黔南水族地区仿百越民族干栏式建筑式样用大型石料构筑并饰有大量石刻图案的这种独特墓葬形式，应该为当地水族先民所建造，是水族历史文化的一个缩影，蕴涵着其社会经济与文化意识的发展程度与水平，反映了其特有的丧葬习俗和民间宗教信仰，是我们了解认识和研究探讨水族历史及相关文化不可多得的第一手珍贵资料。

注 释

[1] 席克定：《灵魂安息的地方》，贵州人民出版社，1990年。

[2] 宋兆麟、严汝娴：《三都县荣耀村水族画像石墓》，《贵州民族研究》1983年1期。

[3] 潘朝霖、韦宗林：《中国水族文化研究》，贵州人民出版社. 2004年。

[4] 潘一志：《水族社会历史资料稿》，三都县民族文史研究组编印，1985年。

[5] 潘朝霖：《水族鱼图腾析》，《广西民族研究》2001年3期。

[6] 潘朝霖、王品魁：《水书·丧葬卷译注》，贵州民族出版社，2005年。

[7] 王品魁、莫俊卿：《水族来源初探》，《贵州民族研究》1981年3期。

重庆地区中坝文化的相关问题研究

于孟洲
（四川大学历史文化学院考古系）

［内容提要］从1992年开始，各地文物考古部门在峡江地区开展了大规模的考古发掘，这使得重庆地区的新石器时代考古学文化研究有了突破性的进展，当然在一些问题上仍存在许多争议。本文将中坝文化分为四期，并探讨了各期的年代。^{14}C测定数据显示中坝文化的年代大体在距今5000～4000之间。但是，通过峡江地区与中原地区的陶器比较，我们认为中坝文化的上限大体相当于煤山一期或稍早，而中坝文化的下限可能已进入二里头文化早期。本文还对中坝文化与其他文化间的交流进行了深入分析。

［Abstract］Since 1992, many organizations of Cultural Relics and Archaeology have carried out a large – scale archaeological excavations in Xiajiang Region. The study on Archeological cultures of the Neolithic Age in ChongQing have been made breakthrough progress. But there are still some arguments on these questions. In this paper , the author divide Zhongba Culture into four periods , which can represent the different development stages. The ^{14}C datum of Zhongba site show the date of Zhongba Culture is about 5000～4000 BP, then through comparison of potterys between Xiajiang Region and Central Plains, the author believe that the earliest date of Zhongba Culture is about phase I of Meishan site or earlier, and the latest date of Zhongba Culture may be dated to the period chronologically equivalent to the earler stage of the Erlitou culture. This paper also probes into cross – cultural communications between Zhongba Culture and other cultures.

一

1992年以来，为配合三峡工程建设各地文物考古部门在峡江地区开展了大规模的考古调查和发掘工作，这使得重庆地区的新石器时代考古学文化研究取得了突破性进展。综合近年来重庆地区新石器时代考古发现与研究成果可以对目前的研究现状作如下总结[1]：

1. 重庆峡江地区新石器时代文化序列已基本建立，虽然在具体的文化命名、文化分期、文化源流等诸多基础问题的研究上还需进一步深化，但学者们已将除大溪文化外的新石器文化分为三或四支文化，并对各类遗存间的相对年代关系有了大致趋同的认识。

2. 文化命名繁多。只是相当于中坝遗址新石器时代遗存[2]这一阶段，学者便有“哨棚嘴一期类型”[3]、“哨棚嘴文化”[4]、“老关庙下层文化”[5]、“老关庙文化”[6]、“魏家梁子文化”[7]、“中坝文化”[8]、“羊子岩文化”[9]等多种称呼，这种情况的存在对于研究的进一步开展是不利的。

3. 还存在使用同一文化名称的学者间对该文化含义界定不同这种现象。如哨棚嘴文化，最初学者是以哨棚嘴1993、1994年发掘材料，或1997~1998年发掘的新石器时代遗存（即其一期1~3段）为代表提出的[10]。后来，有学者指出，1997年哨棚嘴遗址一期1段可归入玉溪坪文化，其一期2、3段与包括老关庙、魏家梁子在内的重庆峡江其他龙山时期遗存合并，仍然可以哨棚嘴文化命名[11]。2003年，赞同使用“哨棚嘴文化”这一称呼的孙华先生，又结合哨棚嘴遗址1999~2000年发掘材料对哨棚嘴文化的含义进行了重新界定。将1997年发掘的一期1段归入哨棚嘴文化，而一期的2、3段归入羊子岩文化[12]。这样，目前学界使用的“哨棚嘴文化”这一名称便也具有了至少以上三种含义。同样，对于老关庙下层文化（或老关庙文化）应包含的遗存范畴，学者间也存在不同认识[13]。

目前，重庆地区已发表的与中坝遗址出土遗存面貌相类的还有：1995老关庙T1~T5④层[14]，1993、1994老关庙甲组遗物[15]，1997哨棚嘴一期2、3段[16]，1999年度哨棚嘴第三期文化遗存[17]，2000年度巫山大溪遗址“老关庙文化遗存”[18]。这些遗址在文化面貌上体现出较多共性，如均以夹砂陶为主，泥质陶较少。中坝遗址19层以后各层及其他遗址所出陶器均以褐陶为多，且多以红褐陶为主。陶器均以有纹饰陶为主，素面较少。纹饰以绳纹（包括菱格纹）为主，甚至占绝对多数，其他种类纹饰数量较少。器类中均有较多缸、深腹罐类器，这两种器物在陶器群中占有重要地位，其他共有器物还有高领罐、贴边罐、钵等。上述共同特征的存在表明这类遗存应归属于同一种考古学文化范畴。鉴于此类遗存在中坝遗址发现较早，遗存颇具典型性，且前述哨棚嘴文化、老关庙（下层）文化都已被学者赋予两种或两种以上的含义，为避免引起不必要的歧义，本文暂使用“中坝文化”一名来指代这类遗存。

二

已有学者对中坝文化这类遗存作过相关的分期研究[19]，我们在此基础上结合近年来新发表的考古资料对中坝文化的分期与年代再作讨论。结合各遗址的层位关系及陶器所体现的阶段性变化趋势，我们将中坝文化分为四期[20]，这四期基本代表了中坝文化从形成至衰落的发展全过程，并且体现了明显的文化发展阶段性特征。

第一期　包括中坝㉒层、H283、H297、H601，哨棚嘴1999~2000年三期早和中段、

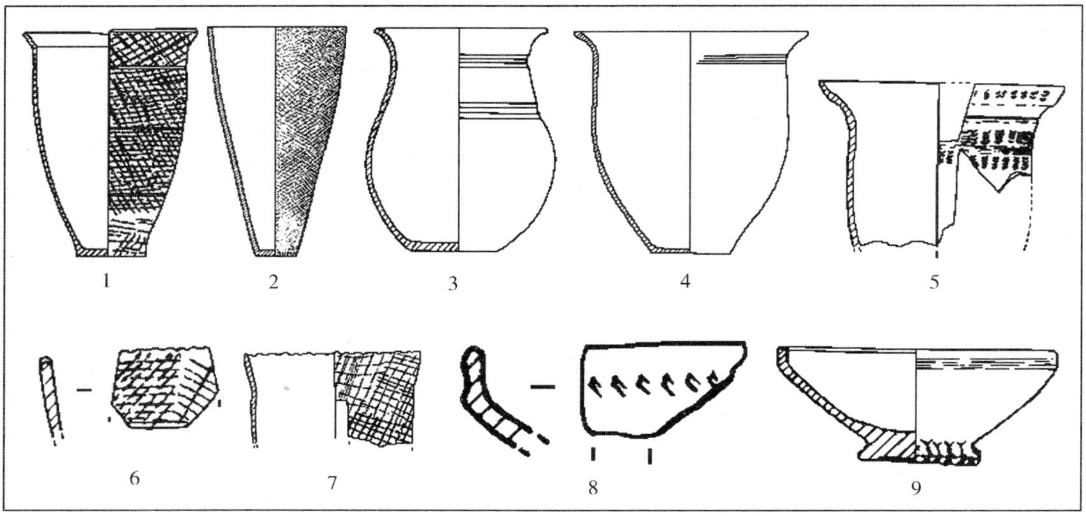

图一 中坝文化一期陶器图

1、3、5、6、7、8、9. 中坝 H283：1、H283：3、H297：6、T0406㉒：11、T0406㉒：8、T0406㉒：14、H297：4 2、4. 哨棚嘴 97ZGSH57：5、97ZGST411⑥：10

1997 年度一期 2 段、1994 年度新石器时代遗存 1 段等（图一）。

中坝文化的形成阶段。出土陶器以夹砂灰陶居多，其次是夹砂红陶，还有少量夹砂褐陶、黑陶等。纹饰以菱格纹为主。这一时期的陶器群以深腹罐、大口缸等为主，还有盘口罐、高领罐、钵等器类。此时大口缸唇面花边较浅，盘口罐的盘口部位形制还不统一，这些都与二期形成了鲜明的对比。

第二期 包括中坝㉑、⑳、H318、H640、H644，哨棚嘴 1994 年度新石器时代遗存 1 段、1997 年度一期 3 段、1999～2000 年三期晚段（图二）。

中坝文化特征完全确立及文化发展高峰阶段。夹砂陶器居多，绳纹增加，菱格纹有所减少。这一时期的陶器种类最为齐全，以大口缸、盘口罐为主，还有折沿罐、卷沿罐、高领罐、钵、器盖等。这一时期的大口缸除了有与第一期形制相似的以外，多出现唇部加厚现象，浅花边口沿，器表多饰粗绳纹或戳印纹。这一时期的盘口罐数量明显较上期增多，盘口部位较深且盘口多外侈，整体特征较为统一，盘口罐当进入其形制定型化阶段。所以这一时期可以看作是中坝文化的全盛时期。

第三期 包括中坝⑲、⑱、⑰、⑯层、H291、H292、H643、H633、H644 等（图三）。

中坝文化的持续发展阶段。陶器以夹砂红褐陶为主，大部分陶器均饰绳纹。此时的陶器群以小平底和尖底缸为主，还有盘口罐、贴边罐、折沿罐、卷沿罐、高领罐、陶钵等。这一时期最明显的变化就是缸出现尖底，盘口罐的盘口部位变浅，又出现了贴边罐。

第四期 包括中坝⑭、⑫层，老关庙遗址新石器时代遗存，2000 年度大溪遗址“老关庙文化遗存”（图四）。

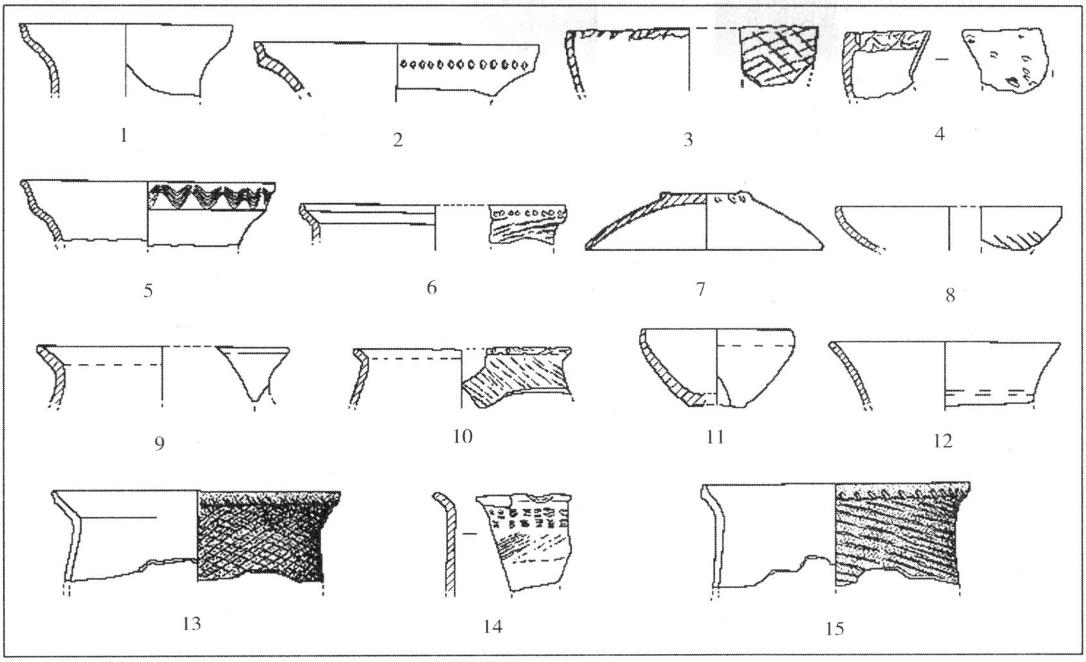

图二　中坝文化二期陶器图

1、2、3、4、6、7、8、9、10、11、12、14. 中坝 T0406㉑:21、T0406㉑:12、T0406㉑:4、T0406⑳A:14、T0406㉑:15、T0406⑳A:1、T0406㉑:3、T0406⑳A:18、T0406⑳A:12、T0406⑳A:10、T0406㉑:5、T0406⑳A:30　5、13、15. 哨棚嘴 97ZGST403⑩:13、99ZGST102⑧:1、99ZGST103⑬:1

文化发展末期阶段。根据目前已发表材料分析，此时的鄂西地区已不见来自中坝文化的影响，则中坝文化可能此时正处于文化发展的衰落期。陶器特征同于三期。但器物组合发生变化，此时仍以尖底缸为最多，但基本不见盘口罐。其他器类还有贴边罐、折沿罐、卷沿罐、高领罐、陶钵等。

发掘者根据中坝遗址的^{14}C 测定数据推定中坝文化的年代在距今 5000～4000 年[21]。此外，我们也可通过将中坝文化遗存与周临地区同期遗存比较来求得其大致年代。据我们研究，中坝文化的年代与鄂西地区白庙文化有较长时间重合，而白庙文化中发现有与中原地区龙山文化晚期相似的陶器，这样中坝文化与中原地区同期文化的年代即可间接获得。我们将白庙文化分为四期，其一、二期分别与中坝文化一、二期年代相当，而白庙文化三、四期则大体与中坝文化三期的年代相当[22]。通过陶器比较，白庙文化二期中，柳林溪高领罐 T0916⑤:51、高领瓮 T1016⑤:62 分别与煤山一期 T2⑤C:5、T25③C:18[23] 相似，则白庙文化第二期大体相当于煤山一期或稍晚。白庙文化三期中，白庙深腹罐如 T28⑨:19、H21:1、T28⑪:15 与新砦 H8:8、H8:18[24] 相似，白庙深腹罐 T27⑨:6 也与新砦 H8:16 相似。所以，白庙文化三期的年代大致与“新砦期”遗存相当。白庙文化四期中，白庙深腹罐 T33⑥:13 与新砦 H19:101[25] 及二里头遗址一期ⅧH53:12[26] 较为相似，或许

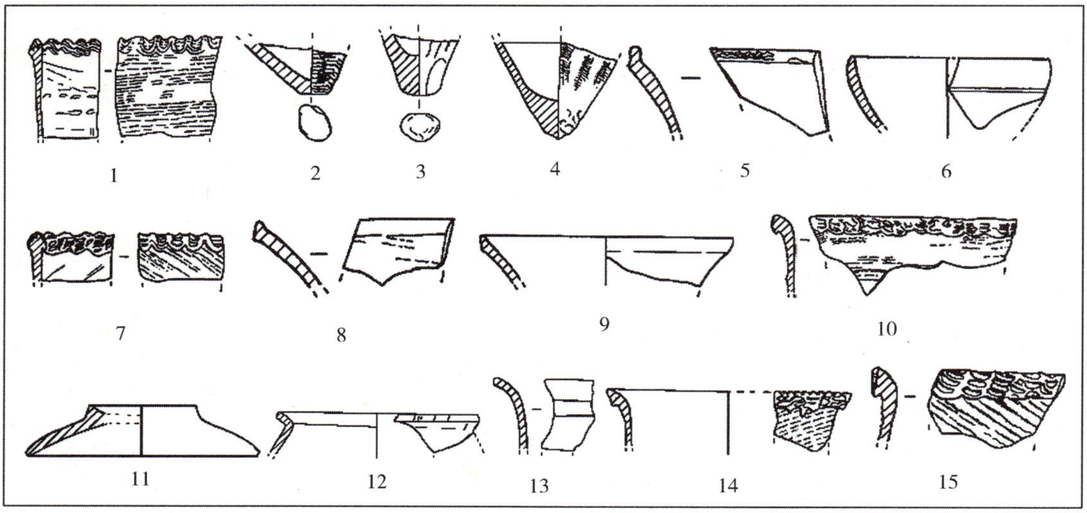

图三　中坝文化三期陶器图

1、2、3、4、5、6、7、8、9、10、11、12、13、14、15. T0406⑯: 75、T0406⑱: 57、T0406⑯: 78、T0406⑯: 8、T0407⑱: 48、T0406⑲: 32、T0406⑱: 63、T0407⑰: 55、T0407⑯: 69、T0406⑲: 25、T0406⑱: 4、T0406⑯: 32、T0406⑯: 37、T0406⑱: 59、T0406 : 62（以上均出自中坝遗址）

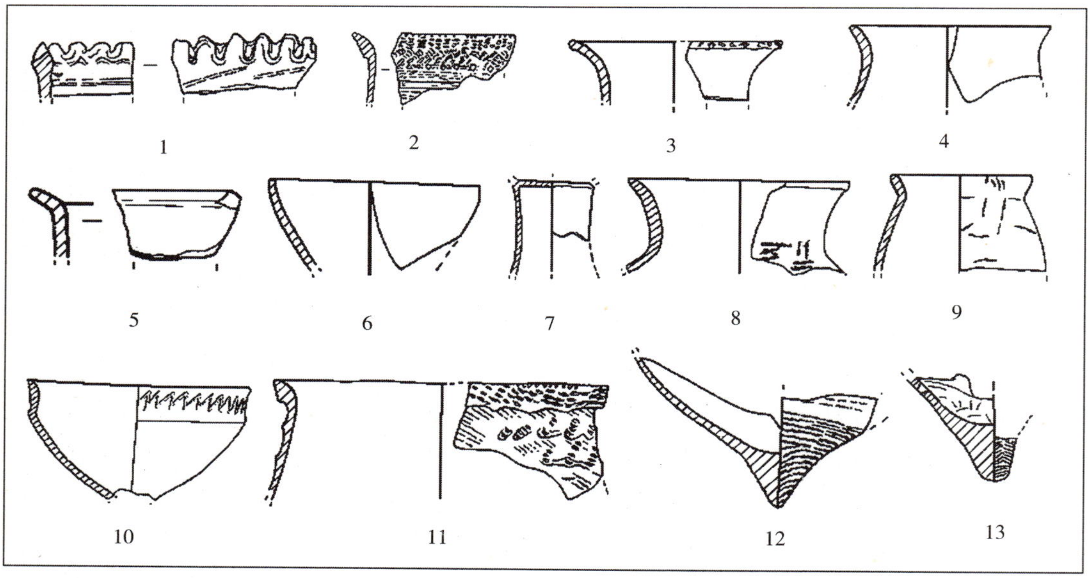

图四　中坝文化四期陶器图

1、2、3、4、5、6、7、9、11、12、13. 中坝遗址 T0406⑬: 17、T0406⑬: 21、T0406⑬: 25、T0406⑫: 31、T0406⑫: 17、T0406⑫: 4、T0406⑬: 1、T0406⑪: 2、T0406⑭: 14、T0406⑫: 1、T0406⑫: 2　8、10. 老关庙 T4④: 25、T4④: 2

它们的年代大体相当。白庙文化一期出土的器物很少，还未见与中原地区相似的器物。但从上面的比较可知其年代相当于煤山一期或更早。这样中坝文化的年代上限也当与此相近，至于中坝文化的下限年代当已进入二里头文化早期。

很明显，这一年代推断要较通过^{14}C 测定获得的年代数据晚得多。不过，现在确定中坝文化的上限还有些为时过早，因为之前的玉溪坪文化还有再仔细研究的必要。以往学者将玉溪坪文化的年代定在大溪文化末期至屈家岭文化中晚期[27]。但我们根据秭归庙坪遗址所出的石家河文化时期的高领罐（如 H2：22、3、6 等）、折沿深腹罐（H3：5 等）[28]等器物看，还是受到了玉溪坪文化的影响，而与中坝文化的器物不类似。这说明玉溪坪文化的时代可能延续到了石家河文化阶段。所以，渝东地区中坝文化的上限年代还需在该地整个新石器时代文化序列完整细致确立之后方可得到一个较为准确的认识。中坝文化年代下限的推定也存在同样的问题。一方面，此后的三星堆文化时期遗存与中坝文化间是否紧密衔接以及两者间的关系，我们在目前的资料情况下都还不能完全确定。另一方面，中坝文化的四期与鄂西南地区甚至江汉地区的文化关系以及大体同期遗存的年代对应关系也还有很多不确定的地方，这势必影响我们对于中坝文化年代下限的判断。所以，以上通过与周临地区遗存的比较所得到的中坝文化的年代还有待于随着资料的增多进一步深入探讨。

三

重庆地区以中坝、哨棚嘴等遗址所见的深腹缸、盘口罐、深腹罐等多种器物组合的出现标志着一支新文化——中坝文化的诞生。该文化承袭上一阶段玉溪坪文化的诸多因素，继续呈现“稳态发展”的特点。目前发现包含玉溪坪文化的遗址已有多处，如丰都玉溪坪[29]、万州苏和坪[30]、万州涪溪口[31]、忠县杜家院子[32]等。为了更好地体察这两支文化间的区别和联系，我们在此略作讨论。

这两支文化间的联系表现在以下方面：

1. 陶质　两支文化都以夹砂陶为主。

2. 纹饰　中坝文化中的菱格纹、绳纹、戳印纹、花边口装饰、水波状划纹等在玉溪坪文化已存在了。

3. 器类　中坝文化中的深腹罐、缸、盘口罐、高领罐（壶）等器物在玉溪坪文化中已出现。尤其是在中坝文化早期，表现出了与玉溪坪文化极大的相似性。

以上的这些特点都说明了中坝文化脱胎于玉溪坪文化，两者间是稳定的发展演变关系，在中坝文化的形成过程中，未受到外界的强力冲击。所以，这两支文化的人群当无大的变动。当然，表现在考古学文化间的这种稳态发展说明了两者间的紧密亲缘关系，但不可否认，至中坝文化阶段，考古学文化内的量变发展终于导致两支文化间的质变，中坝文化由此诞生。与玉溪坪文化相比，中坝文化在考古学文化面貌上有了新的发展。

1. 深腹缸数量急剧增多。《忠县中坝遗址Ⅱ区发掘简报》[33]中公布的新石器时代遗存陶器标本有 831 件（不计缸底和器底，下同），而缸的标本就有 416 件，占 50.06%。1995 年发掘的老关庙遗址下层遗存共出土 267 块陶器口沿残片，属于缸类的口沿残片有 140 件，占 52.43%。当然，由于缸类器物形体较大，故不排除同时几块口沿残片属于同一件缸的碎片，但以上所列标本数也足以反映缸类器物在陶器群中占有举足轻重的地位。

2. 盘口罐这种器物迅速流行。此前的玉溪坪文化中仅有少量存在，如玉溪坪 Y3∶14、G33∶19，99 涪溪口 T4536⑥∶72、T4537⑥∶25 等。《忠县中坝遗址Ⅱ区发掘简报》公布的新石器遗存陶器标本中盘口罐有 112 件，占 13.48%。而且，盘口罐类在中坝文化中占有重要地位还表现在至少两方面：其一，在中坝文化一、二期阶段，有较多的折沿罐口沿亦模仿盘口形制，如中坝 T0406⑳B∶5、T0407㉑∶18 等；其二，盘口罐类器物对于鄂西峡江地区和乌江下游地区的影响十分强烈。在白庙文化和信宁县第四期遗存中发现的众多盘口罐是最好的说明。

此外，在深腹罐、高领罐（壶）、钵等器物形制上也都发生了一定变化。玉溪坪文化中的瓦楞纹盆、折腹钵等已不见于中坝文化。

以上只是大略叙述了两者间的差别，但已能够明显表明这两支文化间发生了诸多变化。

除了与本地的玉溪坪文化关系密切外，中坝文化还与成都平原地区的宝墩文化存在一定关联。

宝墩文化是以新津宝墩遗址[34]命名的考古学文化。据推定，该文化的年代范围大体在距今 4500～3700 年间[35]。

中坝文化与宝墩文化间的差别较为明显。

1. 宝墩文化陶质上体现出以泥质陶为主向以夹砂陶为主的转变过程。与宝墩文化不同，中坝文化始终以夹砂陶为主。

2. 两支文化的陶色也多有不同。中坝文化的可以中坝、哨棚嘴两遗址为例。中坝文化一、二期时，哨棚嘴遗址以灰褐陶、红陶、红褐陶最多，其他种类较少；而中坝遗址以灰陶为主，红陶次之，黑陶和褐陶比例要小得多。中坝文化三、四期时，中坝遗址以红褐陶和红陶为主，灰褐陶次之，黑褐和褐陶较少。宝墩文化中比较重要的泥质灰白陶等不见于中坝文化。

3. 陶器纹饰上和宝墩文化不同的是，中坝文化始终是素面陶很少，有纹饰者为多。

4. 器物组合方面，两者的差别也很明显。中坝文化中的缸、盘口深腹罐、贴边罐等基本不见于宝墩文化，宝墩文化中较为重要的敞口圈足尊、盘口圈足尊、宽沿盆、宽沿平底尊等也极少或不见于中坝文化。

当然，以上的差异更多地体现了两支文化的自身特点，这也是之所以两者都被命名为不同考古学文化的主要缘由。但这些并不能掩盖两者间的密切联系。这种联系，我们以为可以从两方面来看：

1. 两者间的文化交流。这只能从两支文化间的相似因素去判读。在两支文化中都存在折沿深腹罐、折沿鼓腹罐（此处所说的折沿深腹罐和折沿鼓腹罐在《宝墩遗址》中被称为绳纹花边罐）、喇叭口高领罐等器物，并且有的在形制上还较为相似，如宝墩遗址的罐T1929⑦:67、T2029⑦:129、T2129⑦:79、喇叭口高领罐T2029⑦:58、T2130⑦:62等都可在中坝文化中找到大体相似的器物。中坝遗址出土的盘口器残片T0406㉒:14也与宝墩遗址的盘口圈足尊T1929⑦:115有些相似。

2. 我们发现宝墩文化中有极少的镂孔圈足如宝墩H5：37。而这种在圈足上镂孔的做法在长江中游地区的石家河文化[36]中较为多见。或许宝墩文化中的这类器物受到了长江中游地区的影响。另外，学者多有指出，宝墩文化古城址的修筑方法为斜坡堆筑法，“与长江中游地区的筑城方法相同”[37]。以上所述的成都平原与长江中游地区的联系当存在，而两者间也当以峡江地区作为联系通道。

由于宝墩文化与中坝文化存在较多的联系和相似之处，使得有学者将这两支文化作为一个大文化区系中的两个小的区域文化[38]或作为同一大文化下的两个亚文化[39]。

这一阶段，中坝文化还对乌江下游信宁县第四期遗存[40]和白庙文化产生了强烈影响。由于乌江下游地区的材料还未见正式发表，此处暂不作讨论。白庙文化中的深腹罐、喇叭口高领罐（壶）等可在中坝文化中找到源头。其中的深腹罐既包括明显盘口形制者（如官庄坪IT1741⑪:10等），[41]也有微显盘口形制者（如官庄坪IT1633⑪:2等），[42]还有折沿或卷沿而腹近桶形者（如柳林溪T1218⑤:11、H23：2等）[43]。该群因素在白庙文化陶器群中占有突出地位，明显是受中坝文化的强烈影响而产生的。又由于这类深腹罐都为夹砂陶，有的在底部还有烟炱痕迹[44]，所以该群因素中的深腹罐是白庙文化炊器系统的主体。所以，我们也可以说在白庙文化的形成过程中，中坝文化起到了举足轻重的作用[45]。

此外，我们还隐约注意到一个迹象，中坝文化在对鄂西峡江地区产生强烈影响的同时，似乎受到鄂西地区的影响较之前的玉溪坪文化要减弱了。

我们在属于玉溪坪文化的万州涪溪口遗址见到有来自鄂西和长江中游地区的因素。如99涪溪口A、B型缸，圈足器底H3：4、98涪溪口缸，A型敞口盆等均可在鄂西和江汉地区的屈家岭文化和石家河文化中找到类似的器物。另1999～2000年在哨棚嘴遗址发现有来自屈家岭文化的彩陶壶。万州中坝子遗址也存在有玉溪坪文化阶段的遗存[46]。但是，至中坝文化阶段，我们却发现这种来自鄂西地区的文化影响明显减弱了。1998中坝出土的厚胎缸残片T0406㉑:2、1999中坝发现的圈足盘H636：24等可能是受鄂西地区影响的产物。这种情况的产生或许反映了在此时峡江地区的文化交流中，中坝文化俨然是以一种“强势”文化的姿态向鄂西峡江地区传输其文化因素的。

四

上文对于中坝文化的相关问题作了探讨，但由于受材料的限制，我们目前对于中坝文化还有很多认识不清楚的地方。比如，中坝文化的时空范畴问题，中坝文化与其前的玉溪坪文化的继承关系问题及促成后者向前者的转化动因又是什么？此后的三星堆文化时期遗存与中坝文化间存在怎样的关系，它们之间是否发生大的人群变动？还有，在三峡这样一个特殊的环境中，中坝文化的人群是怎样与环境互动调协的，中坝文化的各遗址间的交流以及中坝文化与其周临的成都平原和鄂西南地区的同时期文化又是通过何种方式传输信息进行交流的？中坝文化各遗址文化面貌的差异与遗址间的功能有何关联等诸如此类的诸多问题只有等材料的进一步增多才能不断作出新的解释。

注 释

[1] 于孟洲、蒋刚：《重庆峡江地区中坝文化的考古发现与研究》，《重庆师范大学学报（哲学社会科学版）》2007 年 6 期。

[2] 四川省文物考古研究所等：《忠县中坝遗址 II 区发掘简报》，《重庆库区考古报告集 · 1998 卷》，607 ~ 631 页，科学出版社，2003 年；四川省文物考古研究院等：《忠县中坝遗址 1999 年度发掘简报》，《重庆库区考古报告集 · 2000 卷》，964 ~ 998 页，科学出版社，2007 年。

[3] 王鑫：《忠县㽏井沟遗址群哨棚嘴遗址分析——兼论川东地区的新石器文化及早期青铜文化》，《四川考古论文集》，34、40 页，文物出版社，1996 年。

[4] 江章华、王毅：《川东长江沿岸史前文化初论》，《四川文物》1998 年 2 期，3 ~ 7 页。

[5] 赵宾福、王鲁茂：《老关庙下层文化初论》，《四川考古论文集》，44 ~ 56 页，文物出版社，1996 年。

[6] 同［5］。

[7] 吴耀利、丛德新：《试论魏家梁子文化》，《考古》1996 年 8 期，19 ~ 26 页。

[8] 孙智彬：《中坝遗址新石器时代遗存初论》，《四川文物》2003 年 3 期，32 ~ 40 页。

[9] 孙华、苏荣誉：《神秘的王国—对三星堆文明的初步理解和解释》，38 ~ 47 页，巴蜀书社，2003 年。

[10] 同［4］。

[11] 邹后曦、袁东山：《重庆峡江地区的新石器文化》，《重庆 · 2001 三峡文物保护学术研讨会论文集》，35 页，科学出版社，2003 年。

[12] 同［9］，40 ~ 42 页。

[13] 赵宾福：《重庆三峡库区新石器时代考古的新认识》，《2003 三峡文物保护与考古学研究学术研讨会论文集》，168 ~ 178 页，科学出版社，2003 年；同［9］；孙华：《徜徉在远古三峡文化交流走廊》，《中国三峡建设》2006 年 2 期，11 ~ 14 页。

[14] 吉林大学考古学系等：《奉节县老关庙遗址第三次发掘》，《四川考古报告集》，11 ~ 24 页，文

物出版社，1998 年。

［15］吉林大学考古学系：《四川奉节老关庙遗址第一、二次发掘》，《江汉考古》1999 年 3 期，7 ~ 13 页。

［16］北京大学考古文博院三峡考古队等：《忠县㽏井沟遗址群哨棚嘴遗址发掘简报》，《重庆库区考古报告集·1997 卷》，631 ~ 641 页，科学出版社，2001 年。

［17］北京大学考古学研究中心等：《忠县哨棚嘴遗址发掘报告》，《重庆库区考古报告集·1999 卷》，597 ~ 625 页，科学出版社，2006 年。

［18］重庆市文物考古所等：《巫山大溪遗址勘探发掘简报》，《重庆库区考古报告集·2000 卷》，475 ~ 479 页，科学出版社，2007 年。

［19］孙华、陈德安：《四川盆地的新石器文化》，《四川盆地的青铜时代》，302 ~ 323 页，科学出版社，2000 年；江章华：《再论川东长江沿岸的史前文化》，《四川文物》2002 年 5 期，17 ~ 22 页；赵宾福：《重庆三峡库区新石器时代考古的新认识》，《2003 三峡文物保护与考古学研究学术研讨会论文集》，168 ~ 178 页，科学出版社，2003 年。

［20］于孟洲：《重庆峡江地区中坝文化研究》，《考古与文物》，待刊。

［21］孙智斌：《中坝文化与宝墩文化考辨》，《中华文化论坛》2005 年 3 期，15 页。

［22］于孟洲：《峡江地区夏商时期考古学文化研究》，77 ~ 85 页，吉林大学博士学位论文，2007 年 6 月。

［23］中国社会科学院考古研究所河南二队：《河南临汝煤山遗址发掘报告》，《考古学报》1982 年 4 期，436 页。

［24］中国社会科学院考古研究所河南二队：《河南密县新砦遗址的试掘》，《考古》1981 年 5 期，401 页，图四、2、4。

［25］北京大学古代文明研究中心等：《河南省新密市新砦遗址 2000 年发掘简报》，《文物》2004 年 3 期，11 页。

［26］中国社会科学院考古研究所：《偃师二里头》，50 页，中国大百科全书出版社，1999 年。

［27］同［11］25 页。

［28］孟华平、周国平主编：《秭归庙坪》，23 ~ 24 页，科学出版社，2003 年。

［29］同［11］，28 ~ 35 页。

［30］重庆市博物馆等：《万州苏和坪遗址发掘报告》，《重庆库区考古报告集·1999 卷》，433 ~ 441 页，科学出版社，2006 年；重庆市文物考古所等：《万州苏和坪遗址第二次发掘报告》，《重庆库区考古报告集·2000 卷》，689 ~ 700 页，科学出版社，2007 年。

［31］福建省博物馆考古队等：《万州涪溪口遗址发掘报告》，《重庆库区考古报告集·1997 卷》，325 ~ 339 页，科学出版社，2001 年；福建省考古队等：《万州涪溪口遗址发掘报告》，《重庆库区考古报告集·1998 卷》，454 ~ 471 页，科学出版社，2003 年；福建省考古队等：《万州涪溪口遗址第三期发掘报告》，《重庆库区考古报告集·1999 卷》，478 ~ 488 页，科学出版社，2006 年。

［32］成都市文物考古研究所等：《重庆市忠县杜家院子遗址 2001 年度发掘简报》，《成都考古发现（2001）》，398 ~ 402 页，科学出版社，2003 年。

[33] 四川省文物考古研究所等:《忠县中坝遗址Ⅱ区发掘简报》,607~631页,《重庆库区考古报告集·1998卷》,科学出版社,2003年。

[34] 成都市文物考古所等:《宝墩遗址》,1~98页,有限会社阿普(ARP),2000年。

[35] 江章华、颜劲松、李明斌:《成都平原的早期古城址群——宝墩文化初论》,《中华文化论坛》1997年4期,8~14页。

[36] 参见湖北省博物馆:《湖北当阳季家湖新石器时代遗址》,《文物资料丛刊10》,1~15页,文物出版社,1987年;石家河考古队:《肖家屋脊上》,187~192页,文物出版社,1999年。

[37] 江章华、王毅、蒋成、张擎:《成都平原早期城址及其考古学文化初论》,《宝墩遗址》,120页,有限会社阿普(ARP),2000年;宋治民:《试论四川温江鱼凫村遗址、新津宝墩遗址和郫县古城遗址》,《四川文物》2000年2期,13~14页。

[38] 江章华、王毅、蒋成、张擎:《成都平原早期城址及其考古学文化初论》,《宝墩遗址》,118页,有限会社阿普(ARP),2000年。

[39] 孙华、陈德安:《四川盆地的新石器文化》,《四川盆地的青铜时代》,321页,科学出版社,2000年。

[40] 白九江等:《渝东南地区新石器文化初探》,中国西部考古协调会论文,贵阳,2006年。

[41] 周国平主编:《秭归官庄坪》,65页,科学出版社,2005年。

[42] 同[41]。

[43] 王风竹、周国平主编:《秭归柳林溪》,163页,科学出版社,2003年。

[44] 湖北宜昌地区博物馆等:《湖北宜昌白庙遗址试掘简报》,《考古》1983年5期,419页。

[45] 于孟洲:《鄂西峡江地区白庙遗存相关问题研究》,《三峡考古与多学科研究》,32~43页,重庆出版社,2007年。

[46] 西北大学考古队等:《万州中坝子遗址发掘报告》,《重庆库区考古报告集·1997卷》,347~380页,科学出版社,2001年;西北大学文博学院:《重庆市万州区中坝子遗址第三次发掘简报》,《考古与文物》2002年3期,32~47页;西北大学考古队:《重庆万州中坝子遗址第四次发掘简报》,《文博》2002年3期,3~12页。

古代民族考古

藏族文字起源与考古发现

赵慧民
（中国社会科学院考古研究所）

［内容提要］目前学界对于藏族文字起源的认识，大致可以分为创制说和起源发展说两大类，创制说的基本内容是吐蕃王朝松赞干布时期创制了文字，它代表了传统认识。起源发展说的基本内容是认为藏族文字来源于其他文字，不同学者的观点均涉及于阗赛克语、古象雄文、南语等。

以上两大类文字起源认识都有各自的局限。创制说多囿于文献，可以说是传统说法，其科学性无法进一步阐述。而发展说一般多在语言学方面进行论证，缺乏实证性材料的考古支持和年代学支持。

列山遗址（墓地）第155号墓出土墨书字母的木制构件的年代与历史学家笔下记述的吐蕃王朝年代跨度基本吻合。经年代学研究，第155号墓木制构件的^{14}C数据年代经树轮校正后为公元682～888年。

但目前考古出土的古藏文文书数量有限，我们期待更多更有价值的考古新发现问世。

［Abstract］Until now, there are two major theories expounding the origin of Tibetan, which are the constitutive theory of invention and the theory of original development respectively. For the constitutive theory of invention, it is believed that the writing system, representing traditional knowledge, was created during the Songtsän Gampo of the Tibetan Empire. The theory of original development believed that Tibetan is originated from other writing systems instead. Various scholars suggested that Tibetan actually related to *Tiansaike* language, Ancient *Zhangzhung* language, *Nam* language and so forth.

Each theory on the origin of writing has its own limitation. The constitutive theory of invention focuses on historical documents, which is a traditional way but lack of scientific approach; whereas the theory of original development concentrates on linguistic proof, which neglects experimental materials and lacking support from archaeology and chronology.

The dating of wooden materials with ink characters unearthed from No. 155 burial of heritage site *Lie* Mountmn (burial ground), basically match with the period of Tibetan Empire from historian viewpoint. For the chronology, the wooden materials from No. 155 burial is identified c. 628 ~ 888 CE through carbon －14 and tree ring dating.

Due to the poor condition and limited number of ancient Tibetan books, it is anticipated to have more valuable archaeological discoveries. Undoubtedly, the appearance of new archaeological data not only provides a possibility for us to solve the origin of Tibetan, but also a way to answer the question.

梳理目前学界对于藏族文字起源的认识，大致可以分出创制说和起源发展说两大类，创制说的基本内容是吐蕃王朝松赞干布时期创制了文字，它代表了传统认识。起源发展说的基本内容是认为藏族文字来源于其他文字，不同学者的观点涉及于阗赛克语、古象雄文、南语等。

我们认为创制说多囿于文献，其后续研究难以进一步深入。而起源发展说多以语言学论据为讨论基础，尚缺乏历史实证性材料的支持和年代学研究的支持。

列山遗址（墓地）第155号墓填土中发现的条状木制构件上的墨写字母可以说是一个非常重要的发现，通过观察墨写字母的结构、笔画，我们可以推测当时可能已经使用了软笔类（或类似的硬笔）的书写工具。考古新材料的发现为我们进一步认识藏族文字的起源提供了宝贵的材料。

一　目前学界涉及藏族文字起源的主要观点

藏族主要分布于我国西藏自治区和青海、四川、甘肃、云南等省，在印度、尼泊尔、不丹、锡金等地亦有分布。就藏族分布地区而言，一般有卫藏、康巴、工布、嘉绒的说法。所谓卫藏地区一般指拉萨、日喀则一带。更宽泛的说法还包括阿里地区、山南地区以及林芝及那曲的部分地区。在这一地域内的藏族在历史发展、社会形态方面没有太大的差异，是西藏地区在政治、军事、经济、文化方面代表传统的核心地域。

将目前学界对于藏族文字起源讨论的基本内容粗略梳理一番，可以大概分为创制说和发展说两大类，现简述如下。

（1）创制说——它的核心内容是古代藏族并无文字，在吐蕃王朝松赞干布时期创制了文字。

关于此方面的文献记录，在汉藏历史文献中略有记载。

《通典》："无文字，刻木结绳为约"[1]。《旧唐书》："无文字，刻木结绳为约"[2]。《新唐书》："无文字，结绳齿木为约"[3]。

关于创制文字的记载在藏族文献中略详一些。《西藏王臣记》："于是吐米启程，安抵竺印。从婆罗门李敬学习三百六十四种文字"。"如此制成藏文之四韵及三十辅音。又仿兰查字体创造楷书，仿乌尔都字体创造草书"[4]。《新红史》："吐弥被派往印度，向婆罗门李瑾及班哲达拉日巴僧格学习文字、因明及颂等。返回吐蕃后，将印度五十字母制成藏文三十字母，并将字母献给松赞干布王"[5]。

其他有相似记载的藏族文献，还有《善逝佛教史》、《贤者喜宴》、《西藏王统记》、《汉藏史集》等。

创制说的核心是松赞干布赞普遣吐米·桑布扎赴印度学习，学成回来后创制发明了藏文字。据载，吐米·桑布扎诞生于雅鲁藏布江中游地域的西藏山南地区，即今天的隆子县（一说是出身拉萨地区尼木县的吞弥家族），其父亲吞弥阿鲁曾为吐蕃赞普松赞干布的御前大臣。

创制说认为吐米·桑布扎以梵文字母为基础，选择其中若干字母，新创若干字母，形成藏文的30个字母和4个元音字母。仿照梵文兰查好乌尔都字体，创造了藏文的正楷体（印刷体）和草体（书写体）。

吐米·桑布扎除曾撰写《三十颂论及相转轮》（即《文法根本三十颂》）、《文字变化法则》、《吞弥谷风声论》（即《文法性别用法》）等8部藏文文法著作外，还翻译了《二十一显密经典》、《宝星陀罗尼经》、《十善经》、《般若十万颂》、《宝云经》、《宝箧经》等20多种佛经，今天能看到的有《三十颁》和《性人法》等。

（2）起源发展说——基本认为藏文源于其他文字，就其不同的认识，又有以下几种不同起源的说法。

起源于阗赛克语：于阗地区（新疆和田一带）曾是古代中西交通的重要门户，历史上曾是于阗人与印度人以及汉人交汇融合的重要地区。赛克语是当时曾经使用过的古文字。于阗人最早使用的是佉卢字和汉字。于阗文与婆罗米字有许多共同特征，不仅字形相似，而且表达方式也是采用附加符号表示元音。于阗文所记录的语言被称为于阗语、于阗塞克语或北雅利蜜语、东伊朗语和印度斯基泰语等等。于阗文有楷书、草书和行书三种，字多合体连写。于阗文有很多字母与古藏文相似，两者的附加元音符号也相同[6]。

起源于象雄文：有学者研究认为象雄文与藏文关系较为密切。他们的构词方法略有差异，但在基字字母和元音符号的拼读方法与数量上有许多相似之处，有的甚至可以在象雄文中找到藏文原形，如字头符号（dbu）、分句符号（shad）和分字点（tsheg）等。在敦煌写经卷和新疆出土的文书中也能看出古藏文模仿象雄文的痕迹，而这些相似的因素在古印度的梵文中是不存在的[7]。

起源于南语：仅是个别外国学者的研究结果。他们根据目前发现有398行的南语长卷，认为它是一种古代语言，但除了此长卷本身以外，其他却所知甚微。学术界对起源南语说反应冷淡，甚至认为其“用功虽勤，所得甚寡”，所谓的南语仍然是一种“未知的语言”[8]。

鉴于以上关于藏族文字起源的研究程度，我们不得不把研究目光更多地投向考古研究领域。欣喜的是我们有了一些收获：列山遗址出土了相关材料。

二　西藏列山遗址（墓地）及最早文字的考古发现

1993年夏季，由中国社会科学院考古研究所西藏队与西藏文物管理委员（现为西藏自治区文物局）共同对列山遗址（墓地）进行了历时一个月的田野发掘工作[9]。

列山遗址（墓地）位于西藏朗县金东乡列村之东1.5公里列山之南山坡处，金东曲（河）在其南面自东至西流过。墓地西距雅鲁藏布江约6公里。墓地范围约50万平方米。经过中国社会科学院考古研究所对墓地进行田野发掘，基本清楚了墓地布局和墓葬总体数量。

列山遗址（墓地）共发现不同大小、不同形制的墓葬210座以上。墓葬大部分集中分布在东部，据此往西约2公里，还保存有大约近10座墓葬。

列山墓葬形制特点鲜明，均为封土墓，墓的平面形状有一定的变化，常见的是方形、梯形和圆形，还有少数的“亚”字形和复合变形类墓葬。墓葬封土堆的面积差异很大，根据面积的大小，我们把墓葬分为大、中、小三类。封土边长在25米以上，占地600平方米以上的大型墓有20余座；封土边长在25米之下，占地不足600平方米的中型墓有70余座；封土边长在10米以上，占地100米之下的小型墓60余座。墓葬封土最大者，其一侧的边长可达66米，封土的高度一般在1~3米不等，最高达14米。封土边长最短者仅2、3米，封土高出地表也仅几十厘米。墓葬构筑技术主要采用夹石、夹木夯筑方法，这种夯筑方法在今天的藏式建筑中我们可以找到许多类似的例子。

1993年发掘的墓葬形制稍显复杂的是第12号墓，此墓的地表保存有高2米多、边长5~6米的近方形封土堆，封土下面是用大石块堆砌成四壁的墓室，用石片和木柱构建成拱形的墓室顶部，其技法简单实用，且充满智慧。在墓室西侧，有一个类似的石砌四壁的竖井，在竖井和墓室之间，留有一框，以几棵竖立的大木柱为门。

1993年发掘的第155号墓的形制则是另一类结构。此墓地表同样有一边长6~7米长的近方形封土堆，部分已经遭到破坏，保存的高度最高为2米，最低为0.7米。封土下边为一个长方形的覆斗状竖穴土坑，坑内填满了砾石块、土和木料。令人惊奇的是，有的木料竟然是直径0.4米的原木。在墓底南部，形成一个侧室，侧室的顶，全部用直径0.4米的原木搭建，有8根之多。

1993年还清理了一座石碑遗址。现存的碑座用整石雕成，呈龟形，头部已残缺，可辨识出龟的四肢，碑座通长1.2、残高0.66米。推测碑座之上应有石碑，已不知其下落。碑座四周现保存有石块堆垒成的墙基，平面呈方形，墙基宽度0.58~0.78米，墙基长度4.5米。在墙的四角内，均发现扁圆状的柱础石。初步可以认定，此石碑处原建有一处地面建筑。

列山遗址（墓地）重要的出土物之一，是第155号墓填土中发现的木制品的长约1米的条状木制构件。这些构件的截面呈方形，木条表面加工细致，有的尚留墨线和木条一端的榫结构，个别木条上发现墨写的单个字母，字母与现代藏语中的元音字母相似。观察墨写字母的结构、笔画，推测可能当时已经使用了软笔类（或类似的硬笔）的书写工具（图一）。

就1982、1993年对列山遗址（墓地）的田野考古工作来看，对于这个墓地的基本情况，譬如墓地的规模、墓葬数量、布局、基本形制、年代等，我们已经有了初步认识。至于墓地的性质、主要墓主人身份、大型墓的具体结构等问题的解释，还需做进一步的工作。

图一　条状木制构件上的墨写字母

列山遗址（墓地）的规模之大、墓葬数量之多在西藏境内是罕见的，极有可能是一处藏王级别的陵墓区。通过对列山遗址（墓地）的研究，将为我们提供吐蕃时期陵寝制度、丧葬礼仪等方面的重要实物资料。

列山墓葬的构筑技术主要采用夹石、夹木夯筑方法，这种夯筑方法在今天的藏式建筑中我们可以找到许多类似的例子。

从发现如此数量的墓葬和具有如此大规模以及如此复杂的墓葬形制等几方面来考虑，列山遗址（墓地）的沿用年代应当有相当长的一段时间。

三　讨　论

我们认为列山遗址（墓地）第155号墓出土墨书字母的木制构件的年代与历史学家笔下记述的吐蕃王朝年代跨度基本吻合。经年代学研究，第155号墓木制构件的^{14}C数据年代经树轮校正后为公元682～888年。

如果将史书记载的松赞干布公元7世纪中叶统一高原作为吐蕃王朝的兴起的话，那么列山遗址（墓地）时期使用文字的最早年代范围与之基本相应。鉴此，我们以为吐蕃王朝初期，在雅鲁藏布江中游地域生活的人们已经广泛使用文字了，而且那时的文字已经发展到相当高的水平。进一步有理由说，藏文字母的发生、发展是勤劳、智慧的人们在长期大量的生产生活实践中产生的。

有关藏族文字的考古出土材料发现不多，我们认为新疆米兰遗址的清理，青海都兰吐蕃墓的发掘，敦煌莫高窟石窟的发掘都给我们提供了重要的相关信息。

1973年，新疆考古工作者在米兰古河道边发掘了唐代吐蕃古戍堡遗址。米兰遗址位于新疆若羌县东北约70公里、米兰镇东约6公里处。唐代中期为吐蕃占据，是进出中亚的重要通道。遗址由代表上述时代及文化族属的古城、佛寺、烽燧、灌溉渠道等遗迹组成。考古工作者清理出300多件吐蕃文木简、文书和一件吐蕃文卜骨，木简和文书内容涉及小麦种植、分占耕地、丝绢服饰等社会经济情况。

青海都兰吐蕃墓是由青海省文物考古研究所与北京大学考古文博学院联合发掘的。发掘最重要的收获之一是发现了10余件木简、碑铭、织物的藏文资料。发掘者认为都兰吐蕃墓的年代大约为公元8世纪中期[10]。

敦煌研究院自1988～1995年先后对敦煌北区石窟进行了1次试掘和6次正式发掘。其中出土了一定数量的藏文文书，发掘报告称出土了“古藏文残叶总计有115件”，“从诸多方面看，藏文文体多数是唐宋以后文体，少数为唐宋时所写”。这批藏文文书多为有佛教抄经和少量社会文书。但“文献残碎严重，故成文、成篇者甚少，多为断续的词汇、单词，难解其全意者多”[11]。

还需提及的是20世纪初以来在甘肃敦煌藏经洞中被发现的用古藏文形式书写的敦煌文书。据学者统计，目前收藏于世界各地并已编目有序号的敦煌藏文文献达5000卷之多。目前发现的吐蕃文文献基本上属于公元8～9世纪，内容涉及吐蕃统治西域的各个方面，如经济方面有土地、粮食、赋税、借贷、物品等内容，军事方面有武器、斥堠、巡逻驿站等内容，政治方面有报告、指令、公私文牒等内容，社会生活文化方面有宗教、氏族、部落、地名、占卜等内容。

在新疆、青海、甘肃敦煌出土的吐蕃文献资料的相同特点是，出土点均为非藏族文化中心区域，内容庞杂而缺乏系统性。目前在吐蕃文献释读研究方面困难不少。

尽管如此，我们对关于藏族文字起源的讨论在更多考古材料的基础上在各个相关学科共同努力下取得科学共识的前景满怀希望。

注　释

[1]《通典》卷一百九十《边防六 吐蕃》。

[2]《旧唐书》卷一百九十六上《吐蕃上》。

[3]《新唐书》卷一百一十六上《吐蕃上》。

[4]五世达赖喇嘛著、刘立千译注：《西藏王臣记》，15、16页，民族出版社，2000年。

[5]班钦索南查巴著、黄颢译：《新红史》，13页，西藏人民出版社，2002年。

[6]黄振华：《于阗文》，《中国民族古文字》，中国民族古文字研究会，1982年；《于阗文及其研究》，《中国史研究动态》1981年3期。

[7]才让太：《藏文起源新探》，《中国藏学》，1988年3期。

[8]闻宥：《论所谓南语》，《民族语文》1981年1期。

[9]列山遗址（墓地）发掘报告尚未正式发表，此处材料源于中国社会科学院考古研究所西藏队。

[10]北京大学考古文博学院、青海省文物考古研究所：《都兰吐蕃墓》，科学出版社，2004年。

[11]黄颢：《敦煌莫高窟北区石窟出土藏文文献译释研究（一）》，彭金章、王建军、敦煌研究院编《敦煌莫高窟北区石窟》第一卷，371页，附录三，文物出版社，2000年。

胡裔墓葬与入华祆教葬俗*

张小贵
（暨南大学历史系）

［内容提要］本文立足于波斯琐罗亚斯德教与传统中国丧葬习俗的差异，考察了安伽、虞弘、康业以及史君等北周胡裔墓葬采用石棺或石床放置尸体的葬式，认为其极有可能是这些来自中亚的粟特后裔保持本民族传统的最后底线。至于隋唐固原地区的史氏墓葬特征，其葬式上汉化特征更为明显，符合文化传播随着时空变化而发生变异的规律。

［Abstract］Based on the divergence between Persian Zoroastrian orthodox funeral practice and Chinese conventional funeral customs, the paper studies the religious attributes of the sarcophaguses found in the Anjia, Yuhong, Kangye and Shijun' s tombs, which are thought as the base line for these Sogdian migrations to hold their own national tradition. The article also speculates on the Sinolized forms of other recent archaeological findings in China owned by Sogdian migrations, such as Shi Family at Guyuan during the Sui and Tang Periods. Anyway, the funeral customs in ancient Persia and Sogdia are not allowed by Chinese traditional society. This investigation may be a useful reference to a thorough understanding of intercultural exchange through the transformation of Zoroastrian practices then.

1999年太原隋代虞弘墓和2000年西安北周安伽墓的发掘，引起学界对其及相关具有古代中亚文化内涵的一批文物进行了热烈讨论。2003年西安史君墓及2004年康业墓的发掘，则进一步激发了学界的兴趣。就该等文物所保存的图像内容，学界从祆教文化的角度多有考释，尤其是对祆教神祇的比定，对祀祆和赛祆场景的重构，对图像内容所蕴涵的宗教义理等方面内容都进行了不同程度的阐发。但就其葬式的定性，不乏模糊之处。本文拟以祆教葬俗与古代中国传统丧葬观念的差异为背景，对此类胡裔墓葬葬式的宗教属性略作探讨，以就教方家。

---

* 本文为国家社科基金重大委托项目《新疆通史》（05 & ZD060）基础研究项目《新疆古代“三夷教”研究》（XJTSB059）阶段性成果

一 “弃尸于山”与“入土为安”

我们考察古代中国的丧葬史，类似祆教的葬俗在传统中国社会很难实行。尽管在原始社会早期，人类也采用弃尸的方法，“上世尝有不葬其亲者，其亲死，则举而委之于壑”[1]。然而随着社会的发展，人们逐渐采用棺椁等葬具盛敛尸体。直接装殓尸体的叫“棺”，俗称棺材，围在棺外的葬具称作“椁”，所谓“葬有木椁”也。周代逐渐形成了完备的棺椁制度。周人隆礼，颇重葬仪，对不同死者所用棺椁的数量、质地、装饰等，有许多繁缛的等级规定。一直到汉代基本上还沿袭着周以来的棺椁制度。但是随着拱券式砖室墓的兴起，历经魏晋到唐宋到明清，在汉民族中占着主导地位的是砖室墓加木棺[2]。当然，在中国古代也有水葬、天葬、树葬、悬棺葬等不同的葬法，但这些葬法多在周边少数民族中实行，在中国历史上最为常见、最为悠久的乃是土葬[3]。这与中国古代传统的伦理道德密不可分。在中国，儒家历来在丧葬上强调“入土为安”，注重尸体的保护，把“慎护”先人发肤作为自己“扬名后世”的行孝方式。《礼记·祭义》载：“宰我曰：‘吾闻鬼神之名，不知其所谓。’子曰：‘气也者，神之盛也。魄也者，鬼之盛也。合鬼与神，教之至也。’众生必死，死必归土，此之谓鬼。骨肉毙于下，阴为野土。其气发扬于上，为昭明，……圣人以是为未足也，筑为宫室，设为宗、祧，以别亲疏远迩，教民反古复始，不忘其所由生也。众之服自此，故听且速也。”[4]这种“死后归土”的儒家丧葬观，在佛教未传入中国以前，一直左右着中国丧葬民俗的导向。虽然自从佛教传入中国，并在民间广为流传以后，这种传统的儒家丧葬观念和葬式遭到了强有力的冲击，但土葬仍是占主导地位的丧葬模式。如到了唐代，官府仍然主张埋葬。天宝元年三月甲寅，令葬埋暴骨诏：

> 移风易俗，王化之大猷；掩骼埋胔，时令之通典。如闻江左百姓之间，或家遭疾疫，因而致死，皆弃之中野，无复安葬。情理都阙，一至于斯。习以为常，乃成其弊。自今以后，宜委郡县长吏严加诫约，俾其知禁，勿使更然。其先未葬者，即勒本家收葬。如或无亲族，及行客身亡者，仰所在村邻，相共埋瘞，无使暴露，庶叶礼经。诸道有此同者，亦宜准此[5]。

《旧唐书》曾记载太原“黄坑”事件：“太原旧俗，有僧徒以习禅为业，及死不殓，但以尸送近郊以饲鸟兽。如是积年，土人号其地为‘黄坑’，侧有饿狗千数，食死人肉，因侵害幼弱，远近患之，前后官吏不能禁止。暠到官，申明礼宪，期不再犯，发兵捕杀群狗，其风遂革[6]。”除了千数的饿狗令远近患之之外，“及死不殓，但以尸送近郊以饲鸟兽”也有损社会风俗，所以太原尹李暠到任后，采取措施加以取缔，“其风遂革”，这是符合当时社会风俗的。

到了宋代，火葬之风渐盛，“贫下之家，送终之具，唯务从简，是以从来率以火化为便，相习成风，势难遽革[7]。”宋人胡寅说：“自佛法入中国，以死生转化恐动世俗，千余年间，特立不惑者，不过数人而已[8]。”尽管与土葬、野葬相比，“火化为便”，具有贫下之家可以“相习成风”的经济生活土壤，但是正统的士大夫仍是对这一异于传统葬俗的火葬给予了严厉的批评。著名理学家程颐指出：“古人之法，必犯大恶则焚其尸。今风俗之弊，遂以为礼，虽孝子慈孙，亦不以为异。更是公方明立条贯，元不为禁：如言军人出戍，许令烧焚，将骨殖归；又言郊坛须三里外方得烧人，则是别有焚尸之法。此事只是习惯，便不以为事。今有狂夫醉人，妄以其先人棺榇一弹，则便以为深仇巨怨，及亲拽其亲而纳之火中，则略不以为怪，可不哀哉[9]！”北宋著名政治家王安石说：“父母死，则燔而捐之水中，其不可，明也；禁使葬之，其不可，亦明也。然而吏相与非之乎上，民相与怪之乎下，盖其习之久也，则至于戕贼父母而无以为不可，顾曰禁之不可也。呜呼！吾是以见先王之道难行也[10]。”一些封建士大夫纷纷斥责火葬为“不孝之大者”、“伤风败俗，莫此为甚”、“惨虐之极，无复人道”……。他们还企图用自己的行为来扭转这一风气，王十朋“遗戒丧事毋得用佛老教”[11]；黄仲玉临卒前，呼其子说：“我死，谨毋用浮图法，不然，是使我不得正其终也[12]。”上引胡寅“甲寅岁，寅因遍观大乘诸经及《传灯录》，究佛氏所论，遂有所见，著《崇正论》一编，数万言。君每问大略，辄怡然会心，相约以死日不用浮屠氏法。及将死前二日，犹为叔氏宏诵之，卒践其言[13]。”当然，持反对观点者并没有起到多大作用，宋代以后火葬盛行。然而，类似野葬的“薄俗”，在宋代仍遭到官府的镇压：

> 范忠宣公帅太原，河东地狭，民惜地不葬其亲，公俾僚属收无主烬骨，别男女，异穴以葬；又檄诸郡傚此，不可以万数计。仍自作记，凡数百言，曲折致意，规变薄俗。时元祐六年（1091年）也。淳熙间（1174～1189年），臣僚亦尝建议：柩寄僧寺岁久无主者，官为掩瘗。行之不力，今柩寄僧寺者固自若也[14]。

以上事例无非说明，迟至有唐一代，社会上占主导地位的殡葬方式依然是土葬，在这一传统社会背景下，入华的祆教徒想要忠实地保存本教天葬的传统殡葬方式，可谓难上加难了。因为两者的文化背景截然不同。祆教之所以实行天葬，与其有关死亡的独特教义密不可分。根据该教律法，把死尸埋于地下，就会使土地不洁，乃是一种弥天大罪。该教经典《辟邪经》第三章第三、四节，规定如果有人把狗或人的尸体埋于地里，半年不挖出者，罚抽一千鞭，一年不挖出者，抽两千鞭，两年不挖出者，其罪过无可补偿[15]。因此实行天葬乃为遵守本教律法，与中国传统的丧葬观念显然是矛盾的。当然，由于宋代祆教已经民俗化，并无严格意义上的祆教信徒而言，因此就无从讨论其葬俗如何了[16]。

二 北朝隋胡裔墓葬的石棺与石床

就虞弘、安伽、史君与康业墓的性质，学界多将这些胡裔墓葬定性为祆教属性[17]。其中一个重要原因是该等墓葬皆使用石葬具。荣新江先生指出："从具有明确纪年的石棺床墓来看，这种墓葬的年代集中在北朝末年，这时入华粟特人已经在中国本土生活了很长时间，开始采用中原地区的土洞墓室的丧葬形式。但是，这些石棺床墓和同时期中原汉式墓葬又有差别，即墓室中没有见到棺椁，只有石棺床，大多数由床座、床板和屏风组成。其中，安伽墓的墓主人遗骨是放在甬道中的，甬道内经过火焚，而墓室内只有一座石棺床（《简报》称作'围屏石榻'）。这种葬式既不是中国传统的做法，也不是粟特本土的形式，应当是入华粟特人糅合中原土洞墓结构、汉式石棺以及粟特浮雕骨瓮的结果[18]。"张庆捷认为："初步推测，一是入华粟特人的葬俗，随着大环境的改变而不得不发生变化；二是不论石椁也好，石榻也好，都是石质葬具，这些石质葬具，比木葬具更接近于他们传统的盛骨瓮葬具，在木葬具与石葬具之间选择，自然选取了与盛骨瓮相对更接近的石葬具[19]。"

就北朝至隋唐从西域来华民族人士的墓葬，杨泓先生指出"不论所葬死者原来的民族为何，不论是来自突厥，还是'昭武九姓'中的康国、安国、史国，或是还不知其处的'鱼国'，所有的墓葬形制均是北朝至唐时中国的典型样式，主要是前设带有天井和过洞的长斜坡墓道，设有石门的甬道，基本是方形的转筑和土洞墓室……在墓葬最重要的墓葬形制方面，丝毫看不到这些来自西域的不同古代民族的死者，在构筑墓葬时显示出表明族属特征的任何暗示"，就该等墓葬的葬具，杨先生进而指出，"带围屏石床和殿堂形石棺，都属中国传统葬具"，"上列西域来华人士的葬具形制，一概为中国传统的葬具，无任何域外色彩[20]。"

的确，采用石葬具是传统的汉式葬俗。托名晋葛洪撰的《西京杂记》卷六略云：

> 魏襄王冢，皆以文石为椁，高八尺许，广狭容四十人。以手扪椁，滑液如新。中有石床、石屏风，宛然周正。不见棺柩明器踪迹，但床上有玉唾壶一枚、铜剑二枚。金玉杂具，皆如新物，王取服之。
>
> 魏王子且渠冢，甚浅狭，无棺柩，但有石床，广六尺，长一丈，石屏风，床下悉是云母。床上两尸，一男一女，皆年二十许，俱东首，裸卧无衣衾，肌肤颜色如生人，鬓发齿爪亦如生人。王畏惧之，不敢侵近，还拥闭如旧焉[21]。

另外，《朱子语类》记载齐萧子良死后亦置尸于石床之上：

齐萧子良死，不用棺，置于石床之上。唐时子良几世孙萧隐士过一洲，见数人云："此人似萧王。"隐士讶之。到一郡，遂见解几人劫墓贼来，乃洲上之人。隐士说与官令劾之，乃曾开萧王冢来。云："王卧石床上，俨然如生[22]。"

今四川已经发现东汉以来仿木结构建筑的石棺[23]。至晚在北魏太和元年（477年）的宋绍祖墓，这种仿木结构建筑的石椁已经形制具备[24]。巫鸿先生曾对北魏以来仿木结构建筑石椁出现的意义和演变作过专门探讨，认为南北朝时期，石葬具并非当时汉地葬俗的主流[25]。到了北朝时期使用石椁的墓葬多采用木棺。大同南部智家堡村发现四座"石椁墓"。其中一座年代定为太和八年（484年）到十三年（489年）之间。石椁比宋绍祖墓石椁形制简单。该石椁内壁下部没有装饰，甚至后壁以朱砂绘制的外框也停止在距离底部约30厘米处。这说明石椁内原设有像宋绍祖石椁中那样高起的棺床或榻。但此处的棺床应为木制，现已全部腐朽[26]。现藏美国波士顿美术馆的宁懋石椁，长2、高1.38、宽0.97米，体量与智家堡石椁相当。石椁内壁下部没有装饰，巫鸿先生根据新的考古发现，特别是智家堡石椁的材料，推测石椁内原应有一高起的木构棺床[27]。西安郭家滩隋姬威墓石棺床，1957年发现，床上有木棺，床前有蹲狮。无屏风[28]。这里值得我们注意的是，有关虞弘墓等胡裔墓葬的考古记录并未见有木棺的痕迹。

1999年在山西太原晋源区王郭村发现的隋虞弘墓，葬具为一汉白玉石椁，安放在墓室中部偏北之处。考古报告记录道："清理椁内淤土和墓室淤土时，未见木质棺痕遗迹和任何木器遗痕。人骨散见于椁内、墓室和椁座盖板下，多已朽毁破碎，早已不全，且被严重扰乱。……由于整个墓室中只见人骨，未见木质棺痕，因此难以确定是否曾用木质棺。而且该石棺形制特殊，椁座较高，椁座盖板均为汉白玉石板，形成一个平滑的台面。因此也有可能墓主人夫妇尸体系直接安放在平台之上[29]。"

2000年于西安北郊龙首原发掘了北周安伽墓，墓门门额刻绘祭祀圣火图，两端还有墓主夫妇礼拜火坛的情景。就安伽的葬式，正式的考古报告解释道：

安伽墓中几乎唯一的随葬品围屏石榻占据墓室的醒目位置，但墓主人的骨殖却没有摆放在上面。我们发现，画面中类似的石榻都是坐具而非卧具，墓主人骨殖又位于甬道，说明围屏石榻不是作为葬具使用的。通过以上分析，可以看到，安伽墓所代表的葬俗，既采用了汉人的墓葬形制、用汉族官吏墓葬常用的石门、陪葬壁画、墓志等，又尊崇了祆教徒固有的对遗体进行处理、将剩余之骨埋殡的习惯，应该代表了一种中土化的信仰祆教的粟特贵族的独特葬俗[30]。

林悟殊先生曾质疑报告的记载，认为安伽尸骨原本应置于石榻之上[31]。

2003年6月，西安未央区大明宫乡井上村东出土的北周史君墓。"墓室中部偏北出土一仿中国传统木构房屋式建筑的石葬具，上面的汉文题铭自名为‘石堂’。石堂为歇山顶殿堂式样，坐北朝南，面阔五间，进深三间。东西长2.5、南北宽1.55、通高1.58米。在石堂南壁门楣上，有粟特文和汉文题铭。石堂内出土石榻一个，长2、宽0.93、高0.21米”。“在第5天井北侧发现盗洞一处。由于墓室已被严重盗扰，骨架散乱于石堂内外。经初步鉴定，出土的骨架有人骨和兽骨，人骨分属两个个体，其中一具为男性，另一具为女性。从出土的骨架看，未发现火烧的痕迹[32]。”从发掘简报的记载来看，无法得知史君墓尸骨的摆放方式。但简报未称有发现木质棺痕遗迹，可能史君夫妇的尸骨是直接置于石榻之上。

2004年4月，在南距上揭安伽墓仅150米处又发现了康业墓，“墓葬形制为斜坡墓道穹隆顶土洞墓，全墓由墓道、甬道和墓室3部分组成”，“出土一完整围屏石榻，线刻精美，内容丰富”；“围屏石榻位于墓室北侧中部，紧靠北壁，东西方向，由围屏、榻板和榻腿构成。”有“骨架一具，置于榻上，保存完好，头向西，面向上，仰身直肢，骨架之上有数层丝绸痕迹”[33]。

有关康业墓的葬式，林悟殊先生认为如果硬要在康业葬式上找到琐罗亚斯德教的遗痕的话，恐怕只有死尸置于石榻这一点。但就这一做法是有意识遵守宗教的戒律，抑或是循一般胡俗，则并不确定[34]。尽管就该等墓中使用石葬具究竟是入华粟特后裔在遵守祆教不让死尸污染土地的前提下，适应中土环境的权宜之计，抑或只是出于尊重死者生前生活习惯，让死者像生前那样，以石榻为床，尚难遽断。但考虑到这些墓葬直接使用石椁或石棺床而非木棺陈尸，特别是联系到安伽等人曾担任萨保的事实，我们便不能完全排除他们葬俗的祆教属性。由于目前的考古资料并不系统，发表正式考古报告的只有安伽墓和虞弘墓，且他们的来源及入华时间与景况都不相同，因此很难对其宗教信仰做统一概括。目前比较保守的看法是他们采用了汉地固有的使用石葬具的风俗，但是与同期同类墓葬不同，将尸体直接置于石上，这一点倒与祆教教义暗合，缘因大地乃是善的造物，不能受到尸体的污染[35]。无论如何，其与波斯与中亚本土的祆教葬俗都存在着不同，这一差异应与中古祆教乃粟特祆教“辗转间接”传播而来，而非波斯本原直接导入有关，如何对这种间接传播的利弊作出更精微的文化分析，尚待于资料的进一步发现和认识的进一步提高。

三 唐代祆教葬俗蠡测

从1982～1995年，在距固原西南5公里的羊坊村、小马庄村、王涝壩村发掘出隋墓1座、唐墓8座。其中属羊坊村4座、小马庄村3座、王涝壩村2座。7座出土有墓志铭，除一座为梁元珍墓外，其余6座均为史姓墓。根据墓志记载可知，此史姓即是北朝以来由乌兹别克沙赫里夏勃兹地区东迁，后定居于原州（今宁夏固原）的“昭武九姓”中的史国人。墓葬都坐北朝南，每座墓葬之间距离数百米不等，从东向西呈一字形排列，依次为史索岩墓、史铁棒墓、87M1墓、史诃耽墓、史道洛墓、史射勿墓、史道德墓、82M2墓。仅就有墓志出土的6座史姓墓分析，史射勿墓、史诃耽墓、史道洛墓、史铁棒墓之间是互为子孙的关系，而史索岩和史道德之间则为叔侄关系。但根据墓志所显示出的史姓谱系，两支史氏并不属于同一史姓，却同葬一处墓地，很可能是在某种密切认同关系之下聚族而葬的[36]。从史射勿一家几任萨宝来看，不排除他们世奉祆教的可能性[37]。

史氏墓室分为砖室墓和土洞墓两类。史诃耽墓为砖室墓，规模较大，营造较为考究，有石门、石棺床等。其余6座为土洞墓，其中仅史索岩墓有石门。一些学者大量分析石棺床使用者的身份，认为石棺床的使用是特殊的荣誉，而使用石门的亦为三品以上的贵族和官吏。史射勿墓、史索岩墓、史铁棒墓的棺床乃生土或砖砌成，且前两座墓的棺床有棺木痕迹，是典型的汉地风俗。只有史诃耽墓的棺床以石制成，且未见有发现棺木的记载。史射勿墓志记载：

> 公讳射勿，字槃陀。平凉平高县人也，其先出自西国。曾祖妙尼，祖波波匿，并仕本国，俱为萨宝。父认愁，蹉跎年发，舛此宦途。……世子诃耽、次长乐、次安乐，朝请大夫，次大兴、次胡郎、次道乐、次拒达，并有孝性，俱能追远……［38］

射勿世子诃耽夫妻的墓志记载：

> 君讳诃耽，字说，原州平高县人，史国王之苗裔也。若夫，奕奕崇基，分轩丘而吐胄；悠悠远派，掩妫水而疏疆。……曾祖尼，魏摩诃大萨宝、张掖县令。祖思，周京师萨宝、酒泉县令。父槃陀，隋左领军、骠骑将军。……君濯质五材，资神六气。……隋开皇中，释褐平原郡中正。……高祖太武皇帝，建旗晋水，鞠旅秦川，三灵之命有归，万叶之基爰肇。君遂间行险阻，献款宸极。义宁元年，拜上骑都尉，授朝请大夫，并赐名马杂綵，特敕北门供奉进马。武德九年，以公明敏六闲，别敕授左二监……[39]

学界一般认为诃耽之曾祖尼，即射勿之祖波波匿，“尼同匿是译法用字不固定所致，隋唐间碑志中常有双名单称之惯例，此为多名单省称[40]。”若果真如此，根据墓志诃耽曾祖尼，官至魏摩诃大萨宝、张掖县令，则射勿“曾祖妙尼，祖波波匿，并仕本国，俱为萨宝”一句中之“本国”应理解为中国的北魏，史氏家族迁居平凉则至迟当在5世纪末6世纪初时[41]。到了隋唐之际，史氏家族入华百年，在葬俗上采用汉地风俗是可以理解的，而诃耽“义宁元年，拜上骑都尉，授朝请大夫，并赐名马杂綵，特敕北门供奉进马。武德九年，以公明敏六闲，别敕授左二监。”不再担任胡人聚落内部的首领萨宝。由于诃耽生前享有高官，故在墓室的营造上较他人考究。

北朝诸墓葬主人是生活在粟特聚落之中，其入华未久，更易保持本民族传统。而固原史氏虽然聚族而葬，但很难说其生活在粟特聚落之中。故其墓葬更接近于汉地风俗。这一差异符合粟特聚落东迁的历史进程，越是时代较早、入华未久者，越容易保持本族传统。这种情况也与北朝隋唐时期的社会历史环境密不可分。处于分裂状态的北朝时期，尽管北魏孝文帝实行汉化措施，但并未形成统一的礼制。北朝末年北部地区仍然发生了旨在强化胡族风气的行为：

> 故自宣武以后，洛阳之汉化愈深，而腐化乃愈甚，其同时之代北六镇保守胡化亦愈固，即反抗洛阳之汉化腐化力因随之而益强，故魏末六镇之乱，虽有诸原因，如饥馑虐政及府户待遇不平之类，然间接促成武泰元年四月十三日尔朱荣河阴之大屠杀实胡族对汉化政策有意无意中之一大表示，非仅尔朱荣、费穆等一时之权略所致也。其后高欢得六镇流民之大部，贺拔岳、宇文泰得其少数，东西两国俱以六镇流民创业，初自表面观察，可谓魏孝文迁都洛阳以后之汉化政策遭一大打击，而逆转为胡化，诚北朝政治社会之一大变也[42]。

《隋书》卷七《礼仪志二》也多有记载北朝事胡天之风盛行的情况：

> 后齐，正月晦日，中书舍人奏祓除。年暮上台，东宫奏择吉日诣殿堂，贵臣与师行事所须，皆移尚书省备设云。
>
> 后主末年，祭非其鬼，至于躬自鼓舞，以事胡天。邺中遂多淫祀，兹风至今不绝。后周欲招来西域，又有拜胡天制，皇帝亲焉。其仪并从夷俗，淫僻不可纪也[43]。

公元581年，隋文帝即位后，即大规模制礼，开皇初，成“《隋朝仪礼》一百卷，牛弘撰”[44]，“（开皇）五年（585年）春正月戊辰，诏行新礼”[45]。隋文帝统一中国后，“隋氏平陈，寰区一统，文帝命太常卿牛弘集南北仪注，定《五礼》一百三十篇。炀帝在广陵，亦聚学徒，修《江都集礼》。由是周、汉之制，仅有遗风[46]。”通过这几次制礼活动，隋朝对西晋以后撰作的“五礼”作了一次系统的总结，它顺应了新的统一格局出现之后的现实需要[47]。唐礼袭用隋礼，并经过几次修订，见于《新唐书》一一礼乐志：

> 唐初，即用隋礼，至太宗时，中书令房玄龄、秘书监魏征，与礼官、学士等因隋之礼，增以天子上陵、朝庙、养老、大射、讲武、读时令、纳皇后、皇太子入学、太常行陵、合朔、陈兵太社等，为《吉礼》六十一篇，《宾礼》四篇，《军礼》二十篇，《嘉礼》四十二篇，《凶礼》十一篇，是为《贞观礼》。
>
> 高宗又诏太尉长孙无忌……等增之为一百三十卷，是为《显庆礼》。

（玄宗开元）十四年，通事舍人王岩上疏，请删去《礼记》旧文而益以今事，诏付集贤院议。学士张说以为《礼记》不刊之书，去圣久远，不可改易，而唐《贞观》《显庆礼》，仪注前后不同，宜加折中，以为唐礼。乃诏集贤院学士右散骑常侍徐坚、左拾遗李锐及太常博士施敬本撰述，历年未就而锐卒，萧嵩代锐为学士，奏起居舍人王仲丘撰定，为一百五十卷，是为《大唐开元礼》。由是，唐之五礼之文始备，而后世用之，虽时小有损益，不能过也[48]。

到开元二十年（732年），《大唐开元礼》修成，对此前的“五礼”制度作了一次系统的总结，进而又奠定了以后中国王朝礼典的基本结构，“唐之五礼之文始备，而后世用之，虽时小有损益，不能过也。”在这种情况下，当时的胡裔墓葬恐不易像前朝先辈那样在葬俗上更多保持本族传统。

根据《通典》卷八十五“棺椁制”条载：“大唐制，诸葬不得以石为棺椁及石室。其棺椁皆不得雕镂彩画、施户牖栏槛，棺内又不得有金宝珠玉[49]。”唐代墓葬采用石棺椁及石室者，见于皇陵和一些贵族墓葬中，如唐太宗昭陵：“宫室制度闳丽，不异人间，中为正寝，东西厢列石床，床上石函中为铁匣，悉藏前世图书[50]。”虞弘死后16年的李静训墓中使用了一具雕刻精美的房形石椁[51]。又过了22年，唐朝贵族李寿也被安葬在一具规模宏大的房形石椁中，这具石椁现存西安碑林博物馆[52]。齐东方先生认为，唐代凡出现石椁的墓多与“别敕葬者”的特礼埋葬有关[53]。巫鸿先生指出：“这些唐代房形石椁的图像装饰中不再具有明显的粟特或祆教内容[54]。”上文论述的北朝隋诸胡裔墓葬中发现有石棺或石椁、石床，而隋唐时代固原史氏墓葬却几不见如此奢华的石葬具，证实了《通典》“棺椁”条所记属实。

1981年洛阳发现的安菩墓也遵守《通典》所载“诸葬不得以石为棺椁及石室”的规定。安菩墓为“单室土洞墓”，主要随葬品有三彩俑、金币、瓷器、铜器共129件。“墓室的东西两边各有一高0.35米的棺床。两棺床各一面靠墓壁，另三面以石条包边，内填活土，长2.4、宽1.3米左右。棺床上各置一棺，棺木已朽，仅见铁棺钉数枚。人架已朽成黄白色粉末，可辨其头向朝南[55]。”据赵振华、朱亮二氏撰《安菩墓志初探》，其志文即其子安金藏所撰，志云：

君讳菩字萨，其先安国大首领。破匈奴，衙帐百姓归中国。首领同京官五品，封定远将军，首领如故。曾祖讳钵达干，祖讳系利[56]。

则安氏原来自粟特之布哈拉，为安国大首领，后入附东突厥，得突厥式职官“达干”（tagan）。就安氏父子的宗教信仰，有学者认为其信奉祆教[57]。近日，蔡鸿生先生撰文，从人、事、例、证四个方面力证安金藏剖腹表忠一事定性为粟特人祆教信仰在唐代的文化遗迹是不能成立的。从而证明安氏家族进入六胡州时已经突厥化、汉化（通过其佛教信仰表现出来）了[58]。正因为其信奉汉地的佛教，因此安菩墓葬中虽有棺床，但却为土制，其棺亦为木馆。与前引安伽、虞弘等人墓葬采用石棺绝不相类，似可从两者宗教信仰之不同上寻找原因。

现在唯一可确认的入华祆教墓葬为上文已提及的晚唐苏谅妻马氏墓。然而，我们对其墓葬情况一无所知，根据当年的发掘简报："此处东边紧靠唐长安城外郭，位于汉长安城以南，附近建筑遗迹很多。在处理地基时发现有许多墓葬。这些墓葬均因出于文化层堆积中，墓坑既较浅，近代墓又多，所以这墓在发现时已被破坏，人骨以及其他出土物也被搅乱而不可知。发现墓志后，编为2号墓[59]。"张广达先生曾指出："苏谅妻马氏墓志内涵的丰富，使我们对原墓被毁，葬式不明至为惋惜。这位波斯少妇是按照怎样的习俗被送终的呢？她的遗骨是被送进了伊朗式的瘗龛，还是被纳入了瘗骨瓮，或是埋入了汉式坟墓？因为人们知道，以 daxmak 称祆教的天葬之地点，乃较晚时期的情况，astōdān 本义为墓，以 astōdān 指称瘗骨瓮（othotheca，ossuary），也是较晚时期的情况[60]，可惜有关马氏葬仪这一切我们都已无从推测了。特别是在我们对于伊朗地区、花剌子模、粟特、七河流域的祆教信徒的不同葬式和类型有了一定了解的时候，这一链条独独缺少了东土环节而无法进行对比研究，更令人倍增遗憾[61]。"根据墓志，马氏逝于咸通十五年（874年），享年26岁，属晚唐时期[62]。我们考察了波斯和中亚地区的祆教葬俗，也考察了北朝隋唐时期若干胡裔墓葬的葬式，马氏生于晚唐时期，尽管她是虔诚的祆教徒，很可能在葬式上必须遵守汉地规定。至于其是否如同19世纪澳门和广州巴斯人墓地那样，用石棺盛尸体，以遵守本教教义，在葬式上却采用汉地的土葬[63]，唯有待资料的新发现始能作出分析。

注 释

[1] 清·焦循撰、沈文倬点校：《孟子正义》卷11，上册，404页，中华书局，1987年。

[2] 陈华文著：《丧葬史》，139页，上海文艺出版社，1999年。

[3] 徐吉军、贺云翱著：《中国丧葬礼俗》，181～215页，浙江人民出版社，1991年。

[4] 清·孙希旦撰，沈啸寰、王星贤点校：《礼记集解》卷46，下册，1218～1220页，中华书局，1989年。

[5] 李希泌主编：《唐大诏令集补编》，948页，上海古籍出版社，2003年。

[6]《旧唐书》卷一百一十二。

[7]《宋史》卷一二五《礼志》二八。

[8] 宋·胡寅撰、容肇祖点校：《崇正辩斐然集》卷二十《悼亡别记》，412页，中华书局，1993年。

[9] 宋·程颢、程颐著，王孝鱼点校：《二程集》第一册，58页，中华书局，1981年。

[10] 宋·王安石著，唐武标校：《王文公文集》卷三十二《闵习》，381页，上海人民出版社，1974年。

[11] 宋·汪应辰:《文定集》卷二十三《龙图阁学士王公墓志铭》第四册,283页,丛书集成初编本,上海商务印书馆,1935年。

[12] 宋·真德秀:《西山先生真文忠公文集》卷四十五《宋故乡贡进士黄君墓志铭》,698页,四部丛刊初编本,上海商务印书馆。

[13] 宋·胡寅撰、容肇祖点校:《崇正辩斐然集》,412页,中华书局,1993年。

[14] 宋·周煇撰、刘永翔校注:《清波杂志校注》卷十二,508页,中华书局,1994年。

[15] J. Darmesteter transl., *The Zend - Avesta*, Part I, *The Vendīdād*, in F. Max Müller ed., *Sacred Books of the East*, Vol. IV, Oxford University Press, 1887; repr. Motilal Banarsidass, 1965, 1969, 1974, 1980, pp. 31 ~ 33.

[16] 参阅拙文《祆教释名》,提交"学艺兼修汉学大师——饶宗颐教授九十华诞国际学术研讨会"论文,2006年12月13~16日,香港大学。待刊《华学》第九辑,上海古籍出版社,2008年。

[17] 姜伯勤:《中国祆教画像石的"语境"》,提交"古代中外关系史:新史料的调查、整理与研究"国际学术研讨会论文,2002年11月15~16日,北京大学,刊《中外关系史:新史料和新问题》,233~238页,科学出版社,2004年;并见氏著《中国祆教艺术史研究》,25~32页,生活·读书·新知三联书店,2004年;施安昌:《六世纪前后中国祆教文物叙录》,提交"古代中外关系史:新史料的调查、整理与研究"国际学术研讨会论文,刊《中外关系史:新史料和新问题》,239~246页,科学出版社,2004年;并见氏著《火坛与祭司鸟神》,186~197页,紫禁城出版社,2004年;张庆捷:《入乡随俗与难忘故土——入华粟特人石葬具概观》,《从撒马尔干到长安——粟特人在中国的文化遗迹》,9~16页,北京图书馆出版社,2004年。

[18] 荣新江:《粟特系祆教的流传及其在艺术上的影响》,提交"汉唐之间:文化互动与交融学术研讨会"论文,北京大学考古系,2000年7月5~9日,经修订作《粟特祆教美术东传过程中的转化——从粟特到中国》,刊《汉唐之间文化艺术的互动与交融》,51~72页,文物出版社,2001年;此据《中古中国与外来文明》,318页,生活·读书·新知三联书店,2001年。

[19] 张庆捷:《入乡随俗与难忘故土——入华粟特人石葬具概观》,《从撒马尔干到长安——粟特人在中国的文化遗迹》,10页,北京图书馆出版社,2004年。

[20] 杨泓:《北朝至隋唐从西域来华民族人士墓葬概说》,《吐鲁番学研究——第二届吐鲁番学国际学术研讨会论文集》,269~273页,上海辞书出版社,2006年。

[21] 晋·葛洪撰:《西京杂记》,古小说丛刊本《燕丹子 西京杂记》,41~42页,中华书局,1985年。有关《西京杂记》为葛洪伪作的考证,参阅余嘉锡《四库提要辨证》下册,853~862页,云南人民出版社,2004年。《朱子语类》卷一三八《杂类》亦记"世间伪书如《西京杂记》,颜师古已辨之矣。"见宋·黎靖德编、王星贤点校:《朱子语类》第八册,3278页,中华书局,1994年。

[22] 宋·黎靖德编、王星贤点校:《朱子语类》,中华书局,1986年。

[23] 罗二虎:《汉代画像石棺》,巴蜀书社,2002年。

[24] 山西省考古研究所、大同市考古研究所:《大同市北魏宋绍祖墓发掘简报》,《文物》2001年第7期,19~39页。

[25] Wu Hong, "A Case of Cultural Interaction: House - shaped Sarcophagi of the Northern Dynasties", *Orientations*, 34.5, May 2002, pp. 34 ~ 41. 中译本见［美］巫鸿著、郑岩译：《"华化"与"复古"——房形椁的启示》，《南京艺术学院学报》（美术与设计版）2005年2期，1~6页；又刊《礼仪中的美术——巫鸿中国古代美术史文编》，659~671页，生活·读书·新知三联书店，2005年。

[26] 王银田、刘俊喜：《大同智家堡北魏墓石椁壁画》，《文物》2001年7期，40~51页。

[27] Wu Hong, "A Case of Cultural Interaction: House - shaped Sarcophagi of the Northern Dynasties", pp. 34 ~ 41. 中译本见［美］巫鸿著、郑岩译：《"华化"与"复古"——房形椁的启示》，《南京艺术学院学报》（美术与设计版）2005年2期，2页；又刊《礼仪中的美术——巫鸿中国古代美术史文编》，663~664页，生活·读书·新知三联书店，2005年。

[28] 陕西省文管会：《西安郭家滩隋姬威墓清理简报》，《文物》1959年8期。

[29] 山西省考古研究所、太原市文物考古研究所、太原市晋源区文物旅游局：《太原隋虞弘墓》，47页，文物出版社，2005年。

[30] 陕西省考古研究所编著：《西安北周安伽墓》，87页，文物出版社，2003年。

[31] 林悟殊：《西安北周安伽墓葬式的再思考》，《考古与文物》2005年5期，60~71页。

[32] 西安市文物保护考古所：《西安北周凉州萨保史君墓发掘简报》，《文物》2005年3期，7页。

[33] 程林泉、张翔宇：《西安北郊再次发现北周粟特人墓葬》，《中国文物报》2004年11月24日第1版；孟西安：《西安再次发现北周粟特人墓葬证实：千年前长安已是国际性都市》，《人民日报》（海外版）2004年11月25日第7版。

[34] 林悟殊：《西安北周安伽墓葬式的再思考》，《考古与文物》2005年5期，68~69页。

[35] Mary Boyce, *A Persian Stronghold of Zoroastrianism*, Oxford: Oxford University Press, 1977, repr. University Press of America: Lanham · New York · London, 1989. p. 148. 中译本参考［英国］玛丽·博伊斯著，张小贵、殷小平译：《伊朗琐罗亚斯德教村落》，159~160页，中华书局，2005年。

[36] 张庆捷：《入乡随俗与难忘故土——入华粟特人石葬具概观》，《从撒马尔干到长安——粟特人在中国的文化遗迹》，15页，北京图书馆出版社，2004年。罗丰：《胡汉之间——"丝绸之路"与西北历史考古》，247页，文物出版社，2004年。

[37] 林悟殊：《火袄教在唐代中国社会地位之考察》，《戴裔煊教授九十诞辰纪念文集：澳门史与中西交通研究》，169~196页，广东高等教育出版社，1998年；《中古三夷教辨证》，256~283页，中华书局，2005年。

[38] 罗丰：《大隋正议大夫右领军骠骑将军故史府君之墓志铭》，《胡汉之间——"丝绸之路"与西北历史考古》，477页，文物出版社，2004年；《固原南郊隋唐墓地》，17~19页，文物出版社，1996年。

[39] 罗丰：《唐故游击将军、虢州刺史、直中书省史公墓志铭并序》，《胡汉之间——"丝绸之路"与西北历史考古》，483~484页，文物出版社，2004年；《固原南郊隋唐墓地》，68~72页，文物出版社，1996年。

[40] 罗丰：《固原南郊隋唐墓地》，187页，文物出版社，1996年。

[41] 论者多认为此处之本国应指中亚史国。如荣新江(《中古中国与外来文明》,75 页,生活·读书·新知三联书店,2001 年)认为史氏一家落籍平凉应从射勿父辈开始,从史射勿初入仕北周的年代,推测其家东迁的时间当在北魏末年。而罗丰先生虽然认为“史射勿祖辈入居中国的年代当在北魏中期”,但仍认为其祖辈所仕之本国为史国,见《固原南郊隋唐墓地》,186 页,文物出版社,1996 年。

[42] 陈寅恪:《隋唐制度渊源略论稿》,42 页,上海古籍出版社,1982 年及 48 页,生活·读书·新知三联书店,2001 年。

[43]《隋书》卷七。

[44]《隋书》卷八;《隋书》卷三十三。

[45]《隋书》卷一。

[46]《旧唐书》卷二一。

[47] 杨志刚:《中国礼仪制度研究》,166 页,华东师范大学出版社,2001 年。

[48]《新唐书》卷一一。

[49]《通典》卷八十五。

[50]《新五代史》卷四十。

[51] 成建正:《西安碑林博物馆》,84 页,陕西人民出版社,2000 年。

[52] 陕西省博物馆、文管会:《唐李寿墓发掘简报》,《文物》1974 年 9 期,71 ~86 页。

[53] 齐东方:《略论西安地区发现的唐代双室砖墓》,《考古》1990 年 9 期,859 页。当然也有例外,如山西万荣薛儆墓,墓内放置了雕刻华丽的庑殿顶石椁,考薛儆虽为(唐睿宗)皇婿,但其升迁变故的最后官职是在下降,其墓使用丧葬礼仪中极为特殊的石椁,“也许是薛儆家族想利用薛儆之死以获得荣誉,私下撰好墓志,等待谥号颁下,没想到请谥等要求未得其果,为了避免违礼僭越的罪名,只好毁坏已经绘制完毕的越制壁画,打碎石墓表、武士,最后只剩下盛放尸体的石椁,草草收场埋葬”,见齐东方:《唐代的丧葬观念习俗与礼仪制度》,《考古学报》2006 年 1 期,62 页。

[54] Wu Hong, “A Case of Cultural Interaction: House - shaped Sarcophagi of the Northern Dynasties”, pp. 34 ~41. 中译本见 [美] 巫鸿著、郑岩译:《“华化”与“复古”——房形椁的启示》,《南京艺术学院学报》(美术与设计版) 2005 年 2 期,5 页;《礼仪中的美术——巫鸿中国古代美术史文编》,671 页,生活·读书·新知三联书店,2005 年。

[55] 洛阳文物工作队:《洛阳龙门唐安菩夫妇墓》,《中原文物》1982 年 3 期,21 ~26、14 页。

[56] 赵振华、朱亮:《安菩墓志初探》,《中原文物》1982 年 3 期,37 ~40 页。

[57] 如雷闻:《割耳剺面与刺心剖腹——从敦煌 158 窟北壁涅槃变王子举哀图说起》,《中国典籍与文化》2003 年 4 期,95 ~104 页。此文简本以《割耳剺面与刺心剖腹——粟特对唐代社会风俗的影响》为题,《从撒马儿干到长安——粟特人在中国的文化遗迹》,41 ~48 页,北京图书馆出版社,2004 年。

[58] 蔡先生此说最早于 2004 年 12 月 20 日中山大学历史系中外关系史专业“学理与方法”课堂所作“专门史与通识”讲演中提出,后收入陈春声主编:《学理与方法——蔡鸿生教授中山大学五十周年纪念文集》,4 ~6 页,香港博士苑出版社,2007 年。

[59] 陕西省文物管理委员会:《西安发现晚唐袄教徒的汉、婆罗钵文合璧墓志——唐苏谅妻马氏墓志》,《考古》,1964 年 9 期,458 页。
[60] Mary Boyce, *A History of Zoroastrianism*, Vol. I, Leiden 1975, p. 109.
[61] 张广达:《再读晚唐苏谅妻马氏双语墓志》,《国学研究》第十卷,16~17 页,北京大学国学研究院中国传统文化研究中心,2002 年。
[62] 作铭:《唐苏谅妻马氏墓志跋》,《考古》1964 年 9 期,458~461 页;又收于《夏鼐文集》下卷,108~111 页,社会科学文献出版社,2000 年。
[63] 参阅陈颖川:《澳门与中国十九世纪的琐罗亚斯德社群(下)》,《澳门杂志》总 44 期,84~97 页,2005 年 2 月;郭德焱:《清代广州的巴斯商人》,160~178 页,中华书局,2005 年。

民族考古学历史与理论

"国立中山大学语言历史学研究所"往事

刘文锁
（中山大学人类学系）

［内容提要］本文回顾了1927～1931年间由傅斯年、顾颉刚等人在国立中山大学成立的"语言历史学研究所"若干史实，围绕语史所和稍后成立的中央研究院历史语言研究所之间的关系、傅斯年等人选择语言学和历史学的用意、语史所的学术架构及其遗产等几方面问题，着力探讨了中国考古学与人类学之间的早期关系问题。

［Abstract］ This article reviewed some facts of the Institute of Language and History（ILH）, National Sun Yat－sen University, established by Fu Sinian（傅斯年）and Gu Jiegang（顾颉刚）in 1927 and lasted till 1931. These questions concerning to this Institute were discussed：（1）the relation between the Institute of Language and History and the Institute of History and Philology, Academia Sinica；（2）the intention of Fu' s and others' while they founded the two Institutes aiming at and titled history and language；（3）the academic constitution, perspective, and legacy of ILH. It is clearly reflected, through these discussions, the early relationship between archaeology and anthropology in China.

80年前，在广州先后成立了两个历史学、语言学研究所，一个是1927年成立的"国立第一中山大学语言历史学研究所"[1]；另一个是翌年在国民政府新成立的中央研究院下，由傅斯年（1896～1950年）、顾颉刚（1893～1980年）、杨振声（1890～1956年）三人筹备成立的"中央研究院历史语言研究所"。前者存续了三年多时间，即告改组；后者历经变局，经营至今，其下属的考古组在李济（1896～1979年）主持下，曾开展了民国历史上最主要的考古发掘——安阳殷墟遗址发掘。这两个研究所，都是以语言学、历史学为名，一脉相承，而且创始人、地点都相同。在一个"革命尚未成功"的纷乱时局里，选择看上去与国计民生没有直接关系的语言学、历史学作为发展科学的目标，而且以"建设许多的新学问"为志向，这个做法，今天想起来还有值得回味之处；而且两个同名研究所的关系及其学术取向，对本校学术传统以及中国"民族考古学"的历史来讲，都是个话题。所以，今天借讨论民族考古学问题的机会重提旧事，略抒己见，也是因为前车可鉴的缘故，也供识者批评、指正。

一 语史所和史语所的关系

1926年底，原国立第一中山大学遵照国民政府训令进行改组后，聘请了一批名教授，其中有鲁迅、顾颉刚、许德珩等人，以及从德国留学返国不久的傅斯年。傅于12月抵校，1928年11月离职，入长新成立的中央研究院历史语言研究所[2]。鲁迅是1927年1月18日自厦门大学抵校，同年6月6日辞职。顾颉刚晚于鲁迅三个月（4月17日）自厦大抵达，1929年2月初辞职[3]。这次改组，涉及一场易名引起的调查和教授辞职风波，以及国民党党内派系斗争，背景比较复杂。它的直接后果之一，就是促成了一批学界名流在中大作了大量的学术建设，“国立中山大学语言历史学研究所”的创建，就是其中之一项。

力倡“新史学”而欲在视野、方法和史料上寻求突破的傅斯年，在此之前尚无用武之地。出于朱家骅（时任改组成委员会制度[4]的学校委员）的推荐，他被中大任命为文科[5]主任兼哲学系主任（以后又陆续兼任了中国语言文学系、史学系的主任）。1927年8月，傅斯年和顾颉刚等开始筹备成立语言历史学研究所。至11月1日，由这个研究所编辑的刊物《国立第一中山大学语言历史学研究所周刊》创刊[6]，同时也意味着这个研究所的成立。就在同一天，顾颉刚、钟敬文和容肇祖等人发起的民俗学会（容肇祖任主席）也宣告成立。

傅斯年在1928年的1月，向时任中华民国大学院院长的蔡元培写信，建议正在筹建中的中央研究院下设置一个历史语言研究所。很显然，这是将他在中大创立的事业向中研院延伸。到了3月，他的建议得到了采纳，他本人和顾颉刚、杨振声三人被委任为常务筹备委员[7]。傅从这年夏天开始，辞去中大教职，专事于研究所的筹备工作，办公地点设在中大校内。10月史语所正式成立，所址暂设在中大校内[8]。傅离职后由顾颉刚接任语史所主任。这样，两个同名的研究所在同一个地方共存着，成为学术史上很有趣的一个现象。

这两个研究所的关系，实际上一目了然：当年北大的一对老同学——“最敢放言”的傅斯年和新“疑古学派”鼻祖顾颉刚，在一年之内在同一个地方，共同筹建了同一学术视野和目标的两个研究所，为了区别起见，将名称作了次序调整，“语言历史学”改成“历史语言”（关于其实质内容的差异，在后文讨论）。

二 为什么是语言学历史学

在回顾这两个研究所的历史时，最有意义的问题，也许要算是当年傅斯年和顾颉刚，为什么把目标瞄准在了语言学和历史学上。

在1920年代，困扰中国史学的最大问题之一，是“史料的扩充”和研究方法的改革，这是因受西方影响而发生的史学思想变革所致。梁启超在1902年（光绪二十八年）发表的《新史学》里说：“于今日泰西通行诸学科中，为中国所固有者，惟史学。史学者，学问之最博大而最切要者也，国民之明镜也，爱国心之源泉也。今日欧洲民族主义所以发达，列国所以日进文明，史学之功具其半焉[9]。”鼓吹“史界革命”。后来他写《中国历史研究法》（20世纪20年代）专门讨论方法问题[10]。梁、傅等人的新史学思想，一部分是受到19世纪后期至20世纪前期西方列强学者在我国西北大肆考古、考察的影响，启发了新史学的视野后自然生长出来的认识，聚焦于方法上面，甚至达到变本加厉的地步（也就是当时很多人所追求的“革命”效果）。此外，那个年代还面临所谓“科学”的问题。由傅斯年执笔撰写的《国立中央研究院十七年度总报告》里，有这样的阐述：

> 中央研究院设置之意义，本为发达近代科学，非为提倡所谓固有学术。故如以历史语言之学承固有之遗训，不欲新其工具，益其观念，以成与各自然科学同列之事业，即不应于中央研究院中设置历史语言研究所，使之与天文、地质、物理、化学等同伦。今者决意设置，正以自然科学看待历史语言之学。
>
> 此虽旧域，其命维新。材料与时增加，工具与时扩充，观点与时推进，近代在欧洲之历史语言学，其受自然科学之刺激与补助，昭然若揭。以我国此项材料之富，欧洲人为之羡慕无似者，果能改从新路，将来发展，正未有艾。故当确定旨趣，以为祈向，以为工作之径，以吸引同好之人。此项旨趣，约而言之，即扩充材料，扩充工具，以工具之施用，成材料之整理，乃得问题之解决；并因问题之解决，引出新问题，更要求材料与工具之扩充；如是伸张，乃向科学成就之路[11]。

新问题、新方法、新材料这“三新”问题及其相互关系，归根结底在一个“新”字，这是近代以来我国学术的命数！新方法（新工具）是获得新史料和新知的最有效途径。新史料的来源，当然不能依赖传统治学的路子，所以，采用新方法、手段以获得新史料，在当时是一种强烈的信念。这是所谓新、旧“典范”转型的特殊时期。在寻求新典范的途径中，欧洲学术界的东方历史语言学研究的辉煌成就和经验，起到了至关重要的作用。

欧洲学者之治东方历史语言学，可以追溯到1822年商博良（J. F. Champollion，1790～1832年）解读“罗塞塔石碑”（三语）。以后在法、英、德、丹麦各国，随着考古新发现的语文资料（各种质料的文字等）而层出不穷，尤其是斯坦因（M. A. Stein）在尼雅、楼兰、敦煌等地挖掘的文字资料（1900～1931年），加上伯希和（P. Pelliot）所得（1906～1907年），对中国学者的刺激尤甚。陈寅恪在欧美游学的学术志趣（1910～1925年），就是个极好的例证[12]。到傅斯年负笈留学英、德时（1920～1926年），像伦敦大学、柏林大学等东方历史语言学研究中心正如日中天，他的与陈寅恪相似的博猎学科的独特求学方式，虽然涉猎了实验心理学和生理学、数学、哲学、近代物理、文学、政治学、历史学等，但目的是了解西方科学的精髓，并以此为借鉴创建中国之“科学的东方学”。

解析语言历史学研究所和历史语言研究所的方法论，在新材料的获取上，有三项根本之处：一是语言学资料，二是考古学资料，三是民族志资料（当时称作是民俗资料）。这三方面资料的获得和分析，将可以构筑一座“与世界接轨”的新史料大厦。在这里，史学的“话语权”很明显。

以语言学研究作为获得新史料的突破口，是傅斯年的创建。前引《总报告》里解释的比较清晰。傅的主张，我们还可以从他撰写的《国立第一中山大学语言历史学研究所周刊·发刊词》[13]及《中央研究院历史语言研究所工作之旨趣》里，得到进一步的了解。《国立第一中山大学语言历史学研究所周刊·发刊词》说：

> 语言学和历史学在中国发端甚早，中国所有的学问比较成绩最丰富的也应推这两样，但为历史上种种势力所缚，经历了二千余年还不曾打好一个坚实的基础。我们生当现在既没有功利的成见，知道一切学问，不都是致用的。又打破了崇拜偶像的陋习，不愿把自己的理性屈伏于前人的权威之下，所以我们正可承受了现代研究学问的最适当的方法，来开辟这些方面的新世界。语言历史学也正和其他的自然科学同目的同手段，所差只是一个分工[14]。

另一条途径的民俗学，顾颉刚是主要的创建者。在1924年作的《研究古史的计划》里，他提出：

> 前年作的计划，大致的意思，是一方面增进常识，一方面从事研究。在研究上，要先弄明白了古代的史实，然后再考各种书籍的时代和地域，考明之后便在里面抽出那时的传说中的古史，加以系统的整理；更研究了考古学去审定实物，研究了民俗学去认识传说中的古史的意义。这确是一条最切实的道路，必须把这条道路按部就班地走完了之后，始可把我的研究古史的责任脱卸[15]。

顾氏所说“民俗学”，与今日所说的人类学有相通之处。此种研究旨在获取认识古史的活态“新材料”，而方法上也堪称“维新”。这是当时一批有志气的知识分子普遍认识到的[16]。当年与顾氏联手开创中国民俗学的，除钟敬文外，还有东莞容氏昆仲（容庚、容肇祖）等人[17]。容肇祖（元胎）是在1927年春任教中山大学，当时任预科国文教员兼哲学系讲师，顾任史学系教授兼系主任。这些志同道合者很热心地做过在广东当地的民俗学调查。1928年，顾颉刚曾将他们在妙峰山的调查报告集为《妙峰山》一册，在国立中山大学语言历史学研究所作为《民俗学会丛书》出版。11月创刊的《国立第一中山大学语言历史学研究所周刊》，在“发刊词”里提出了一个激动人心的奋斗目标和工作途径：

我们要实地搜罗材料，到民众中寻方言，到古文化的遗址去发掘，到各种的人间社会去采风问俗，建设许多的新学问[18]！

1928年12月，中山大学语言历史学研究所考古学会会员合影

（左起：容肇祖、黄仲琴、沈鹏飞、商承祚、顾颉刚、余永梁等）

至11月创办民俗学会，民俗学的建设目标已经付诸实践：1928年4月设立民俗学传习班，至7月传习班第一届毕业；1928年春，《民间文艺》改名《民俗周刊》，仍由钟敬文负责编辑，3月21日出版第一期，至夏天钟敬文为中大辞退改由容肇祖主编，至1932年容肇祖离校，共出版123期；1928年12月，顾颉刚接替傅斯年任中山大学语言历史学研究所主任，他致函中大校长推举容肇祖为民俗学会主席，商承祚为考古学会主席；顾在中大期间，曾多次随容肇祖考察东莞、澳门、香港、佛山等地民间信仰及宗教，等等。不过，我们不应忘记，语言学也好，民俗学也好，考古学也好，以及“许多的新学问”，都是傅斯年和顾颉刚呕心构建的一座具现代性的科学大厦的砖瓦，这座大厦用“新史学”来概括已不适宜，而是一个新知识体系。

三 语史所的学术架构

语史所的学术架构，出自傅斯年和顾颉刚两人的共同理念，而且影响及胡适[19]。后来成立的中研院史语所，除了继承语史所的名称外，在学术视野和工作旨趣等上也继承并发挥了。

语史所《周刊》的“发刊词”，一开篇就说：

> 我们生在此际，应该永远想着：这个时代是一个怎么样的时代？我们研究的学问有怎么大的范围？我们向哪里寻材料？我们整理学问的材料应当用怎样的方法？能够这样，我们自然可以在前人的工作之外开出无数条的新道路，不致拘守前法，不能进步[20]。

语史所的学术架构，从研究所创立后开始的研究生招生计划里也得以显现：本年（1927年）招收20位研究生[21]，《招生简章》规定：除本人的研究题目外，“并集合校内教授导师及校外参加人，为下列之集众工作：

（甲）南中方言调查；

（乙）广东及邻省之民俗及人类学材料征集（创设人类学馆）；

（丙）民间音乐之研究；

（丁）广东古物调查及征集（创设历史博物馆）；

（戊）广东通志以新定体制及方则重修之；

（己）语言及国语之教育法研究；

（庚）公文之研究；

（辛）汉字之见于经传及骨甲金刻文者之汇集；

（壬）发刊中国语言历史学之目录学报。”

语史所的设置，包括下列各组或研究方向：实验语音，汉语，汉字，考古，文籍校订，民间文学，中国乐梵汉番经论校读，民俗学，人类学，中国古代史，近代史料，英语学，英当代文学等[22]。这个“集众工作”至傅斯年撰写《历史语言研究所工作之旨趣》时，修订为：

一、文籍考订；

二、史料征集；

三、考古；

四、人类及民物；

五、比较艺术；

六、汉语；

七、西南语；

八、中央亚细亚语；

九、语言学[23]。

这个庞大的计划，要想实行起来是件无比艰难的事。这都是在构建一幅科学体系的"蓝图"。到了史语所时，傅斯年的设想更大胆了，他的西南语和中央亚细亚语，都"脱了纯中国史料之范围"，而达致一个"以世界为范围"的境界：

> 我们最要注意的是求新材料，第一步想沿京汉路，安阳至易州，安阳殷墟以前盗出之物并非彻底发掘，易州邯郸又是燕赵故都，这一带又是卫邶故域。这些地方我们既颇知其富有，又容易达到的，现在已着手调查及布置，河南军事少静止，便结队前去。第二步是洛阳一带，将来一步一步地西去，到中央亚细亚各地，就脱了纯中国材料之范围了。为这一些工作及随时搜集之方便，我们想在洛阳或西安敦煌或吐鲁番疏勒，设几个工作站，"有志者事竟成"[24]！

第十八期《语史所周刊》的"学术界消息"，发布了一条"文科最近之施展"，说语史所在顾、傅主持下，近期"对于考古、语言、历史、民俗诸学，已定有相当研究计划"，也是未来史语所工作之先声：

（甲）考古学

（一）到河南陕西等处发掘，以显现古代历史之真相；

（二）设立博物院；

（三）印行古器物图谱；

（四）设立考古学会。

（乙）语言文字学

（一）调查方言新音；

（二）编纂新字典；

（三）集合古今训诂书籍，编一汇集。

（丙）历史学

（一）印行史料集刊；

（二）将各种史书作统计研究；

（三）派员到各地作人类学之调查。

（丁）民俗学

（一）征集各地风俗物品，设风俗博物馆；

（二）印行民俗学丛书及周刊；

（三）印行风俗物品图谱[25]。

一个有趣的事，是这两个研究所的学术大厦设计中，都有考古学和人类学的位置，而这两门学科直至哈佛大学人类学博士李济毕业归国主持殷墟发掘时止，都处在“很普遍的误会”的阶段。当时包括梁启超、蔡元培、傅斯年、顾颉刚等人在内，都普遍地把现代田野考古学等同于宋代金石学之延续（即金石学为考古学之“前身”说）。李济1930年写《现代考古学与殷墟发掘》时，对此作了严格的批判[26]。我们今天也可以看出，傅斯年等人在创建“新史学”之时，他们个人的学术激情和性格等主观因素发挥着巨大的影响力。不过，那个年代出现这种情况，今天看来都是可以理解的。

对我们今天来讲，语史所当年所作的最有意义的事之一，是在研究所下创设了四个学会（民俗学、考古学、历史学、语言学会）[27]。其中，考古学会于1927年筹备，翌年12月14日正式成立，由商承祚教授任主席，至1930年商离校后停止，存在时间加上筹备期共三年左右。历史学会、语言学会筹备较晚（1929年11月）。这是个令人难忘的时代，人才辈出，思想锐进，新知风起云涌。这是个难得的建设时期，尽管有些粗糙，但是开创了风气，也为未来的发展奠下了基础。我们感兴趣的，是语史所的学术架构：很显然，它不仅仅是为了“建设许多的新学问”，还昭示着一种新科学，这是我们今天所可借鉴的。

四 语史所的遗产

随着灵魂人物的调离（傅斯年1928年11月离开中大去了新成立的中研院史语所，顾颉刚于1929年2月初辞职去了北京），语史所的维持变成了问题。顾颉刚离职后，语史所改由商承祚任代理主任，至其1930年辞职时止。1931年，文科主任刘奇峰教授兼任研究所主任，将研究所改名为文史研究所。它保留了考古组，并继续开展人类学调查等活动。

这个具有历史意义的学术机构被改组的原因，除了核心人物调离之外，还有研究计划上的问题。我们可以发觉，如此庞大的计划在实际执行起来必定会困难重重，加上经费、人才等方面的原因，因而难以维持下去。另外，由于中研院史语所的成立，傅斯年和顾颉刚等人设计的学术衣钵，由之继承比起中大更合适。所以，语言历史研究所蜕变为文史研究所也属必然。民国十六年七月公布的第二次招生简章，招收研究生的人数由第一次的二十位减至十位；研究方向也相应缩减为：

甲 珠江流域各省之民族及人类学研究，并创设民族民俗学馆。

乙 广东古物调查及征集（创设历史博物馆）。

丙 广东通志以新定体制及方法重修之。

丁 语言及国语之教育研究。

戊 汉字之见于经传及骨甲金刻文之汇集。

这其中有中研院史语所成立后造成的分化作用之影响，虽双方也致力合作，但因为分处南北两地，其成效也可想而知。人员的调动加之研究目标的庞大，实际运作起来很困难，这些因素都会导致那个年代学术界的一个普遍现象：短命。不过，似沉沉夜空划过的流星，它们的价值在于照亮了苍穹。这一点特别值得我们的钦佩！

在短暂的三年时间里，国立中山大学语言历史学研究所从筹备到成立到消亡，在杰出的学术领导人傅斯年、顾颉刚领导下，在一批优秀学者的参与下[28]，缔造了一段中国现代学术史。当然，这个研究所的最大遗产，可以说是至今仍活跃在学术界的中央研究院历史语言研究所，在中国考古学史上，这个研究所曾扮演过极其重要的角色。语史所的学术视野和创设，今天来看也仍然有其参考的价值。今天重提的民族考古学，在它那个年代是可以寻找到影踪的。

注　释

[1] 1928 年因国立第一中山大学改称国立中山大学之故，该研究所也相应改称国立中山大学语言历史学研究所。

[2] 傅乐成：《傅孟真先生年谱》，《傅斯年全集》第七册，2621 页，联经出版事业公司（台北），1980 年。

[3] 易汉文主编：《中山大学编年史（一九二四～二〇〇四）》，14、16、18 页，中山大学出版社，2005 年。

[4] 1927 年 6 月，国民政府又取消委员会制，改回校长制。

[5] 1927 年 3 月文科改称文史科。

[6] 自第二集第一六期改刊名《国立中山大学语言历史学研究所周刊》（1928 年 2 月 14 日）。截至 1930 年 4 月 23 日最后一期，共出版十一集一百二十八期。

[7]《国立中央研究院十七年度总报告》，46 页："……复因历史语言研究之重要，决设历史语言研究所于广州，任傅斯年、顾颉刚、杨振声为常务筹备委员。"

[8] 1929 年 1 月前后迁出。参见蔡元培《致傅斯年函》（1929 年 1 月 30 日）："承寄历史语言研究所各种刊物，想见勇猛精进，良勘欣慰。惟研究所已迁出中大，而刊物上却见有中山大学字样，或是发稿时尚未脱离中大也。"高平叔、王世儒编注：《蔡元培书信集》上，944 页，浙江教育出版社，2000 年。

[9] 梁启超：《新史学》，1902 年 2 月 8 日《新民丛报》第一号开始刊登，收入《饮冰室合集》文集之九，中华书局，1936 年。

[10] 参见梁启超：《中国历史研究法》，上海古籍出版社，1998 年。

[11] 转引自傅乐成：《傅孟真先生年谱》，《傅斯年全集》第七册，2622 页，联经出版事业公司（台北），1980 年。

[12] 参见汪荣祖：《史家陈寅恪传》，31、44～50 页，北京大学出版社，2005 年；刘文锁：《中山大学西域研究的传统》，《西域文史》第一辑，305～319 页，科学出版社，2006 年。

[13] 国立第一中山大学语言历史学研究所编：《国立第一中山大学语言历史学研究所周刊》第一集第一期，1927 年（广州）。这篇"发刊词"的撰者，董作宾在《历史语言研究所在学术上的

贡献》(《大陆杂志》二卷一期)认定“必是孟真先生的手笔”。顾潮在《顾颉刚年谱》里,认为是乃父所作。李泉在《傅斯年学术思想评传》(88页,北京图书馆出版社,2000年),说:“它应出自傅斯年之手,如果是他人起草的话,那么基本思想也肯定是傅提出来的。”其实这个鉴定工作很简单,只要熟悉傅、顾二氏文笔套路和风格的,一眼可以看出是傅斯年的撰作。

[14] 国立第一中山大学语言历史学研究所编:《国立第一中山大学语言历史学研究所周刊》第一集第一期,1927年(广州)。

[15] 顾颉刚主编:《古史辨》第一册“自序”,60页,朴社,京城印书局,1926年。

[16] 1928年初周予同致信顾颉刚,谈商务印书馆陶希圣、梅思平、苏继庼“专心文化人类学”事:“某日,弟与陶、梅二君闲谈,二君以为如治经者倘能了解人类学、考古学、比较宗教学等,则经学所有材料皆有新解。如能以文化人类学的新方法使成为有系统的著作,则不仅在国内学术界有权威,即在世界著作林中亦占有重要地位。弟当时感于近日国学界之空疏,且自憾只能从事于消极工作如辨伪整理等等,而不能有积极工作如创见等,因提议组织一大规模之‘古史学会’或‘中国古代文化史学会’,罗致人才,……”《国立第一中山大学语言历史学研究所周刊》第二集第一四期,59~60页。

[17] 顾潮:《顾颉刚与容庚、容肇祖昆仲的交谊》,《容庚容肇祖学记》,193~207页,广东人民出版社,2004年:“1925年4月30日至5月2日,承北大研究所国学门风俗调查会之嘱托,父亲与希白先生、元胎先生等五人去妙峰山调查进香风俗。这是我国首次有目的、有计划、有组织的民俗学田野作业。各人就自己兴趣所在,从不同角度探究进香风俗。归来后父亲作《妙峰山的香会》、《游妙峰山杂记》,希白先生作《碧霞元君考》,元胎先生作《妙峰山进香者的心理》。”

[18] 国立第一中山大学语言历史学研究所编:《国立第一中山大学语言历史学研究所周刊》第一集第一期,1927年(广州)。

[19] 王汎森:《傅斯年古史观对胡适的影响》,王汎森著《中国近代思想与学术的系谱》,283~310页,河北教育出版社,2001年。

[20] 国立第一中山大学语言历史学研究所编:《国立第一中山大学语言历史学研究所周刊》第一集第一期,1927年(广州)。

[21] 后改为十位。

[22] 以上并见国立第一中山大学语言历史学研究所编:《国立第一中山大学语言历史学研究所周刊》第一集第一期,封三,《国立第一中山大学语言历史学研究所招生简章》,1927年(广州)。

[23] 以上见《历史语言研究所工作之旨趣》,《国立中央研究院历史语言研究所集刊》第一本第一分,1928年(广州)。

[24] 同[23]。

[25] 国立第一中山大学语言历史学研究所编:《国立中山大学语言历史学研究所周刊》第二集第一八期,167页。

[26] 参见:Liang Chi-chao,“Archaeology in China”, *Annual Report of the Board of Regents of The*

Smithsonian Institution 1927, Washington: U. S Government Printing Office 1928, pp. 453 ~466。中译文见周传儒译，梁启超的《中国考古学之过去及将来》,《中国考古小史》, 5 ~25 页，商务印书馆，1932 年；傅斯年：《考古学的新方法》,《傅斯年全集》第四册，1337 ~1347 页，联经出版事业公司（台北），1980 年；蔡元培：《安阳发掘报告·序》,《安阳发掘报告》第一期，1 ~3 页，南天书局有限公司发行（台北），1978 年再版。李济：《现代考古学与殷墟发掘》:“在现在的中国，要是派一个没学地质的人去采矿，人们总以为是一个笑话；但是‘考古’呢，普通人总觉得是谁都可以办得到的。……现在的中国学者，有好些对于考古学尚有一种很普遍的误会。他们以为考古学不过是金石学的一个别名。这种误会，可以说有两个来源：（一）因为缺少自然科学的观念，（二）以为古物本身自有不变的历史价值。由第一种误会就发生一种人人都可考古的观念；由第二种误会就发生了那‘唯有有文字才有历史价值’的那种偏见，其实金石学与现代考古学之关系，好像炼丹学之与现代化学；采药学之与现代植物学。炼丹采药，自有它们在学术史上的价值；然而决没有人说它们就是化学或植物学。”李济总编辑：《安阳发掘报告》第二期，405 ~410 页，南天书局有限公司发行（台北），1978 年再版。

[27]《中山大学史稿（1924 ~1949）》, 182 ~189 页，中山大学出版社，1999 年。

[28] 语史所聘请的教授有：马衡（叔平）、赵元任、顾颉刚、何思敬、吴梅、俞大维、傅斯年、珂罗倔伦诺布（Karlgren）、史禄国等。参见《国立第一中山大学语言历史研究所周刊》第一集第一期“附白”。另有杨成志、商承祚、容肇祖等参与。

中外“民族考古学”认知的比较

郭立新
（中山大学人类学系）

［内容提要］本文论述了中外不同语境下对于民族考古学学科性质与定位的差异，并分析了其中的原因。文章指出，民族考古学是为考古学服务的，不同的考古学学科定位与理论兴趣是造成国内外民族考古学发展境遇不同的主要原因。

［Abstract］The paper points out that the locations of ethnoarchaeology in China and the West are different, because both sides admit the goal of ethnoarchaeology is work for archaeology which are different in goal and theory interests then the development way of ethnoarchaeology in both side are different.

民族考古学——从考古学的视角对活生生的文化进行民族志研究。民族考古学既不是理论，也不是方法，而是一种研究策略，即同时在活生生的背景中以及在考古学记录中理解物质文化与文化整体之间的关系，并利用此类理解以丰富考古学概念，改进考古学解释。这是民族考古学诸多定义中的一种。一个社会文化人类学家可能注意到相当不同的方面，而民族考古学作为人类学调查的一种形式，将物质文化与相关行为的证据置于优先位置。

——Nicholas David and Carol Kramer

一　民族考古学的缘起

考古材料固有的局限性使考古学认识论基本上建立在推论基础上，而推论又天然地依赖今人常识、民族志记录和历史文献，综合运用这些知识来解答考古学疑问的做法，可以一直追溯到考古学诞生之初。

考古学研究的起点是古人活动遗留下来的遗迹和遗物（总称为遗存），而不是人类活动本身。因此，如何透过这些严重残缺的、静态的考古遗存来复原动态的古代历史画卷以及古人生活与行为方式，是考古学面临的最大挑战，也是构成考古学理论关怀的基本出发点。考古学家解读古代遗存的基本依据来自三个方面：与考古学家自身习得的人类常识、历史文献记载和民族志记录。

常识对考古学的作用虽很少有人在学理上进行讨论，但在实际应用中几乎无处不在，小到考古器物的命名、遗存功能与性质的判断、地层或遗迹现象的认定等，大到考古学文化的认定、对于文化发展和文明起源等重大问题的思考等。将常识应用于考古学推断的哲学基础是古今人类在智性上的一致性。这一基础是考古学作为一个学科存在的基本预设前提之一，离开了这一基础，任何考古学研究都无从谈起。常识对于考古学推断的局限性有两个方面，一是常识仅代表极小时空坐落内的有限知识，相对整个人类发展时空和社会文化多样性而言，它只代表人类经验中的极小一部分；其二，常识大多以自我和我群为中心，难免带有自我中心主义和民族中心主义色彩，在不加反思和批评的情况下，很容易将推论带入歧途。

将历史文献应用于考古学研究亦为中国考古学的一大传统。中国历史发展的连续性、历史文献的丰富性使这种结合对于历史考古研究和上古、中古历史的研究具有特别的意义。所以，自王国维提出将地下出土材料和历史文献结合起来的“二重证据法”以后，这种方法已成为国内历史学界和历史考古研究和论证的基本方法。

由于考古学家需要处理的是数以百万年计的人类历史文化遗存，无论时间、空间或文化面貌上都存在巨大的差异。所以，在很多情况下，进行考古学判断和复原所需要的依据和知识，远远超出了常识和文献所能涵盖的范围，如全部史前时代，大部分原史时期遗存。这时，考古学必须求助于社会—文化人类学或民族学。张光直先生指出：

> 文化人类学（或称社会人类学、民族学）研究全世界各种不同文化习俗与社会制度，具备所有种类的蓝图，这些习俗与制度，在考古遗址里面，只有一点物质痕迹残留。不熟知文化人类学的考古工作者，很自然地将这些遗物只当作物质文化处理。熟知各种习俗制度蓝图的考古工作者，便有可能根据残存的部分将全部习俗或制度复原[1]。

所以，在考古学研究中，引入民族学、文化人类学的知识和理论，是非常必要的，容观复先生对此作过深入的论证[2]。事实上，从考古学诞生伊始，学者们就自觉或不自觉地将民族学、文化人类学材料应用于考古学研究，容观复、周大鸣等在其论文中已有介绍[3]，在此不再赘述。但这种学科间的结合仍存在很大的局限性，主要原因是，民族学家、社会—文化人类学家另有自己所关心的问题，他们所作的调查和研究，其注意点大多放在非物质的社会—文化方面，很少关注到活态社会中将来可能成为考古遗存的那一点点物质文化残迹，以及这些文化残迹与社会文化整体的关系。在这种情况下，考古学家们发现，社会—文化人类学家们所作的民族志记录或推导出的文化模式，经常不能直接应用于到考古学情境。

二 西方民族考古学的兴起和特点

20 世纪 50 ~ 60 年代，以美国为代表的西方考古学，研究重点由物质文化史编年转向重建古代人类生活方式和社会—文化行为，如何突破考古材料的局限，透物见人，成为摆在考古学家们面前的重大课题。1956 年 Maxine Kleindienst 和 Patty Jo Watson 发表 "Action archaeology: the archaeological inventory of a living community"（"行动考古学：对活着的社区的考古学调查"），号召考古学家带着自己的理论取向到活生生的社区作调查，收集必要的信息，包括人工制品功能与类型差异、屠宰技术、生计和社会结构，并 "试图寻求社区的非物质文化在哪些方面以及多大程度上能从所收集到的信息中推断出来"[4]。这篇论文标志着当代西方民族考古学理念的兴起。这种做法逐渐被众多考古学家所接受，形成一种新的跨越考古学和民族学的交叉学科：民族考古学。作为一种新兴的跨学科研究范式，国外民族考古学家们对该学科的命名、定义和性质等认识论基础尚存在一定分歧。对此，民族考古学家道格拉斯·戴维和卡尔·克莱默在《民族考古学实践》一书曾作过较为系统的讨论[5]，现略述如下：

杰西·霍克斯（Jesse Fewkes）在 1900 年发表的一篇关于美洲土著迁移传统的论文中创造了 "民族—考古学家"（Ethno – archaeologist）这个术语，指那些正对其史前史进行调查和研究的人们的现代生活具有丰富知识的考古学家。1957 年约瑟夫·鲍克萨（Joseph Bauxar）首先使用 "民族考古学"（ethnoarchaeology），但当时他的意思跟霍克斯相同。1974 年理查德·古尔德（Richard Gould）使用 "活的考古学"（Living archaeology）指那些由考古学家或民族志学者在活的社会里，针对这些社会行为的考古形态所做的田野工作。对他或其他一些人来说，民族考古学是 "一个关于比较民族志和考古类型的宽泛的结构"。德国学者至今仍这样用。在美国，印第安研究者同样也很宽泛地定义民族考古学，一些人把印第安部落人群视为文化残余的代表。而奥斯瓦尔特（Oswalt）却建议使用 "考古民族志"（archaeethnography）这一术语指那些与解释考古发现有关的民族志信息，而帕斯特耐（Pastron）则把 "那些可由考古学家用于比较的现存人群的记录" 看作 "民族志考古"（ethnographic archaeology）。但自 20 世纪 70 年代以来，绝大多数学者接受将 "民族考古学"（Ethnoarchaeology）作为这一新兴学科的通用名称。

对于民族考古学的定义，道格拉斯·戴维和卡尔·克莱默在《民族考古学实践》一书中列出了 12 种。如威廉姆·郎格里认为：

民族考古学指民族考古学家开展的对物质文化变异性以及它与人类行为和现存社

会组织关系的研究，这种研究用于考古学阐释[6]。维克托·费尔南德·马丁内兹认为：眼下有两个民族考古学的定义：一个为广义，另一个为狭义。广义上包括人类学与考古学之间的所有联系……第二个定义专指由考古学家（或受过考古学训练的人类学家）带着前面所述相同的目的——即有助于考古学阐释，所做的民族志田野工作……实际上这两种途径是混合的。

而卡罗·克莱默的定义简洁而精准，她指出：

民族考古学是出于提升考古学研究的动机而进行民族志田野工作，积累可能在考古记录上留下可区辨遗存的某些社会文化行为的文献[7]。

容观敻、乔晓勤先生所著《民族族考古学初论》亦所列出10种西方学者关于民族考古学的定义。试举二例：

1. 考古学利用现存群体的田野资料，使民族志的方法和信息有助于阐明考古实物资料；2. 研究现代民族的社区。其基本观点与物质会给将来留下考古证据，以及这些证据所表明的活着的人群中的行为，试图建立人们的行为与其物质结果之间的联系[8]。

上述定义虽然在表述以及内涵方面存在一定差异，但系统比较和考察西方民族考古学家对其工作性质和意义的阐释，可以发现他们无论在认识论还是研究实践上，大都具有以下五个特点：

（一）民族考古学的问题意识来自于考古学，其目标是为了“提升考古学研究”，据此可以将民族考古学与一般的当代物质文化、古董研究或艺术史研究区分开来。

（二）实现上述目标的基本手段是由受过民族志训练的考古学家或受过考古学训练的人类学家进行民族志田野调查，在“系统的”、“活的”社会—文化情境中进行调查和研究。

（三）民族考古学家所使用的方法与一般人类学田野工作没有差别，一些人声称民族考古学家主要使用考古学的方法作民族调查，这是不对的。民族考古学田野工作中虽然也会应到一些考古学常用的方法，如画图、统计、试掘等（这些方法也并非考古学所独有），但总体来说，民族考古学田野工作方法与一般人类学田野工作方法相同，主要使用参与观察和访谈的方式进行。

二者的不同之处在于所关注的主题或问题的差异。人类学家可能调查的主题涉及非常广泛的领域，如亲属制度、社会结构、交换与仪式等。而民族考古学家关心的问题是在考古研究过程中提出来的，也是考古学家关心或希望得到论证的。民族考古学家的主要问题意识和理论面向有二。

其一跟遗址形成理论（Formation theory）有关，即一个活生生的社会与文化体是如何随着岁月的流逝而被简化为一个考古遗存？如何把握其间涉及的文化转化（涉及人类行为与其物质结果）和自然转化（涉及人类遗存在废弃或埋藏以后所发生的变化）？如何利用这种转化规则将一个个具体的考古遗存还原到产生它的活生生的社会状态中去？民族考古学特别重视在活生生的场景中观察和记录从行为到物质遗存的转化过程，考察一个活生生的社会是如何被简化为一点点考古残迹的？这些残迹在形态和空间上又是如何随着时间的迁移和人类行为的作用而发生转化的？通过大量这一类的经验观察与分析，以期建立人类行为及其结果模式，帮助考古学家思考考古遗存的形成过程，从物质结果反观人类行为。

其二，在不同类型的社会中，可观察到的“物”与其所处的社会整体或社会各种维度的关系，如生态、技术、经济、交换、政治、社会结构、礼仪、象征等，考察这些方面是如何影响物质遗存的面貌的？物又是如何参与这些社会性建构活动的？简而言之，“物”在活生生的社会系统中处于何种位置？“物”是如何与社会整体或某个方面联结起来的？考古学家依据物的时空分布及其异同建构起来的认知，如文化共同体、如社会结构等，能否经得起民族考古学家的检验？如果在这些方面有丰富而精细的知识，那么，回到考古学语境中时，透物见人，透物见社会就有了可靠依据和众多参照系统。

（四）能够在考古情境中保存下来的“物”限于少数材质和类型，如石器、陶器、金属等人工制品，动植物遗骸以及聚落或营地、墓葬等遗迹。在考古学研究中可以观察到的是这些人工制品的外形、质地、纹饰、风格、痕迹及其空间分布等外在特征。考古学推论只能以此为基础。相应的，民族考古学家眼中的“物”，大多也集中于上述方面，其中尤为重要的如石器、陶器和聚落等受到民族考古学家的特别关注，其中对于史前考古学理论和方法具有重要标杆意义的陶器甚至单独发展出 Ceramic Ethnoarchaeology 的民族考古学分支。

（五）由于考古情境所反映的社会面貌大多属于人类早期社会，民族考古学虽然考察的是当代社会，但由于她力图在考古学遗存与其反映的古代社会之间架起桥梁，就必须尽可能地选择在那些仍保留有前工业化时代生活习俗的社区中做田野，特别是那些至今还处于狩猎采集经济、早期园艺或刀耕火种，仍然制作石器或陶器的边缘人群。其中比较著名的民族考古学工作包括对理查德·李、艾文·德沃、约翰·耶伦、玻利·韦瑟勒等人对南非布须曼人、约翰·费舍尔等对扎伊尔艾夫俾格米人、路易斯·宾福德对努纳缪特印第安人等一些尚处于狩猎采集经济的人群，以及以郎格里为首的团队在菲律宾卡林嘎地区制陶长达30余年的观察与记录，伊安·霍德在肯尼亚白令戈湖对游牧及农耕混合经济的多个族群的物质文化与族群边界、道格拉斯·戴维等人的曼德拉计划对尼日利亚和北喀麦隆山区复杂文化现象的跨区域研究等，都是著名的例子。

三 国内民族考古学发展历程

中国的民族考古学虽然也受到西方学术思想的影响，但有其相对相对独立的源头和发展历程。以往学者谈国内民族考古学的发展历程时，大多注意到自现代考古学、民族学在中国出现以来存在的综合利用两门学科的资料进行研究的传统。除此以外，笔者认为国内民族考古学的发展还跟中国当代史上的三大事件有关，即20世纪50年代的院系与学科调整、民族识别与少数民族社会历史调查以及改革开放后西学再次引入中国。

20世纪50年代院系和学科调整后，人类学被视为资产阶级学科而被取消，但考古学受到政府支持而得到较大发展。解放前中国南方人类学界受美国文化人类学影响较深。美式人类学主张将考古学视为文化人类学的一个分支。人类学被取消后，南方一些受美式人类学影响而曾受过考古学知识训练的人类学家被迫改行，转入历史学系，主要从事考古学工作，如林惠祥、冯汉骥、梁钊韬等。另一方面，在政府的大力推动下，50年代初开展民族识别，随后又进行大规模的少数民族社会历史调查，因需要大量专业人员而抽调了部分考古专业师生参加此类工作，受过考古学专业训练的汪宁生和宋兆麟等人就是在这种情况下进入民族学调查领域。这两个来源的专业人员都因机缘巧合而同时具备考古学与民族学（或社会—文化人类学）的专业背景，他们的研究也带有横跨这两门学科的特色。尤其是前一类学者在各自单位具有较高的学术声望，各自在自己的单位开创跨学科研究的传统，并大力培养具有跨学科知识背景的学生，如1962年梁钊韬就开始在中山大学历史系招收原始社会史专业“民族考古”方向的研究生[9]。上述学者以及他们所培养的学生成为以后推动民族考古学发展的主力，他们所在的机构如中山大学人类学系、四川大学和厦门大学等，也成为日后民族考古学发展的主要阵地。

1978年以后进行的改革将国门打开，西方新兴的学术思潮也相继涌入中国。在中国原有民族考古研究传统以及对西方民族考古学的引入和介绍中，中国民族考古学的发展进入了新的阶段。其中最为重要的事件之一是中山大学人类学系的复办。

中山大学人类学系率先于1981年底复办，同年系主任梁钊韬先生被国务院学位委员会遴选为中国文化人类学领域的第一位博士生导师。当时人类学系招收的研究生，不管是硕士还是博士，研究方向均为“民族考古学”；民族考古学作为一个研究生培养方案，其课程包括民族学、考古学、语言学、历史系和体质人类学等课程[10]。这意味着人类学系的办学方向，是以美国人类学为样本，致力于培养具有综合性素质和跨学科研究能力的复合型人才。在这种办学思路指导下，人类学系成为新时期中国民族考古学的主要阵地，人类学系师生对于民族考古学的发展做了大量工作。1983年，梁钊韬、张寿祺发表《论“民族考古学”》一文，将民族考古学正式介绍到国内[11]。其后的十余年中，人类学系师生一直是国内民族考古学理论探讨的主力军。据笔者不完全统计，自1983年至今，国内发表的与民族考古学理论有关的专题论文共36篇，其中有23篇出自人类学系师生之手，尤以容观夐先生对于推动中国民族考古学的发展用力最深，最为执著。容先生长期在人类学系主讲民族考古学课程，发表民族考古学理论性论文10篇，出版了迄今国内唯一一本民族考古学理论专著《民族考古学初论》，并身体力行，运用民族学、文化人类学知识对一些考古现象如屈肢葬、二次葬、割体葬仪等进行了精辟论述[12]。这一时期国内与民族考古学有关的成果，还有以汪宁生、童恩正、宋兆麟等为代表的西南民族考古研究[13]，以及厦门大学和中山大学等单位开展的百越民族史研究[14]，等等。

值得注意的是，这一时期国内民族考古学的发展虽然在理论上受到国外的影响，但从一开始就在认识论上存有争议，学者们对民族考古学的定名、性质、方法及其与考古学及民族学的关系这样一些问题都存有争议。基本上分成两个阵营，一方以汪宁生、容观夐等较老一辈学者为代表，他们从中国当时的国情和考古学研究现状出发，主张较为宽泛的民族考古学定义。如汪宁生明确指出：

> 一派认为，只有考古学者亲自到现代民族中从事田野工作，亲自取得材料来和考古材料进行类比才算民族考古学。另一派主张，民族考古学就是民族志材料和考古学材料的比较研究。这民族志材料，可以来自自己的田野工作，也可以体赖前人的记载。前一派可以说是狭义的民族考古学，后一派可以说是广义的民族考古学……我无疑是赞同后一派的[15]。

容观夐先生也说，“我们主张的广义的民族考古学，也就是国外学者所说的Using民族考古学[16]。”此外，一些年轻学者则引用国外民族考古学家的主张，倾向于认为民族考古学只包狭义的考古民族志部分[17]。但是，这些年轻学者大多在发表对民族考古学的看法后，却少有具体行动和民族考古学研究实践，故而实际影响大打折扣。而汪宁生、容观夐等老一辈学者却身体力行，将自己的学术理念付诸实践，发表了一批具有学术影响力的成果。所以，实际上，在中国，为学界所接受的或为学界主流认可的是广义的民族考古学，而且将研究的重点放在运用民族学材料（不管是自己调查的还是别人调查的），通过类比，去解释考古遗存或考古现象，特别重视对考古遗存的性质和功能进行阐释；甚至将那些利用考古发现和民族学材料重建少数民族历史的研究也称为民族考古[18]。

汪、容二先生均为国内较早与国外民族考古学界有较多接触与交流的学者。汪先生自1983年起出国访问，与国际知名民族考古学家卡罗·克莱默（carol Kramer），威廉姆·郎格里（W. A. Longacre）和伊安·霍德（Ian Hodder）等保持长期的交往[19]。容先生则于解放初期从美国归国，能够熟练运用英语文献。他们对于国外民族考古学的发展现状是相当了解的。他认为：

据我们理解，外国学者所从事的是属于狭义民族考古学的考古民族志方面的工作。……（这）只能说是解决问题的第一步。更重要的是如何进一步运用包括田野资料和其他可能找到的有关文献史料在内的、为重建考古实物所反映的某一历史时期人类群体的行为状况及其进化规律，这才是这一考古学分支研究的目标所在[20]。

民族考古学引入国内时，为什么主张形成于美国民族考古学早期的那种比较广义的定义呢？为什么他们的研究实践主要着眼于民族志类比和对考古现象的解说呢？

在西方国家，民族考古学已成为考古学理论与方法探讨的主要动力，相关论文占据着考古学理论与方法刊物的主要版面。由于有经费资助，民族考古学家的足迹遍及非洲、大洋洲、亚洲、拉美等广大地区，甚至开展了一些长期的、有众多专业人员参加的大型调查项目。认同和声称自己是民族考古学家的学者也越来越多。与之相比，中国的民族考古研究传统虽然并不比西方晚，但发展坎坷曲折，主流考古学界对其作用、价值缺乏应有的认识。相应的，民族考古学从主流考古学中得到的认同和支持也非常有限。除了个别研究者自发进行的少量民族考古学田野调查外，迄今未见有官方或基金资助的大型的、连续的民族考古学田野作业。作为一个学科或新的学术增长点，除了少量学者利用自身知识积累在考古学与民族学之间进行零星的研究和探讨之外，没有形成研究团队，更缺少研究人员的学科认同和专业荣誉感；极少数几个认同民族考古学的学者，也常被主流考古学边缘化。在学术发表与出版方面，虽经童恩正先生多方努力，出版了五辑《南方民族考古》，发表了一批高质量的论著，可惜的是，这个刊物随着童先生的去世而停办。虽然在理论上，几乎没有人否认民族考古学的价值，但为什么民族考古学在国内和国外的发展、所遭受的境遇如此不同呢？

四　差异的背后

前文已述，民族志材料可以弥补考古材料之不足，二者的结合，不论是在传统考古学、过程主义考古还是后过程主义考古学语境中，都可以找到用武之地。说到底，民族考古学是为考古学服务的，是为了解答考古学的疑问而兴起。相应的，不同的考古学学科定位、研究目标和研究方法，所具有的问题意识、理论兴趣和研究动力，都可能大不一样。不同的民族考古学认知以及发展境遇差异的形成原因虽然很复杂，最根本原因也在于国内外考古学的差异。由于中外民族考古学兴起时所处的考古学背景大不相同，理论关怀和工作方法的差异使中外考古学家所提出的需要借助民族考古学来解答的问题亦大异其趣。

现代考古学在中国80载的发展，其主流一直以田野考古发现为主导，其主要任务是对文化史的重建。在这种重建过程中，考古学的基本材料或考古学学科所用的基本语言是

“物”，而不是制造了这些物的“人”。由于物具有客观实在的特征，考古学方法论也具有将考古对象客观化的倾向。作为考古学主要方法的地层学和区系类型学所处理的，就是考古遗存在时空和形态上呈现出来的客观关系。以这种可观察的关系为基础建构的考古学文本所描述的文化史，通篇讲述的其实是“物”的关系史。在此情况下的学科定位是，对于“物”本身的研究就是考古学的全部工作；只要把物的关系史讲清楚，其他方面，如社会文化共同体的建构及其间的互动关系等，被认为不言自明或根本用不着考虑。因为只是就物论物，就物论事，而物又是实在的、可以把握的，就很少有在物之外进一步思考的动力。在此语境中，主要致力于在物与人之间搭建桥梁的民族考古学，就不会派上很大的用处。即使被应用到，由于考古学家最关注的是对特定考古遗存或考古现象之性质和功能的解读，解决考古遗存是什么的问题，而很涉及为什么如此的思考；从这一基本需要出发，中国的民族考古学家比较热衷的也只是直接运用民族志资料来解释一些具体的考古遗存与现象，以此方式来为考古学服务。基于上述认识，我们也就不难理解民族考古学在国内考古学的地位以及为何真正的民族考古学田野工作为什么一直难以开展起来。

以美国为代表的西方考古学界，自20世纪60年代开始进入以过程主义考古学和后过程主义为主导的时代。不论过程主义还是后过程主义，其基本学科目标都是由物及人，通过物重建古代文化和古人生活方式。过程主义考古学者对物与人的关系抱有一种科学的、自然主义的态度，即将文化看成是一种适应机制，将文化之物看成是适应结果的机械反映，而有忽视人与物的能动性的倾向。过程主义研究重视系统论和实证研究，大量采用归纳—假说—推理—验证的研究模式。其最感兴趣的话题是，一个活生生的社会与文化共同体是如何随着岁月的流逝而被简化为一个考古遗存？物是如何反映社会系统的？如何寻找到一系列中程理论——普遍的自然和文化转换法则，使考古学家从考古遗存中能够方便地重建当初产生它的社会文化系统？在这种语境中，过程主义考古学家迫切需要关于人与物之关系的知识和理论，正是在这种学科发展动力的刺激下，西方现代民族考古学应运而生，一些过程主义考古学理论家，像路易斯·宾福德等人，迫不及待地以极大的热情投入到民族考古学田野工作中[21]。他们的主要目标，是观察人类行为与其物质结果的关系，以及对于这种关系的普遍性程度的验证。

其后兴起的后过程主义考古学同样强调考古学研究要由物及人，而且他们强调“物”不是被动机械地反映社会文化系统，而是能动地参与社会文化建构的重要因素。所以，他们提倡一种情境研究方法，即通过对考古情境的重建与认知来达到理解当时社会文化的目的。考古情境的重建需要理解在不同类型的社会中，“物”在具体社会文化背景中的意义和作用，需要理解物是如何参与社会文化系统的建构的？在这种动机下，后过程主义考古学的领军人物伊安·霍德到肯尼亚白令戈湖开展民族考古学田野作业，取得了丰硕的成果[22]。

综上所述，中外民族考古学在理论认识上的差异以及学科地位的不同，主要根源在于中外考古学在学科目标、理论与方法的差异（表一）。其中最为关键的一点是，考古学研究是否需要由物及人，以及如何由物及人。民族考古学对于考古学的最大贡献在于她能够加深考古学家对于物与人之关系的认识。因此，也只有当考古学研究目标定位于非由物及人则不可为时，民族考古学才能真正为考古学所用。

表一　中外考古学与民族考古学差异的比较

	考古学			民族考古学		
	研究目标	方法论	理论兴趣	定义	工作重点	学科地位
西方	重建古人行为	物——人	高	窄	考察物与社会其他方向的关系	高
国内	文化编年	物——物	低	宽	遗存性质与功能	低

上文简要分析了民族学之于考古学的意义、民族考古学的研究目标，回顾了中外民族考古学的发展历程及不同境遇，并对其原因作了简要分析。笔者想补充的是，虽然当前民族考古学在中国的发展形势并不乐观，但这一学科绝不是可有可无的。民族考古学除了通过类比以帮助解释某些具体的考古遗存外，更重要的是，民族考古学还可以：

1. 为考古学研究提供一种方法论意义上的超越个人常识范畴的验证或支持依据；

2. 为考古学推理提供无数从宏观到微观不同层次的论证蓝图或社会文化行为逻辑参照系统；

3. 就特定考古遗存或考古现象进行分析时，民族考古学知识对研究者具有重要启发意义，可以提供发散性思路，借以指出多说解说方式存在的可能性及相应地搜集考古证据进行验证的方向；

4. 民族考古学还有助于激发研究者的问题意识，进而促进考古研究材料与信息获取技术（如田野考古学、环境考古学等）的提升，以及考古研究理论模式与方法论的探索。

笔者以为，当前国内民族考古学的希望与出路在于高质量的田野工作。

注　释

［1］张光直：《建议文物考古工作者熟读民族学》，《中国文物报》1993 年 10 月 31 日。

［2］容观夐先生以在考古学研究引入文化人类学视野为主题，先后发表过三篇论文：《文化人类学知识与考古学研究》，《史前研究》1988 年辑刊；《考古学走与人类学相结合的道路——再论文化人类学知识与考古学研究》，《东南文化》1990 年 3 期；《从一位考古学家的诤言谈起——三论文化人类学知识与考古学研究》，《广西民族学院学报》1995 年 2 期。这三篇论文均收录到《容观夐人类学民族学文集》，民族出版社，2003 年。

［3］国外这方面的情况参见容观夐：《值得提倡的民族志类比分析法——“民族考古学”介绍》，《中南民族学院学报》，1984 年 3 期；国内则参见周大鸣：《中国民族考古学的形成与考古学的

本土化》,《东南文化》2001 年 3 期。

[4] Kleindienst, M. R. and P. J. Watson. 1956. Action archaeology: the archaeological inventory of a living community. *Anthropology Tomorrow* 5 (1): 75 ~ 8; 转引自 N. David and C. Kramer. 2001. *Ethnoarchaeology in Action*, Cambridge University Press, 2001.

[5] 格拉斯·戴维和卡尔·克莱默著,郭立新、姚崇新等译:《民族考古学实践》,岳麓出版社,出版中。

[6] Longacre. W. A. 1991. Ceramic Ethnoarchaeology. Tucson: University of Arizona Press, p. 1.

[7] 马西内兹和克莱默的定义转引自格拉斯·戴维和卡尔·克莱默著,郭立新、姚崇新等译:《民族考古学实践》,岳麓出版社,出版中。

[8] 容观夐、乔晓勤:《民族考古学初论》,1 页,广西民族出版社,1992 年。

[9] 顾定国著,胡鸿保、周燕译:《中国人类学逸史》,239 页,社会科学文献出版社,2000 年。冯汉骥在四川大学考古专业所招收的学生童恩正,林惠祥在厦门大学的学生蒋炳钊、吴绵吉等,后来都对民族考古学的发展作出了贡献。

[10] 顾定国著,胡鸿保、周燕译:《中国人类学逸史》,15、18 页,社会科学文献出版社,2000 年。

[11] 梁钊韬、张寿祺:《论“民族考古学”》,《社会科学战线》1983 年 4 期。

[12] 容观夐先生有关民族考古学的论文均收入《容观夐人类学民族学文集》,民族出版社,2003 年。

[13] 参见到汪宁生:《民族考古学论集》,文物出版社,1990 年;童恩正:《中国西南民族考古论文集》,文物出版社,1991 年。

[14] 参见蒋炳钊:《东南民族研究》,厦门大学出版社,2002 年;吴绵吉:《中国东南民族考古文选》,香港中文大学中国考古艺术研究中心,2007 年。

[15] 汪宁生:《论民族考古学》,《社会科学战线》1987 年 2 期。

[16] 容观夐、乔晓勤:《民族考古学初论》,5 页,广西民族出版社,1992 年。

[17] 陈淳:《“民族考古学”的译法、涵义及其他》,《东南文化》1992 年 3、4 期;陈淳:《谈谈民族考古学》,《中国文物报》1990 年 5 月 10 日;何驽:《也谈“民族志考古学”的定义与方法》,《中国文物报》1989 年 8 月 18 日;韩建业:《什么是“民族考古学”》,《东南文化》1993 年 3 期。

[18] 参见郭立新:《民族考古学三题》,《南方文物》1997 年 4 期。

[19] 范祖锜:《虽九死其犹未悔——民族考古学家汪宁生先生访谈录》,《今日民族》2006 年 6 期。

[20] 容观夐、乔晓勤:《民族考古学初论》,5 页,广西民族出版社,1992 年。

[21] Binford, L. R. 1978. *Nunamiut ethnoarchaeology*. New York: Academic Press; 1981. *Bones, ancient men and modern myths*. New York: Academic Press.

[22] Hodder, I. R. 1977. The distibution of material culture items in the Baringo distict, western Kenya, *Man* 12: 239 - 69. 1982. *Symbols in action: ethnoarchaeological studies of material culture*. New York: Cambridge.

族群理论与考古学研究

高　朋　王　磊
（中山大学人类学系）

［内容提要］本文主要分为三个部分。第一部分是对当下族群理论的梳理。当代族群理论的一大特点是主观论逐渐取代客观论，成为主流话语。学者们倾向于认为“族群”更多是内部成员之间的主观认同。第二部分主要针对族群研究的新动向，探讨客观的考古学文化现象与人群主观认同之间的关系。本文认为“认同标志物”是联结他们的一条桥梁。服饰、葬俗都是族群成员经常使用的“认同标志物”。文章第三部分则主要以入华粟特人为例，展现族群理论对我们理解考古学资料的作用。

［Abstract］ This paper is mainly divided into three parts. The first part is to summarize the current theories of ethnic group. One distinct characteristic of the contemporary mainstream is that subject has superseded object gradually. Scholars incline to consider “ethnic group” as the identify between the members. The second part focus on the latest trend in ethnic group research, and the relationship between the object phenomenons of archaeoloical cultures and the subject condentify of the crowd. “Identify symbol” such as dress, funeral is supposed to be a link among the group menmbers. The third part cites Sogdian in illustration of the assitant function of theory of ethnic group in understanding the archaeological informations.

一

考古学研究中基本问题就是“透物见人”。既然是要见人，我们就必须明白所见之人的“归属”，即是他的身份特征。通过一般的考古学观察，我们可以很轻易地发现研究对象的年龄、性别和社会地位。但是有一个的重要的社会身份，往往不能直接地向我们显现，那就是他们的族群归属。而在整个古代社会，族群之间的冲突和交融，又是历史的主旋律之一。这就要求我们发展出一套从考古学材料分析族群特质的方法。既往的做法是通过对考古学文化的分析，将某几种器物（往往是各种生活用的陶瓷器）作为族群的特征，用来区分不同的族群，并将一些考古学文化和特定的族群联系起来。但是随着考古学的发展，这种做法受到了越来越多的质疑。大卫·克拉克在《分析考古学》一书中就指出“考古学文化既不是一个种族群体，也不是历史上的部落，更不是一个语言单位，它只能是一个考古学文化”[1]，而中国考古学家在讨论考古学文化时也清晰地指出：“一个考古学文化可能包含数个人们共同体，一个人们共同体也可能跨越几个考古学文化[2]。”民族考古学的研究中也反映出陶器和族群之间并不一致的关系[3]。而在具体的对考古学文化遗存进行分析时，考古学研究者也发现了不能简单地通过所谓代表器物来断定使用者的族属[4]。这些疑惑的出现，促使我们重新思考考古学研究中的族群问题。这就要求我们从最基本的概念出发，来反思过往的研究。在考古学的族群研究中，最重要的概念就是“族”。下面我们就从“族”这个概念的界定谈起。

在以往的中国考古学研究中，我们一般使用“族”的概念来界定古代人群。而确定族的标准则是采用斯大林所定义的“民族”的概念，他认为“民族是人们在历史上形成的一个有共同语言、共同地域、共同经济生活以及表现于共同文化上的共同心理素质的稳定的人们共同体”[5]。强调民族是客观存在的，并具有一定共同特征的人们共同体。这种观点现在被视为是族群民族研究中“客观论”的典型代表。不过随着社会科学的发展，人们对民族/族群的看法有了新的见解。巴斯（Fredrik Barth）在《族群与边界》一文中指出“族群这个名称在人类学著作中一般被理解为用以指明一群人：1. 生物上具有极强自我延续性。2. 共享基本的文化价值，实现文化形式上的公开的统一。3. 组成交流和互动的领域。4. 具有自我认同和被他人认可的成员资格，以形成一种与其他具有同一阶层的不同种类[6]。”除了客观的标准之外，他开始强调认同的重要性，而认同则并非一种客观的概念，它更强调的是群体成员主观上的感受。他的观点被视为“主观论”的代表。而当代族群理论的一大特点就是主观论逐渐取代客观论，成为主流话语[7]。另一方面，随着对民族主义研究的深入，社会科学家倾向于将民族视为一个晚近发明的概念，认为民族的产生和资本主义有密不可分的关系。本尼迪克特·安德森（Benedict R. O’Gorman Anderson）就指出：“资本主义、印刷科技与人类语言宿命的多样性这三者的重合，使得一个新形式的想象共同体成为可能，而自其基本形态观之，这种新的共同体实已为现代民族的登场预先搭好了舞台[8]。”这一点也早已被列宁所强调：“民族是社会发展的资产阶级时代的必然产物和必然形式[9]。”这些见解都必然要求研究者们舍弃过去的观点，采用新的族群理论进行实证研究。当然现在已经有很多学者开展了这方面的工作。

目前历史学和人类学的研究者们，已经纷纷开始借用当代族群理论的概念来分析中国的相关问题。历史学方面比较有代表的有姚大力关于回族史的研究[10]；沈松桥对“中华民族”的相关讨论[11]和王明珂有关华夏边缘的民族史的讨论[12]。而韩起澜（Emily Honig）[13]和杜磊（Dru C. Gladney）[14]则主要依据新的族群理论完成了他们有关苏北人和回族的人类学研究。目前中国考古学界利用当代族群理论进行研究还比较少，目前笔者所见只有郑君雷应用族群认同理论中的“情境族群”和“根基小族群”的概念分析河套阴山地区北方民族遗存的族属问题[15]。不论是从族群理论自身的发展来看，还是相关实证研究的进展都要求我们更加积极将当代族群理论的视角引入考古学研究。本文以下的部分将努力做这方面的尝试，疏漏之处还望方家指正。

二

对我们的研究来说，新的理论视角往往有三个作用：一是重新划分我们的研究范围；一是加深和改变我们对原有问题的看法；一是提出新的研究方向。族群理论也是如此，一方面使我们明白并不是历史上所有存在过的族群都能够在考古遗存中表现出来；一方面促使我们重新思考，判断族群的考古学依据为何；一方面使我们开始注意到历史的不同族群，是如何运用各种物质资源来表达自身族群认同的以及这种行为又是如何体现到考古学材料中的。新的族群理论首先提醒我们并不是所有历史上存在的族群，都能在考古遗存上表现出来。因为，族群边界的建构主要依靠主观认同，这样不同的族群之间可以在物质文化上完全没有区别。他们可以依靠历史记忆或者语言这类几乎不可见的文化因素，来维系族群边界和加强自身的认同。在民族志材料中这样的情况并不鲜见，依靠族群认同来维系族群边界，最著名的例子是努尔人和丁卡人。在《努尔人》一书中我们可以发现努尔人和丁卡人在各个方面几乎都是一样的，以至于被俘获的丁卡人可以在一二代之间轻松地转化成努尔人。之所以会形成两个不同的族群，是因为神话中记载努尔人和丁卡人的祖先是两兄弟，而丁卡人的祖先偷了努尔人祖先的牛[16]。在中国也有类似的例子，新疆马纳斯地区的汉族就主要是依靠族谱这种保持历史记忆的特殊形式来维系和加强族群认同的[17]。而依靠语言则主要是那种被更大族群包围的小族群维系认同和区别的重要因素。比如在汉区的一些彝族的群体就通过坚持说彝语（虽然他们都会说汉话）来维系自身的族群认同，而他们在物质文化上和周围的汉族已经没有多少区别[18]。这些不通过物质文化手段来区分边界的族群，在考古遗存中是不能被发现的。

有时同一个族群在物质文化的面貌上也可能存在巨大差异，尤其是那些分散居住的族群。由于特定地域的历史文化条件，这些族群不同支系用来维系族群边界和认同的文化要素可以有很大区别。杜磊对回族的研究显示，不同地区的回族用来维系族群边界的文化因素差异很大。在西北地区他们更多地依靠宗教信仰；而在中原农村则采用族内婚的形式；在东南地区有些回族甚至主要是依靠家族记忆来实现族群认同的[19]。这种依靠不同文化因素维系族群边界的族群在考古学研究中，很可能会造成很大的混乱，需要我们仔细地分析。

虽然我们不可能在考古遗存中，发现历史上存在过的所有族群。但是这不意味着我们就要放弃通过考古遗存来考察古代族群。在此我们需要考虑的问题首先是如何重建判断族群的考古学依据。既然族群主要是依靠主观认同来划分边界，那么我们面临的核心问题就是："应如何建立客观考古文化现象与人群主观认同间的关系"[20]为了解决这一问题，我们就必须在主观和客观之间搭建一座“桥梁”。为此笔者引入“认同标志物”的概念。这里所谓的“认同标志物”指的是族群在建构边界时，被有意、无意用来表现自我特征，以区别他者的各种物质材料。之所以会有“认同标志物”的存在，主要是族群在实现自我认同的过程中，必须借由一定的形式来表达和巩固认同。族群边界一旦被建立，族群就有强烈愿望去发现乃至制造那些外显的、清晰的族群标志物。他们希望自我和他者的界线是一目了然的，而要实现这一点，就只有使用一些日常的同时又引人注目的认同标志物。不过，不同族群采用的认同标志物可以大相径庭，具体采用何种认同标志物，取决于这个族群成员认为何种认同标志物是有意义的。并且不同时期一个族群的认同标志物可以是变化的。我们在考古学研究中，必须充分利用文献、民族志等各种材料，去判断不同族群可能采用的不同认同标志物，然后再利用这些标志物去区别族群。

认同标志物可以说是多种多样，但是有些物质文化因素，因为其独特的特征被众多族群用来维系自身的边界。我们在考古遗存中判定族群时，应该首先留意到这些常见的认同标志物。这其中比较有代表性的是服饰和葬俗。

服饰之所以比较广泛地被用来充当认同标志物，主要是因为它是身体的延伸。身体本身是最好的维系族群边界的标志物，因为个体无论如何努力都不能使其改变。正如美国社会学家指出的：“个体可以改换他的姓名，学会一门新的语言，忽视或者掩盖他的出身。漠视或者重写他的历史，抛弃祖先的宗教信仰或者皈依他教，选择一个不同的国籍，接受新的习俗、道德、哲学、生活方式，但是对于改变自己的身体他却无能为力。”[21]因此在多种族社会，尤其是存在肤色差异的社会中，人们无需费力就可以建构出牢固的族群边界。但是我们处理大部分社会在种族意义上往往是单一的，这些族群往往就采用服饰这种身体的延伸物作为他们的认同标志物。因为它既是我们日常生活必须时刻面对的；同时又具有足够的改造空间，可以轻易地进行加工和再创造[22]来凸现不同的族群身份。文献也有明显的证据证明，在历史上，人们就通过服饰来分别不同族群，孔子就发出过“微管仲，吾其被发左衽矣”[23]的感叹。受他的影响，在秦汉时期，汉人就是通过服饰来建构胡人形象的[24]。而在很多民族志材料中也表现出人们有意无意地利用服饰来表现族群认同[25]。

服饰虽然在建构族群边界时起到了至关重要的作用，但是由于它的物理特性，在考古遗存中实物很难保存下来。我们往往是根据各种俑和壁画来复原古代服饰。在利用服饰材料讨论族群问题时，需要注意以下三个方面：一、尽量使用族群表现自身的形象的材料，最好不要依靠其他族群对这个族群形象的描绘。因为族群之间，由于各种原因往往存在着很大的误解，这就造成了族群对他者的“刻板印象”。因此各个族群对外族形象的刻画，往往会严重偏离真实状况。二、尽量避免使用“模件化生产”[26]的器物来辨析族群，而最好采用具有一定个体艺术创作因素的器物。因为“模件化生产”的器物往往忽视不同个体之间的差异，如各种胡人俑往往表现出的是汉人对胡人的整体观感，不能体现出胡人不同族群之间的差异。三、根据民族志资料[27]我们可以发现，在不同的情景下不同性别或不同年龄的服饰，在确定族群边界的效能上并不一致。需要仔细地分析以确定采用何种人群的服饰来辨别族群。

族群为了维系自身，往往和一定的社会制度连接在一起。这些社会制度中，最为我们熟知就是丧葬礼俗。可能没有任何一种社会制度，可以像丧葬礼俗那样广泛地存在于各个不同的人类群体中，维柯甚至认为拥有宗教、举行婚礼和埋葬死者是一切民族共有的特征[28]。因为丧葬礼俗的普遍性，就为其成为划分族群边界的认同标志物，提供了极为有利的条件。而且由于不同族群在死亡观念和宗教信仰上的区别，他们的丧葬礼俗往往存在着很大的差异。这就使我们可以通过不同的葬俗来判断不同的族群。这里需要注意两方面的问题：一、族群内部由于宗教信仰和经济等方面的原因，完全可能采取多种葬俗。最明显的例子是：历史上相当多的汉族采取了火葬，这种并不符合官方规定的丧葬礼俗，和主流的土葬形成了鲜明的对比。这决不意味着汉族内部存在着两个不同具有自我认同意识的亚群体。因此在分析葬俗时一定要结合宗教和经济因素，不能简单地将某种葬俗直接和具体的族群挂钩。二、随着族群之间互动的增强，尤其是信仰相同宗教的族群间极有可能采取相同的葬俗。因此在通过考古遗存考察族群交融地带族群时，不能只依赖于葬俗，还必须考虑其他方面的因素。

三

新的族群理论除了促使我们借由认同标志物来辨识族群之外，更重要的是使我们从族群认同的角度来重新理解考古学材料。下面我们就通过对北朝入华粟特人葬俗的分析，来展现族群理论对我们理解考古学资料的作用。在此我们的观点是北朝入华粟特人的葬俗，尤其是他们采用高规格的石葬具和这些石葬具上绘制具有明显祆教特征的图像，是他们表达自身独特族群身份认同的一种方式。下面是关于这个问题的初步论证。

如果我们希望去寻找特定行为的动机，那么首先需要就要判明这个行为，是一个有意识行为，还是一个无意识行为。在葬俗的讨论中，我们的问题就转化为，这些特定的葬俗是严格遵守宗教礼俗，还是行为者在宗教礼俗基础上的创造性行为。要回答这个问题我们就必须了解，行为者们可能面临的诸种选择，以及最后他们是如何对待这些可能的选项的。据此，在关于入华粟特人葬俗的讨论中，我们必须回答的问题有以下两个：一、入华粟特人可以采用的葬俗有哪些。二、现实中他们又做了何种取舍。在确定了其为有意识行为后，我们再来讨论，这些葬俗背后的行为动机。

首先需要讨论的问题：入华粟特人可以选择哪些葬俗。一般来说，特定的宗教信徒都有自己独特的葬俗，作为祆教徒的入华粟特人也不例外。通过既有研究我们可以知道波斯的祆教徒一般施行的是天葬，而中亚的祆教徒则主要是用纳骨瓮收敛骸骨[29]。

下面的问题则是入华粟特人可否按照自己的宗教传统进行丧葬活动，对于这个问题我们的回答是肯定的，入华粟特人完全可以按照自己的葬俗进行埋葬。之所以这样认为，理由如下：

一、在北朝时期，各种西域宗教得到统治者的支持，甚至他们也参与相关的宗教活动。《隋书·礼仪志》就记载北齐后主，参与西域宗教的活动：

> 后主末年祭非其鬼，至于躬自鼓舞，以事胡天。邺中遂多淫祀，兹风至今不绝。后周欲招来（徕）西域，又有拜胡天制。皇帝亲焉，其仪并从夷俗，淫僻不可纪也[30]。

二、史籍中记载了类似于天葬的葬俗。《旧唐书》卷一一二《李暠传》载："太原旧俗，有僧徒以习禅为业，及死不敛，但以尸送近郊以饲鸟兽。如是积年，土人号其地为'黄坑'。侧有饿狗千数，食死人肉，前后官吏不能禁止。暠到官，申明礼宪，期不再患。发兵捕杀群狗，其风遂革[31]。"岑仲勉、张广达先生皆认为这是祆教葬俗的间接反映[32]。蔡鸿生先生认为其与祆教无关，而是源于天竺的"尸膏林"古法[33]。不管两种观点哪种更接近历史事实，在唐代还存在施行类似于祆教天葬的葬俗，那么在胡风更盛的北朝，就更可以如此了。

三、虽然目前在中原地区的考古发现中还没有发现确定的祆教葬具，但是在故宫就入藏了一件唐代的纳骨瓮[34]，由于其模仿的建筑形式基本上是汉式的，可以基本断定是在中原使用的。而且在唐代敦煌的壁画中，现在也已经发现纳骨瓮存在的痕迹[35]。通过这些器物我们可以断定至少在唐代，中原一带还存在类似于中亚祆教徒的葬俗。

四、根据人类学的相关研究我们发现，在传统中国衡量葬俗是否合适的标准主要是"参与者是否是在认可的次序下进行恰当的动作。换句话说，动作比信仰更重要——只要是恰当地进行仪式，参与者对死亡或来生的信仰，也都变得不太重要[36]。"因此不大可能禁止和某种宗教相连特定葬俗，祆教应该也不例外。

虽然入华粟特人完全可以按照自身的宗教习俗安葬，但是现在考古发现的入华粟特人墓葬，基本都没有采用祆教葬俗。由此可以判定入华粟特人有意的回避正宗的祆教葬俗。

如果入华粟特人不采用传统葬俗，他们还可以选择遵守中国的丧葬礼制。从表面上他们也确实作了这方面的努力。比如采用汉式的石葬具和土葬的方式。但是这并不代表着，他们遵循了礼制。因为根据墓志等材料的记载，这些入华粟特人大都担任过或代理过萨宝[37]一职。而根据相关史籍的记载："又有流内视品十四等：……雍州萨保为视从七品。……诸州胡二百户已上萨保为视正九品[38]。"萨保的品级最多才是从七品，虽然在民间，萨宝实际的地位相比它的品级可能略高些。但据罗丰先生的研究，我们发现"隋以前萨宝地位较低，记载的可靠性则更大一些[39]。"所以严格遵循礼制的话的，他们的墓葬规格应该不大，葬具也不会很华美。但实际上这些入华粟特人的墓葬规格很高。比如安伽墓的五个天井、壁画等与北周武帝的儿子宇文通墓规模相当。而且他们的石葬具比当时皇族贵族还要精美[40]。这就明确地告诉我们，他们并不是按照礼制行事。甚至可以说存在着严重的僭越现象。

从以上的论述可以看出，入华粟特人并没有完全遵循任何一种他们依照的宗教礼仪传统。那么我们可以断定现在所发现这些葬俗，一定是他们有意识行为的结果。之所以会有这种独特的行为和他们特定的身份，存在着密切的联系。这一点研究者们也早已经认识到。姜伯勤先生就认为“萨宝体制以及纳入中国身份制的胡臣身份体制，是中国墓葬所出袄教画像石存在的历史前提”[41]。

正如上文所述，萨宝主要有两个功能：一是商业领袖、一是宗教领袖。而这两个功能恰好对应了入华粟特人葬俗中最独特的两个部分。他们商人的身份势必要求他们采用高规格的葬具。因为作为主要经营域外产品的商人，由于其经营商品多为奢侈品，因此主要和统治阶层接触，这样“社会认同感诱使中亚商人领袖仿效统治阶层挥霍豪奢的消费品，包括为来生所作的准备[42]。”仅仅是为了表现社会成就会使入华粟特人采用高规格的石葬具和墓葬形制。

除此之外，葬礼和生者有关的功能也会强烈要求入华粟特人采用高规格葬具。葬礼除了是一个纪念死者的仪式以外，它更重要的功能可能是展示家庭在死者去世后，仍然具有相当的能力。杨庆堃先生早已提醒我们传统中国的葬礼很重要的功能就是“展示家庭的富有和影响力，并重新确定家庭在社区的地位”[43]为了实现这一点死者家庭往往组织盛大的葬礼，尤其其中的送葬出殡活动。而且值得我们注意的是“棺材的质地和价格也是衡量举办葬礼的家庭富裕程度的标志[44]。”在中国传统礼制中就有葬礼展示方面的安排，《大唐开元礼》中的丧礼中就包含着有“陈器用”这一环节，也有士大夫谴责就过那些过分的展现行为[45]。可见当时的展示之风极盛。

入华粟特人作为商人，在他们商业领袖去世的情况下，当然需要最好的葬具来显示自身的财力。以此让他们的合作伙伴与顾客，不会因为这些重要的商业领袖的去世而对这些商人的实力产生怀疑。显然出于这方面的考虑，这些粟特商人是不可能采用更符合祆教葬俗的纳骨瓮的，因为它相比这些石葬具来说过小，甚至不如一般的棺木。如果使用纳骨瓮就会使其他各族的人士强烈怀疑粟特商人的实力。这样的效果对于粟特商人来说是绝对不可以接受的，于是他们就采用了目前我们所见的华美的石葬具。

不过仅仅是为了以上这些目的，他们采用典型的汉式葬具即可（比如康业墓可能就是纯粹为了体现社会成就，而采取完全的汉式葬俗）。可为何还要在石葬具上绘制明显具有祆教特色的图案？我们认为之所以出现这种图案，则要从萨宝的宗教功能去考虑。因为萨宝不仅仅是一个商人，而且还是聚落和宗教的领袖。作为一个族群的政教领导者，他们的葬礼不仅仅是自身的行为，而且和这个族群的政治、宗教紧密地结合在一起。他们的葬礼一定会传达出独特的信息。粟特人虽然生活在聚落中，但是相对于广大外部世界来说，他们的人数还是很少，而且由于他们是商业民族，他们和外界的交流是非常频繁的，部分粟特人已经开始明显的华化，康业墓就是明证。尤其是在团体领袖人物死亡时，群体关于故地的记忆进一步削弱的情况下，华化的趋势还有可能继续加强。而作为族群的领袖，他们和他们的后代是不可能坐视这种趋势发展的。他们必须在领袖人物死亡这一可能削弱族群认同的时刻，通过各种手段来唤起和强化本身的族群认同。那些可能的慷慨陈词，我们已然无法发现。但是他们用来提醒同胞和外人的物质材料：那些规格甚高的石葬具，还是保留了下来。他们一方面用中国传统的石葬具来表现自身的社会成就和向主流文化靠拢的意图。另一方面则在这些石葬具上绘制大量和祆教有关的图案，来显示自身独特的“胡”之身份。来提醒同胞和外界：粟特人是独特的，和外界并不一样，他们还存有自身独特的宗教信仰，并且他们没有忘记这一点。但是这种族群身份的表达并不是要回溯到粟特本土的族群身份认同，而是通过部分采用汉式葬俗，部分表达宗教信仰的方式。来建构一种新的族群身份，既区别于在中亚故地的粟特人，又区别于聚落外界的各个不同人群的新的身份：入华粟特人。而这种身份的最佳代表就是这些具有萨宝身份的领袖。

通过以上的分析，我们可以看出这些萨宝们为了维护和创建新的族群身份，所作的种种努力。可惜的是他们的努力最终以失败告终，到了唐代尽管萨宝的地位有了明显的提高，但是入华粟特人却全面的汉化了[46]。由此可见，族群身份的保持并不是一个简单的物质文化行为，还需要有更多其他历史条件的支持。

四

以上简要论述了新的族群理论，在考古学研究中可能具有的作用。它的出现促使我们重新思考考古学对于族群的研究。不仅使我们在判断考古学遗存的族属时更加谨慎，并且促使我们在新的视野下重新审视部分考古遗存。由于笔者的能力，目前的思考只可能是粗浅的。族群理论作为一种已经发展了几十年的社会科学理论，已经比较成熟。而如果我们能够将其和考古学研究进行更加有效的“嫁接”，相信不仅会使族群理论自身得到新的发展，而且也会大大加深我们对考古学材料的理解。

注 释

[1] Clarke. D，*Analytical Archaeology*，London：Methuen，1968.

[2] 本刊记者：《“考古学文化研讨会”纪要》，《考古》2004 年 10 期。

[3] 汪宁生：《云南傣族制陶的民族考古学研究》，《考古学报》2003 年 2 期。

[4] 董新林在研究辽墓时就指出：“在辽代社会中存在契丹人汉化和汉人契丹化的现象，文化的融合特点在墓葬中有所表现，因此，要准确判断无墓志的墓葬族属还不是一件容易的事。”董新林：《辽代墓葬形制与分期略论》，《考古》2004 年 8 期，72 页。

[5] 斯大林：《斯大林全集》第11卷，286页，人民出版社，1955年。
[6] 巴斯著、高崇译：《族群与边界》，《广西民族学院》1999年1期。
[7] 关于当代族群理论的详细介绍可参见王明珂：《华夏边缘：历史记忆与族群认同》［允晨文化（台北），1997年］一书中的相关章节。
[8] 安德森著、吴叡人译：《想象的共同体：民族主义的起源与散步》，54页，上海人民出版社，2003年。
[9] 列宁：《论民族自决权》，《列宁全集》20卷，人民出版社。
[10] 姚大力：《“回回祖国”与回族认同的历史变迁》，《中国学术》2004年1期。
[11] 沈松桥：《我以我血荐轩辕：黄帝神话与晚清的国族建构》，《台湾社会研究季刊》28期。
[12] 王明珂：《华夏边缘：历史记忆与族群认同》，（台北）允晨文化，1997年；王明珂：《羌在汉藏之间：一个华夏历史边缘的历史人类学研究》，（台北）联经出版事业股份有限公司，2003年。
[13] 韩起澜（Emily Honig,）：*Creating Chinese Ethnicity*：*Subei People in Shanghai*，*1850－1980.* New Haven：Yale University Press. 1992. 中译本译为《苏北人在上海，1850—1980》，世纪出版集团、上海古籍出版社、上海远东出版社，2004年。
[14] Dru C. Gladney（杜磊），*Ethnic Identity in China*：*The Making of a Muslim Minority Nationality.* Harcourt Brace College Publishers 1998.
[15] 郑君雷：《文化人类学的族群认同与考古学文化的族属研究：汉末魏晋河套阴山地区北方民族遗存族属研究的个案思考》，《思想战线》2007年4期。
[16] 埃文思－普里查德著、褚建芳等译：《努尔人：对尼罗河畔一个人群的生活方式和政治制度的描述》，华夏出版社，2002年。
[17] 王建新：《两个父系社会家谱的编撰和利用：历史记忆、族群关系及传统建构的人类学研究》，《思想战线》2007年6期。
[18] 斯蒂芬·郝瑞：《漫水湾：汉区里的诺苏族群性》，《田野中的族群关系与民族认同——中国西南彝族社区考察研究》，广西人民出版社，2000年。
[19] 详见前引杜磊书。
[20] 王明珂：《华夏边缘：历史记忆与族群认同》，206页，允晨文化（台北），1997年。
[21] Isaacs，Harold R. . *Idols of the Tribe*：*Group Identity and Polictical Change.* Cambridge，Mass.：HarvardUniversity Press. 1989 p. 46，转引自马丁·麦格著，祖力亚提译：《族群社会学：美国及全球视角下的种族和族群关系》，103页，华夏出版社，2007年。
[22] 苏格兰人为了彰显自身独特的特征，就将“格子呢短褶裙”这种在18世纪才出现的服饰视为苏格兰传统服饰。详见罗珀：《传统的发明：苏格兰的高地传统》，《传统的发明》，译林出版社，2004年。
[23]《论语·宪问》。
[24] 关于秦汉时期胡人形象的详细讨论参见邢义田：《古代中国及欧亚文献、图像与考古资料中的“胡人”外貌》，《国立台湾大学美术史研究集刊》九期，2000年。
[25] 李区（E. R. Leach）就发现在克钦山区，服饰就被广泛用于身份区别。详见李区著，张恭启、

黄道琳译：《上缅甸诸政治体制：克钦社会结构之研究》，唐山出版社（台北），2003 年。

［26］“模件化生产”是雷德侯（Lothar Ledderose）在研究中国古代艺术时提出的一个概念，指以标准化的零件（模件）组装物品的生产。关于“模件化生产”的详细介绍参见雷德侯著、张总等译：《万物：中国艺术中的模件化和规模化生产》，生活·读书·新知三联书店，2005 年。尤其是书中导言部分的讨论。

［27］王明珂在研究羌族时发现，羌族和外来者都认为羌族妇女服饰表达了羌族妇女的特色。而羌族男子的着装和周围的汉族几乎没有区别。详见王明珂：《羌在汉藏之间》，15 页，中华书局，2008 年。

［28］维柯著、朱光潜译：《新科学》，154 页，商务印书馆，1989 年。

［29］关于波斯和中亚祆教徒的葬俗，更为详尽论述可以参见林悟殊：《西安北周安伽墓葬式的再思考》，《考古与文物》2005 年 5 期。

［30］《隋书·礼仪志》。

［31］《旧唐书》卷一百一十二。

［32］岑仲勉：《隋唐史》；张广达《祆教对唐代中国之影响三例》，《法国汉学》第三辑，143～145 页，清华大学出版社，1999 年。

［33］蔡鸿生：《唐代九姓胡与突厥文化》，27 页，中华书局，1998 年。

［34］施安昌：《北齐粟特贵族墓石刻考：故宫博物院藏建筑型盛骨瓮初探》，《故宫博物院院刊》1999 年 2 期。

［35］刘永增：《莫高窟第 158 窟的纳骨器与粟特人的丧葬习俗》，《敦煌研究》2004 年 2 期。

［36］华琛（James L. Watson）：《中国丧葬仪式的结构——基本形态、仪式次序、动作的首要性》，《历史人类学刊》第 1 卷 2 期，99 页。

［37］萨宝，也称“萨保”“萨甫”，在文献和出土的墓志材料中经常出现，学者们对于其性质有很多的讨论。相关研究荣新江：《萨保与萨薄：北朝隋唐胡人聚落首领问题的争论与辨析》（叶奕良编：《伊朗学在中国论文集》第三集，128～143 页，北京大学出版社，2003 年）一文有很好的总结。现在学界倾向于认为萨保是粟特文 s'rtp'w 的音译，意为商队首领，中文文献中先以此词称粟特聚落的首领，有时译作“首领”、“大首领”，北朝时期成为政府的一种官职，开府设曹，主要管理在华粟特人事务，而且“无论是在北朝、隋唐实际担任萨保或萨保府官职的个人本身，抑或唐人墓志中所记载的曾任萨保的其曾祖、祖、父，基本上都是来自昭武九姓的粟特人”（荣新江：《萨保与萨薄：佛教石窟壁画中的粟特商队首领》，《粟特人在中国——历史、考古、语言的新探索》，49 页，中华书局，2005 年）。

［38］《隋书》卷二十八《百官下》。

［39］罗丰：《萨宝：一个唐朝唯一外来官职的再考察》，《唐研究》第 4 卷，221 页，北京大学出版社，1995 年。

［40］沈睿文：《夷俗并从：安伽墓和北朝烧物葬》，《中国历史文物》2006 年 4 期。

［41］姜伯勤：《入华粟特人萨宝府身份体制与画像石纪念性艺术》，《粟特人在中国——历史、考古、语言的新探索》，43～48 页，中华书局，2005 年。

［42］盛余韵：《从石到丝：公元 475—650 年前后粟特、鲜卑、汉、朝鲜与日本等各民族间葬具的

文化转换》，《粟特人在中国——历史、考古、语言的新探索》，342、343 页，中华书局，2005 年。

[43] 杨庆堃著、范丽珠等译：《中国社会中的宗教：宗教的现代社会功能与其历史因素之研究》，49 页，世纪出版集团、上海人民出版社，2007 年。

[44] 同上。

[45]《唐会要》卷三十八“葬”一节中，引唐睿宗太极元年（712 年）右司郎中唐绍的上疏，曰“……比者，王公百官，竟为厚葬，偶人象马，雕饰如生，徒以炫耀路人，本不因心疏礼……望请王公以下，送葬明器，皆依令式，并陈于墓所，不得衢路舁行”。

[46] 关于唐代粟特人华汉化的详情可参阅以下文章：程越：《从石刻史料看入华粟特人的汉化》，《史学月刊》1994 年 1 期；陆庆夫：《唐宋间敦煌粟特人之汉化》，《历史研究》1996 年 6 期；陈海涛：《从葬俗的变化看唐代粟特人的汉化》，《文博》2001 年 3 期等。

李济与中国考古学

王　磊
（中山大学人类学系）

［内容提要］本文主要探讨了李济早年的学术经历以及这些经历对其以后几十年学术研究的影响。李济早年从心理学转到社会学，再转而投奔哈佛人类学，回国后却主要从事考古学的相关研究。笔者经过对19世纪末20世纪初美国各大学的人类学研究状况的了解，认为在哈佛的人类学训练对其以后投向考古学事业有决定性的作用。而且因为这段训练，使李济的考古学深受人类学影响。以至于他本人被他的学生称为“人类学派的古史学家”。李济的这种将人类学和考古学相结合的方法与今天的民族考古学正有异曲同工之妙。因此今天再回过头来研究他的学术思想，对民族考古学的发展有很重要的借鉴意义。

［Abstract］This article examines the academic background of Li Ji and how this background influences his research later. Being a student of psychology in his early age, Li Ji switched his studies to sociology and later to Anthropology. After his graduation from the anthropology department in Harvard University, Li Ji came back to China and focus mainly in archaeology researches. According to its investigation on the development of Anthropology research in American universities from late 19th to early 20th centuries, the article suggests that the anthropology training in Harvard plays an important role in Li Ji's later devotion in Archaeology researches. Moreover, we can see anthropology elements in his archaeology researches because of this training. Li Ji is labeled "archaeologist from the anthropology circle", and his combination of anthropological and archaeological methods in researches is similar to the ethnoarchaeology researches nowadays. Thus, an analysis of his academic thoughts may give some inspirations to these ethno – archaeology researches.

李济，主持了第一次由中国人独立进行的考古发掘，后来又作为历史语言研究所考古组第一任组长，领导了中国考古学几十年，对中国的考古学产生了重大的影响。中华人民共和国成立以后，由于种种原因，李济这个名字在大陆湮没了，直到20世纪80年代，才开始有很多介绍李济生平和讨论其学术思想的文章，这些文章为我们了解李济及中国早期考古学有非常大的帮助。但是，笔者认为这其中很多问题还有继续探讨的必要，故而发表出来，但限于学力，浅薄之处，还望方家指正。

在很多介绍李济的文章中，都会比较突出的介绍其早年的学术经历——1918 年通过庚款留美，首先在克拉克大学（Clark University）学习心理学，一年以后转社会学，1920 年又入哈佛大学（Harvard University）攻读人类学，成为中国第一个人类学博士。回国以后，又转而从事考古学的研究，但是对于他为什么会有这些转变，而且最后到考古学的转变为什么可以成功（相对其他人文学科，考古学对技术的要求相对要高一些，李济如果没有相关的训练，如何实现这种转变?），而先前的社会学、人类学训练对他后来的考古学研究产生了哪些影响，却没有太多的研究。这也正是本文欲措意之处。

一　早年的学术转向和哈佛的人类学

在美国留学期间，李济先后几次转换专业，根据他自己的说法，这几次选择多出于偶然，开始选择心理学是因为民国六年到七年清华学堂开了心理学的选修课程，他正好选了，因此产生了兴趣。而后来转到社会学，也是因为在学习心理学时一位社会学老师的影响[1]。但事实上，他晚年的回忆透露了一些他当时真实的想法。在解释他后来为什么转到社会学时，他这样说道：

> 我在这一年中，把心理学的各派都尝试领略了一下。我的感觉是：好像这门学问所用的研究方法，还不够我所想象的科学标准；因此我也就推论到，由这些不够标准的科学方法，所得到的心理学知识不一定靠得住[2]。

仔细地研究李济的文章，我们会发现，“科学问题”或者说是“如何在中国推进科学思想”是李济一直关心的问题（在他那个年代，有这样想法的人并不是他一个，和他关系密切的丁文江也是当时在中国推进科学的干将），一直到 20 世纪 50 年代，他还专门撰文谈这个问题，在联合国的讲话中也专门谈这个问题[3]，弄清楚这一点对我们了解李济有很重要的作用，但因非本文关心的主要问题，故不再深究。因为心理学的“不科学”，到美国一年以后，他就转到了社会学。学习了一段时间以后，他又发现自己的数学水平对于学好社会学是很大的障碍，故而又想换专业，这次他选择了人类学，而且是哈佛的人类学，这次转换对他而言，是至关重要的。

从他的自述看，在决定改修人类学的时候，他首先考虑的并不是哈佛大学，而是哥伦比亚大学，因“那时候的东方大学教人类学的，以哥伦比亚大学最出名，因为她有最出名的教授在那里，即佛朗兹·鲍亚士”[4]，这位佛朗兹·鲍亚士即 Franz Boas，中文一般译为博厄斯。博厄斯在当时美国人类学界确实非常的有名，但是李济如此赞赏他却是因为他们之间特殊的联系。李济当时就读的克拉克大学正是博厄斯来美国后任教的第一所大学。博厄斯 1889 ~ 1896 年任教于该校。且在其任教期间，也即 1891 年，美国第一个人类学博士也诞生于该校。更值得注意的是，从这以后，一直到 1930 年，克拉克大学都再没有人类学的博士毕业[5]。李济当时的情况和这恰好吻合，“在我当学生的时候，克拉克大学却没有人类学这门课程”。他之所以接触到人类学是因为克拉克图书馆中大量的人类学图书，而这些图书据李济也认为是博厄斯留下来的。可见，李济之所以会对人类学产生兴趣和博厄斯有直接和间接的关系，故而他在一开始选择博厄斯做导师是合情合理的。但是“克拉克的老师及若干同学们都劝我到哈佛去”，显然他接受了他们的建议，放弃了哥伦比亚大学，去了哈佛的研究院。事实证明，这个选择对他以后的学术道路，对中国的考古学，都产生了重要影响。

要充分说明他的这个选择的重要性，我们就需要对当时美国各大学的人类学发展状况有所了解。详细地介绍当时美国各个大学的人类学状况需要太多的篇幅，且与本文的主要问题也无太大关涉，故笔者只拟借助若干材料简要的比较一下当时美国各大学人类学的特点。笔者选用的是 1891 ~ 1930 年美国各大学人类学博士的学位论文[6]。

众所周知，美国的人类学和欧陆有很大的不同，这种不同充分的体现在学科设置上。在美国，人类学下设四个分支学科，即民族学（Ethnology）、考古学（Archaeology）、语言学（Linguistics）、体质人类学（Physical Anthropology）。在中国，中山大学的人类学，即模仿的是美国的学科设置。李济在哈佛大学，主攻的即是体质人类学。

下面的表一显示的就是 1891 ~ 1939 年美国所有人类学博士论文分类统计的结果[7]。根据统计，从 1891 年到 19 世纪 30 ~ 40 年的时间里，美国共有 10 所大学的 83 名人类学博士毕业。而以年计的话，每年只有三四所大学有人类学博士毕业。和当时美国的大学总数相比，这一数字无疑是非常小的，李济也说“人类学这门学问，在 1920 年的美国虽然还没有盛行……那时候在美国只有几个学校教人类学”。就各个大学的情况而言，哈佛大学、哥伦比亚大学、加州大学三所学校毕业的人数就占到了总数的 80% 弱，尤其是哈佛和哥伦比亚，都超过了 30%，堪称当时美国人类学的重镇，这和李济的描述也是符合的。而在这几所最主要的大学中，在四个分支学科方面又各有特点，表二清晰地说明了这一点。

从这张表格我们可以清楚地发现，哥伦比亚大学、加州大学、芝加哥大学都是以民族学为主，这方面的论文占了他们论文总数的大部分，而只有哈佛是以考古学为主，考古学的论文占到了他们论文总数的 57.1%，而在所有的考古学论文中，哈佛大学更是占到了 94.1%[8]。可见，考古学在哈佛大学的人类学中有非常强的学术传统。这是这一点对李济产生了重要的影响。

首先，他在这里接受了系统的考古学训练。在他的课程表中，有很多考古学的课程，如埃及学、希腊考古学等。这些训练，在当时的哥伦比亚大学是没有的。而更重要的是，据他自己的说法，正是研究院教务长柴士（Chase）的希腊考古学使他对考古学产生了兴趣。

表一 1891～1930年美国各大学人类学博士毕业人数及所占比例示意

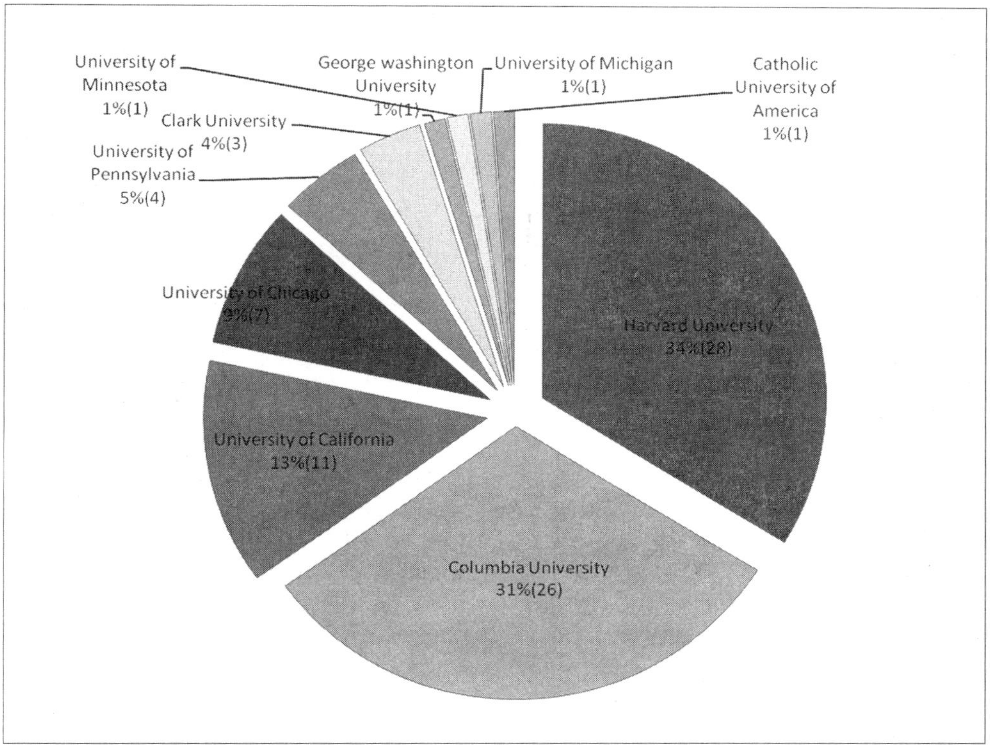

表二 四所主要大学人类学各分支学科情况

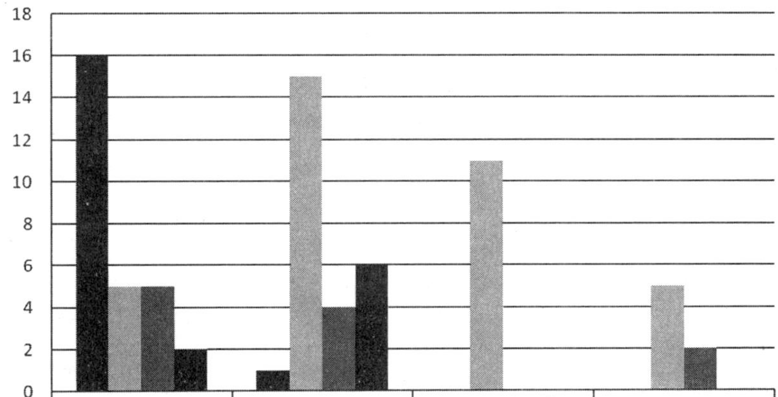

	Harvard University	Columbia University	University of California	University of chicago
■ Archaeology	16	1	0	0
■ Ethnology	5	15	11	5
■ Physical Anthropology	5	4	0	2
■ Linguistics	2	6	0	0

> 我对考古学发生了兴趣，是由教务院的教务长柴士先生所鼓起的。那时彼包德博物馆也教了不少考古学的课程；欧洲的考古部分，是虎藤先生开的课，所讲的大部分是史前考古学，讲到希腊、罗马的时候就结束了。柴士教务长的希腊考古学是一个半年的课程，对我确有很多启发作用[9]。

他回国以后之所以能够将自己的研究方向转到考古学，和他在哈佛所受的训练是分不开的。在哈佛大学他初次接触到了考古学，而这次接触彻底地改变了他后来一生的学术之路[10]。

有了这些认识以后，我们再回头看他1920年写成的《自传简历》。历来研究李济的学者都很重视这篇简历，因为在这篇写于1920年的自传简历中，较早地体现了李济后来在学术研究中一直坚持的治学方法——多学科合作并进。在简历中，他宣称他的志向是“想把中国人的脑袋量清楚……还想去新疆、青海、西藏、印度、波斯去刨坟掘墓、断碑寻古迹，找些人家不要的古董来寻绎中国人的原始出来”[11]，这里面即有体质人类学的方法，也有考古学的方法。而前面我们已经分析过了，李济在克拉克大学最先接触人类学，而他接触考古学却要到哈佛之后，因此笔者猜测这篇简历也是他到哈佛之后的作品。

二 多学科结合的考古学研究

早年在美国留学时的多学科背景，对他后来的学术研究产生了很大的影响。首先也是最重要的一点就是使他一直强调多学科并进的方法，在前面提到的《自传简历》里他已经表达了这样的意思，在后来的许多文章中，他又不断地强调研究中国史要多学科结合，要“充分地采用自然科学研究的成果，尤其是与研究人类有密切关系的部门”[12]。他的这种研究方法，随着研究的不断深入，也不断地完善。

在博士论文中，我们就已经发现他试图通过多种学科的办法研究“中国人的形成”这一问题。“在写作本书时，我尽量结合了动物学和遗传学的方法。目前，透彻研究这一问题的事实材料还很不够，然而，通过利用历史学和人体测量学这两个方面的资料和数据，人们有了看待这一问题的新眼光并找到了一个新的研究角度[13]。”在论文的前言中，他开宗明义地介绍了文章中将会用到的研究方法，从动物学到历史学再到人体测量学，显然是非常宽泛的。

回国之后，在几十年的考古学研究中，他也一直坚持多学科合作的方法。晚年，他发起重建中国上古史。他认为，要重建中国上古史，就要充分利用各学科的资料和研究方法。在文章中，他具体提出的材料有以下几种：

第一，与“人类原始”有关的这类课题。这一类材料的性质，固然大半是属于人体解剖学与生物学；同时处处也要牵涉到人类原始的讨论，并且大部分都要讲到东亚现代尚未形成以前的地文与地理，以及气候、动植物移动的这些事实。

第二，与研究东亚地形有关的科学资料。这包括地质学、气象学、古生物学各种研究的结果。

第三，人类的文化遗迹。

第四，体质人类学。

第五，包括“狭义的”考古学发掘出来的。所谓“狭义的考古学”资料，是指过去古器物学家一般所承认的考古资料，大半属于有文字记录的时期，也有较早的；但是，不会很早。

第六，民族学家研究的对象。

第七，历代传下来的有关秦朝以前的记录[14]。

这七类材料中中，既有历史学，又有人类学、考古学，以及地质学、生物学、气象学、人体解剖学，真是将多学科合作并进的方法发挥到了极点。

从美国留学回来以后，李济就转向了考古学研究，但是，他并没有放弃人类学，他也一直视自己是一个人类学家。1939 年，在云南民族学会演讲时，他称“我原是一个学民族学的。虽说是中途改变了职业，在西安的时候，对于寻求民族学的材料，尚自认是我唯一的兴趣”[15]。在《再论中国的若干人类学问题》（Some Anthropological Problems of China：Reconsidered）一文中，他又表示，“令我高兴的是，由于偶然的巧合，过去这四十年我居然能持续不断地沿着我所选择的专业道路走下去”，这里他所指的“专业道路”显然是指人类学。回国以后，他还参与了一些民族学调查[16]，并撰写了很多直接讨论人类学的文章[17]。他对人类学的这种认同，和他早年在美国的学科训练有关，同时这和他一直关注的学术问题也有很大的关系。他一生关注的主要问题是中国民族之原始[18]。他第一篇人类学文章《中国的若干人类学问题》（Some Anthropological Problems of China）就重点涉及了这个问题，后来他又发表诸如《中国民族之始》的文章，晚年他比较重要的著作是《中国文明的开始》（The beginnings of Chinese civilizations：Three lectures illustrated with finds at Anyang），从民族原始到文明起源，其关注点其实是一贯的。人类学的方法对这些问题的解决有非常重要的作用。

他的考古学研究，也深深地烙上了人类学的印记。在研究中，他常常能以人类学的眼光看待考古学材料。如在《安阳》一书中，他通过殷墟发现的遗物研究商人的亲属关系、祭祀仪式以及体质特征。这些是一般考古学家很少注意到的[19]。正如张光直在《人类学派的古史学家》一文中说的那样，李济的古史研究方法代表了中国古史研究上的一个学派，而这个学派的特征正是“兼容并包”、“多学科并进”[20]。在研究中国上古史的时候，李济先生便是以一个人类学者的地位，也就是以一个比较兼顾各学科的地位，而不是以一个“狭义的考古学”专家的地位出现的[21]。

三 结 语

李济的古史研究方法，因其几十年对中国考古学的领导，影响很广。很多人在自己的研究中身体力行的实践这种方法，他的学生张光直就是突出的代表[22]。但是中华人民共和国成立以后，史语所迁台，李济也赴台，李济的学术思想，在大陆受到批判。但实际上，大陆考古学中的很多方法还是体现了李济学术思想的影响[23]。20 世纪 80 年代以来，国内的学术界和国外联系多了起来，新考古学、后过程主义考古学等新的考古学思潮被介绍到国内，张光直等人也在各种场合鼓吹人类学对考古学研究的意义[24]，本来已经慢慢被人们遗忘的人类学又重新进入考古学者的视野。

民族考古学（Ethnoarchaeology）无疑是目前考古学分支学科中和人类学关系最为密切的一门。这方面的研究在国外已经开展了很长时间，有很多重要的研究面世。在中国，它却是一门稍有历史却又年轻的学问。“十年动乱”以后，80 年代开始，就有相关的研究。中山大学因为有得天独厚的条件，较早开始尝试进行这方面的研究。梁钊韬、容观夐先生等都开展了很多有益的探索[25]。同时，北京大学的李仰松[26]、四川大学的童恩正[27]、云南民族大学的汪宁生[28]等先生也都开始相关的研究。但是 90 年代以后，相关的研究一度消沉。直到最近几年，又开始受到学者们的关注，就在最近，中山大学人类学系组织翻译国外考古学著作，介绍当下国外的考古学理论，其中一种就专门介绍民族考古学[29]，另一种的作者伊恩·霍德也是国外研究民族考古学非常重要的学者[30]，他们的著作对国内民族考古学的推介有很大的作用。经过诸多学者的努力，现在，民族考古学作为一种研究方法已经得到大部分学者的认可，越来越多的人投入到相关研究中。但是如何在实际的研究中将人类学和考古学更好地结合，是目前很多学者正在探讨的。从这个意义上，重新认识对中国考古学有开拓之功的李济的学术思想，对我们可能有很多的启发。

注 释

[1] 李济:《我在美国的大学生活》,《李济文集》卷五，193～204 页，上海人民出版社，2006 年。

[2] 同注［1］。

[3] 李济:《关于在中国如何推进科学思想的几个问题》,《太平洋科学会议——联合国中国同志会第八十八次座谈会上的约定讲话和解答》,《李济文集》卷五，16～25 页，上海人民出版社，2006 年。

[4] 同注［1］。

[5] 参见 Jay H. Bernstein 的 *First Recipients of Anthropological Doctorates in the United States* 一文的附录。该附录收集了 1891～1930 年美国所有大学人类学博士的毕业论文题目，本文的统计即根据这些论文题目。

［6］之所以选择博士论文，一则这些材料比较容易找到，而且通过这些博士论文看当时各个学校在人类学研究上的不同取向也是非常合适的。

［7］数据统计所用的论文材料来自前揭 Jay H. Bernstein 文章的附录。虽然仅从论文题目就想要对当时美国大学的人类学研究有详细的了解很困难，但是从中窥出一个轮廓还是可以的。

［8］在所有大学的论文中，考古学论文总共 17 篇，哈佛大学 16 篇，哥伦比亚大学 1 篇。

［9］同注［1］，198 页。

［10］在李光谟先生为李济编的《李济先生学行纪略》一文中，认为李济先生回国以后放弃体质人类学的研究和美国体质人类学的泰斗阿勒士·赫得利奇卡教授有关。“获得博士学位后，先生在返国途中造访美国国家博物馆馆长、体质人类学泰斗阿勒士·赫得利奇卡教授；赫教授在得知先生只有 Ph. D（哲学博士）而没有 M. D（医学博士）学位后，敦劝其不要继续体质人类学的专业工作”（王元化主编：《学术集林》卷十，34 页）。即使这可以解释为什么李济先生在回国后没有继续从事体质人类学的工作，但其所以转向考古学却只能从他哈佛大学的这段经历中求。

［11］张光直：《人类学派的古史学家李济先生》，《考古人类学随笔》，170 页，生活·读书·新知三联书店，1999 年。

［12］李济：《再谈中国上古史的重建问题》，《安阳》，364 页，河北教育出版社，2000 年。

［13］李济：《中国民族的形成》（The formation of Chinese people：An anthropological Inquiry）前言，《李济文集》卷一，54 页，上海人民出版社，2006 年。

［14］李济：《再谈中国上古史的重建问题》，《安阳》，351 ~ 355 页，河北教育出版社，2000 年。

［15］李济：《民族学发展之前途与比较法应用之限制》，《李济文集》卷一，250 页，上海人民出版社，2006 年。

［16］李济：《瑞岩民族学调查初步报告——体质》，《李济文集》卷一，260 ~ 274 页，上海人民出版社，2006 年。

［17］参见《李济文集》卷一，上海人民出版社，2006 年。

［18］同注［11］，169 页。

［19］李济：《安阳》，第十三、十四、十五章，238 ~ 267 页，河北教育出版社，2000 年。

［20］同注［11］，168 页。

［21］张光直：《对李济先生考古学研究的一些看法》，《李济文集》代序二，上海人民出版社，2006 年。

［22］张光直毕生从事考古学的研究工作，却和李济一样，一直强调多学科合作的研究方法。首先他自己在研究中经常利用人类学的理论和方法，如《中国文化中的饮食：人类学与历史学的透视》（E. N. 安德森（E. N. Anderson）《中国食物》，江苏人民出版社，2003 年），同时又和其他学科的学者合作，开展跨学科的研究。这方面最著名的例子就是 70 年代由他主持在台湾开展的“浊大计划”，计划的详情可参见《追记台湾“浊大计划”》，《考古人类学随笔》，140 ~ 142 页，生活·读书·新知三联书店，1999 年。

［23］杜正胜：《新史学之路》，台湾三民书局，2004 年。

［24］这方面的文章可参见其《考古人类学随笔》，生活·读书·新知三联出版社，1999 年。

[25] 梁钊韬、张寿祺：《论“民族考古学”》，《社会科学战线》1983 年 4 期；容观夐、乔晓勤：《民族考古学初论》，广西民族大学出版社，1992 年。

[26] 李仰松：《民族考古学论文集》，科学出版社，1998 年。

[27] 童恩正：《中国西南民族考古论文集》，文物出版社，1990 年。

[28] 汪宁生：《民族考古学论集》，文物出版社，1989 年。

[29] 尼可拉斯·戴维（Nicholas David）、凯勒·克瑞默（Calor Kramer）著，郭立新、姚崇新译：《民族考古学实践》（Ethnoarchaeology in Action），岳麓书社，待出。

[30] 伊恩·霍德（Ian Hodder）、司格特·哈特森（Scott Hutsen）著，徐坚译：《阅读过去》（Reading the Past），岳麓书社，2005 年。霍德是英国著名的考古学家，他对民族考古学有很深的研究，著有 *Symbols in Action*: *ethnoarchaeological studies of material culture*, *The meaning of Discard*: *Ash and Domestic Space in Baringo. In Kent* 等相关著作。

台湾民族考古学的回顾

陈伯桢
（台湾大学人类学系）

［内容提要］台湾丰富的民族志资料，以及人类学的研究取向，使得民族考古学类比的研究有着良好的基础。本文尝试比较不同时期民族考古学的类比研究，探讨其在台湾考古学的发展及扮演的角色。

［Abstract］The abundant ethnographic data and anthropological research orientation establish well foundation of ethnoarchaeological analogy research in Taiwan. This article attempts to compare the ethnoarchaeological analogy research in different periods to discuss their developments and roles in Taiwan archaeology.

一　前　言

由于学术发展的历史条件以及自身材料的特殊性质，台湾考古学从起始阶段便与民族学研究有密不可分的关系。而这样的渊源对于台湾民族考古学的发展究竟扮演什么样的角色？民族考古学在整个台湾考古学研究中有什么样的影响？未来台湾民族考古学应如何发展？本文尝试从学史的角度分析民族考古学在台湾的发展过程，整理现有的民族考古学研究，并提出一些个人的看法。

由于民族考古学一词在不同学术传统下常有不同的指涉，因此笔者在此先对本文所指的民族考古学做一些说明。在欧美地区，虽然早期定义尚未明确时，民族考古学一词同时有民族学类比及民族史研究等两种倾向，但自20世纪60年代以来，民族考古学常被用来指称民族学类比的研究，并被视为联结考古学理论与材料的中程理论（middle－range theory）[1]。中国考古学界对于民族考古学一词的看法并不一致，有些学者将近似于民族史的研究纳入民族考古学的范畴[2]，也有学者认为此举不妥，应该将民族史式的研究与民族学类比区分开来[3]。近年则有将民族史的考古学研究包含在边疆考古学之下的趋势[4]。

台湾的民族考古学所面临的是一个相似但又略有不同的问题。日治时期的考古学者多半也是极为优秀的民族学者，而他们的研究目的很大程度上在联结史前遗存与当代南岛民族的关系。这样的研究传统一直延续下来，从而发展出所谓的“旧社研究”或称“旧社考古学”的一个台湾考古特有领域[5]。这方面的研究牵涉到考古学（包括史前及历史时期）、民族学及民族史等研究，而很难直接以民族考古学称之；实作上，研究这方面的学者也较少以民族考古学称呼自己的研究。为集中焦点，本文所称的民族考古学将以民族学类比的研究为主要讨论对象，而排除旧社研究的部分，其中也包括一些以民族考古学为名的旧社研究[6]。有些研究虽然利用不少民族志的资料，但作者自我界定其研究非属民族考古学的，也将排除在外[7]。此外，如果研究中不管使用台湾的民族志材料解释其他区域考古学研究，或是使用其他区域民族志材料解释台湾考古研究，不论研究者的国籍，都将列入讨论。而台湾学者对于台湾以外区域的民族考古学研究也将一并放入讨论当中。

二 日治时期（1896～1949年）

台湾地区考古学研究一般是以1897年国语学校的教师粟野传之丞在圆山拾得史前石器作为开端[8]。在接下来的50年间，包括鸟居龙藏、伊能嘉矩、鹿野忠雄、移川之子藏、金关丈夫及国分直一等大量日籍学者来台进行研究。这些日籍学者多半具有民族学及考古学的背景，因此在研究取向上多采取两者并行的方式。此一时期称为民族考古学的研究可区分为两个大的取向。第一个取向着重在探求某些遗迹或遗物与现生民族之间的文化关联，以及相关考古文化在东亚及东南亚地区的类缘关系[9]。这类型的研究由于不在本文的讨论范围内，在此省略不谈。另一种取向的研究则是民族志类比的使用。由于此一时期的台湾考古学尚在起步阶段，许多器物无法得知其使用功能，于是学者们便转向现生民族的观察，用以推测其可能的功能。

在粟野传之丞首先于圆山发现石器的前一年（1896年），田中正太郎在台北淡水河岸散步时见到造船木工利用石锤敲打铁凿，而石锤的痕迹与其他地区的石器相似，使得田中正太郎相信在台湾本岛应有发现史前石器遗物的可能[10]。这或许可算是台湾最早观察现生遗留以推及考古遗物的开始。

鹿野忠雄（1906～1945年）在台湾进行大量的民族学及考古学的调查与研究。这些研究主要的目的在于民族史上面的分析，特别是台湾史前及现生民族的来源与其在东南亚地区的文化类缘关系。但在他的研究中也可以看到部分运用民族学材料协助某些考古遗物的判断，例如利用菲律宾博物馆观察到的现生贝壳制稻摘穗器推论台湾遗址出土的石刀也具有类似的功能[11]，以及采用口述历史的材料研究台湾的考古遗址所见石器的可能用途[12]。

金关丈夫（1897～1983年）及国分直一（1908～2006年）在讨论台湾史前遗址的多件“靴形石器”时，除了详加描述及分类已知的多件靴形石器外，并类比布农族的靴形石器，以及台湾汉人农具中的“草桠”，认为其应同样作为除草的器具使用[13]。国分直一也观察到台湾南部渔村将贝壳穿孔后系于网上做网坠使用，认为台湾南部新石器时代遗址所发现的带孔贝轮也应作为相同用途[14]。

而金关丈夫与国分直一所做的“台湾先史时代图谱”以及其解说则是此一时期考古学材料的民族志类比集大成者[15]。这是国分直一在战后从轰炸的瓦砾堆中重建考古藏品时，商请画家立石铁臣所做的图画。画中呈现聚落、捕鱼、捞贝、狩猎、采伐、开垦、除草、烧草垦荒、摘粟、脚踏犂与手犂、收获陆稻、麻园与麻线、搬运与纺线、射鱼、拔牙、制造树皮布、针线的妇人、吃骨髓、去皮、煮物、制造土器、吃槟榔、埋葬、武器及石屋等。其中多种活动都是参照实际的民族学材料所重建而成。

整体而言，日本学者大量使用民族学材料研究的方式立下台湾考古学中重视民族学研究的基础。然而在此一时期，虽然民族学与考古学（或称先史学）常被拿来并称，但民族考古学一词尚未成形[16]。大部分民族学类比的工作在解决某些台湾考古遗物的功能问题，或是重建某些史前行为。这些类比研究基本上是以台湾原住民、东南亚或大洋洲的民族志材料为主，并未发展出严谨的理论或方法。

三　迁台初期（1950～1970年）

迁台后，除部分日籍学者继续被延用外[17]，许多知名的学者也来台任教及研究。当时学者除了整理搬运来台的考古学材料外，也因接触台湾丰富的民族学资料而从中得到启发，进而使用台湾的民族志资料解释中国的古史。例如凌纯声及卫惠林都引用台湾原住民族的会所制度、年龄组织、氏族制度与宗教等来解释中国古史中的社稷及宗庙等社会组织的概念[18]。凌纯声也用台湾原住民族猎首的习俗及相关仪式来解释国殇礼魂与馘首祭枭[19]。他甚至反过来以中国古史的宗庙及社稷等名词来理解台湾各原住民族的社会组织[20]。此外，在研究中国古代的酒文化时，凌纯声大量参考台湾、东亚及大洋洲等地的民族学材料，认为古代中国的酒便起源于此种嚼酒的方式[21]，进而认为商周时期出土的青铜、骨角或玉制的匕柶，其功能便与台湾原住民族取食酒糟及食物的木勺与匕相同[22]。

由于这一时期的学者常兼治中国史、民族学及考古学等学科，因此在研究上常可见到跨学科的应用。虽然此时期民族考古学一词仍未被提出使用，但民族志类比的研究却常见到，特别是以台湾或其他区域所得的民族志资料类比中国古史各种社会制度及仪式层面的问题。如果用现代民族考古学类比研究的标准来看，这些类比都太过于随意，不注意类比对象之间的脉络以及时空关系，使得类比的效度有很大的疑问。但无疑地，这些尝试扩展了当时对于考古材料解释的空间。

四 新考古学引入时期（1970～1980年）

美国20世纪60年代兴起的新考古学风潮将民族学类比的工作视为中程理论（middle－range theory）的依据。20世纪70年代时，李光周（1940～1986年）将新考古学的风潮引介入台湾。李光周于1970年取得美国康乃尔大学人类学硕士，1982年获得纽约州立大学人类学博士，并于1977年开始任教于台湾大学人类学系[23]。在美国研读期间，李光周受教于当时新考古学派著名的学者Fred Plog以及John Fritz[24]，在返回台湾任教后，便将新考古学的研究方式引进台湾[25]。李光周曾多次强调由于台湾面积不大，岛内空间范围容易掌握与控制，同时具有丰富的民族学资料可供类比，因此为一个罕见的考古学实验室[26]。他选择了台湾南部垦丁国家公园进行一系列的考古学研究，特别是利用民族学类比的方式，对垦丁国家公园出土的考古遗物进行分析，以探讨当时的居处法则[27]。

受到新考古学派研究方法的影响，李光周对于鹅銮鼻遗址史前人类居处法则的研究采取演绎法的假设检定方式。由于鹅銮鼻地区现生的族群为阿美族，基于文化、体质及居住区位的考量，李光周假定此区域的阿美族应是鹅銮鼻遗址史前人类的后裔，并长期维持相同的文化及居处法则。阿美族为典型母系社会，婚姻以招赘婚为主，子女幼时从母居及母名，而成年男子则出赘从妻居，因此史前鹅銮鼻也应是相似的状况。

李光周认为居处法则应该可以在遗物中反映出来。根据马太安地区阿美族的民族学材料，他主张如果我们能够区分出两个性别所制作的器物，则来自于同一社群的性别所制作的器物应该具有高度的相似性，而反之，如果该性别的成员来自于不同的社群，则其所制作的器物会呈现高度的差异。现生的民族志显示阿美族是由女性负责制陶，而男性负责渔猎工作。在假定鹅銮鼻史前人类与现生阿美族的文化基本不变的情况下，李光周做出了七个不同的假设检定涵蕴（test implications），并以考古学的材料进行验证（见表一）。

李光周的研究象征台湾新考古学式研究的开端。尽管他并未明确高举民族考古学的旗号，但他的研究与当时美国考古学界的民族考古学研究基本一致。与前期的民族学类比研究相较，虽然李光周所提出的一些前提假设并无坚实的证据（如垦丁史前文化人与阿美族的关系，或是性别与特定活动的关联性），但他的研究已经开始注意到民族学类比的有效性问题，并尝试用演绎的方式进行验证。可惜他回台湾任教没多久后即因急性出血性胰脏炎病逝，而台湾新考古学及民族考古学取向的研究也随着李光周去世停顿了一段时间。

表一

	假设	检定结果
TI 1	由于实行从妻居，女性属于同一社群，彼此共享风格传统，因此女性制作的器物上虽有风格差异，但程度应该较低	由陶片、陶纺锤、陶环及墓葬中的完整陶器分析中可得到证实
TI 2	由于实行从妻居，男性来自不同社群，因此在男性制作的器物在风格上应有较大差异	由石网坠、石镞和骨镞的分析可得到证实
TI 3	在墓葬方面，由于大多数死者应为同一社群的女性，以及未出赘或出赘后因死亡、继嗣、离婚或配偶死亡而送回的男性成员，因此在埋葬方式及建筑结构上应有高度的相似性。差异主要应是由于性别、年龄、对待死者方式，以及时间变迁等不同因素产生	由墓葬的分析可得到证实
TI 4	某种或某些随葬品应当随死者性别的不同而有所不同，因男女的社会地位不同	无适当相关资料可证实或推翻
TI 5	女人制作的随葬品在制作风格上应该很相似	由陶环和墓葬中之完整陶器的分析可得到证实
TI 6	墓葬内的随葬品若是出自于女方的兄弟，由于都属于同一社群，应呈现相同的制作风格	无适当相关资料可证实或推翻
TI 7	墓葬内的随葬品，是出自于配偶，由于来自不同社群，应呈现高度相异	无适当相关资料可证实或推翻

五 近年民族考古学的趋势（1980年~迄今）

经过一段时间的沉寂后，台湾的民族考古学研究在20世纪90年代初期开始复苏，民族考古学一词正式被使用在研究之中。其中最具有代表性的学者为陈玉美。受到后过程考古学派思潮的影响，陈玉美以台湾离岛兰屿的*Tao*族为主要研究对象进行一系列的民族考古学研究[28]。她的研究涵盖多个不同层面，包括对于透过现生观察而对考古遗物的认识、对于遗址空间的理解、物质文化变迁的情形以及民族考古学的伦理问题等等。以下将分别进行介绍讨论。

在陈玉美早期的文章中，她观察了兰屿*Tao*族父亲为女儿制作的*gagau*（调理芋糕使用的木质工具）[29]。*Gagau*主要用来将芋头研磨成泥，属于软性消耗的工具，但经过长期使用的损耗后，它的形状可能会产生极大的变化。此时如果考古学家在未知多样的伴随关系下对*gagau*进行分类，很可能会误认或是将不同使用状况的*gagau*分成不同的类别。除此之外，陈玉美也观察到一位报导人的雕刻用具盒中有一件较早时期的石锛，报导人在野外将其捡回后，充当雕刻刀的磨刀石来用。这显示一件物常常会来回进出考古学的脉络，同时会因所处的环境或文化而被赋予不同的意义。这两个案例都显示考古学的研究远比想象中要复杂，需要更多的民族考古学的研究来厘清。

人类学及考古学中常会涉及文化变迁的问题，以及其反映在物质上面的情形。过去对于物质文化变迁的讨论，学者常持两种相反的意见。以美国考古学家Schiffer为例，他认为文化体系是由技术、社会组织，以及意识形态所合而成，但三者之间并非以阶序的情形存在，而是整合在一平等且相互关联的系统当中[30]。当外来的因素，例如外来物质或是技术进入，足以使系统的某一部分产生变化后，社会组织及意识形态将会在人类经济理性的考量之下进行改变，以达到新的系统平衡。这种看法排除了社会组织、意义形态和历史发展等因素在文化变迁中所扮演的角色。与此相反的则是Phaffenberger的“社会技术系统”（sociotechnical system）概念，强调物质、人类行动与社会文化间有一种互动、辩证的关系，当外来物质进入后，同样会引起社会的变迁，但在这变迁过程中，使用者会根据其自身的文化背景，对新的物质进行解释。也就是说，在这过程中，使用者并不是被动地接受影响及变迁，而是有着更大的能动性（agency）。

在这两种不同的理论背景下，陈玉美以兰屿的*Tao*为研究对象，探讨文化接触中物质文化变迁的现象[31]。在兰屿，一个家（*asa ka vahay*）是社会最基本的单位，而家屋则与夫妻（婚姻）关系互为表征，家屋的成长不但是婚姻关系的成长，同时透过家屋落成礼的举行，家屋也是屋主社会声望与地位的象征。过去*Tao*的传统家屋包含了主屋（*va-hay*）、工作房（*makarang*）以及凉亭（*tagakal*）等三个单位，都是以传统建材制成的茅草屋，但是自1966年开始，政府陆陆续续兴建五百多户钢筋水泥材质的国民住宅供兰屿居民居住。这种国民住宅的设计者不了解 *Tao* 居住空间的社会文化意涵，内部的空间配置与传统 *Tao* 家屋完全不同，同时水泥材质也无法适应当地多风多雨的湿热气候。过去相关的研究着重在这种外来强加的技术及物质造成 *Tao* 的社会文化失调，但陈玉美则认为虽然在住屋的形态上有所改变，但是 *Tao* 仍然在他们的文化下因应这些变化。例如老一辈的 *Tao* 仍持续住在传统家屋中，年轻人则搬至新的水泥国宅，但仍维持在传统聚落中一样，没有两对已婚生子的夫妇住在同一个屋檐下，同时也是分灶而食。尽管在新的国宅中灶的数目因为空间减少而无法像以前一样将不同类别的食物放在特定的灶上煮食，但当地人也能使用不同锅子及分开煮食的方式因应不洁的疑虑。

在接受新物质引入的过程中，*Tao* 人除了修正部分自己的文化以因应新物质外，甚至因自己文化中的部分特质而积极采用并诠释新物质。陈玉美便发现许多传统住屋也改用新的建材，例如屋顶由原先的茅草改为铁皮，或是用水泥强化原有的石墙结构，甚至将主屋前的庭院整片铺上水泥。在传统的 *Tao* 社会，这种采用新的材料是一把两面刃，它可能危及个人及家庭成员的健康及生命，或是导致与他人的社会冲突，但是如果没有不好的事情发生，这种创新会给个人带来更高的社会声望与地位。在这种两难的局面下，由于当地人强烈的竞争精神，最终导致新物质的采借，而且这种采借过程是主动、自发的，且被赋予新的意义。

陈玉美也运用兰屿的民族志资料探讨考古学中难以观察的空间与时间的概念[32]。她将兰屿的空间区分为岛屿空间、聚落空间、家（屋）空间以及主屋空间等四个不同的层次。这四个层次的空间都与当地的时间、工作与人观相互发扬。陈玉美并由此思考考古学中所定义的“考古遗址”的问题。她认为“考古遗址”并不是“被发现”的，而是经由假设、理论与资料之间相互辩证的过程而产生出来的。我们在研究中提出的“考古遗址”究竟是属于哪一个层次的空间，或是在实际研究上要如何去掌握这些空间意涵，都仍是亟待澄清的问题。同时陈玉美也回应如 Vita - Finzi 及 Higgs 以同半径10公里（采集狩猎社会）及5公里（农耕社会）的范围作为古代生活资源区的概念[33]。她以兰屿的例子说明这种遗址集合区（site catchment）的概念隐含着西方价值观的古今同一论（uniformitarianism）及追求最大利益的理性经纪人（economic man）的概念，而全然未考虑每个社会文化对于活动范围所造成的影响是大不相同。

除了民族考古学的研究之外，陈玉美也检讨了民族考古学家在进行田野工作中所面临的伦理问题[34]。相对于其他考古学家，民族考古学家有更大的机会与现生民族互动，而在研究的过程中，考古学家不但必须尊重当地人群，同时其研究成果也应回馈他们，协助他们建立历史感与自尊。

在台湾考古学百年纪念研讨会上，何传坤也提出界定民族考古学的议题[35]。何传坤界定了民族史（ethnohistory）、现生考古学（living archaeology）、历史考古学（historical archaeology），以及民族考古学（ethnoarchaeology）之间的异同，同时认为民族考古学为结合前者相交集的方法论。他主张台湾原住民聚落附近废弃不久的旧社是研究民族考古学的最佳素材，同时应采取长期异时限的深入观察。

何传坤的主张在其指导学生吴意琳的论文中可以得到体现[36]。吴意琳运用对花莲Skadang太鲁阁族的民族学调查来解释该地区旧社遗址发掘的房屋遗迹。从早期日本学者的民族学调查文献中可知，日治时期中期以前Skadang地区太鲁阁族的居民的家屋以单间为主，并在屋内中间处设置火塘，以供烹煮食物及围炉聊天工作所用。但日治后期时，日本政府以卫生为由，禁止太鲁阁族人在屋内设置火塘，因此太鲁阁族人便在屋旁另搭一间与主屋相连的小厨房烹食。但由于厨房太小，无法提供居民围火的习俗，族人便在屋外另设一个火塘以供烤火。这样的空间布局即使在日人撤离台湾后仍被保留下来。吴意琳即观察到现在的太鲁阁族人在搭建房屋时仍会在主屋旁另设一个相连但有独立门户的厨房，且在门口有一火塘。

与陈玉美相似的，钟亦兴也对考古学中“遗址”的界定感到疑虑[37]。他以自身对北吕宋山区Kalinga人的观察为例，对于Pasil Municipality的Kalinga人而言，家园村落是由住屋、宅院、水田、烧垦地、果园及林地等集合而成。而田间有许多为了耕种期间使用的工寮。如果由考古学家来划定遗址，这些田间工寮很可能被从聚落中区隔开而形成不同的遗址。这样的区隔很可能妨碍我们理解Kalinga人的生活。此外，钟亦兴也发现在邻近Pasil的Tinglayan，尽管也同属Kalinga，但他们的田间却基本不见工寮。钟亦兴认为这与两个地区处理部落间冲突的态度不同有关。在Pasil中，部落盟约的约束力较强，处理部落间冲突的方式倾向以和平的方式解决。但在Tinglayan中则常以武力方式解决部落间的冲突。因此为防止被猎头或袭击，Tinglayan人较倾向不兴建田间工寮以减少落单的机会。钟亦兴认为即使同为Kalinga人，部落盟约约束力的强度便会影响到聚落形态的差异，而考古学如何去回应这种差异则是一个重要的问题。

除了台湾的学者之外，近年日本学者野林厚志也进行一连串台湾野猪狩猎的民族考古学研究。他根据日治时期民族志资料及近年的民族调查，将台湾原住民的狩猎方式区分为主动（包括追猎、追踪猎物踪迹及埋伏）及被动（以各式陷阱为主）等两种方式[38]。野林厚志分别对于现生邹族及排湾族猎捕野猪行为进行民族考古学研究。由于这两个族群猎捕野猪的方式恰好分别为主动及被动的方式，同时都有把历年捉到野猪的头骨保留下来，因此可以利用动物考古学的方式，对两个案例野猪捕获年龄进行比较研究。

邹族是位于台湾中部的原住民族，利用猎狗进行捕猎野猪的工作。在野林厚志观察到的两个猎人的例子中，分别是数年间捕获45个个体，而另一个则是约8个月中捕获的38个个体[39]。透过野猪牙齿萌发情况的比较，野林厚志指出邹族猎得的野猪年龄基本上是一至两岁的成猪。相较于邹族的例子，台湾南部的排湾族则是以设置陷阱的方式进行捕捉[40]。野林厚志调查了两位兄弟猎人所得的猪头骨，在哥哥30年所猎得的158头及弟弟15年所猎得的100头中，最多是介于5.1到9.6个月大的小猪。以哥哥的例子来看，当年生的个体为72个（45.9%），一岁的个体为45个（28.5%），而2岁以上的个体为40个（25.5%）。

野林厚志认为这两个族群呈现的猪只年龄结构差距的最大原因在于狩猎方式的不同。如果采用主动狩猎的方式的话，原则上猎得猪只的年龄结构范围应该较大。但邹族人一般是在有人发现野猪，或是发现有野猪留下的痕迹后才带猎狗追猎，因此倾向于猎取较大的成猪，同时成猪的活动能力与范围较幼猪为大，也比较容易被发现。而在采用陷阱的排湾族例子则与野猪的生物习性有关。台湾野猪的发情期是每年9~10月，并在10~12月间怀孕，于次年的3~4月生小猪。近半数被捉到的野猪是5~9个月大的幼体，而这个时间正好是母猪再次发情及怀孕的时间，可能是失于照顾而导致小猪容易掉入陷阱而被捉到。野林厚志的研究让我们进一步可从动物遗骨透露的年龄结构反推回狩猎的方式。

野林厚志也与陈玉美一样曾在兰屿进行房屋的民族志观察，不过他观察的对象是兰屿Ivalino村居民为耕作方便而在田边搭建的小屋[41]。兰屿的田地主要分为水田及烧耕田两种，水田位于村中10~30分钟左右的步行距离，而烧耕田则约在30~60分钟的步行距离，两者的开垦与收获时间，以及耕种的作物都有所不同。在调查Ivalino村的39座耕种小屋后，野林厚志依柱洞、炉灶，以及四周墙壁的有无为依据，将小屋分为三大类。其中除两栋因各种遗迹不清楚而被归为第三类，并被排除讨论外，其余37栋分为第一类小屋12栋，以及第二类小屋25栋。第一类小屋主要为长方形建筑，有4~15柱洞，同时有炉灶及四周有墙壁等构造，平均面积约5.87平方公尺。第二类小屋多为正方形，多数只有4个以下的柱洞，面积仅2.68平方公尺。在空间分布上，第一类小屋多在从家屋步行30分钟的范围之内，而第二类小屋则多在30~50分钟步行的范围内。

在考量各种情况后，野林厚志发现一个有趣的现象。第一类小屋中有10栋是作为水田耕作之用（83%），而第二类则有21栋是烧耕田的小屋（84%）。换言之，小屋的类型与耕作形态有关。水田耕作的小屋建造相对较为牢固，且有炉灶；而烧耕田的小屋则较为粗略，并缺少炉灶。野林厚志认为这种差异的原因主要是两者使用时间，以及使用形态上的差异。在使用时间方面，水田开垦的时间是7~9月的台风季节，使得小屋的牢固度和墙壁的需求高于烧耕的小屋。而在使用形态方面，水田的开垦包括灌溉水渠的兴建及田地的开垦，都较烧耕需要较长的工作时间以及人力。因此水田小屋的面积要比较大以放置各种工具和材料，同时需要炉灶提供前来协助的亲友食物。野林厚志的研究回应了Binford主张生业活动的机能不同，会导致遗迹及遗物组成差异的假说[42]。

直到20世纪80年代以后，民族考古学一词才广泛地出现在台湾考古学的研究中。与前期李光周的研究相比，这一时期民族考古学的研究强烈受到后过程学派的影响。不管是陈玉美或钟亦兴的研究都强烈地质疑采用一致的标准进行类比所产生的问题，而主张民族考古学应更深入去探究不同文化历史脉络下形成的差异。何传坤与吴意琳的研究也显示考古学家应更追求类比的民族志与考古材料之间的历史联结。而野林厚志则企图利用不同案例的材料对比，找出当某个变数改变时（如狩猎方式），会对考古遗留产生何种变化（如猎物的年龄组成）。

六 小 结

当我们以学史的角度去分析台湾民族考古学的发展历程时，我们可以看到尽管民族学的应用以及民族学类比的使用在台湾考古学的萌芽期便已开始，一直到李光周时才有较具现代民族考古学意义的研究出现，但到20世纪80年代以后民族考古学才开始有较大的应用。这些发展与其说是一个系统性的学术传统，倒更像是展现在个人的研究层次上。类似的情况也出现在像是跨学科考古学研究等领域[43]。这种情况的主要原因可能是台湾的考古学社群较小，学者之间研究旨趣差异性过大，以至于学术传统难以集中累积。若要寻求未来台湾民族考古学的发展，除了学校方面需增设相关课程，对于民族考古学的方法论方面需要更进一步加强，并吸收其他区的相关研究经验。由于台湾拥有许多丰富的民族学资料，同时考古人才在就学过程中也受到包含民族学及考古学在内的人类学训练，在这样的基础下，台湾考古学未来将有极大的发展空间。

注 释

［1］可参考 David，N. and Kramer，C，*Ethnoarchaeology in action*，Cambridge：Cambridge University Press，2001，特别是12页中摘录的20世纪70年代以后多位考古学家对民族考古学的定义。

［2］王恒杰、张雪慧：《民族考古学基础》，中央民族大学出版社，1999年。

［3］容观夐、乔晓勤：《民族考古学初论》，广西民族出版社，1992年。

［4］这种趋势可见于几个大学所设立的边疆考古研究中心以及包括本刊在内的相关期刊。笔者倾向于将民族史式的考古学研究从民族考古学中区分出来，但对于边疆考古学一词的适用性觉得仍有考虑的空间。

［5］依刘益昌的看法，“广义而言所有的聚落类型的考古遗址都是旧社（旧聚落遗址）”（p.85），但旧社一词在狭义上的定义则是“原住民族可以追溯的祖先聚落旧址，并且明确具有口传或文献记录，最好也能指出应有的空间位置”（p.85）（刘益昌：《台湾考古学与原住民研究》，《“国立”台湾大学人类学刊》，66：70~93，2006年）。另外也可参考吴佰禄：《旧社遗留及旧社研究的初步探讨》，《“国立”台湾博物馆学刊》，58（2）：1~24，2005年。

[6] 如何传坤、洪玲玉:《阿里山民族考古学研究计划报告》,自然科学博物馆人类学组,2004 年。

[7] 如张光仁:《民族志资料对考古学聚落形态研究的涵义:以阿里山邹族为例》,台湾大学人类学研究所硕士论文,1992 年。

[8] 金关丈夫、国分直一:《台湾考古学研究简史》,《台湾考古志》,2~20 页,(东京)法政大学出版局,1979 年。限于篇幅,本文不对此一时期的考古学史作详细的回顾,相关讨论除金关、国分的文章外,亦可参考米沢容一:《台湾の考古学史》,《台湾の民族と文化》,221~236 页,宫本延人、濑川孝吉、马渊东一编,六兴(东京),1987 年;山路胜彦:《近代日本の海外学术调查》,山川出版社(东京),2006 年;Wu, David Yen - ho, "A short history of archaeological studies in Taiwan from 1895 to 1949: with a bibliography", *Asian perspectives*, 12, 1971, 105~112; Nobayashi Atsushi(野林厚志), "Retrospect of Taiwan archaeology: The Japanese colonial period", *Austronesian Taiwan - Linguistics, history, ethnology, and prehistory*, edited by David Blundell, Berkeley, Phoebe A. Hearst Museum of Anthropology, University of California, Berkeley, 2000, pp. 323~336.

[9] 这类研究属于此一时期研究的大宗,最重要的代表性著作有鹿野忠雄:《东南亚细亚民族学先史学研究(上)》,矢岛书房(东京),1946 年;《东南亚细亚民族学先史学研究(下)》,矢岛书房(东京),1952 年。

[10] 田中正太郎:《台湾见闻录》,《东京人类学会杂志》,1896,12(127):23~24;12(128):77。

[11] 鹿野忠雄:《マノボ族の介製稻穗摘具——東南亞細亞の介製穗摘具と石庖丁との關聯》,《東南亞細亞民族學先史學研究(上)》,307~312 頁,矢島書房(東京),1946 年。

[12] 鹿野忠雄:《先史學より見たる東南亞細亞に於ける臺灣の位置—臺灣先史學概觀》,《東南亞細亞民族學先史學研究(下)》,89~186 頁,矢島書房(東京),1946 年。

[13] 金關丈夫、國分直一:《臺灣先史時代靴形石器考》,原載於《人文科學論叢第一輯》,1939 年,本文引自《臺灣考古誌》,180~240 頁,法政大學出版局(東京),1979 年;國分直一:《考古學研究と民族學・民俗學の援用》,《環シナ海民族文化考》,8~18 頁,慶友社(東京),1976 年。

[14] 國分直一:《臺灣南部新石器時代遺跡發見の貝輪と臺灣南部漁村に於いて漁具として使用されてゐる貝輪について》,《民族學研究》,8(2):46~54,1943 年。

[15] 金关丈夫、国分直一:《"台湾先史时代生活图谱"解说》,《台湾考古志》,305~312 页,法政大学出版局(东京),1979 年。目前此一画作仍展示在台湾大学人类学系的考古学陈列室中。

[16] 在笔者有限的阅读过程中,并未见当时学者直接使用民族考古学一词,或对类似的概念有清楚的定义。这个印象仍有待更全面地爬梳当时的文献来确立。

[17] 关于被延用的日籍学者及其研究,可参见欧素瑛:《从台北帝国大学到台湾大学——以考古人类学研究为例》,《台北文献》,153:87~126,2005 年。

[18] 凌纯声:《中国社庙的起源》,《中央研究院民族学研究所集刊》,7:141~184,1959年;凌纯声:《中国古代社之源流》,《中央研究院民族学研究所集刊》,17:1~44,1964年;卫惠林:《从台湾土著的社会制度看中国古代社会史》,《大陆杂志》,10(6):1955年。

[19] 凌纯声:《国殇礼魂与馘首祭枭》,《中央研究院民族学研究所集刊》,9:411~449,1960年。

[20] 凌纯声:《台湾土著族的宗庙与社稷》,《中央研究院民族学研究所集刊》,6:1~57,1958年。

[21] 凌纯声:《中国及东亚的嚼酒文化》,《中央研究院民族学研究所集刊》,4:1~30,1957年;凌纯声:《中国酒之起源》,《中央研究院历史语言研究所集刊》,29:883~907,1958年;凌纯声:《太平洋区嚼酒文化的比较研究》,《中央研究院民族学研究所集刊》,5:45~86,1958年。

[22] 凌纯声:《匕鬯与醴柶考》,《中央研究院民族学研究所集刊》,12:179~216,1961年。

[23] 尹建中:《念新考古学开拓者——李光周博士》,《人类与文化》23期,11~12页,1987年。

[24] 张光直:《台湾新考古的播种者:忆李光周先生》,《人类与文化》23期,9~10页,1987年;李匡悌:《谈台湾地区新考古学研究发展所见的问题》,《大陆杂志》78卷6期,272~276页,1989年。

[25] 李光周主要的著作目录,可参见尹建中:《李光周教授重要著作目录》,《人类与文化》23期,6~8页,1987年。

[26] 李光周:《台湾:一个罕见的考古学实验室》,《"国立"台湾大学文史哲学报》34期,215~237页,1985年。

[27] Li, Kuang - chou, *K'en - ting: an archaeological natural laboratory near southern tip of Taiwan*, Ph. D. dissertation in anthropology, SUNY - Binghamton, 1981;李光周:《考古学对其研究现象之解释》,《中央研究院三民主义研究所丛刊》9卷,55~67页,1982年;李光周:《再看鹅銮鼻:台湾南端的史前遗址》,《"国立"台湾大学考古人类学刊》35、36期,48~61页,1974年;李光周:《垦丁史前遗址的发掘与其陶片的处理》,《"国立"台湾大学文史哲学报》27期,285~346页,1978年。

[28] 最早以雅美(*Yami*)族称呼兰屿岛上的原住民族为日本学者鸟居龙藏,这是当时他从兰屿人交谈中推断出来当地人的自称。近年兰屿青壮世代对此词产生怀疑,认为达悟(*Tao*)才是真正兰屿人的自称。但许多老一辈兰屿人认为原先的雅美族称并无不妥。陈玉美在早期研究中以雅美族称呼,但在近期研究中则改以当地自称的罗马拼音 *Tao* 称呼,因此在本文中,将统一使用 *Tao* 指涉此一族群。

[29] 陈玉美:《从两件器物到两个问题:田野拾零》,《田野考古》1卷2期,81~90页,1990年。

[30] Schiffer, M., *Behavioral archaeology*, New York: Academic Press, 1976; Schiffer, M., *Technological perspectives on behavioral change*, Tucson: The University of Arizona Press, 1992.

[31] 陈玉美:《文化接触与物质文化的变迁:以兰屿雅美族为例》,《中央研究院历史语言研究所集刊》67卷2分,415~444页,1996年;《从茅草屋顶到水泥房:兰屿 *Tao* 家屋的持续与变

迁》，《“被殖民都市与建筑”国际学术研讨会》，中央研究院台湾史研究所筹备处、东南亚区域研究计划主办，2000年9月6~7日，南港（台北）。

[32] 陈玉美：《夫妻、家屋与聚落：兰屿雅美族的空间观念》，《空间、力与社会》，133~166页，（台北）中央研究院民族学研究所，1995年；《考古学中人与环境关系的研究：以Site Catchment为例》，《国立台湾大学考古人类学刊》，60：97~114，2003年；《两性、工作、时间与空间：从兰屿民族考古学资料重新思考“考古遗址”》，《宽容的人类学精神——刘斌雄先生纪念论文集》，445~482页，中央研究院民族学研究所（台北），2008年。

[33] Vita－Finzi, C and Higgs, E. S., Prehistoric economy in the Mount Carmel Area of Palestine: Site catchment analysis. *Proceedings of prehistoric society*, 36: 1~37.

[34] 陈玉美：《研究者与其研究对象的关系——以考古学为例》，《田野考古》1卷1期，9~23页；《再论研究者与其研究对象的关系》，《2006年台湾考古学工作会报》，台中自然科学博物馆，2007年5月5~6日。

[35] 何传坤：《台湾考古学与民族考古学》，《台湾考古百年纪念研讨会会议论文及工作报告》，16~28页，1996年6月15~16日，中央研究院历史语言研究所（台北），1996年。

[36] 吴意琳：《花莲太鲁阁Skadang旧社家屋民族考古学研究》，“國立”清华大学人类学研究所硕士论文，2004年。

[37] 钟亦兴：《北吕宋Kalinga聚落型态的民族考古观察》，《九十四年台湾考古工作会报报告集》，25－1~9，2006年。

[38] 野林厚志：《臺灣原住民の狩獵方法——日本統治時代の資料から》，《開からた系としての狩獵採集社會》，佐々木史郎編，“國立”民族學博物館調查報告34，“國立”民族學博物館（東京），215~230頁，2002年；野林厚志：《イノシシ狩獵の民族考古學——臺灣原住民の生業文化》，御茶の水書房（東京），2008年。

[39] 野林厚志：《民族考古學的アプローチにもとづくイノシシ獵研究》，《フィリピン北部・臺灣中南部の少數民族の民間傳承に関する言語學的・人類學的調查研究》，森口恒一編，平成11年度—平成12年度科學研究費補助金（基盤研究A（2））研究成果報告書（未正式出版），327~361頁；2001年。Nobayashi, A., “An ethnoarchaeological study of chase hunting with gundogs by the aboriginal peoples of Taiwan”, *Dogs and people in social, working, economic or symbolic interaction*, edited by Lynn M. Snyder and Elizabeth A. Moore, 2002, pp. 77~84.

[40] 野林厚志：《狩獵活動復原の試み—パイワン族の狩獵活動に關する民族考古學的調查》，《1999—臺灣原住民國際研討會》，中央研究院民族學研究所、順益臺灣原住民博物館主辦，1999年5月1日~3日；野林厚志：《民族考古學的アプローチにもとづくパイワンの罠獵研究——動物遺存体の解釈に関する一試論》，《“國立”民族学博物館研究報告》，25（2）：151~176，2000年。

[41] 野林厚志：《出小屋の遺跡化——臺灣ヤミ族の民族考古學的調查》，《民族學研究》，59（3）：270~281，1994年。

[42] Binford, L. R., *Nunamiut ethnoarchaeology*, Academic Press; Binford, L. R., "Willow smoke and dog' s tails: Hunter－gather settlement systems and archaeological site formation", *American antiquity*, 45: 4～20.

[43] 陈玛玲:《由〈考古人类学刊〉看考古学在台湾的历史留痕》,《"国立"台湾大学考古人类学刊》, 66: 3～24, 2006年。

民族志与考古学

苗疆“牯脏节”：祖先，祭祀，牛牲

王红光　刘文锁

（贵州省文物考古研究所　中山大学人类学系）

［内容提要］苗族“牯脏节”是以牛牲祭祀祖先的传统民间宗教性节日。本文以作者两次在贵州省黔东南苗族侗族自治州榕江县调查的苗族“牯脏节”的资料为根据，介绍了此祭祀节日的基本程式、要点以及包含于其中的若干问题：祭期，祭祀的组织和祭仪的主持，作为祭品的牛牲的传统性，“牯脏头”和“鬼师”的角色，“牯脏节”的复苏及其所表现的苗族文化变迁。

［Abstract］ The “Gu Zang Festival” practiced by the Miao ethno – group living in southwestern China is a kind of folk religious festival which is characterized by the sacrificing to ancestors with the cows. In this article the authors discussed the Festival’ s basic programs and important points, such as the taboos during Festival, sacrificing to ancestors in form of cooperation of whole village, the cows as sacrificed animal, the sharing sacrificed cows among family members and fellow clansmen, the chief and “Guishi”, sorcerer of the Miao, amusement during Festival, sacrificial supplies, worshipping implements, the sacrificing music, and the technical terms of “GU Zang Festival”. The problem concerning to cultural change of the Miao reflected by this Festival was also discussed.

古代祭祖的礼俗在今天奉行祖宗祭祀的民族中，程度不同地保存着，在汉族内部各地的情形也有差别，而且，随着城市化的进展和新生代逐渐成为社会的主导群体，呈现出消灭的趋势。像祭祖这种在中国社会里特别发展的文化，它具有的信仰和宗教方面的特征、意义，它的各种类型和复杂程式、活动，它对于我国人及其文化的影响，凡此种种，都是引人深思的问题。

本文介绍作者两次在贵州省黔东南苗族侗族自治州榕江县调查当地苗族“牯脏节”的资料，一次是在2005年12月，调查的苗寨是本县计划乡的乌略村；另一次是在2007年的12月~2008年1月，地点在兴华乡高排寨。两个山寨都处在都柳江（西江上游支流）流域，乌略在江南一条支流的谷地，高排在江北的另一条支流（图一）。这两次的民族志调查，先后由贵州省文物考古研究所和贵州省文物局组织。乌略的“牯脏节”是在

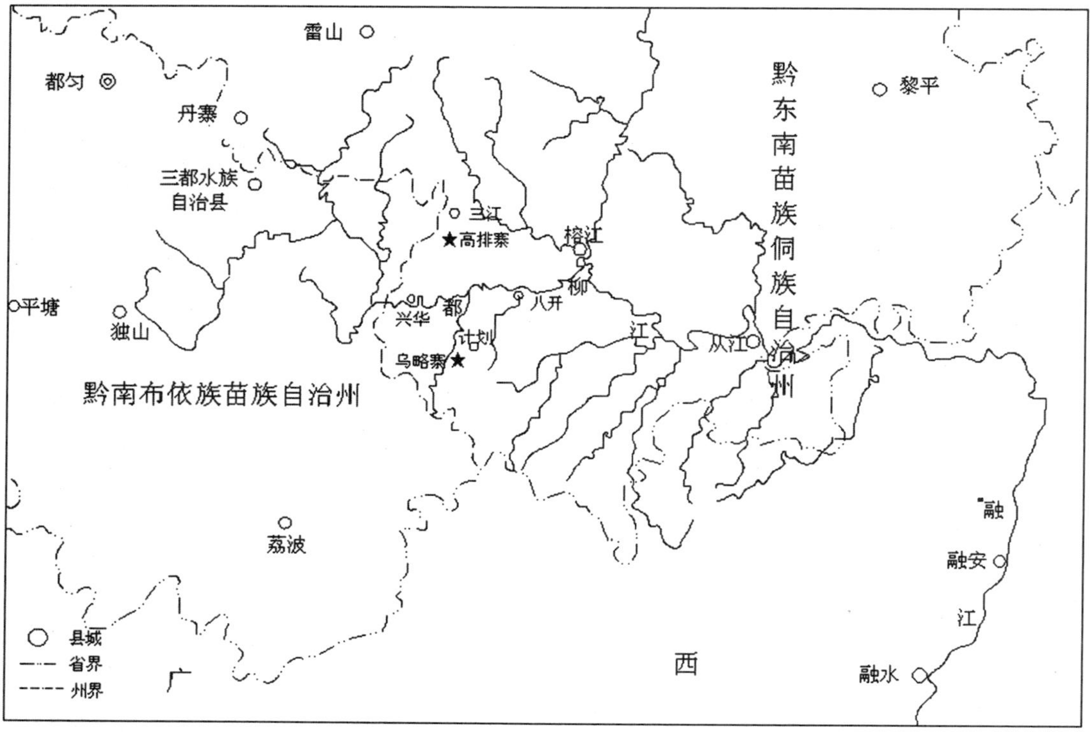

图一 调查地点

1951年后复办的第一次，距那次以来时光已过去了半个多世纪。高排寨在1949年后，至今举行过三次“牯脏节”：第一次在1950年代，当时有20余户偷着杀牲牛祭祖，被发觉后以偷杀耕牛罪判刑；1995年举行过一次。今次是第三次。本地正常的周期是12年（十二生肖历的一轮）。这两次观察给我们留下了深刻印象，其要点就是阖寨联动以牛牲祭祀祖宗，以家庭或家族为单位并邀请亲友加入祭祀。根据其他关于“牯脏节”的记录，乌略村的“牯脏节”在总体上和程式上都是较传统的，当置身山寨仪式中时，它的古老气氛很容易勾起人们对古代祭祖情境的想象。

“牯脏节”是一个重构的术语，在当地苗族里习称作“吃牯脏”[1]。它的称法在不同的地区也有差别[2]。实际上，由于外界的影响，整个“牯脏节”的语言都面临被重构的处境。僻处苗疆腹地的深山，一方面历史的生活在这里得到远为顽强的保存。另一方面，时间在这里也从未静止过，每一轮外界的重大波动，尤其是政治的和意识形态的变革，都脉动到了看似静止的山寨的世界，并触动人们的心灵。21世纪的今天，来自外方的冲击似乎是有史以来最强力的。人间已无桃花源，文化的重大变迁是必然的了。从这个角度讲，记录、研究这种命运未卜的“文化遗产”的兴衰，已成为当务之急。另一方面，是苗疆各地祖宗祭祀名目、仪规、理念上的差异，从专业研究的需求讲，也是值得深入探讨的。我们现在根据调查的笔记，整理出一个简要记录，并就其中的几个问题略作讨论。

一 乌略、高排“牯脏节”的程式

乌略村是一个行政村，共有5个村民组，其中一、二组分布在河谷的阶地上，相隔约500米。其他几组则分布在附近的山顶上。一、二组是主要的部分，也是规模最大的两个寨子。著名的月亮山在乌略寨的西南方，大约十数公里处。全村共60户，262人，以姚、潘二姓为主。为本次“牯脏节”共准备了32头牯牛，120头猪以及糯米、米酒等祭品。

高排是一个较乌略大的行政村，有9个村民组组成，其中的主要部分集中在叫做“大寨”的地方。因为人口的增殖和宅基地的局促，一部分新家庭被分到大寨的旁边和附近山谷，组建出了两个小寨。全寨约有380户，1000余人，主要是苗族，有苟、王、杨、李、刘、潘、张、韦、包诸姓；另有十余户水族和两户杨姓汉族。这次“吃牯脏”绝大部分家庭都参与了，一共有300头左右牯牛被用作祭牲。

整个节日的程式、活动，在两寨大同小异，基本的部分依次是斋戒、敬祖、牯脏牛旋堂、杀牲、分食牲牛。其中最具仪式性的活动是牯脏牛旋堂。整个节日活动持续约一周的时间。其中，围绕着那些集体或个体的具宗教或信仰意义的仪式、活动，还有一些集体生活（“跳月”等），使祭祀洋溢着浓厚的节日气氛。

（一）斋戒

饮食禁忌的时态，在客人进寨的前一日开始。由“牯脏头”（“牯脏节”活动的领袖）家杀一头猪，将肉切成小块用竹篾串成肉串，按全寨户数分发（图二）。按照牯脏节的规定，各户在收到这种肉串之前，是可以食蔬菜的。当收到肉串后，便意味着宣布进入节日，从此开始忌食蔬菜，而只食肉和米，直至节日完毕。为了接待客人，各家都准备了猪、鸡、鸭等肉食。在节日开始后，语言的禁忌也随之开始，除了讲吉祥、吉利的话语外，还讲主要是在饮食方面和关于牛牲的所谓“牯脏语”，如吃饭叫做“吃草”，饮酒叫“喝水”，睡觉作“关牛”，杀牛曰“喂牛”等。在一般行为方面的禁忌也特别强调了，如脏话和打架之类。

斋戒和语言禁忌实行于全寨，包括前来与祭的客人在内。按照一种说法，更传统的“牯脏节”是在客人进寨后，要封闭山寨禁止不相干的人进入的。在节日期间，对“牯脏头”的禁忌尤为严格，例如他（们）不能睡觉、跌倒，更有说法是甚至禁止其说话、进食、入厕之类极端的人身禁忌。

（二）敬祖

这是一种节日期间奉行多次的法事，由“牯脏户”（杀牲的家庭）请“鬼师”（苗语“勾横”，即所谓“苗巫”）到家里念专门的祝辞请祖宗来飨食祭品。这是祭奠祖宗的普通法式。做此法事的场所一般选择在家室的中间房屋（相当于中原汉人家室的堂屋），靠近

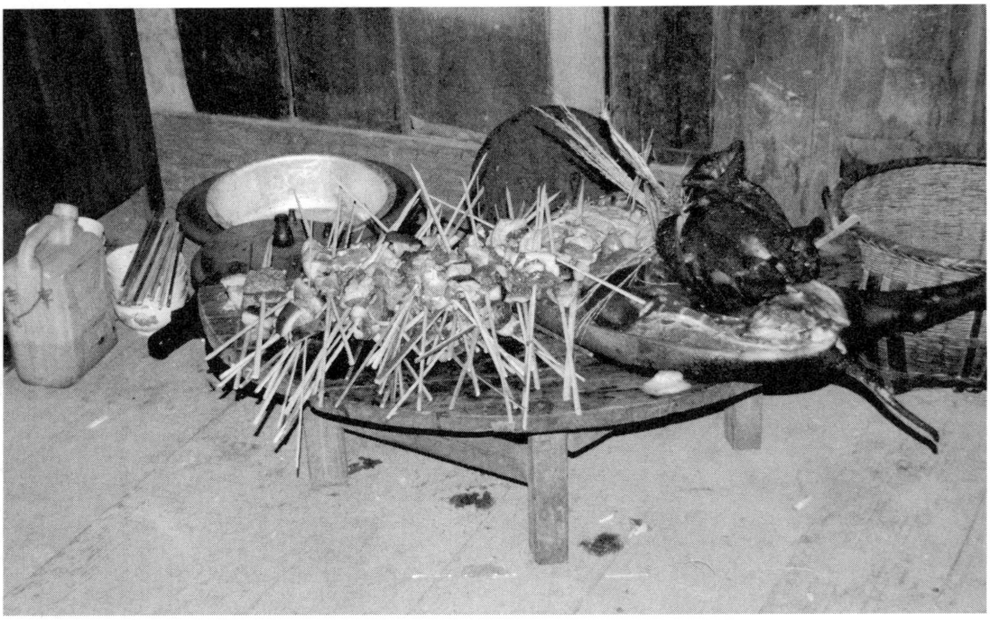

图二 乌略“牯脏节”所用的串串肉

一侧墙壁，或者房屋中央的位置。届时在这个场地，用竹篾编制的箩筐[3]盛了糯米饭，上面摆几块煮过的猪肉或鱼，一旁摆放了米酒和牛角杯、糯米。糯米饭、猪肉（或鱼）和酒是基本的三样祭品。“鬼师”坐在竹筐前，用苗语念诵专门的祝辞，内容是敬请祖宗来飨食祭品。（图三，1、2）这种经文比较长，是韵文的叙事诗句形式，他的吟诵也像是说唱[4]。这类经文没有教科书，全凭记忆口诵，是“鬼师”的专业知识。

在高排，“鬼师”在做敬请祖宗飨食的法事时，还采用了一种占卜。这是在吟诵当中，当念毕请祖宗来飨后，用一段中间剖开并掏空的木棍，约20厘米长，合在一起后掷到地面，观察两爿木的朝向。一上一下者被视为吉兆，昭示祖宗已应召来到。否则是未曾应召，需要继续召唤和贞占。这种占卜的器具在苗语里称作“赌批”。（图三，2、3）

高排的“敬祖”法事分为两部分，前段是请祖先飨食普通的祭品三样（糯米饭、鱼、酒），后段是飨食鸡牲。鸡是必备的祭牲。杀鸡请祖宗飨食的程式是：当事家的男主人提一只活鸡进来，当着那些祭品和“鬼师”将鸡杀了，将血盛在碗里，然后拿出去煮熟。法事还没有结束，这个时间“鬼师”可以休息一下。鸡煮好端上来，连同碗盛的鸡汤，一起摆在糯米等祭品旁。这些食品摆好后，“鬼师”开始念诵祝辞，程式与前面的一样。他在掷“赌批”占验前，还撮几粒糯米撒向鸡（意思是请飨食鸡）。祷祝结束后，由男主人上前从各样祭品上撕扯一点掷于地上，这表示祖先飨食了。装祭品的食具都是日常使用的，没有分别。法事结束了。接下来就是由主人邀“鬼师”一起吃这些鸡肉和饭（祖先飨食后剩下的祭品）。关于这种处置祭品的方式，在现代和古代的民族志里都曾记载过了。

1

2　　　3

图三　“鬼师”做法事的场面

1. 请祖飨食的法事和祭品（乌略）　2、3. 做法事时用“赌批”占卜（高排）

(三) 敬寨芦笙（“佐纽养”）

这是在乌略寨子里观察到的。在前来参与祭祀的亲友到达后，为了营造节日的气氛而组织的一次芦笙队游行。从大寨开始，芦笙队吹奏专门的曲目，分别前往各个“牯脏户”，直至所属的各个小寨。在进寨前，要在寨头吹奏芦笙并燃放鞭炮，然后到“牯脏户”家门前的场地吹奏芦笙。这时主人要出来招待随行的客人以酒、肉，并俟芦笙队演奏结束后邀之进屋，招待以酒和肉食。乌略的芦笙队由 8 人组成，由一位着黄色礼服者领队（图四，1）。这个活动的当晚，在寨子的广场举行芦笙舞会，称之“跳月”或“走堂”，参加者都是本寨和外寨前来参加祭祀的青年男女。男子们吹芦笙，女子们着盛装舞蹈。广场中央树立一杆幡（图四，2），芦笙有固定的曲目。乐队和舞蹈都是围绕着幡逆时针旋转的。这种舞会是在祭祀期间为青年人提供的娱乐活动。

（四）敬客饭（“奴嘎榜”）

敬寨芦笙的次日，是举行苗语称作“奴嘎榜”的仪式。这是在乌略奉行的仪式，很规范，意思是向前来参加祭祀的亲友敬献酒食，汉译作“敬客饭”。它的程式，是由各牯脏户准备一套酒食，包括一箩筐蒸好的糯米饭、一块煮过的猪肉以及米酒。这些食品也是祭品三样（图五，1）。在午饭过后，由各户挑着列队前往牯脏坪（苗语“养花”），这块场地选择在寨子附近的广场。挑食物的队伍围绕着牯脏坪逆时针方向旋转三匝，之后由本寨的长者宣布，将这些食物分发给客人当场食用。主人用盛了米酒的牛角杯向客人敬献，牛角杯制作得精致，上面漆画了龙等图案（图五，2）。这个活动的仪式性很强。在用过酒食后，就在牯脏坪上举行大型的芦笙舞会，舞者都是著盛装的青年女子（图五，3）。

（五）牯脏牛旋堂（“营拟”）

这是整个节日中仪式性最强的活动。它还有另一个名称叫“踩牛堂”。这项仪式在杀牲前举行。每个牯脏户都要将自家的牲牛披戴了，牵引到牯脏坪上游行。这项仪式的意义主要是向祖先展示祭牲，同时也包含着祈福在内。

乌略的牛旋堂在早饭后开始准备，实际行动时已近午时。由“牯脏头”领队，他被几位寨老所扈拥，走在整个游行队伍的前头（图六，1）；后面依次是“鬼师”、女眷、仪仗队和牲牛，牲牛后面跟着挑绸缎的人。从“牯脏头”的家中出发，一路上不断地燃放鞭炮。“牯脏头”家的牲牛是领先旋堂的。旋堂的程式，是依次入场按逆时针方向绕行三匝。绕行后，由寨老将地上和好的一把泥涂在牛的脊背，然后在泥上撒一把带壳的稻粒，再将带来的绸缎披在牛身上，同时将两个银项圈分别戴在牛双角上，用一块头帕缠好。这道程式称作“取宝”，其中，泥土和稻谷以及披戴绸缎、帕子、项圈，都是象征性的。在“牯脏头”家的牲牛游行结束后，接下来是各户的牲牛依次入场，程式都相同，由芦笙队引导。所有的牲牛游行一遍需要很长的时间。在旋堂仪式后，芦笙要集中起来封存，据说要封存三年后才得重行取出吹奏。

高排的牯脏牛旋堂仪式与乌略相同，但因为牲牛数量多，实际上这个仪式持续了三天时间才告结束。在第一天采取了代表的形式，由寨子内部旧行政区划的保甲制的五个甲，各自挑选了三头牲牛参加仪式。在“牯脏头”率领的第一甲队伍出发时，还在寨中的坪上举行了一场绕场三匝的仪式，程式与随后在牯脏坪上所行者相同（图六，3）。在高排，

1

2

3

图四 敬寨芦笙和牯脏幡

1. 敬寨芦笙的仪仗队（乌略） 2. 牯脏幡（乌略） 3. 牯脏幡（高排）

1 2

3

图五 “敬客饭”的场面，食物和牛角杯（乌略）

1. 客饭 2. 牛角杯 3. 在牯脏坪举行的“跳月”

旋堂后的“取宝”被简化成仅在牛背上涂一块泥巴，在下山途中折一根树枝带回家（图六，4）。这些都是象征性的。

在杀牲牛前需要制作好一个木架，用来固定牛首，相当于牲牛的刑架。这项活动称作“做柢”。制作柢架的木材是枫树，而且要选择丛生的枝干。这种枫树要事先挑选好，并用一根麻绳拴在树身上，表示已被人号中。在乌略，砍伐枫树的时间定在了踩牛堂当日的清晨，高排则定在踩牛堂后的一天。砍枫树时要带上祭品三样，到达号中的树前，先行一个简略的祭奠，将祭品摆在树前，然后将米酒用口含了喷吐于树身。这些祭品在祭奠毕枫树后，可以分享。砍伐时树干的倒向没有统一的规定，乌略是倒向东方；高排则依山坡的形势，以便于修整木干的倒向为准。树干砍倒后就地修整出四段，长短不一。这些木头被扛回家中，在选定屠杀牲牛的场地上，掘洞支架成一个“X”形的绞架，上面用一根较细而长的杆子做压杠（图七）。

1　　2　　3　　4

图六　牯脏牛旋堂仪式

1. 走在游行队伍前面的“牯脏头”（乌略）　2. 踩牛堂场面（乌略）

3. 踩牛堂场面（高排）　4. “取宝”（高排）

（六）杀牲

牛旋堂后，柢架也于杀牲之前准备好。这时还需要请“鬼师”再做一次法事，分别是对祖宗和祭牲。在高排，对祖宗的法事中的祭品，除了通用的三样外，还要杀一只鸡奉献。在念过经文后，将鸡煮了盛在盆中，与三样一起，撕一小块掷于地上，表示已敬奉给了祖宗，之后便由大家分食。敬祖后“鬼师”再到牛圈前，手持一只活鸭，一边在身前划圆挥舞，一边念祭辞。这段祭辞是对牲牛的灵魂叙说的，大意是安抚它不要怨怒、烦躁，顺利地去做祖宗的牺牲，为祖宗飨食。最后将鸭杀死。这个祭牲像鸡一样，也随后被人们分享了。

杀牲牛的时间，都选定在凌晨，按旧的时制，在子时过后即可开始。首先由“牯脏头”家开始，这是他的权利所在。当他屠杀之后便燃放三声铁炮，通知全寨杀牲开始。在一个短暂的时间内，所有参加祭祀的牲牛就被屠杀了。

杀牲的方法，是将牲牛牵出牛栏，引到柢架前，将牛头伸在“X”形的架上，然后用横杠压住。刽子手（一般由舅家人员担当）举一把利斧，照准牛的后脑砍去。通常在几

1

2

图七 “做柢”（高排）

1. 砍伐做柢架的枫树前的祭奠 2. 柢架

斧之后，牛便支撑不住，嘭然倒下。这个场面极其肃穆，寨子里充满了神秘气息，也充满血腥气。在宰杀之后，是将牛头上汩出的热血涂抹在牛的双角上，之后用一根竹签将牛舌扯出嘴外穿住，其意义据说是防止牲牛去阎王那里告恶状。穿舍后是开膛放血、解牛和割下牛首，一直持续到天亮（图八）。

在乌略，开膛解牛前要由主人家的舅舅陪“鬼师”一起，提刀在被杀死的牲牛前念一段祈福的祝辞：

一开得儿，
二开得女，
三开得铜鼓，
四开得大坝田。
……

（七）分食祭品

牲牛解好后，取出内脏和肉煮了，招待参与祭祀的亲友一起享用。剩余的牲肉，按照内部的亲属关系等，分成若干份，由与祭的亲友携回。亲友离寨的时间，在高排是定在杀牲当日午时前；此时如因某种原因（如生病等）无法离开，须等到两日后再离寨。客人在寨中滞留时，仍由主人家招待。

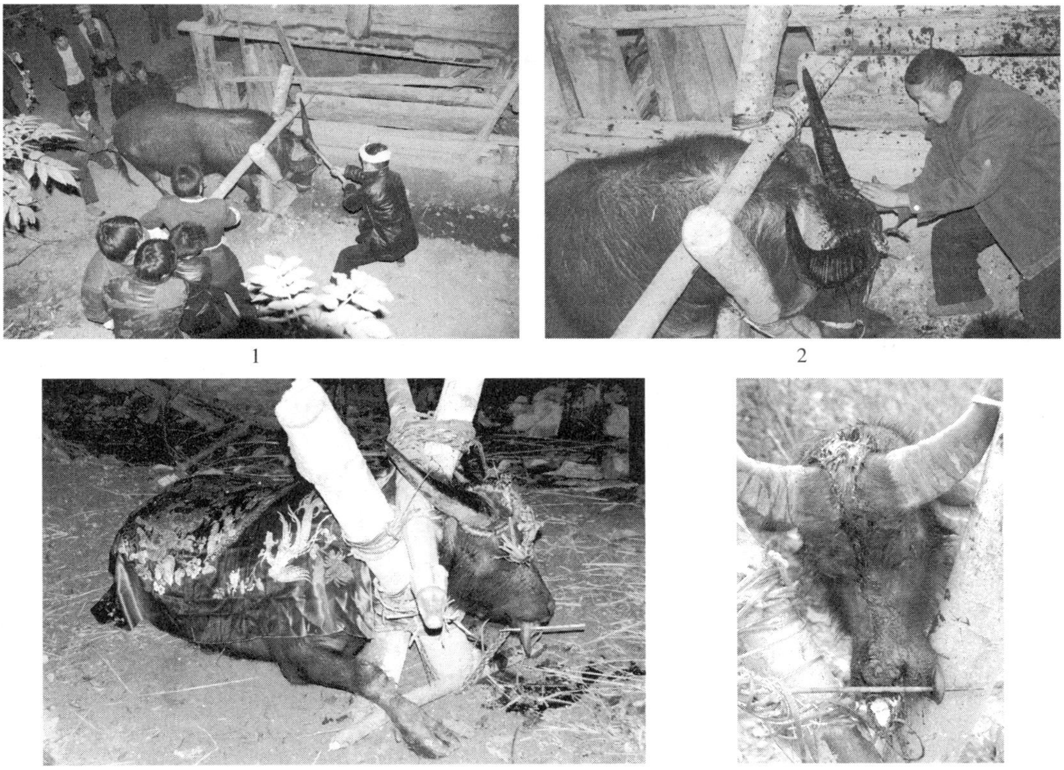

图八　杀牲牛的场面

1. 砍牛（高排）　2. 涂抹牲牛的热血于牛角上（高排）

3. 被宰杀的牲牛（乌略）　4. 留在柢架上的牛首（乌略）

二　几个要点

（一）“牯脏节”期间的禁忌

最明显的禁忌体现在三方面：

（1）饮食禁忌的斋戒　对蔬菜的禁忌。这个禁忌在各地的遵行情况不一样，如在乌略就很严格，在高排就变得宽松许多。这种禁忌的起因，可能是因为日常生活里的饮食，都是以菜蔬和米饭为主，难以吃到肉食。值得注意的是：蔬菜并非祭品，而节日期间人们所食的肉食同时也用来祭奠，所以，也可以猜测这种食物禁忌与祭品无关。

（2）语言禁忌　如前述。语言的禁忌是众多民族的祭祀或节日里所共同遵行的。在牯脏节期间，特别有意义的是所谓“牯脏语”，这是保留下来的专门的祭祀语言。

（3）对“牯脏头”的禁忌　这一点最有意义。“牯脏头”的祭祀领袖角色，使之在拥有权利的同时，相应的承担某些特别的责任。对“牯脏头”的禁忌具有应负义务的性质。一方面，他是人民的表率，道德的化身，他须以身作则地遵行规范，忍受常人所不能为或不愿为的约束；另一方面，他的这种特殊身份使得属民视之为吉凶祸福的象征，通常的不吉利的行为对他来讲都被赋予了特别的意义，所以针对他的禁忌也具有特别的意义在内。

在一些信仰或宗教性质的活动中，对女人的禁忌也是较为常见的，例如某种活动禁止女人参与，女人被视为不吉利的消极因素。在牯脏节的“踩牛堂”和杀牲仪式、活动中，这种对女人的禁忌并不明显。因为牯脏节是整体性的大型祭祀活动，女人是无法回避的参与者，只是其参与的情况和角色有所不同：她们可以参与牯脏牛旋堂的仪式，但作为助手的角色，如帮助抬为牲牛披戴的绸缎，或在人手不足的情况下负担祭品；杀牲时妇人是不参与的。这些活动里都看不出明显的对妇人的禁忌，更明显的是因为日常生活中的分工造成的惯势使然。不过，据在乌略的调查，“做柢”时是禁忌见到孕妇的，据说见到这种“四眼婆”是不吉祥的。

（二）联合祭祖

今天在乌略和高排所观察的苗族牯脏节，是一种以家庭或家族为单位的阖寨联动的祭祖活动，它已经是适应苗寨内部社会变革的现代形式。像汉族的祭祖一样，它来源于古老的祖先祭祀，但是其间漫长变迁历程中的细节还难以究明。

现代苗寨的牯脏节，一方面，它是以寨子内的各个家庭或家族为单位奉行祭祀。这是受到苗寨内部社会结构的影响，因为现代苗寨是历史变迁到今天的结果，原来由单一家族开拓的山寨，如今已随着时代的发展而加入了别的家族和姓氏，而且在原来家族的基础上的族内支庶发展，其血缘关系日益疏远。所以，一个动态的山寨内部的社会关系已达到足够复杂的程度。因为通婚和迁徙，使山寨之间的血缘关系形成了网络。所以，在同一个山寨内具有家族关系的家庭，在另外的山寨也拥有一定的亲属，他们是舅族系统，以特定的身份参与祭祀。

在一个姓氏较为复杂的山寨，是否参加祭祀似乎具有一定的选择权，但是实际上都参与了。一般是以家庭为单位，或者视家族内的关系和经济能力，采取同家族内合作的方式，如高排有兄弟五家合作买牲牛祭祖的例子。

这涉及了另外一方面的问题，即这种牯脏节实际还是一种联合的祭祖。一个是家族内部的联合，另一个是阖寨各家族和各姓的联合。后者体现出苗族共同的祭祖传统。

牯脏节被祭祀的祖宗，根据高排的情况，是家庭（族）男主人最近逝世的一至二代父（母）、祖（祖母）。父和祖父以及母和祖母这两个男、女亲系是分开的。在同一家族内，这两系分别由各自立户的兄弟协商承担，一般说，奉祀父系祖宗者需要杀牲牛祭祀，这样相应的花费也大一些；奉祀母系的兄弟则不需准备牛牲，但采用猪牲作祭品。猪牲的花费也相应较小。在实际的祭祀中，这种奉祀对象的父、母系祖宗的区分，看上去也不是严格的。所以，上面的说法也只是传统的规矩，按照从简和便利的发展趋势，它到今天已经不可避免地变化了。

（三）牛牲

作为最重要祭品的牛牲，由各个主祭的家庭（家族）供奉。牲牛来自自家饲养或者从集市购买。这种牲牛都是经过挑选的牯牛（公水牛），严格来讲它在宰杀贡献前，是不能用来作畜力使用的，要精心地饲养它们，因为它们是奉祀给祖宗的祭品，具有神圣性。但是如今的情形已经变化，实际上我们在高排观察的情形，有些牯脏户的牲牛在宰杀前也被使用作耕畜。精明的人会盘算：预先买一头牯牛崽饲养着，平时用作畜力，等到牯脏节时这牯牛也岁口老了，正好用来作牺牲。这种做法的虔诚性肯定有折扣，但可能会变成准备牲牛的新趋势，在今天面对文化大变迁和越来越考虑经济成本的情况下，这种做法也不会受到多大的责备。

在挑选牲牛方面有一些讲究，主要是看其体格和长相、岁口，形体雄壮者是上品。据说双角的粗壮程度和间距是一个指标。牲牛的质量之优劣程度，在过去也许是虔诚度的竞争；在今天则又暗含着一种家庭富裕程度和经济实力的竞争，因此它不可避免地带上了意气竞争的因素。在高排，有一户贫困到极点的人家也倾尽财产准备了牲牛。也有为准备牲牛而借债的情况。

（四）分食牲牛与分享祭品

在牯脏节的杀牲之后，是各牯脏户将牲牛的内脏和肉煮了，招待与祭的亲友食用。这是“吃牯脏”的来历。食用之后，剩余的牲肉要分与各个前来参加祭祀的亲友携回自家，与家人分食。牲肉的分配也自有其法则。这项活动很有意思。从古代的民族志里可以发现，分食祭牲以及分享祭品，是个古老的祭祀传统[5]，类似于古代的“飨燕礼”和“脤膰礼”。[6]在契丹人的“祭山仪”中，在祭奠之后，参与祭祀的人依次要“饮福，受胙”。[7]也是同一意思。这是祭礼的一种重要法式，也应是一种浸染已久的习惯：祭祀之后的祭品牲肉和供酒，都是要分给参与祭祀的每个人的。参与分享祭品是作为族中成员身份和地位的权利。

（五）“牯脏头”与“鬼师”：产生，身份，地位，权利

在榕江县苗族“牯脏节”的各色与祭者里，“牯脏头”是最吸引人的角色，他有一种令人敬畏的神秘感。他们的角色不应被视作那种大祭司，即整个祭祀活动的主持者；因为，作为神职人员的祭司，他们在祭祀以及日常社会生活中的作用，与巫教系统中的巫师是类同的，然而，“牯脏头”的作用显然与之有本质的差别。

在榕江的苗寨，“牯脏头”不算是神职人员，但他也不仅仅是领祭者。在不同的山寨，他的产生、职责、权利以及为他规定的禁忌等等，都有细小的差别。

乌略的“牯脏头”是推举产生的，只有一位；而高排的“牯脏头”则是世袭的。在高排这次的祭祀中，一共有两位“牯脏头”，分别从最早徙居本地的两姓——苟氏和王氏里产生。

大牯脏头苟老革，今年七十岁了。他的祖先是第一个到达本地的人家。关于苟氏的先祖，在寨子里至今还流传一个传说，说他是吃狗奶长大的，因此取姓“苟”。我们应注意这个传说的范例性，在中国古史的帝王传说中，以及在《史记》以来的历史民族志里记录的那些部族（如乌孙、匈奴、突厥和蒙古）起源和先祖传说中，关于第一个祖先的来源，都在历史长河里逐渐地被“传说化”了，它们的真实性也无从考证。在高排，苟氏人丁一直不旺，现在只剩唯一的一家。

二牯脏头王老写，1949 年出生。王氏是第二个到达高排的。在高排，王氏现在一共有八户人家。

在这两姓的内部，“牯脏头”是推举产生的，他们相当于过去宗族中的族长。作为世袭制，两氏的后代男子中的一员，也将在未来的牯脏节里继承这个身份。

“牯脏头”的活动，是领队参加杀牲前最重要的仪式——“踩牛堂”，以及领导杀牲。他们的角色是从古代族长衍变下来的，是祭祖仪式和节日的领袖。这种角色和对他们规定的禁忌联系在一起。

参与“牯脏节”活动的各色人等里，只有“鬼师”（相当于巫师）扮演神职人员的角色。他们不像“牯脏头”可以世袭或者推举，“鬼师”的产生途径是神秘的，它是高知识含量的职业，沟通神灵与人间两个世界的媒介。这种技能是一种天赋，也可以奇异地获得。在一般的民族志里都有相似的例子。

以杀牲牛祭祖的“牯脏节”，就是与祖先之灵沟通的法式。节日开始，直至杀牲牛后，“鬼师”的神秘工作就持续着，他们忙碌的身影闪现在各个“牯脏户”的厅堂和牲牛旁，耐心而尽责地逐个为与祭人家做法事。法事的对象有祖灵，也有牲牛的灵。法事的程式都基本一样，所念诵的祝辞根据对象而有别。

（六）祭祀期间的娱乐活动

在苗疆，牯脏节期间的娱乐活动就是青年男女的芦笙舞会（“跳月”）。这种活动看上去似与祭祀无关，而且有相悖之嫌。不过，从一些民族的祭祀传统来看，这种活动恰是祭祀中的一道程式。

根据一些古代民族志的记录，在祭祀之后往往举行娱乐活动，如蒙古之祭敖包[8]、匈奴之祭“三龙祠”[9]、龟兹之元日（元旦）斗戏[10]等。这是为了“娱神”的目的[11]。这种形式在历史上的草原地区也是非常地盛行。突厥人在墓上祭祀之后，墓葬所在甚至变成青年男女约会娱情的场所[12]。自然，像这种方式，在历史时期很多民族的祭祀中，也是曾经存在过的。有一些宗教性质的节日，是从这种祭祀后的娱乐活动里演变出来的。例如，我们从史书中知道的北朝~唐代“九姓胡”的“岁首”、“乞寒”节[13]，唐至宋代在敦煌等地盛行的“赛祆”[14]等等，皆具有相似性质，都是从祭仪中发展出来的。苗疆牯脏节期间举行的“跳月”也与此类同，这种利用祭祖活动为青年人提供的约会、娱情机会，使祭祀活动添加了节日的色彩。

（七）祭器与法器

祭祀中所使用的器具，在牯脏节中虽有诸多的种类，但有一部分是专用的，另外一些则是日常生活里使用的器具。前者的情况，包括专门制作的牯脏幡、牛角杯等。牯脏幡是用长竹竿顶上悬挂头帕或布条制成；牛角杯是用牲牛的角制成，压扁后上面再绘画和髹漆。常见的图案是龙。后者包括的种类较多，因为祭祀的需要，在盛放、摆设各样祭品时，往往使用日常的器具，其中常见的有竹制的篓和筐，盛酒醴的容器没有讲究，使用普通的器皿。

在高排，牛旋堂的仪式上，领队的“牯脏头”还使用了铁刀和羽杖作为法器，分别持在双手中，一边走动一边在身前挥舞铁刀划圈。铁刀是普通的样式，可能是从过去传承下来的。羽杖用青竹竿上插一根野鸡翎制成（图九，1）。

在有些苗疆地区使用的最重要的法器——木鼓或铜鼓，在乌略和高排的牯脏节里都不曾出现。在高排见到的一家收藏的铜鼓，也被束之高阁（图九，2）。这表明了本地牯脏节在理念和仪规等方面，与那种“鼓社祭”存在不小的差别[15]。另外，苗族祭奠父母的祭辞里吟诵的“去制筒祭父母，去接鼓祭父母”之筒，可能是一种竹制的祭器[16]。

（八）法乐

牛旋堂仪式上使用的仪仗队具有法乐的性质。在牯脏坪上游行时，仪仗队跟在领队的后面，一边演奏一边行进。在高排的牛旋堂游行队伍中有两支乐队，分别是跟在“牯脏头”或寨老后的法乐，以及在它后面行进的舞蹈队，它们的乐器都以芦笙为基本；法乐器中的芦笙分两种：低音芦笙和中、高音芦笙，还伴奏有锣和竹板。二者所吹奏的曲目也不同，法乐都庄重、肃穆；舞蹈的乐曲是轻快且愉悦的，与平时的“跳月”乐曲格调相同。

（九）“牯脏节”的术语

（1）“吃牯脏”　在一些地区是牯脏节的本名，即指这种祭祖活动，最后是将牲牛宰杀后由与祭者食用其内脏和肉。

（2）“牯脏头”　牯脏节的领袖人物，由世袭和推举两种方式产生。可能是由古代族

1

2

图九 牯脏节的法器（高排）
1. 羽杖 2. 铜鼓

长的身份衍变而来。他拥有若干权利，也须遵守一些专门为他制定的禁忌。“牯脏头”在牯脏节期间领导祭祀，是个领祭者；在平日里也具有威望，起到道德和社会规范的表率作用。

（3）“鬼师”（牯脏礼师） 神职人员，即所谓“苗巫”，由具有神秘色彩的途径产生，掌握巫术和专门知识。其角色和功能类似巫教体系中的巫师，也具有祭司（祭奠活动主持者）的性质。其作用不限于祭祀活动中，平时也扮演巫医的角色。

（4）“养花”（牯脏坪） 举行牛旋堂仪式和“跳月”的场地，一般是利用寨子中或附近较为开阔且平坦的场地。

（5）敬客饭 牯脏节间由牯脏户组织的招待外方与祭客人的饮食活动。

（6）牯脏牛旋堂（“踩牛堂”） 牯脏节中最具仪式性的活动，由“牯脏头”率领各牯脏户将牲牛牵到牯脏坪上游行的仪式。

（7）牯脏幡 牯脏牛旋堂仪式中树立在牯脏坪中央的旌幡，由竹竿制作，顶上悬挂布幡。牛旋堂时围绕此幡绕场旋转。

（8）“做柢” 屠杀牲牛的刑架，用专门选择的枫木制作，安置在住宅附近较开阔的场地。呈“X”形。

（9）“跳月” 牯脏节期间举行的芦笙舞会，为祭祀期间的娱乐活动。参加者为青年男女，在寨子中的坪地或者牯脏坪上举行，届时由男子吹奏的芦笙乐队前导，著盛装的女青年围绕场地旋转舞蹈。包含着为青年男女提供交谊机会的意思。

（10）祭祖 对已逝祖宗的祭祀。分为远祖和近祖。

（11）牛牲 作为牺牲向祖宗献祭的牯牛（公水牛）。

三　问题的讨论

根据上述调查资料，有几个问题值得讨论：

（一）祭期

为期七天左右的牯脏节是祭祀的时间，虽然各地祭祀时日和持续的时间不尽相同，但是基本上是在农历十一月举行。这是岁尾和新年前的时段，这个时段对很多民族来说，都是举行大祭的时间。岁尾是主要农事活动暂告段落，可以休息和为来年作准备的时候。对乡村社会及其文化来讲，是最有利的时间。这里尤其要注意的，是与汉族传统祭期之间的关系。

牯脏节的周期，与苗族的传统历法有关。以高排的例子看，按十二生肖历的周期安排的十二年周期，似乎是苗族的传统。这个时段有合理性在内。因为宰杀耕牛这种主要生产力的大牲畜，是一笔巨大的财富，所以，在周期的安排上以较大的时段为宜。这样有助于积累财富和恢复。

（二）祭祀的组织和祭仪的主持

传统的牯脏节，其祭祀的组织是由民间的宗族势力来完成的，族长和寨中的长老是核心成员。清代有关史料的记载，“苗巫”在祭仪中扮演核心人物的角色。从清代的记录上看，牯脏节并非单纯的祭祖活动，而是大型的祭神活动，其中伴随着对祖先的“祔祀”。如康熙年间阿琳撰《红苗归流图·农毕牯脏》及乾隆初编《永绥厅志·永苗风俗十条》等的记载[17]。对这种民间组织活动，官府往往采取戒备的态度。因为祭祖既是深得人心的教化传统，也是国家意识形态崇尚的范畴，所以采取积极引导甚或利用的态度对统治策略来说显然是个上策。至于祖先之外的神祇的祭祀，可能会受到一定的抑压。

新中国建立后，包括苗族牯脏节在内的各种宗教和祭祀活动等，都被视为“封建迷信”加以禁止。在苗疆，牯脏节被禁止了一段时间后，直至改革开放才渐趋复苏。这时已是中断了30余年的时光，时过境迁，在红旗下长大的新中国苗民，对于传统的礼俗都已陌生，祭祀的仪规业已生疏，关于祭祀的信念等也发生了变化。最近20年来复苏的牯脏节祭祖活动，有很多方面都已变化，显得似是而非。现在的牯脏节组织者，除了相当于过去族长的“牯脏头”和寨老[18]外，村政府也适当地参与了，这些人组成了一个中枢。这个变化是耐人寻味的。

祭仪的主持者，是由神职人员的“鬼师”（“苗巫”）担任。不过，这个特殊而神秘的阶层的地位显然已经下降，从人们对待他们的敷衍态度以及他们在整个祭祀期间所扮演的角色的有限上看，正表示着文化变迁的轨迹。过去，他们所发挥的作用应该更大一些。时代不同了，人们的世界观已然改变，加上恢复不久他们在职业技能上存在程度不等的生疏，这一切都似乎不可避免。

（三）作为祭品的牛牲

作为最重要祭品的牛牲，在祭祀节日期间扮演着特别的角色。它不同于那些普通的祭品（腌肉，糯米，酒）。截至最后一日凌晨的宰杀前，它都作为活畜参与人们举行的主要仪式，这些仪式都是为了杀牲而做的准备。它的挑选与献祭前的供养，都是出于这样明确的目的。

根据一些历史民族志的记载，牛牲作为祭品是农业文明的传统。《礼记·王制》所谓“天子社稷皆大（太）牢”之“太牢”[19]，就是牛、羊、猪三样祭牲的组合，用来祭祀社（地祇）和稷（谷神）。其中，牛是最贵重的牺牲，因为它的使用价值高，类似欧亚草原传统祭祀中的马牲。牛牲也是西南地区的传统祭牲，在考古发现里已有证明[20]。

牲牛在被宰杀后，由与祭者分食和分享，这个做法的意义，是分享祖先享用过的食品，藉而达到分享其福祉的目的。这里包含着巫术的义理，也包含着不浪费食物的意思。

传统上对牲牛的特别要求，现在也在发生着变化。毕竟，对于僻处山寨的苗民来讲，一头牯牛意味着一笔巨大的财产，是需要经年累月的积攒才能达到的。对作牺牲的耕牛来讲，清代起就视之为最重要的生产力，曾一再严令禁止[21]。这样的花费，对一般家庭来说实在是高昂，对有的家庭来说则是倾家荡产。我们站在旁观者的立场，也许会说不理智。但对那些虔信者，这是维系精神生活的要素。从这个角度是无法评价的。不过，即使如此我们仍然主张“移风易俗”的改革的必要，其中，改革祭牲的种类也是一个趋势，这是有可能的事业。在大变革的时代，牯脏节的改革也是势在必行的事。其实，在祭期的安排与牲牛的利用方面，是存在改革的可能性的。

（四）“牯脏头”和“鬼师”

对“牯脏头”道德水准和权利的强调，是值得注意的。虽然现在也显示出来，他们的光环正在逐渐失去，而向着司仪的角色转变，这是牯脏节原初功能逐渐丧失所致。

现代人最介怀的权利，在“牯脏头”那里也有一些。譬如，“牯脏头”拥有首先开犁耕种的权利，在“牯脏节”砍牲时，他是首先开始的人。不过，像前者那种权利，应该是象征性的，而且是古风的孑遗，今天它只是一个说法；率先杀牲的权利，也是为了起到表率的作用。他是人民的表率。围绕着这种特殊身份的人的各自禁忌，也是古风的遗存。

“牯脏头”角色和权利的时效，主要是在“牯脏节”期间。各地的情况不尽一致。牯脏节后，“牯脏头”的权利就只是象征性的了。如今，随着“现代化”局势的日益渗透，这些僻处深山的苗寨，也在酝酿和发生着一场亘古未有的巨变。这个变化已是可以目睹和体验到的。

在古代世界，巫师是特异又令人敬畏的阶层，他们是巫教信仰下的神秘人物。有时候，他们的特异功能又因为过度挥发或用于邪恶目的，而受到世人憎恶和恐惧。《汉书·郊祀志》说到这群特异的人物，有代表性：

《洪范》八政，三曰祀。祀者，所以昭孝事祖，通神明也。旁及四夷，莫不修之。下至禽兽，豺獭有祭。是以圣王为之典礼。民之精爽不贰，齐肃聪明者，神或降之，在男曰觋，在女曰巫，使制神之处位，为之牲器。使先圣之后，能知山川，敬于礼仪，明神之事者，以为祝。能知四时牺牲，坛场上下，氏姓所出者，以为宗。故有神民之官，各司其序，不相乱也。民神异业，敬而不黩，故神降之嘉生，民以物序，灾祸不至，所求不匮。[22]

这里涉及从漫长历史进程中积累下来的人类信仰的经验：人类与一个神灵的世界共存着，一旦生命逝去，他们的灵魂就进入这个世界，后人对它们既眷念又敬畏；通过祭祀活动和“巫祝”的媒介，这两个世界间就可以沟通了。当然，在巫教信仰控制下，巫师的技术和能力（巫术）还可以为人们疗病愈疾，这项技能苗寨的“鬼师”们也能做到，只是它的效果在今天奉行“科学”的时代越来越受到怀疑和摈弃了。

最令人萦念的，可能是“鬼师”用苗语吟唱的祭辞。根据在松桃苗族自治县一带记录的《祭祖辞》，可以推测“鬼师”的巫术活动的内容，这是法事活动里真正迷人的部分，神奇又浪漫。那个漫长而起伏跌宕的灵界之旅，是以“鬼师”的口吻叙述的。有些萨满或巫师在做法时借助于酒或麻醉剂（琐罗亚斯德教的祭司借助“豪麻”）[23]，逐渐进入“通灵”的境界，实际上是进入一种癫狂迷幻的知觉状态，他们相信触及了那些生世无法触及的灵界，然后用第一人称的口吻叙说出来。当后世的“鬼师”越来越难以达到那样的“通灵”境界，所剩的就只有模仿的程式以及轻松吟唱的祝辞。这祝辞很长，被看成了“民间文学”。[24]

（五）历史民族志与现代民族志的比较：文化及其变迁

关于苗族牯脏节，如果我们将历史民族志与现代民族志作个比较，会发现文化变迁的线索。

过去，清政府为劝农、保护生产力等理由，曾禁止和设法引导这种大型宰杀牲牛的祭祀活动[25]。至新中国时期，截至改革开放前，对这种祭祀神祇、祖先等的活动，也规定作“封建迷信”而加以禁绝[26]。“改革开放”以来，随着意识形态的逐渐放宽，这种祭祀活动被视作是民间传统文化的一部分而逐渐恢复。历史地看，以牛牲祭祀祖先、神祇的活动是一种极其古老的表达信仰的形式，是传统文化的一个坚实的部分，经历着兴与毁延伸到了今天。它的未来命运是什么？我们目前还看不清楚。

在高排，我们目睹着变迁中的文化，心潮起伏不平。受到本寨居住的汉民影响，有些苗族的家里也开始设置祖宗的神位。这是苗寨信仰的新形式。神位设置在相当于堂屋的房屋中，屋门正对的山墙中央的位置。它采用纸符的形式，用墨笔在红纸上书写了相应的文字贴在墙上，下面摆放一张供案（祭台）。以村长王国远（二“牯脏头”次子）家的神位为例（图一〇）：

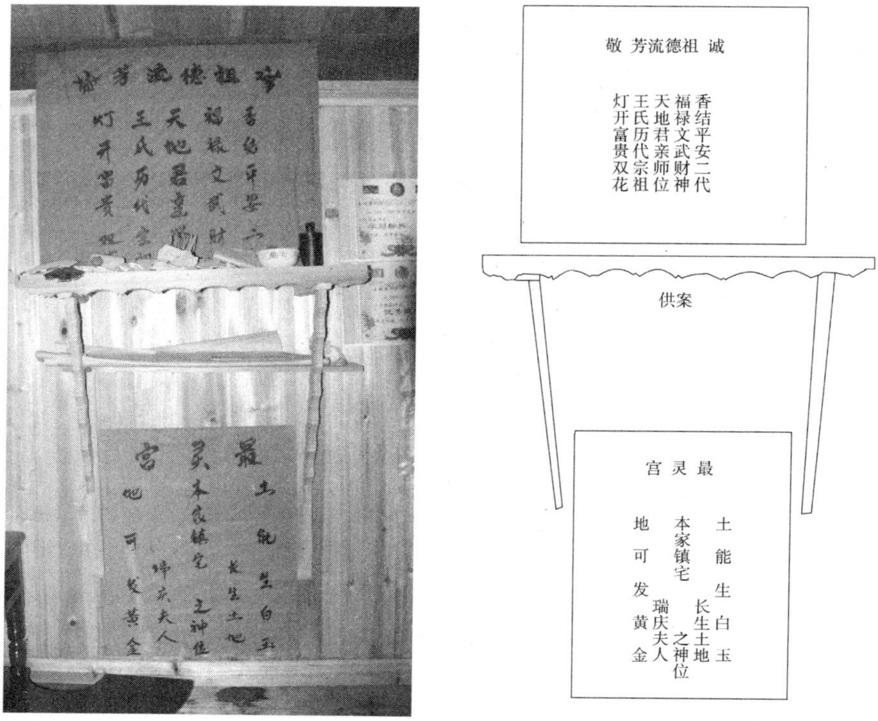

图一〇　神位

我们注意到，王家的这个神位分作了两部分，供案上方是以“天地君亲师”为主位[27]，祖先和福禄文武财神配飨；下方是以家庭保护神为主，以土地神配飨。本寨苗族的这种做法，有可能预示着未来祭祀的新方向，将可能逐渐取代杀牲牛的方式。

苗疆复苏的牯脏节，表面看去是“传统文化”的复兴。然时过境迁，人类已进入21世纪，历史地看，我们所寄望的“传统文化”究竟在多大程度上复兴以及复兴什么样的“传统文化”？当面临新纪元和未来，我们除了复兴“传统文化”外，还需要发展什么样的新文化？这恐怕是今天的“文化遗产”和“传统文化”研究者们应该清醒地思考的问题。深处大山的苗疆，那些身体力行的祭祀者们正在以实际行动探索着。让我们拭目以待吧。

注　释

［1］伍新福：《苗族文化史》，491～493页，四川民族出版社，2000年。

［2］李黔滨、杨庭硕、唐文元：《贵州民族民俗概览》，317～318页，贵州人民出版社，2006年。

［3］这种祭器类似古代的篴，一种竹篾编制的盛放祭品的容器。

［4］据苗族学者整理出的东部苗族的这类祭祖辞，它以巫师的口吻，叙述请神仙护卫祖先来预设的

场所飨食，中途会遭遇各种鬼怪和恶魔的阻挠，还要克服险峻的地形，然后到达了祭场尽情享用供奉的酒食直至醉倒。当他们飨食后，接下来就是祈福的叙述。参见《中国苗族文学丛书》编辑委员会编：《东部民间文学作品选》，369～460 页，贵州民族出版社，2003 年。

[5] 如古代蒙古人祭祖后的分享祭品。《蒙古秘史》卷二第 70 节：“诃额仑夫人对斡儿伯、莎合台二人说：‘难道因为也速该·把阿秃儿死了，我的儿子们还没有长大吗？分领祭祖的胙肉、供酒时，为什么不等我到了分给我呢？你们眼看着我分不到吃的，你们出发时也不招呼我一声！’”参见余大钧译注：《蒙古秘史》，60 页，河北人民出版社，2001 年。后世的敖包祭祀中，也遵行了这个法式。参见《呼伦贝尔志略》里关于当地敖包祭祀的记录（丁世良、赵放主编：《中国地方志民俗资料汇编·东北卷》，501 页，北京图书馆出版社，1989 年）。

[6]《周礼·春官·大宗伯》：“以飨燕之礼亲四方之宾客。”贾公彦疏：“此飨燕谓大行人云。……飨，享大牢以饮宾。”大宗伯还负责“脤膰之礼”，郑玄注：“脤膰，社稷宗庙之肉，以赐同姓之国，同福禄也。”清·阮元校刻《十三经注疏·周礼注疏》卷十八，760 页，中华书局，1980 年。

[7]《辽史》卷五五。

[8] 刘文锁、王磊：《敖包祭祀的起源》，《西域研究》2006 年 2 期，76～82 页；札奇斯钦：《蒙古文化与社会》，113 页，台湾商务印书馆，1987 年。

[9]《东观汉记》：“单于岁祭三龙祠，走马，斗橐驼，以为乐事。”宋·李昉等：《太平御览》卷九〇一引，3999 页，中华书局，1960 年。

[10] 唐·段成式：《酉阳杂俎》卷四《境异》，46 页，中华书局，1981 年：“龟兹国，元日斗牛马驼，为戏七日，观胜负，以占一年羊马减耗繁息也。”

[11] 对这种行为，江上波夫解释说：“要言之，由这些例子推测出北亚、中亚诸民族的年祭或季祭里通常举行的角抵、斗兽、走马等的胜负，不单是一种游戏或杂技，恐怕本来即是将胜负者视为神灵自身或其附身，而将其结果视为神意的显现——神谕的一种神乐。”江上波夫：《匈奴的祭祀》，《日本学者研究中国史论著选译》第九卷，1～36 页，中华书局，1993 年。

[12]《隋书》卷八四《北狄传》：“是日也，男女咸盛服饰，会于葬所。男有悦爱于女者，归即遣人娉问，其父母多不违也。”刘文锁：《突厥的墓上祭祀》，《传统中国研究集刊》第四辑，36～59 页，上海人民出版社，2008 年。

[13] 蔡鸿生：《唐代九姓胡与突厥文化》，33～35 页，中华书局，1998 年。

[14] 姜伯勤：《敦煌艺术宗教与礼乐文明：敦煌心史散论》，495～499 页，中国社会科学出版社，1996 年。

[15] 李黔滨、杨庭硕、唐文元：《贵州民族民俗概览》，317～328 页，贵州人民出版社，2006 年。

[16] 吴德坤、吴德杰搜集整理翻译：《苗族理辞》，贵族民族出版社，2002 年。

[17] 伍新福：《苗族文化史》，491 页，四川民族出版社，2000 年。

[18] 寨老即寨子里的耆老，与古时之“乡老”相同。参见龙生庭等：《中国苗族民间制度文化》，78～80 页，湖南人民出版社，2004 年。

[19] 郑氏注、孔颖达疏：《礼记注疏》卷十二《王制》，清·阮元校刻《十三经注疏附校勘记》，1337 页，中华书局，1980 年。

[20] 如云南晋宁石寨山发掘出的青铜贮贝器盖上的雕像里，有杀牲牛（椎牛）的场面。参见云南省博物馆：《云南青铜器》，文物出版社，1981年。另参见张应和：《试论苗族椎牛的若干特点》，马少侨《〈九歌·东皇太一〉与苗族的“椎牛祭”》，《苗族文化论丛》，31～52页，湖南大学出版社，1989年。

[21] 伍新福：《苗族文化史》，491～493页，四川民族出版社，2000年。

[22]《汉书》卷二五上《郊祀志上》。

[23]［伊朗］贾利尔·杜斯特哈赫选编、元文琪译：《阿维斯塔——琐罗亚斯德教圣书》，24页，商务印书馆，2005年。

[24] 这种祝辞的叙述特别富有人情味。参见《东部民间文学作品选》，369～460页，贵州民族出版社，2003年。

[25] 伍新福：《苗族文化史》，491～493页，四川民族出版社，2000年。

[26] 如20世纪50～60年代所做的工作。参见全国人民代表大会民族委员会编：《贵州省台江苗族的宗教迷信（苗族调查材料之二）》，1958年5月；中国科学院民族研究所贵州少数民族社会历史调查组：《贵州省黔东南舟溪地区苗族的生活习俗（贵州少数民族社会历史调查资料之八）》，中国科学院贵州分院民族研究所编，1963年3月；《贵州省雷山县桥港乡掌披寨苗族社会历史调查资料（贵州少数民族社会历史调查资料之二十五）》，贵州省民族研究所编印，1965年10月。

[27] 这是受汉人影响之故，至少清末已有之。参见清光绪年间游黔的徐家干所撰《苗疆闻见录》，中国西南文献丛书编委会编：《中国西南文献丛书》第二辑《西南稀见丛书文献》第十四卷《苗疆闻见录》，292页，兰州大学出版社，2004年：“家不祀神，只取所宰牛角悬诸厅壁。其有天地君亲师神位者，则皆汉民变苗之属。”这是苗化汉人的礼俗。另参见吴泽霖、陈国钧：《贵州安顺县苗族调查报告》，《中国西南文献丛书》第四辑《西南民俗文献》第十九卷，134册，255页：“安顺各种苗民本无任何宗教观念，惟盲目迷信于鬼神，犹如原始之多神拜物教。追近数十年来，有一部分仲家，因与当地汉人多接近，为汉人之宗教信仰所同化，乃于家中安置家堂，供奉祖先并信观音、关圣及孔子等为大神。又因天主教基督教等教士宣教之努力，乃有一部分苗民变为各教之教徒矣。”

珠江三角洲水乡村落的演化

——广东省东莞市麻涌镇漳澎村的个案

张振江　罗　忱　何自成

（中山大学人类学系）

［内容提要］漳澎村落典型地反映出了历史上珠江三角洲水乡村落的演化过程。结合自然条件的变化和移民流入等因素，本文试从历史的角度描述、探讨漳澎村村落的发展。

［Abstract］Zhangpeng is a representative old village highlighting villages of the Pearl River Delta in its history. Combined with nature change and immigration factors and from the perspective of history, this paper tries to describe as well as to explore the forming and development of Zhangpeng.

对于何谓“村落”，人们始终有不同的理解。当代学术界比较一致的意见，似乎是村落是由民居与其附属物、人居环境有机结合构成的一个整体，本文采用这一认识。

在岭南，各处村落，尤其是古村落存在着一些明显的共通性，而漳澎村尤其典型地反映出了麻涌以至整个岭南历史上水乡的村落特征。本文中，我们结合自然条件变化与移民流入等因素，试图探讨漳澎村村落的形成及发展过程，并描述其在解放后的面貌。

一　漳澎村落的形成

今东莞市境内的绝大多数地方都是处于东江冲积平原之上，在宋代时，今东江流域中、下游各处村落所在地大部分都还是在水面之下，四周一片汪洋。其后，由于上游各处人民活动的急剧增加，下游成陆和围田加速，才逐渐浮出水面[1]。漳澎村之所以能够成为现在麻涌镇境内面积最大、人口最多的村落，在很大程度上就是由于它是最后才成陆的。

漳澎村露水面处、逐渐由洋成洲，是在清代初、中叶才初步完成的。下图（图一）是我们在调查时由村民手中得到的，绘于20世纪50年代末。由图中可清楚地看出，直至那个时候为止，漳澎村辖境依然“地”广人稀，或者确切地说，是水广人稀，许多地方

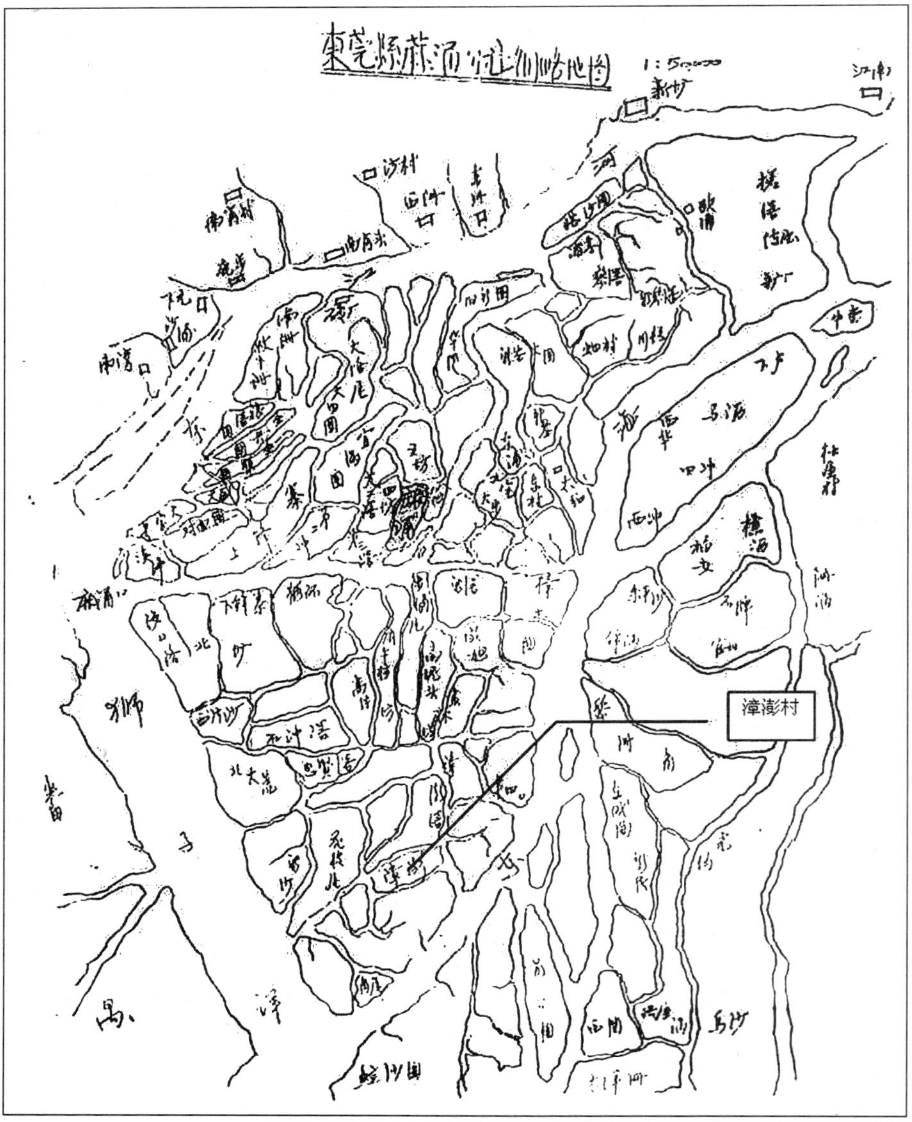

图一 漳澎村位置简图

仍然没有成陆。那时，村外狮子洋和倒运海（俗称“东海”，如图中所示）两条河流相汇合形成犄角，漳澎村实际上就是由二者的河水退却而成陆地的。而在村内，内河纵横，河涌交织，水联结起了几乎所有的人家，普通民居的后门常常就是私人家庭的码头。因此，漳澎村人至今常说本村“门前涌”环绕、“漳澎水”南北横贯。历史上，漳澎村内的建筑局促于两条大水道的中间高地，因此，受潮汐影响尤其明显。在20世纪60年代修建联围、开凿运河之前，每到海水涨潮时，尤其是到“龙舟水”时节，村内经常一片汪洋，街道变成了水道，民居变成了水居，现在50岁以上的中、老年人对此记忆犹新。麻涌镇各村的民居与漳澎村的民居多相似，多数村民都有过类似的记忆。现在这两条大河仍存，但村内、外的许多小河涌、水塘已经被填平，原来的水面变成了田地或者家园。

成洲初期，这里最早的居民是渔民（即历史上所谓的“疍民”），他们最初选择在某些露出水面的高处如土墩、“基”之类的上面搭棚栖身，嗣后部分人上岸定居，由此最终形成了这个聚落[2]。一般而言，从“基”之类的冒出水面的零散高地到形成大块的连续陆地，需要经过缓慢的过程、花费较长的时间[3]，本村何时成村因此就人言人殊。新、旧版《麻涌镇志》都认为漳澎村立村是在清朝初期（康熙十二年，1673 年），但这似乎偏早。漳澎村有村民稳定地居住应该是在清中叶以后，例如，本村村民在本地的居住史普遍不长（详见后文），至今村中不见树龄超过两百年的古树（参见后文及附录）。而根据我们的实地调查和查阅地方文献得知，1862 年（同治元年）时，当时的政府正式定本村村名为“平乐”。村民至今普遍熟悉此名，例如，现在的很多老人仍然说“以前这里的粤剧社，就叫做平乐粤剧社”。或者“20 世纪 40 年代的时候，这边龙舟出标，都是挂着‘平乐’的旗子”。由此看来，本村正式走入官方的视野就是在这个时候，本村正式立村也是在这个时候。

至于为什么会叫“平乐”，现在已经很难确切探悉。猜测起来，很有可能是本村最初浮出水面时，临时栖身于此的渔民所命的最初俗名是“涨棚”、“漳澎”之类，意思是水涨至茅棚之类，民间至今如此解释。后来官府确认本村成村，正式定名称为“平乐”，以寄予美好的期望、愿望。历史上，这类后起的、由官府命名的祈愿性地名在边疆地带很常见。

二　三坊时期

如果以当时的法定地名为标志，漳澎村在 1862 年才正式成村。它是由相互邻近的、相对较大的三块高地逐渐相向发展联合而成，因此，本村村落最初由“东庆坊”、“南盛坊”和“南安坊”三个坊（坊是岭南各地农村习见的一种地域组织）组成。

以分布地域论，东庆坊等于现在的一、二、三坊。有人又把现在的一坊所在地从东庆坊下分出，单独称为东盛坊，这可能是由于这块地方归属比较特别的缘故。历史上，它原是属于番禺地界（参见下文），后来才归属东莞，本地人至今还称之为“番禺地”。此外，由于该地历史上相对孤立，与其他各坊有水相隔，往来首先需要通过大桥，因此，许多人又称之为“过桥街”。如果是这样的分类，当时就有四坊。不过，一般人都是合称为东盛坊或者东庆坊，似乎以东庆坊为常见。

南安坊在地域上等于现在的四、五、六、七坊。五坊比较特别。老人们回忆，五坊孤独地处于岸前涌的另一岸，直到 20 世纪中叶时，该处基本上还没有得到什么像样的开发，大部分仍然是水或者沙地等不毛之处。因此，历史上，该处不仅人烟极为稀少，而且居民尤为贫穷。本地普遍传说，直到解放前夕那里的人连自己的凉棚都没有，事实也确实如此。

南盛坊在地域上等于现在的八、九、十坊。在漳澎最早的三个坊中，它是最早有人正式定居的地方。历史上漳澎的姓氏多达100多个，现在仍然有七八十个，但本区域的姓氏却相对较少，居民多为林氏、陈氏、刘氏，林氏一姓的人口始终占坊内总人口的七成左右。在珠江三角洲各地，依姓聚居于某一地段是多数村落的常态，有些村落甚至只有一个姓氏或者一个主体姓氏。但在漳澎却恰恰相反，多姓杂居反而是常态。这是由于漳澎村成陆最晚因而后出，又处于水陆衔接的交通要冲的缘故，不同姓氏的人民短期内相继迁入，导致多数坊都是诸姓俱见，反映出移民区域人民近乎陡然间聚集、各姓杂陈的特征。但在南盛坊，因为早已有人定居，后来者难以进入，因此得以维持依姓聚居的常态，成为村中的例外。

由于资料的缺乏，这三个坊的形成过程还不能够详细得知。但在我们看来，当是由于河流等自然地理的因素变迁的作用。漳澎村部分陆地初出水面时，这三个地方当是初时最适于居住或者暂时居住的高地之类，而彼此之间仍然是有或深或浅的水相隔，情形一如后来的番禺地，番禺地在一二百年后再现了当时的漳澎村形成过程的场景。三块高地先后露出水面后，漳澎先民依次各占一块，逐渐形成了最初的三个居民点，即三个坊。尔后，随着周围水面逐渐消退、陆地逐渐露出或者被围出，才连点成片最终形成今漳澎村落。同一村落中的具体区域的形成时间有先有后，其实是水乡地区的常见情况，麻涌镇的大步村明显地就是这样的一个形成过程。漳澎村内有三处较为古老的土地庙（五坊另有一处后出的土地庙，位于漳澎大市场附近，属于“漳澎新村”范围），就是分别位于历史上的这三个坊的区域中，每坊有一处，也只有一处。按照岭南地区通常的情况，一个村只有一处土地庙，这种均匀分布说明本村最早只有三个村即坊，而三个坊后来相互连接形成本村的历史渊源、过程。

这三处高地即后来的三个坊不是同时形成的，而以南盛坊为最早，这可解释村落内的某些现象。当时的三个坊之间的彼此关系不是同等的，但由于材料极度缺乏，现在还无从完全知晓那时它们的分合、远近。如果从目前已知的某些蛛丝马迹来看，经常是显得东庆坊和南安坊相对关系较好，而南盛坊则较为独立。在麻涌，传统上扒龙舟（划龙船比赛）、趁龙舟景（观赏赛龙舟）都是以村或者坊为单位的，这时候能够较为准确地反映出村落或者坊之间的远近、亲疏关系。老人们回忆，历史上这三个坊的表现不同：

龙舟可分为“大、中、小”三种，分别以“大龙、中龙、小龙”来起名。以前，三个坊各有自己的龙舟。扒龙舟时，每个坊出一条龙舟比赛一直是这个村子的惯例。

虽然有“惯例”在先，但在龙舟比赛中，可能会出现两个坊“结盟”与另一个坊竞争的情况。以前，东庆坊和南安坊有时候经常会共出一条大龙，南盛坊一直是单独派龙舟出赛。

另外一些老人的回忆与此不尽一致，但也同样反映出三者关系不同[4]：

以前，本地经济不好，装一条龙船要花很多钱，所以要大家一起造。现在不一样了，村子里的龙船越来越多，都有十几条了。

最早的时候，东庆坊、南安坊两坊各有一条龙船。后来，年久了，两条龙船都腐朽了。不扒的时候龙船的“龙头”都要供在村里的“天后庙”中，所以，东庆坊、南安坊的这两条龙船“龙头”保留了下来。后来，两个坊合在一起，又装了一条龙船，叫做“东安坊”，就是两个坊各出一个字的名字。扒龙舟的时候，旗子上就写着“东安坊”，是两个坊共有的。

这条龙船扒得特别快，又稳，船尾还有一个“黑面公仔”，很引人注目。这条船叫“老龙”，那时在这个地区很出名的。

后来“老龙”也不能用了，东安坊就装了一条新龙船。每条新装的龙船都要去“波罗庙”（现广州市“南海神庙”）。这条新装的龙船叫“醒仔”。之后，南安坊也装了一条龙船，因为它造得不对，扒的时候总是侧向一边，所以叫“侧头仔”。

老人们的回忆说明南盛坊的地位比较独特，这乍看上去似乎比较奇怪。中国古代各地通例远交近攻，农村地区由于比邻而居导致的各种基于利益的纠纷、关系恶化所在多是。而具体到了漳澎村这样的移民聚集地，恐怕更是如此。受河道的制约，漳澎村落实际上为一个弯曲的长条形，自东至西依次为东庆坊、南安坊、南盛坊（三个坊的彼此具体位置关系见下图二，5、2），因此，按通常的道理说，应该是东庆坊与南盛坊关系密切，而与南安坊关系较差，但实际上却相反。东庆坊、南安坊虽然作为独立的坊有自己的利益（因此，努力要有各自坊的龙舟），但彼此关系至少较为密切，否则，不会通力合作建龙舟，并以各自出一字形成合体名（“东安坊”）的方式多年出战龙舟赛。而与之相对，东庆坊、南安坊却从来都没有过与南盛坊合作赛龙舟之类的事情。现在已经很难解释到底是什么原因导致了这三个坊的远近亲疏的关系，而如果是因为南盛坊形成最早因而是同姓聚居、另两坊形成稍迟因而是诸姓杂居，就比较容易理解了。

三　从三坊到十坊

随着村内的地面渐次浮出水面、村落各处连成一体，主要基于自然地理的三个坊的划分成为历史，而主要是基于社会组织的新的十坊体制出现。但直到20世纪50年代，这种体制才确实形成并稳定下来。

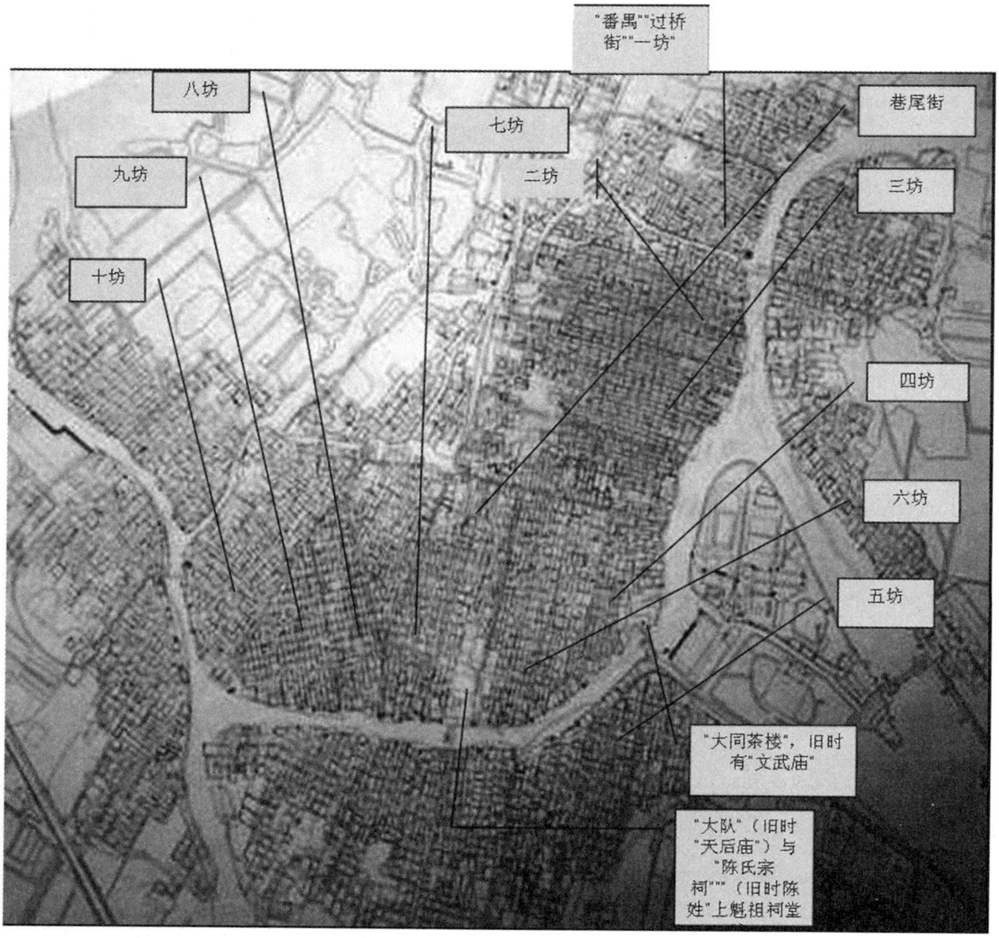

图二 漳澎村 1 ~ 10 坊划分示意图

（转录自吴俊：《漳澎的“凉棚”与地方社会》（暂定名），硕士论文，未刊）

在本地，历史上的三个坊的名称现在已经很难听闻，但它们对本村的许多方面都还有着影响。例如，基于彼此的相对位置，现在村民经常还用“向东”、“向南”和“向西”指称某一特定地域，而这些地域正是历史上的“东庆坊”、“南安坊”和“南盛坊”三坊所在。解放初期，政府将东庆坊改称为“一片”，南安坊改称为“二片”，南盛坊改称为“三片”，“片”至今作为地域概念沿用。现在许多年轻人可能已经不知道历史上的这三个坊，日常生活中却会用“一片”、“二片”和“三片”来分别指称。到了公社化时期，三个“片”分别变成了漳一生产大队、漳二生产大队和漳三生产大队。大队现在也基本消失了，但地名却留下了这一历史印记。例如，现在的漳澎村依照从一坊到十坊的顺序沿河涌自东而西分布，而从一坊到十坊，依次必经“漳一大街”、“漳二大街”和“漳三大街”，三条大街的名称就是来源于三个生产大队。由此看来，三个坊的源头隐约犹在，只是名称改换了而已。

旧时的三个坊名称历经变更，但地域则相同。解放后，漳澎村被明确地分成了三个片内的十个坊，原来的较大的三个坊至此被正式分割成了十个较小的坊，村内区域划分最大的变化就是三个坊的这种细化、再分割。不过，十个坊的体制虽然是解放后才正式出现，其实早在解放前就可以看出其端倪。例如，抗日战争胜利时漳澎村属东莞漳维乡，国民政府推行“保甲”制度，漳澎村被分为13个保。东庆坊被分为第一至第四保（第一保是“番禺地”即东盛坊，仍然是一个独立的建制），南安坊被分为第五至第八保，南盛坊被分为第九至第十三保。这与解放后的十坊体系相当接近，因此，老人家说“解放前实际上有了一坊、二坊等十个坊。当时的一个坊就相当于一个保，每个坊有一个保，每个坊就是一个保”。

不过，当时无论是保还是坊，都只是一种基层的社会组织，而没有什么经济方面的功能。之所以要在坊下再细分，主要是由于村内人口急剧增多。本村的人口增长前期来源于移民导致的机械增长，后期则来源于村内人口的自然增长。由于漳澎晚出，村内绝大多数世居的居民至今最多也只有六代左右的历史，而历史上本地的代际差不到20年，说明他们的祖先最少大部分是在距今大约140年前即1860年前后才迁入本村的。假如漳澎真是在1860年前后正式成村，那么，移民流入落籍的高潮出现在此后的几十年间或者几十年间的某一个时期。这是因为，到了民国初年时漳澎村就已经是人满为患，再想入户已经非常困难，这有许多个案可以证明。实际上的移民高峰时间可能相当短暂，这样才能够解释为什么本村布局相当整齐、民居格局相当统一。

当时移入了多少人似乎已经无从探讨，但漳澎村的老民居似乎是仔细规划的结果，面积一般都是只有30~40个平方米之间，式样、格局也相当统一。这一方面说明当时村子内可用的陆地面积依然狭小，一方面也说明当时流入的家庭、人口较多，否则，民居不会如此狭窄。早期流入的这些人就成了本村的先民，他们在此生儿育女，致使本村的人口数量迅速上升，漳澎未见再有大规模的人口迁人，人口增长因此主要是自然增长。早在民国初年，本地就已经觉得人口太多，不再欢迎移民进入，而到了民国后期，更觉得每一个坊的人员都太多，无从管理，因此，才在其下分“保”。由于缺乏资料，旧时漳澎村的人口确切数目不清楚。多数老人认为解放前夕本村人口数是8000人左右，有的老人则认为是6000人左右。即便是6000人，在当时也是一个超级大村，管理起来确实不易。到了解放初期，由于要面对同一个本村人口太多、管理困难的难题，新政府沿用同一思路再次把三个坊加以细分，漳澎变成了十个坊。这与十三个“保”的体制近似，不过是把名称由“保”改成了“坊”而已。村中亲历其事的老干部回忆，解放初期的分坊是在政府主导下进行的，主要目的是为了“便于管理”，这证明细分主要是处于人口、管理的考虑。坊从此才不再纯粹是自然地理的结果，而真正成为一种社会组织。

如今，在自然村的架构下，漳澎村的十个“坊”在经济上各自独立、自主经营，每个坊也都有自己的“坊长”，“坊”第一次真正成为最低一层的兼有地理、社会、经济功能的组织。目前本村的权力架构是“漳澎有十个村支委，他们各自负责一个坊内的事务。另外还有三个副书记，一个正书记。三个副书记一人负责‘一个片’，而书记则是统筹全村事务。”这个架构很有意思，事实上涵盖了本村落古今的地域与社会组织的变化。

四 漳澎十坊的界限

解放初期的十个坊主要是基于社会组织的划分，但依然可见自然地理的作用。因此，虽然十个坊各自大小不一，“坊”与“坊”之间却通常有明确的实物界线。实物边界有多种，最常见的是以小巷子或者河涌为界隔开彼此。前者是自然加人为，后者则是纯粹自然的。

一坊位于彰澎村的东北端尽头，彰澎村民历来以一坊为村头、十坊为村尾。一坊共计17个小巷，各巷都是由依自身东西走向、彼此南北平行的方式建造。因此，这些巷子无一例外地与紧邻本坊东侧的小河“多虾涌”垂直。按村民的分类，坊内靠近多虾涌一侧的巷子口为“巷头”，反之，则是“巷尾”。

一坊与二坊的分界标志是蚝壳涌，小涌的北岸是一坊，南岸则是二坊。蚝壳涌北岸有一坊的凉棚“同庆社”，其南侧有一处较大的公共埠头，埠头旁有一小桥连接河涌两岸，桥下现存有一座“社稷之神”碑和一座“南无阿弥陀佛”碑，都较为古老。二坊共有9条巷子，也是东西走向、南北平行排列。二坊内有一个小埠头，位于三巷的巷头。二坊中还有祠堂“绣轩黄公祠”，位于二坊六巷。

三坊有12条巷子，坊内有两座凉棚，分别是“农安社”与“和平社”。其中，农安社对面是李氏宗祠，但解放后至今一直是作为仓库使用。在三坊与四坊交界处，有金花庙和土地庙各一座。三坊还是村内主要道路之一巷尾街的起点，巷尾街东西走向，东起三坊、四坊交界处，西至十坊巷尾处结束，几乎是贯穿了整个村子。巷尾街与一、二、三坊的各条巷子平行，而与四、六、七、八坊的各巷以及南北走向的彰一大街呈直角。

四坊历来是村中最重要的区域之一。它只有4条巷子，南北走向，由东至西平行排列。东正街由东北至西南走向穿过坊内，将各巷连接起来。东正街是村内最重要的商业街道，茶楼、信用社、理发店、米店、供销社、五金杂货店、药店等新、旧时代的建筑都在这里。东正街和五坊的交界处有一棵大榕树，榕树下是各坊人士汇集休闲的主要场所。二巷码头一侧有一座“协和社”凉棚，隔涌相对与五坊相望（现在的“协和社”系重修，附近有一块旗石，上书“庚子岁进士 徐兆贵 立”，时间是“光绪二十六年”，但不知与凉棚是何关系）。

四坊的大同茶楼东侧有一座桥连接四坊和五坊，桥下的河涌是四坊和五坊的分界线。桥头有一座土地庙，属于五坊。历史上，五坊人烟稀少，20世纪50年代时还几乎是荒无人烟的不毛之地。可能正是由于直到那时还多水、少地的缘故，五坊有两处较大的码头，一在二巷的巷头，一在四巷的巷头。但到了现在，五坊则已经发展成为村中新的公共休闲、教育、市场区域，彰澎中学、小学、彰澎公园等都坐落在五坊境内。

六坊的面积相对较小，一共只有3条巷子。但令人奇怪的是，本坊却拥有一个较大的码头，位于属于七坊的“冠杰凉棚”的一侧。六坊和七坊的交界，则以“陈氏祠堂”为标志。

七坊也只有3条巷子。二巷的巷头有一处公共码头，是本坊原有的。历史上，七坊可能是全村的正式村口，以前此处必定是少人居住的地段，否则，难以把陈氏宗祠（约建于清光绪年间）、天后庙等都建在此处。村子四周河涌环绕，村口有桥、有埠头、有庙，似乎是珠江三角洲各处水乡传统村子的通例。此外，民国时期的乡公所也在此处，与陈氏宗祠、天后庙鼎足而立，似乎本坊又是本村的权力中心。

八坊共计有5条大体上呈南北走向的巷子。三巷的巷头有一处公共码头，受河涌流向的制约，三巷和二巷呈V字姓排列，这在本村比较特别。这两条巷子的相交处有一幢跨街而立的楼房，是在解放后不久建的。在本地，这种建筑样式较为特别。

九坊有7条巷子，整体上略呈偏东南—西北向，依次平行而列。一巷的逸南林公祠是八坊和九坊的界限，逸南林公祠以西为林姓人士聚居，以东各巷则各姓杂居，由此来看，似乎祠堂以西的各巷较早有人居住。祠堂以东的各巷较迟才有人定居，修建逸南林公祠时此地应该是人烟无多，祠堂通例修在村口、人家尽处。本坊的刘氏宗祠就是明显位于九坊巷尾人家尽处，解放之初拆除。一巷的巷尾与七巷尾街相交处，有一座已经废弃的凉棚，旁有土地庙、更庙（打更之用）各一。彰澎一向流行粤剧、粤曲，而彰澎曲艺社正是在九坊之内。

在本村，九、十两坊相对较为古老，两坊内多为林姓聚居，刚解放时两坊内有三处林姓的祠堂。十坊有10条巷子，但各巷的走向不一。大致上说，一至三巷与九坊各巷东南—西北平行分布，四巷至八巷的走向变为西南—东北，至九巷、十巷则又变为东南—西北走向。这主要是受制于流经坊内的河涌走向，各巷必须相应的改变以适应。村民普遍认为，巷子和河涌之间呈直角为好，而巷内的房屋则以建在水曲处为好，尽量避免“直涌”。因此，虽然村内、外都有河涌，民居难以不近水，但以前极少见院落的正门面对河涌的。正门普遍开在民居的侧面（但应尽量避免面西），面对河涌处通例只是后门、侧门。

但随着村内宅基地越来越紧缺，某些传统的原则可能会被改变。十坊现在有一处民居刚好修在了河涌水道上，不仅面对河涌，还将河涌分成两“丫”（两股）。

五　漳澎十坊的姓氏

现在各坊的人口都在1000以上，每坊的姓氏大都颇为繁杂。少的坊有10个以上姓氏，多的坊则超过20个，而大部分的坊都没有主体姓氏。彰澎村民的先人来源繁杂，不同来源的先人又是在较短的时间内迁入、聚集，由此形成了这样的姓氏分布。

一坊。常见姓氏是刘、卢、孔、简等。卢姓来自东莞大汾。

村民多认为历史上的“一坊土地多，富裕指数高”，这可能较有根据。例如，一坊内有一座解放前兴建的“东明书院”，可以作为一坊居民富裕的象征。东林书院是本村内最早出现的新式的、不同于当时常见的私塾的学校，校舍为一处二进、两层建筑，外墙全用青砖砌成。本地不产青砖，当时的花费必定不菲，显示出本坊的财力。兴建时由坊内富户牵头，坊内全体居民各自捐助自家土地，划出单独的“公田”以支持该校的日常所需。据调查，书院始终是由本坊的地主刘浩管理，学生则基本上都是一坊子弟，性质上类似于“社学”。但也有少数其他坊的子弟也来此处就读，这说明其教育水准较高，也说明刘浩很有办法。老人们回忆，刘浩对村民比较友好，做事老实、公正，大家都服他。在他的管理下，书院的公田每年都出产甚多，多到书院用不完，每年的正月十五都有多余的财物分给坊民。

二坊。常见姓氏有李、黄、殷等。黄姓来自东莞万岗租。

老人们回忆，二坊的人以前生活“普遍比较穷”，“很多二坊居民因为贫穷都成了土匪，但都不是做土匪头头的。”相比之下，“七坊出来的丁福才是本地有名的土匪。还有二片的刘老定（记音，确切字未详）”。土匪是彰澎成村后反复出现的主题之一，实际上，也是当时许多贫穷至极的村民的出路之一。直到解放初期，随着政府的不懈努力以及村内生活的改善，漳澎的匪患才从得以从根本上消除。

三坊。常见姓氏是陈、赵、李、刘。赵姓来自广州三元里。

在彰澎村，陈氏历来是一个大姓，在好几个坊都有分布，并新修有村内现在最堂皇的祠堂。但许多村民都固执地认为，“彰澎姓陈的人不是很多”，这很奇怪。这可能是由于本村现在的陈姓虽然都是姓陈，但来源并不一致，彼此本来不具血缘关系。如果确实是这样，新建的陈氏宗祠更多地体现出姓氏的联合，是一种类似于拟血缘性质的体现。不过，不论陈氏人口是否是多数、是否同一来源，陈姓在以前就很有势力。例如，解放初期本村被枪毙的地主、恶霸之类的，很有几位是陈姓的。

四坊。常见姓氏是徐、胡，散见尤其多的小姓。徐姓来自东莞东城。

村民评价，解放前徐姓人“很有钱、大都识字、喜欢唱曲艺”。而胡姓被人提起，常常是因为“胡姓人中出了彰澎解放后第一个党委书记”。但这位书记到底是指何人，现在则人言人殊，似乎是一种有意无意之间而模糊的夸耀性共同记忆。今漳澎中学“思贤亭”内存有“思贤亭碑”，该村又见署名“胡裕祥”的《思贤亭碑记》。按，胡裕祥实有其人，1975～1976年间担任漳澎大队党支部书记。虽然这两位书记似乎不是同一人，但仍然说明胡姓比较重视文化：一个大队书记知道写“碑记”，就算是在全国各地也似乎较为少见。

五坊。姓氏尤其杂乱。

在行政上，五坊现与角尾自然村合在一起。角尾的村民以前都是渔民，属于非定居性质，但解放后与陆地居民一样平等分得土地。20 世纪 60 ~ 70 年代时，又有些渔民迁入此村及花枝围和新沙。因此，许多村民认为这三个村是到了这时才真正立村，其实这几个村子最迟在解放初就有了。

村民认为，现在五坊的“平均富裕程度最高”，但以前却不如此，在本村是“相当的贫穷”。这与本坊露出水面晚、成陆较迟有关。五坊有一处至今被称为“村前基”的地方，这个名称显示当时的水面位置。后来该处又被称为“大木棉基”，虽然显示水面逐步退却，却也表明那时仍然无人或者少人居住。现在的居民中，有些是后来从六坊迁入的。

六坊。姓氏尤其繁杂。吴姓来自增城田新。

本坊较多为人提起的是以前的一位姓刘的地主，花名（即绰号）叫“明公”。这个地主养鸭子，而且似乎很有心得，鸭子数量经常维持在1000 只以上，雇佣了不少工人帮忙，大概是当时本村最大的“养鸭专业户”。解放前，虽然麻涌各村的养鸭户都不少，但似乎以漳澎为最多，这与漳澎最近水有关。

七坊。常见姓氏是陈、丁、林。

村民的记忆中，以前的七坊人以一个叫“丁福”的土匪最为有名，他是那时“彰澎有名的坏事人”。八坊出了一个名叫“陈金”（记音。可能为陈淦）的土匪，与丁福同时期，“两人间斗得死去活来”，连累到整个村子不得安宁。有关漳澎的本土记忆，有意、无意都无法完全抹掉土匪的因素。

八坊。以陈姓为多，此外是林姓。陈姓一部分来自增城仙村。

村民的记忆中，以前的八坊人以一个叫“陈佳”（记音。确切字未详）的最为有名。老人们回忆，“这个人是一个土匪头子，彰澎最大的坏事人就是他”。根据老人们的回忆，其实他本来也是一个“正经、本分”的生意人，后来大概是因为生意场上的事情被“逼”成了土匪。他与刘老定同时期，“当时，两人各拉一帮人在彰澎相互争斗”。

九坊、十坊都以林姓为最多，此外另有刘姓。

依据族谱和传说，现在的林姓分别由东莞厚街的桑岗、增城的中新两处迁来，而不是同一个祖先的后裔。村民现在则开始越来越多地认为是一家人、彼此有血缘关系，但又只认各自的祠堂，这显示拟血缘化的进程。解放时村内以十坊的人口为最多，在 1500 人上下，大多数都姓林。林姓是最先在九、十两坊居住的，而且必定在早期的村内比较有势力，所以才能够在这两个坊内依同姓而聚居，并且基本独占两坊，成为彰澎村落姓氏分布中的例外。十坊的林绍堂是黄埔军校出身，曾经官至国民党的师长，大概是本村出的最大的官员。

刘姓的人数一直相对较少，而且相对后到，但似乎大有来头。否则，他们很难进入本坊居住，还可以建刘姓宗祠以抗衡林姓的三间祠堂。

六 漳澎的民居空间

民居空间及其变化一定程度上反映了村落的历史变迁。而在漳澎村，虽然改革开放后的近30年的时间中增加了许多房屋、附属建筑物，但是，整个村落原来的民居空间依然基本上保持，旧时的村落民居格局依然清晰可辨。

一般来说，一个完备的民居空间单元至少必须有房屋以供居民居住，必须有通道以供居民进、出房屋。如果采用这样的观点，那么，漳澎村内的民居空间单元可以认为包括房屋、街巷、河道等三大部分，历史上，河涌与街道等值，也是交通要道。历史上的漳澎村内、外都是水，如果不计村外的河涌而仅仅依据村内的由河涌、街巷、房屋组成的一个民居空间单元中的三者彼此位置关系，漳澎村的民居空间相当复杂多样，但是，最主要的似乎可以分为如下四种："河—街—屋"；"河—屋—街"；"屋—街—屋"；"屋—巷—屋"。

1. "河—街—屋"

在这种空间结构中，河涌、街道、民居依次排列。漳澎村内过去河道纵横，这种情况在本地的历史上因此非常普遍。水常常被今人错认是障碍，但在实际上，水一方面的确可能阻隔了人的往来，另一方面却可能使人的往来变得密切。历史上漳澎的河道经常是通道，当时的漳澎村民几乎家家都有小舟、码头，直到改革开放前还大体如此。

可能是由于村内土地历史形成过程的关系，漳澎的民居房屋（实际上包括宗教建筑如祠堂、庙宇等等）多是临河而建，但又都离水有一定的距离。除此之外，这也有非常现实的原因，离水太近容易被水倒灌；太近水的房屋的地基通常也不坚固。因此，在宅基与河涌之间，一般都留有至少几米甚至十多米的空地，以隔开河涌和房屋。这个空地既空旷、连贯，通常还高于宅基的地面。按照历史上的民俗，这些土地属于村民全体所有，除了用作搭建凉棚之外，任何家庭、宗族不得侵占变为私有。

在一些地方，这些空地后来一直是闲置的类似于河滩的土地；而在另外一些地方，许多人家则把它们稍加改造用来当晒谷场，但仍然可以公用。老人们回忆，解放前漳一、漳二、漳三大街尚未成形时，现在的路面就几乎全是晒谷场。但是，这两种情况几乎都不能够保持长久，过了一段时间后，这些地面几乎无例外地演变成环绕连接村落的路。而在几乎所有的情况下，一旦成为路，不久之后就会铺上麻石条块，从此成为"街"或者"道"（珠江三角洲各地普遍把较窄的称为巷，而把较宽的称为街、道）。实际上，珠江三角洲各地水乡通常都有此类颇为类似于城市的环城大道的环村街道，基本上也都是由于这个缘故。

如果说漳澎村内的小巷构成了村落的"经"，那么，漳澎村内的水道或者街道则构成了村落的"纬"。这些经、纬以前原来大多是水道、河涌，现在许多已经变成了陆地。但这个变化只是由水到陆的变化，对民居空间关系几乎没有什么影响，环村的街道的一侧依然是民居房屋，另一侧依然是河涌，水边往往还种有细叶榕等以稳固河岸、滩地。这种大街通常都比较宽阔，往往间隔一段距离就设一处公共性的大码头，解放前，漳澎村内的几个大码头都是位于这种空间中。码头附近如果搭建凉棚，随即就会成为村内重要的公共生活空间。

2. “河—屋—街”

这种空间结构中，居民房屋夹在河涌和街道的中间。在漳澎，它的出现有两种最主要的原因：最初兴建时是两河夹一排房屋，一侧的河道后来被填平成为街道；原来就是在河涌的滩地与街道之间占地兴建的。随着漳澎人口的增加，后一种情况越来越多。但不论是哪种原因，都导致了在现在的漳澎村“河—屋—街”正在取代“河—街—屋”。漳一、漳二、漳三大街以及连通漳一、漳二大街的东正街，原来都只是在街的一侧建有民居，现在则已经都是两侧建有民居，其中的一排民居处在河涌与街道的包夹之中。

在这种空间形态中，民居依河涌两岸分布，其正门的朝向经常是对着大街，这与上一类型不同。在“河—街—屋”类型中，正门原来是隔着河滩地对着河涌，后来变成了直对着河涌、大街。这种民居空间几乎毫无例外地都开有后门，并在临水处建有私家小埠头。这些小码头通常都极为简单，有时甚至只是在岸边里一根细小的棍子以栓船而已。而在“河—街—屋”类型中，大部分家庭都没有自己的码头，船只集中泊于公共大码头。

这种民居空间的街道通常都较窄，但比巷子仍然要宽得多。珠江三角洲各处传统村落对村内街、巷的区分相当一致，两者的宽、窄明显有别。由于街道相对较为狭窄，因此出现了“过街楼”建筑样式：街道两侧房屋均建有民居，且属于一个家户，但两部分房屋空中相连成为一个整体，地面则仍然为街道。由于横跨街道，所以被称为“过街楼”。这种建筑在一定程度上侵占了公共空间，通常会招致人们的非议，因此到现在还比较少见。

3. “屋—街—屋”

传统上，这种空间样式传统上主要出现在漳澎村内的商铺区域，现在则越来越多见。

清末民国时期，漳澎村内的商铺主要分布在四坊的东正街，这一地段的商铺最为密集，人气最为旺盛，该处现在仍然是最主要的商业区。七坊、八坊也有几间铺头，但主要只是经营日常用品，如油、盐、酱、醋之类，店铺的规模也较小。珠江三角洲各处的传统村落内部都有功能分区，而分区时最重要的制约因素是位置和交通状况。因此，大部分的商业区设在村落的中间部分，有的则是在接近村口附近的交通便利处。就漳澎村来说，四坊几乎就是在村落的正中间位置，而且又处于河涌交汇、船舶往来处，兼得两者之利，因此，它成为商业区几乎是必然的选择。

在这种区域中，最重要的空间是街道。东正街是历史上漳澎村中最主要的街道，经我们实地测量，现在的街道虽然比以前略微窄一些，但平均宽度仍然有 3. 28 米，最窄处也有 2. 5 米。对一个村子来说，确实是“大”街。漳澎村正式立村后，大街和大部分巷子都逐渐铺设了麻石路面，老人家回忆，东正街是最早铺设这种路面的。漳澎及其周围并不出产这种石料，必须到远处购买，购买的费用加上运费必定不菲，说明当时的商铺的实力。此外，现在商铺区仍然保留有历史上修建的一个颇大的码头，处于两条主要河流交汇处。码头修建得相当讲究，由八块统一规格的麻石砌成梯阶，每块麻石长 2.88 米，宽 78 厘米，由此不难想见本坊往昔的辉煌。

随着解放后、尤其是改革开放后越来越多的河涌被填平，这种“屋—街—屋”民居空间也多了起来。而两个空间单元合并，则构成了“河—屋—街—屋—河”的布局，这种形式现在相当多见。但与商业区域不同的是，这些民居区域中的大街不是最重要的部分。

4. “屋—巷—屋”

这种情况与上述“屋—街—屋”空间有类似之处，不过是大街换成了巷子。

漳澎村内巷子密布，是普通民居空间重要的组成部分。老巷子普遍铺设麻石，单块麻石的长度以 0.55 ~ 0.78 米之间居多，宽度以 0.18 ~ 0.24 米居多，横切面厚度以 0.1 ~ 0.14 米居多。老巷子通常都很狭窄，一般宽度在 1.5 米左右，长度则视两水之间地面的宽度而定，巷子基本上都是两头连接河涌。

一般的说，与河涌垂直的巷子较长，而与河涌平行的巷子较短。现在的巷子普遍比历史上的巷子要长，这主要是由于居民填占河涌而建房间接加长了巷子的结果。由于房屋不断增多，现在的巷子的走向变得不定，与河涌平行或者垂直的都见。而传统上的老巷子基本上都是与河涌垂直，与前几类空间中的街道的走向都不同。街道几乎总是与河涌平行，依河涌蜿蜒曲折而蜿蜒曲折。巷子两边为民居，巷子则成为两边住户的公共通道。两边人家的院子门通常相对，而房屋的正门朝向则平行。流经小巷一侧的水渠把民居与巷子连接起来，水渠一般的宽度是 0.27 ~ 0.32 米，生活废水通过水渠排往河涌。在房屋、水渠、小巷的安排上，本地最为通行的习俗是“上水流渠，下水流巷”。所谓“上水”，是指家院内天井流落下来的雨水，“下水”则是指各家厨房等直接排出来的生活废水。老人们认为，这种安排跟风水有关。珠江三角洲各地粤方言中的“水”普遍有“钱财”义（俗语所谓“水为财也”），因此，天井流落下来的雨水不能够直接排出，而必须沿着凿好的沟渠在天井中绕行一圈再排向巷子里的水渠（参见前文）。据说，这样才能够聚拢“财气”。

注 释

[1] [2] 张振江、陈志明：《历史人类学视野下的麻涌民俗》导言，未刊书稿，2008 年。

[3] 谭棣华：《清代广东沙田研究》，广州人民出版社，1993 年。

[4] 吴俊：《漳澎的“凉棚”与地方社会》（暂定名），硕士论文，未刊。

参考文献

东莞地名编委会:《东莞市重要地名词条诠释汇编》(初稿),东莞市政府编印,1986 年。

广东民俗研究所编:《广东疍民调查》,中山大学出版社,2001 年。

清·郭炳文主编:《东莞县志》,此据东莞市人民政府办公室 1994 年影印本。

《麻二村百年记事》编委会:《麻二村百年记事》,麻涌麻二村村委编印(东莞),2003 年。

麻涌镇志办:《麻涌镇志》,麻涌镇政府编印(东莞),1989 年。

麻涌镇志办:《麻涌镇志》(稿本),麻涌镇政府编印(东莞),2007 年。

毛赞猷主编:《东莞历代地图集》,广东人民出版社,2002 年。

谭棣华:《清代广东沙田研究》,广州人民出版社,1993 年。

清·阮元主编:《广东通志》。

曾昭璇等:《珠江三角洲历史时代河道变迁》,华南师范学院,油印本,1982 年。

张寿祺:《疍家人》,中华书局(香港),1991 年。

张振江,陈志明:《历史人类学视野下的麻涌民俗》,未刊书稿,2008 年。

祝如亮:《回忆大步村地下党在四十年代的斗争》,未刊文稿,1986 年。

附录:

1. 漳澎的部分古树

位置	编号	树种	树龄	级别	责任者
漳澎四坊漳澎东正街	27—048	细叶榕	150	三级古树	漳澎村委会
漳澎一坊桥头	27—049	细叶榕	200	三级古树	漳澎村委会
漳澎一坊桥头	27—050	细叶榕	200	三级古树	漳澎村委会
漳澎十坊桥头	27—051	细叶榕	120	三级古树	漳澎村委会
漳澎十坊桥头	27—052	细叶榕	120	三级古树	漳澎村委会
漳澎十坊同和社	27—053	细叶榕	180	三级古树	漳澎村委会

树木常常早于村落,漳澎这类成于沙田、坦基的村落更是如此。但按照 2005 年时确定的树龄来看,村中的古树普遍不古,说明本村立村不太可能是在清康熙时代。

2. 漳澎的部分庙宇

位置	名称	建造年代	备注
漳澎村一坊	土地庙	清代,具体年份不详	有对联“公公十分公道,婆婆一片婆心”。
漳澎村三坊	金花庙	清代,具体年份不详	“十年动乱”期间拆,后由村民集资选址重建。
漳澎村四坊	文武庙	清代,具体年份不详	已不存。

3. 漳澎的部分书院与祠堂

位置	名称	建造年代
漳澎村一坊	东明书院	1938 年
漳澎村一坊	卢氏公祠	清代
漳澎村二坊	蔑枝赵公祠	1934 年
漳澎村三坊	绣轩黄公祠	1942 年
漳澎村四坊	徐氏公祠	民国
漳澎村六坊	吴家祠	民国
漳澎村七坊	陈氏宗祠	清光绪年间初建，2002 年重修
漳澎村七坊	丁氏公祠	清代
漳澎村八坊	逸南林公祠	清代

其　他

隋唐以前中国佛教寺院的空间布局及其演变

李裕群
（中国社会科学院考古研究所）

［内容提要］本文重点在于梳理隋唐以前中国佛教寺院的空间布局的特点，并探讨其发展演变的原因。纵观隋唐以前中国佛寺的发展过程，可以分为三个阶段。

第一阶段，东汉至西晋时期，是中国佛寺的初创期。以中原洛阳为中心。佛教寺院为单塔配置的寺院，即是以塔为中心的、周有阁道围绕的中国传统院落式形制。“四方式”佛塔源于汉代重楼建筑形制，成为中国佛塔主要样式。

第二阶段，东晋十六国时期，是中国佛寺的发展期。以北方邺城、长安；江南建康为中心。单塔配置的寺院转变为由塔、佛殿和讲堂的配置。中原佛寺布局传入江南。

第三阶段，南北朝时期，是中国佛寺发展的繁荣期。分别以平城、洛阳、邺城、长安；江南建康为中心。佛教寺院布局出现南北分途的局面。南朝佛寺除了承袭塔、佛殿和讲堂的基本配置外，还出现了多院落式的佛寺形式。有的寺院在大佛殿两侧设有夹殿，形成三佛殿的配置。有的在塔、殿、讲堂外，又增加了佛阁的配置。北朝寺院大都为单院式。在寺院配置上，主要是前塔后殿单院式的形制，并不注重讲堂的设置，也不见有夹殿的配置。但南北都出现了模拟宫廷建筑规制的大型寺院。北朝晚期，南方佛寺布局影响到北方。如北朝晚期出现的多院式寺院，其来源与南朝有关。

［Abstract］ This article attempts to investigate the features of space layout in Chinese Buddhist temples before the Sui and Tang Dynasties and examine the causes of the evolution.

The development of Chinese Buddhist temples before Sui and Tang can be divided into three phases.

First Phase is from the Eastern Han to the Western Jin period. The center was in Loyang in central plain China. The heart of the early Buddhist temples was a pagoda, which was surrounded by the traditional Chinese courtyard pattern. The square pagoda originated from the double – storeyed tower architecture of the Han Dynasty and it became the primary style of Chinese pagoda.

The second phase is the Eastern Jin and Sixteen States period. This is the developing period of Chinese Buddhist temples. Ye and Chang' an were the centers in the north and Jiangkang was the southern center. The single pagoda arrangement of the layout evolved into that of a pagoda, a Buddha Hall and a Lecture Hall. The layout of the central plain Buddhist temple spread to the south.

The third phase is the Northern and Southern Dynasties during which time the development of Chinese Buddhist temples became prosperous and reached its peak. Pingcheng (current Datong), Loyang, Ye, Chang' an and Jiangkang became centers. The layout of the Buddhist temple in north and south developed in different ways. At the same time, both arrangements of the temples follow the tradition of palace architecture. In the late Northern Dynasties, the layout of southern temples began to influence the north.

公元1世纪左右，源于古代印度的佛教通过丝绸之路传入中国内地。东汉明帝在洛阳城西门外建立了中国历史上第一所寺院——洛阳白马寺。到两晋南北朝时期，在统治者的积极倡导和支持下，佛教得于迅猛发展，修建寺塔，蔚然成风。以洛阳为例，从东汉至西晋永嘉年间（307~312年），洛中佛寺只有四十二所[1]。到北魏神龟元年（518年），洛阳城中及郭邑之内佛寺数量已逾五百[2]，增加了十倍以上。“招提栉比，宝塔骈罗”[3]，成为北魏洛阳佛寺泛滥的真实写照。江南的另一佛教中心建康（今江苏南京市），从三国吴王孙权创立第一所寺院——建初寺[4]，到梁武帝时，“都下佛寺五百余所，穷极宏丽”[5]。由此可见，南北朝时期，佛教寺院已经发展到了登峰造极的地步。

佛教寺院作为佛教信徒进行宗教活动的重要场所，随着佛教的发展，它的空间布局和供奉的偶像也在不断地发生变化。因此，对佛教寺院的空间布局及其演变的研究，颇受学术界关注。本文重点在于梳理隋唐以前中国佛教寺院的空间布局的特点，并探讨其发展演变的原因。

一 佛教寺院的空间布局

（一）汉魏两晋时期

中国汉魏时期是佛教传入的初期，修营佛寺并不普遍。东魏·杨衒之《洛阳伽蓝记》记载，从东汉至西晋永嘉年间（307~312年），洛中佛寺仅有四十二所[6]。关于佛寺的建置，文献记载凤毛麟角，且语焉不详。

东汉时期有明确记载的佛寺，是明帝（58~75年）在洛阳所建的白马寺。东汉末《牟子理惑论》记：明帝“于洛阳城西雍门外起佛寺。于其壁画千乘万骑，绕塔三匝”[7]。《魏书·释老志》记载：“自洛中构白马寺，盛饰佛图，画迹甚妙，为四方式。凡宫塔制度，犹依天竺旧状而重构之，从一级至三、五、七、九。世人相承，谓之浮图，或云佛图”[8]。

可知佛寺制度源自天竺，但“四方式”佛塔的形制并不明了。有学者根据该塔绘有“千乘万骑，绕塔三匝”的记载，推定为有三层基坛的佛塔，壁画绘于基坛外壁，这与印度早期覆钵式佛塔截然不同，而来源于西北印度贵霜的佛塔形式[9]。值得注意的是：所谓“千乘万骑”乃天子大驾[10]，故壁画内容被怀疑是八王分舍利[11]，但参考龙门北魏宾阳中洞、巩县石窟中的帝后礼佛图，也不能排除是汉明帝及其扈从礼拜佛塔的场面。如果壁画绘在基坛外壁很容易遭风吹雨淋而毁坏。据此，白马寺塔应该有塔檐的，壁画可能绘于塔身。白马寺是汉地第一座佛寺，自然成为汉地建寺的范本。《后汉书·陶谦传》所记丹阳人笮融在徐州修建的浮屠寺，似可作为推测的事例，该佛塔“上累金盘，下为重楼。又堂阁周回，可容三千许人”[12]。所谓“重楼”当指中国传统的多层楼阁式建筑形制，而“金盘”应指印度传来的“天竺旧状”的塔刹形制[13]，以此表示重楼建筑的佛教性质。所以，白马寺可能与浮屠寺一样，是汉式重楼建筑形制与印度塔刹相结合的楼阁样式，重楼的屋檐可以起到保护壁画的作用。这种“依天竺旧状而重构之”的佛图大概模仿了汉式楼阁式建筑[14]。在汉墓中出土的随葬品中，常常可以看到方形多层的楼阁建筑，如甘肃武威雷台东汉墓出土的陶楼院明器。该楼院中心为五层楼阁，四周环以院墙，前开二层院门楼，四角立二层角楼，角楼间以栈道相连（图一）[15]。这与文献所记的浮屠寺十分相似，似可作为早期佛寺形象的参考资料。

图一　武威雷台东汉陶楼院

（采自甘肃省文物局：《甘肃文物菁华》，文物出版社，2006 年）

“魏承汉制[16]”，三国时期寺院布局大概也是如此。《魏书·释老志》记载：

> 魏明帝曾欲坏宫西佛图，外国沙门乃金盘盛水，置于殿前，以佛舍利投之于水，乃有五色光起，于是帝叹曰：‘自非灵异，安得尔乎?’遂徙于道东，为作周阁百间[17]。

曹魏洛阳宫西的佛图当是以塔为中心的寺院，至于外国沙门以金盘置于殿前，是否意味着寺院内还有佛殿设置，由于没有其他旁证材料，尚难确认。该寺迁建道东后，佛寺空间布局也是环以周阁的形制。

建初寺为江南第一座佛寺。《出三藏记集·康僧会传》记载：康僧会以赤乌十年（247 年）至建业（今南京市），营立茅茨，设像行道。并以舍利威神，令孙权大为叹服，“即为建塔。以始有佛寺，故曰：建初寺。”[18]可见三国吴孙权为康僧会所建，是以立塔作为建寺的标志。

西晋时期，修营塔寺之风气逐渐兴起。《出三藏记集·竺法护传》记载：“晋武帝之世，寺庙图像，虽崇京邑，而方等深经，蕴在西域。”《魏书·释老志》所记“晋世洛中佛图四十二所”[19]，经汤用彤考证，有十数之多[20]。其中石塔寺是唯一留存至北魏的佛寺，以石为基的三层佛塔，塔上还有雕刻[21]。此外还有太康寺，寺内原有三层砖佛塔[22]。可知西晋时期出现了砖石结构的佛塔样式。虽然佛寺总体的布局并不清楚，但也应是佛塔为中心的。

由上可知，中国早期佛教寺院的布局主要是楼阁式的佛塔为中心，以“堂阁周回”中国传统的院落式形制。西晋时期虽出现砖石结构的佛塔，以塔为中心的布局并没有改变。

（二）东晋十六国时期

东晋十六国是一个朝廷更替频繁，战火连绵不断的特殊时期，也是民族融合，佛教迅猛发展的时期。随着佛教日益深入人心，建塔修寺蔚然成风。中原地区的邺城、长安，南方的建康均是佛教中心和重镇。这一时期的佛寺布局主要是以塔为主。故许多寺院也以佛塔层数而命名，如“三层寺”、“三级寺”、“五重寺”、“五层寺”等佛寺名称在史书中屡见不鲜。但塔的体量有明显增大的趋势，如新出现五层佛塔。这一时期最显著的变化是：由单塔配置的寺院逐渐转变为塔、佛殿（包括讲堂）的配置，主要有：塔、佛殿；塔、佛殿、讲堂；塔、讲堂多种形式。从文献记载看，至迟 4 世纪中就已经出现了。

塔、殿配置的较早实例是后赵时期邺城佛寺。《高僧传·佛图澄传》记载：西域高僧佛图澄（本姓帛，似为龟兹人）以道术劝化后赵石勒、石虎父子，使后赵中州胡晋，“民多奉佛，皆营造寺庙，相竞出家。”建武十四年（348 年）七月，石虎二子“石宣、石韬将图相杀。宣时到寺，与澄同坐，浮图一铃独鸣……至八月，澄使弟子十人斋于别室。澄时暂入东阁，虎与后杜氏问讯澄。澄曰：‘胁下有贼，不出十日。自佛图以西，此殿以东，当有流血，慎勿东行也。’……后二日，宣果遣人害韬于佛寺中。”[23]

按佛图澄常居邺城中寺，建武十四年（348年）十二月卒于邺宫寺。此事发生在佛图澄去世前几个月，发生地有可能是邺宫寺，但也不排除是中寺的可能性。不管是哪座寺院，寺内的布局是：佛塔居东，佛殿在塔西面。宿白教授曾根据《律相感通传》所记荆州河东寺“殿前塔，宋谯王义季之所造”的记载，推知河东寺为佛塔居前，殿堂在后的布局[24]。据此推测，佛图澄所居寺院应为坐西朝东，前塔后殿的布局。假如寺院朝南的话，则是塔、殿东西并列，但东晋十六国时期并无实例可以佐证，因此这种并列布局的可能性较小。无论如何，佛殿的出现，与大型佛像的雕造和供奉有关，该寺即有佛像供奉[25]，这标志着寺院布局出现了重大转变，即出现以塔为主，塔、殿并重的格局，说明除了传统礼拜佛塔外，对佛陀偶像的崇拜也成为民众信仰的重要内容，并被纳入到寺院的主体布局中。这对东晋十六国以后的寺院布局产生重大的影响。

塔、殿和讲堂的配置实例见于佛图澄弟子道安所建的襄阳檀溪寺。《高僧传·道安传》记载：

> 朱序西镇（377年），复请（道安）还襄阳，深相结纳……安以白马寺狭，乃更立寺，名曰檀溪，即清河张殷宅也。大富长者并加赞助，建塔五层，起房四百。凉州刺史杨弘忠送铜万斤，拟为承露盘……于是众共抽舍助成佛像。光相丈六，神好明著，每夕放光，彻照堂殿。

可知檀溪寺由居宅改立为寺，建有五层佛塔。寺内既有供奉丈六佛像的堂殿，又有举行法会的场所，所谓堂殿似可理解为佛殿和讲堂。因此，檀溪寺平面布局可以推测为塔、佛殿和讲堂的配置。“起房四百”应是寺院内附属的僧房或禅房，这类建筑大概是在环绕寺院而建的，如果按每间宽约3米计算，则寺院周长在1200米左右，可见寺院规模相当大。

北魏在迁都平城（今山西大同市）后，也在都城兴建有塔、殿、讲堂配置的佛寺。事见《魏书·释老志》：

> 天兴元年（398年）下诏曰：‘夫佛法之兴，其来远矣……其敕有司，于京城建饰容范，修整宫舍，令信向之徒有所居止。’是岁，始作五级佛图、耆阇崛山及须弥山殿，加以缋饰。别构讲堂、禅堂及沙门座，莫不严具焉[26]。

按魏收叙述的顺序，可推知，这座佛寺是按前塔后殿配置的，别构的讲堂和禅堂虽然位置不明，但也应在寺院内。如果考虑到，北魏迁都平城初期，其佛教受中原影响颇深。因此，平城佛寺的布局当来源于中原地区。

塔、讲堂的配置也见于《道安传》所记载长安五重寺：

> （道安）既至（379 年），住长安五重寺，僧众数千，大弘法化……（道）安每与弟子法遇等，于弥勒前立誓，愿生兜率。后至秦建元二十一年（385 年）正月二十七日，忽有异僧，形甚庸陋，来寺寄宿。寺房既迮，处之讲堂[27]。

可知五重寺为五层佛塔和讲堂的配置。僧众数千，表明寺内僧房数量相当可观。至于道安和弟子在弥勒像前立誓，是否有供奉弥勒像的佛殿，尚难究明。

江南金陵瓦官寺最初也是塔堂的配置，《高僧传·竺法汰传》记载：

> 瓦官寺本是河内山玩公墓为陶处，晋兴宁中（363～365 年），沙门慧力启乞为寺，止有堂塔而已。及汰居之，更拓房宇，修立众业。又起重门，以可地势[28]。

所谓堂塔，即讲堂与佛塔的配置。按竺法汰与道安同学，受道安之命（365 年），从新野下都至瓦官寺，“晋太宗简文帝深相敬重，请讲放光经。开题大会，帝亲临幸，王侯公卿，莫不毕集。”（《高僧传·竺法汰传》）使瓦官寺成为江南宣扬佛法的重要寺院，故有“更拓房宇”之举。“房宇”应包含了僧房和殿宇。以后瓦官寺便有多次铸造丈六金像事，此等大型佛像应当供奉在佛殿内，故东晋瓦官寺扩建之后已形成塔、殿、讲堂的配置[29]。

除了塔殿（讲堂）配置的佛寺外，还出现了双塔配置以及模拟宫殿三佛殿的佛寺。双塔配置的佛寺见于三国吴主孙权于黄初元年（222 年）所建的武昌建昌乐寺[30]，在东晋元帝时，由镇军谢尚建造东塔，戴若思建造西塔[31]。

金陵长干寺也为双塔配置。唐道宣《集神州三宝感通录》卷一记载：

> 东晋金陵长干塔者，今在润州江宁县故扬都朱雀门东南古越城东废长干寺内。昔西晋未统江南，是称吴国。于长干旧里有古塔地，即育王所构也，依于邑里。既崩，子亮立，孙琳执政，五凤中毁除佛寺，此塔同湮而舍利潜地。吴平之后，诸僧颇依故处而居，起塔三层……至东晋咸安二年（372 年），简文立塔三层，孝武上金相轮露盘……至孝武太元末（396 年）……即从就塔北，更筑一塔，孝武加为三层。故寺有两塔，西边是育王古塔也[32]。

左右并列双塔的图像，可以参照成都商业街出土的编号为 90CST⑤：8 的南朝佛教造像，该造像为一佛四菩萨像，莲瓣形背光的内层为佛说法图像，佛像前面两侧各有一座三层佛塔。这应反映寺院双塔的配置[33]。

塔和三殿堂的配置见于《律相感通传》所记荆州河东寺：

荆州河东寺者，其寺甚大……东西二寺者，苻坚伐晋，荆州北岸并没属秦，时桓冲为荆州牧，要翼法师度江造东寺，安长沙寺僧；西寺安四层寺僧。苻坚败后，北岸诸地还属晋家，长沙、四层诸寺（僧）各还本寺。东西二寺因旧广立……殿一十二间，唯两柱通梁，（长）五十五尺，栾栌重叠，国中京观，即弥天释道安使弟子翼法师之所造也[34]。自晋至唐，曾无亏损……殿前塔，宋谯王义季之所造，塔内塑像及东殿中弥勒像，并是忉利天所造[35]。

推知寺院为佛塔居前，殿堂在后的布局。这种寺院的布局成为南北朝隋唐时期寺院配置的主要形式。河东寺除了大殿外，还有供养弥勒像的东殿，其配置或由正殿和东西殿组成的三殿堂。三殿堂的配置大概是仿照宫廷建置而来，如曹魏洛阳宫正殿太极殿是由门和廊庑围绕成巨大的宫院，太极殿东西侧与正殿并列建有东西堂[36]。

（三）南北朝时期

南北朝时期，在统治集团的扶持下，佛教进入空前繁荣的阶段。随着寺院经济的发展、僧侣数量的迅速膨胀，寺院的规模日益扩大。到南朝萧梁和北魏洛阳时期，皇家寺院更是出现模拟皇宫建筑的规制。

南朝佛寺主要承袭了东晋十六国时期塔、殿、讲堂的配置。表基立刹，往往成为建寺的标志，而塔的体量也明显增大，如七层、九层佛塔，除了帝王竞相攀比，浮华奢靡外，建高塔，也是做大功德。这表明以塔为中心的佛寺布局并没有改变。

塔、殿配置的寺院，如宋明帝所立之湘宫寺，事见《南史·虞愿传》：

帝以故宅起湘宫寺，费极奢侈。以孝武庄严刹七层，帝欲起十层，不可立，分为两刹，各五层。新安太守巢尚之罢郡还，见帝，曰：‘卿至湘宫寺未？我起此寺，是大功德。’愿在侧曰：‘陛下起此寺，皆是百姓卖儿贴妇钱，佛若有知，当悲哭哀愍，罪高佛图，有何功德[37]’？

可知明帝之湘宫寺原计划建十层宝塔，大概因高层建筑不易建造的技术原因，不得已才改为二座五层双塔。除双塔之外，湘宫寺还供有丈六金像，表明寺院应有佛殿[38]。

又齐永明七年（489 年），武帝所建禅灵寺，“武帝立禅灵寺于都下，当世以为壮观。”[39]按《法苑珠林》卷十二西晋海浮维卫迦叶二石像条记载：“齐武皇帝，初建禅灵，重构七层，壮美庄严。而瑞像不远而至，协时应机……乃命石匠雷卑等，造释迦文像，身坐高三尺五寸，连光及座通高六尺五寸”[40]。

可知禅灵寺是以七层佛塔为主的寺院，但寺内是否有殿堂配置，没有明确记载，而齐武帝所造释迦石像体量较小，是否置于殿堂之中，难于推测。

又东晋故车骑将军琅耶王劭所建枳园寺，寺内只有佛殿和僧房。劭玄孙齐尚书仆射南徐州太守王奂，因寺院“虽房殿严整，而宝刹未树”而深感缺憾，故于齐永明六年（488年）建五层佛塔[41]。

又梁武帝所建智度寺，据《续高僧传·宝昌传》，梁武帝“又为献太后，于青溪西岸建阳城门路东，起大智度寺……殿堂宏壮，宝塔七层，房廊周接，华果间发。正殿亦造丈八金像，以申追福”[42]。

可知智度寺也为塔殿的配置，以廊房环绕。

塔、殿、讲堂的配置，出现于东晋十六国时期的讲堂成为南朝寺院中的主要配置，建康之庄严寺和同泰寺就是如此。《续高僧传·僧旻传》记载：

> 天监末年，下敕于庄严寺，建八座法轮。讲者五僧，以年腊相次，旻最处后。众徒弥盛，庄严讲堂，宋世祖所立……又于简静寺讲十地经。堂宇先有五间，虑有迫迮，又于堂前权起五间，合而为一。及至就讲，寺内悉满……旻尝造弥勒佛并诸供具，朝夕礼谒[43]。

按僧旻所造弥勒佛及供具，庄严寺应有佛殿。又《南史·陈本纪下》记载：陈太建十年（578年）“闰六月丁卯，大雨，震大皇寺刹、庄严寺露盘。[44]”可知庄严寺建有佛塔。

前引《宝昌传》记梁武帝所立之同泰寺：

> 又以大通元年（527年），于台城北，开大通门，立同泰寺。楼阁台殿，拟则宸宫，九级浮图，回张云表。山树园池，沃荡烦积。其年三月六日，帝亲临幸，礼忏敬接，以为常准，即舍身之地也。

按此同泰寺既有九级浮图，也有“拟则宸宫”的楼阁台殿。但楼阁台殿的具体情况并不清楚。《法苑珠林》卷13东晋荆州金像远降缘中则比较详细地记载了同泰寺的情况，可作补充：

> （梁武）帝躬出迎（金像），竟路放光相续无绝，道俗欣庆叹未曾有。在殿三日，竭诚供养（一云停中兴寺），设无遮大斋。二十七日，从大通门出入同泰寺，其夜像

大放光明。敕于同泰寺大殿东北起殿，三间两厦，施七宝帐座，以安瑞像。又造金铜菩萨二躯。筑山穿池，奇树怪石。飞桥栏槛，夹殿两阶……三面重阁，宛转玲珑。中大同二年三月，帝幸同泰设会开讲。历诸殿礼，黄昏始到瑞像殿。帝才登阶，像大放光，照竹树山水，并作金色，遂半夜不休。及同泰被焚，堂房并尽，唯佛所居殿存焉[45]。

可知同泰寺也为塔殿配置，除了大殿之外，还有夹殿、三面重阁[46]、堂房等。所谓夹殿应是大殿两侧的配殿[47]，从梁武帝历诸殿礼拜的情况看，夹殿也是供奉佛像的殿堂，如前述之荆州河东寺。所谓堂房应是讲堂和僧房。同泰寺的总体布局大概是佛塔、三殿堂、重阁、讲堂和僧房配置[48]。寺院配置重阁是新出现的形式。

多院式佛寺，梁武帝时“都下佛寺五百余所，穷极宏丽。”[49]佛寺规模日益扩大，新出现多院式的大型佛寺。以爱敬寺为例，前引《宝昌传》记载，梁武帝“为太祖文皇，于钟山北涧，建大爱敬寺……创塔包岩壑之奇，宴坐尽林泉之邃。结构伽蓝，同尊园寝。经营雕丽，奄若天宫。中院之去大门，延袤七里，廊庑相架，檐霤临属。旁置三十六院，皆设池台，周宇环绕。千有余僧，四事供给。中院正殿有栴檀像，举高丈八……帝又于寺中龙渊别殿，造金铜像，举高丈八。”

可知爱敬寺除了中院之外，还有三十六院。这些旁院“周宇环绕”而成，并设有池台。有的也有殿堂设置，如龙渊别殿。寺院建筑的规格与皇宫相同。但多院式寺院是以中院为中心的，中院布局仍为塔殿的配置，并以廊房环绕。

双塔配置的佛寺，见前引宋湘宫寺。梁武帝所建阿育王寺也为双塔配置，事见《梁书·诸夷列传》记载：

……至（普通）四年九月十五日，高祖又至寺设无碍大会，竖二刹，各以金罂，次玉罂，重盛舍利及爪发，内七宝塔中。又以石函盛宝塔，分入两刹下，及王侯妃主百姓富室所舍金、银、镮、钏等珍宝充积[50]。

可知梁武帝所造双塔是为安放舍利所建。

北朝时期举国上下崇佛热烈，佛教寺院遍及各地，寺院的规模有逐渐扩大的趋势。但总体上延续了十六国时期塔、殿配置的寺院布局，塔、殿、讲堂配置的寺院较为少见。

塔、殿配置的佛寺，当首推北魏皇室所建的平城和洛阳两所永宁寺。

平城永宁寺为献文帝在高祖（孝文帝）诞载之年（467 年）所建。为七级佛图，“高三百余尺，基架博敞，为天下第一”[51]。知平城永宁寺是以塔为中心的佛寺，但文献并没有说明佛殿的情况。按洛阳永宁寺浮图“取法代都七级而又高广之”[52]。平城永宁寺应与洛阳永宁寺相仿，为前塔后殿的配置。现存北魏永固陵之“思远佛图”可以作为这一推论的佐证。

“思远佛图”遗址位于山西大同市城北25公里的方山南麓，北面偏东与山顶永固陵遥遥相望。据《魏书·高祖纪上》记载：北魏太和三年（479年）“幸方山，起思远佛寺”[53]。知该寺建于北魏太和三年。现存寺院遗址坐北朝南，为一方形台地，平面长方形，东西宽57.4米，南北长87.8米，有围墙遗迹。院内中轴线依次有山门、佛塔、殿堂等建筑组成（图二）。中部回廊式塔基现存实心中心塔柱、柱础、回廊铺地砖。中心塔柱呈正方形，东西残存边长12.2米，南北12.05米（图三）。实心体东面残存回廊覆盆柱础4个。根据柱础的布列，回廊为正方形，面宽5间，边长18.2米。佛塔之北为殿堂。殿堂面宽7间，进深2间。东西宽约21米，南北深约6米。殿堂外西北角发现土坯砌成的炕洞，疑是僧房。可知这是一处前塔后殿配置的寺院[54]。值得注意的是：思远佛图设有回廊的形制，并出土影塑佛像和菩萨像残块，表明回廊内壁（即中心塔柱外壁）应塑造有佛像，这样佛教信徒可以绕中心塔柱瞻礼佛像了。洛阳永宁寺塔的回廊设置显然继承了思远佛图的做法。因此，平城永宁寺应与思远佛图一样，为塔殿配置的佛寺。

平城时期的寺院遗址还有冯太后所建“思燕佛图”[55]。佛寺遗址在辽宁朝阳市内。1989年，辽宁省文物考古研究所等在清理唐建辽修的北塔时发现佛寺遗址[56]。遗址直接叠压在北塔之下，从夯土中发掘出土的三燕时期的柱础看，佛寺建造在三燕时期和龙宫宫殿建筑基址上，并且直接利用了原有大部分柱础窝和柱网。发掘结果表明，寺院平面为方形，边长48.6米（图四）。寺院中心为木塔塔基，柱础分四圈布局，外圈（第四圈）原有柱础28个，现仅存南面正中二柱础2个柱础，东面北侧3个柱窝。第三圈有20个柱础，其中四角为明础。据柱网间距，外圈边长为18.9米。按柱础布局，该塔应是面宽7间的木构佛塔。塔基遗址中出土了许多佛、菩萨、弟子和飞天等塑像。据此，可以推测塔中原设有龛像。参考“思远佛寺”和洛阳永宁寺塔设有回廊的形制，第四圈外似应有第五圈柱础，第四、五圈之间可能为回廊，回廊内壁设龛像。寺院周围为一圈回廊，进深2间，每边11间[57]。回廊的外侧面为夯土墙体，其中西墙和南墙基础大部分还保留着。西面和南面中间均辟一门道，东面和北面已毁，有可能与洛阳永宁寺一样，四面都开一门。

“思燕佛图”与“思远佛寺”的平面布局并不相同，“思燕佛图”是以塔为中心，四周环以回廊（或僧房）的早期佛寺配置，围绕寺院一周的回廊又起到了院墙的作用。

平城时期前塔后殿的寺院配置模式为洛阳永宁寺所沿袭，该寺的详细记载见于《洛阳伽蓝记》卷一永宁寺条：

> 永宁寺，熙平元年（516年）灵太后胡氏所立也……中有九层浮图一所，架木为之，举高九十丈，有刹复高十丈，合去地一千尺，去京师百里已遥见之……刹上有金宝瓶，容二十五石。宝瓶下有承露金盘三十重，周匝皆垂金铎。复有铁锁四道，引刹向浮图……浮图有四面。面有三户六窗，户皆朱漆，扉上有五行金钉，（其十二门二

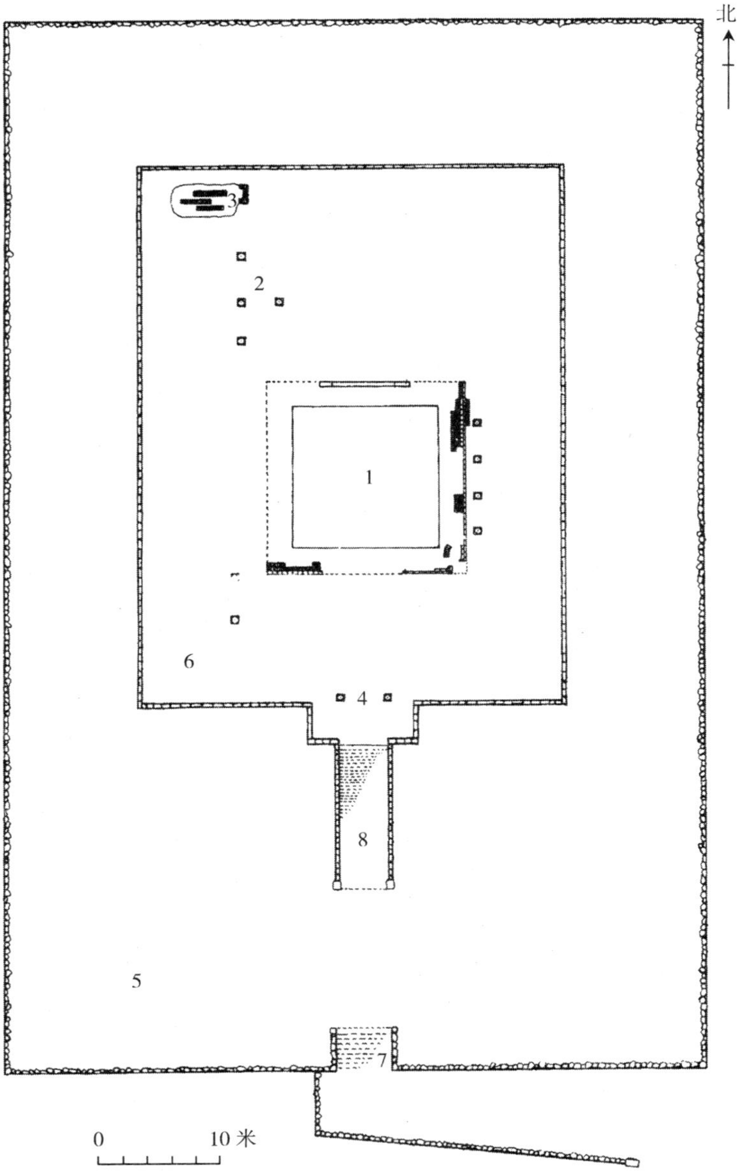

图二 思远佛图平面图

1. 塔心实体 2. 佛殿 3. 僧房 4. 山房 5. 第一层台 6. 第二层台
7. 第一层平台踏道 8. 第二层平台踏道

十四扇）合有五千四百枚，复有金镮铺首。殚土木之功，穷造形之巧……浮图北有佛殿一所，形如太极殿。中有丈八金像一躯、中长金像十躯、绣珠像三躯、（金）织成（像）五躯，（玉像二躯），作功奇巧，冠于当世。僧房楼观一千余间……寺院墙皆施短椽，以瓦覆之，若今宫墙也。四面各开一门。南门楼三重，通三道，去地二十

图三 大同方山思远佛图遗址

丈。形制似今端门……拱门有四力士四狮子……东西两门亦皆如之。所可异者，唯楼二重。北门一道不施屋，似乌头门。四门外，树于青槐，亘于绿水，京邑行人，多庇其下[58]。

北魏永熙三年（534 年）永宁寺为大火所烧。1979 年中国社会科学院考古研究所对永宁寺塔基进行了发掘[59]。根据考古发掘资料可知：寺院南向，平面呈纵长方形，南北约 305 米，东西 215 米（图五）。南东西每面各一门址，北面破坏较甚，未见门道遗迹。寺院中心略靠南处为塔基遗址，平面呈正方形，塔基边长 38.2 米，青石包边，四面正中各一踏道。台基中心部分筑有一座土坯垒砌的实心方柱体，边长 20 米，残高约 3.6 米（图六）。柱体东西南三面壁上各保存了 5 个佛龛，北壁无龛，但有木柱残迹，或似登塔之梯道，柱体外有回廊可以环绕礼拜。塔基周围出土了一批精美的佛教艺术品[60]。塔基之北有一座大型夯筑的殿堂遗址。

永宁寺的总体布局是前塔后殿，以塔为主的配置。至于文献所记“僧房楼观一千余间”尚不明了，这是永宁寺遗址发掘的缺憾。

与永宁寺配置相同的寺院遗址实例还有内蒙古固阳北魏怀朔镇古城遗址西北隅的佛寺建筑遗址[61]。该佛寺的中心佛塔建筑亦为方形，边长 16 米，其中心有 8 米见方的方形夯土台基。柱础布局与“思燕浮图”大致类同。塔基之后尚有大片遗址，疑是殿堂所在，

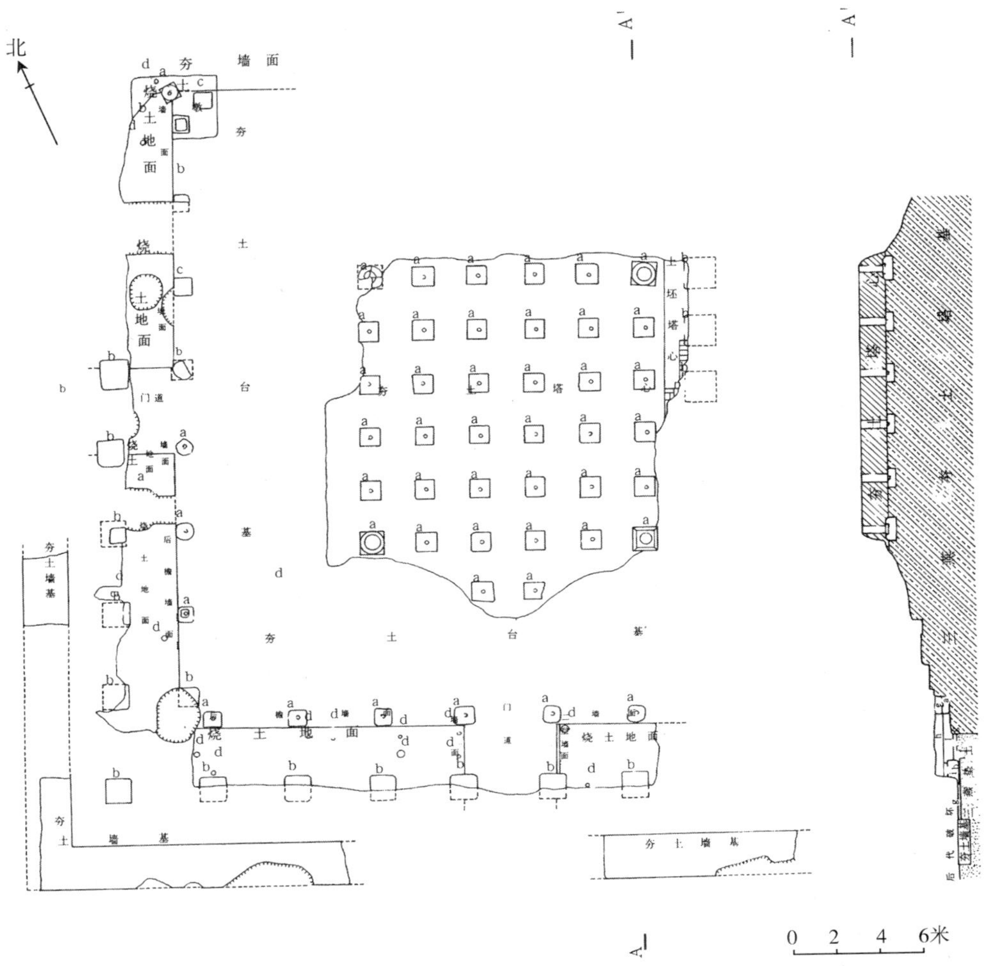

图四　北魏思燕佛图建筑遗迹平、剖面图

a. 柱础石　b. 础窝、磉墩　c. 础痕　d. 小柱洞　e. 檐墙　f. 柱洞　g. 三燕地面、垫土层　h. 烧面与瓦片堆积　i. 北魏垫土层

很显然这座佛寺的平面可以推定为前塔后殿的布局。

另外根据《洛阳伽蓝记》所记北魏洛阳城中的佛寺43所寺院中，建有佛塔者就有16座。这些佛塔绝大部分属于新建的寺院，如该书所记：胡太后所立秦太上君寺“有五层浮图一所……佛事庄严，等于永宁。诵室禅堂，周流重叠”；宣武皇帝所立景明寺，“复殿重房，交疏对霤；青台紫阁，浮道相通……至正光年中，太后始造七层浮图一所”；清河文献王怿所立融觉寺“有五层浮图一所，与冲觉寺齐等，佛殿、僧房充溢一里”[62]。可以说明北魏洛阳时期，佛塔在寺院配置中仍然具有重要的地位。这些寺院大致如永宁寺为塔殿的配置，并有僧房和禅堂等设置。北魏洛阳还有许多没有佛塔，仅设佛殿的寺院。

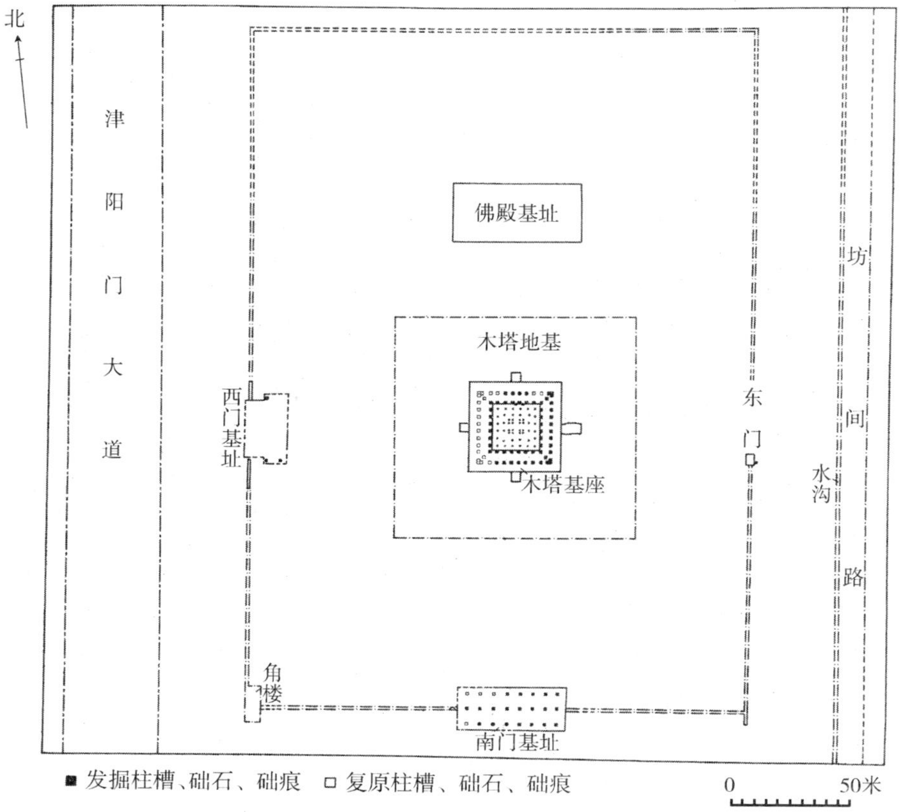

图五 洛阳永宁寺平面图

前引《洛阳伽蓝记》中大部分寺院是以佛殿为主的。这主要由于洛阳北魏晚期佛教伪滥至极，贵族纷纷舍宅为寺的历史背景相关。在由住宅改成的佛寺过程中，前厅后寝庭院式的平面布局难于改变，前厅前的建筑空间在一般情况下是无法容纳佛塔的位置，故这些寺院只有佛殿配置。

塔、殿、讲堂配置的寺院，由于北朝与南朝重视佛教义理不同，重视禅观和戒律，提倡个人修行，追求自身解脱。因此，在北朝时期的佛教寺院中，鲜见讲堂的设置。十六国时期出现于北魏平城的前塔后殿，配有讲堂的佛寺布局，随着北魏统一北方，凉州佛教的输入，似乎并没有在平城延续下来。在北魏洛阳时期，《洛阳伽蓝记》明确记载的新建佛寺中，有讲堂配置的仅瑶光尼寺、景林寺二所。如《洛阳伽蓝记》卷一瑶光寺条记载：

> 世宗宣武皇帝所立……有五层浮图一所，去地五十丈。仙掌凌虚，铎垂云表，作工之妙，埒美永宁，讲殿、尼房五百余间[63]。

此寺有佛塔、讲殿（即讲堂）的配置，另外还有僧房，不见佛殿。

图六 永宁寺塔基

由住宅改建佛寺者，也仅见于建中寺。同书卷一建中寺条记载：

建中寺，普泰元年尚书令乐平王尔朱世隆所立也。本是阉官司空刘腾宅。屋宇奢侈，梁栋踰制，一里之间，廊庑充溢。堂比宣光殿，门匹乾明门，博敞弘丽，诸王莫及也……建义（明）元年尚书令乐平王尔朱世隆为荣追福，题以为寺……以前厅为佛殿，后堂为讲室[64]。

建中寺只有佛殿和讲堂的配置，无佛塔。

到北朝晚期佛教义学兴起，形成了禅理并举的局面，特别是高齐邺城佛教盛况空前。《续高僧传·靖嵩传》记载："属高齐之盛，佛教中兴。都下大寺略计四千，见住僧尼仅将八万。讲席相距二百有余，在众常听，出过一万。故寓内英杰，咸归厥邦"[65]。在这种背景下，寺院中配置讲堂的情况明显增多。如《续高僧传》卷八《僧范传》记载：

尝有胶州刺史杜弼，于邺显义寺请（僧）范冬讲，至华严六地忽有一雁飞下，从浮图东顺行入堂，正对高座伏地听法。讲散徐出，还顺塔西尔乃翔游。又于此寺夏讲，雀来在座西南伏听终于九旬[66]。

知邺城显义寺既有佛塔，也有讲堂。由北齐文宣帝天保九年（559 年）创建的邺城大

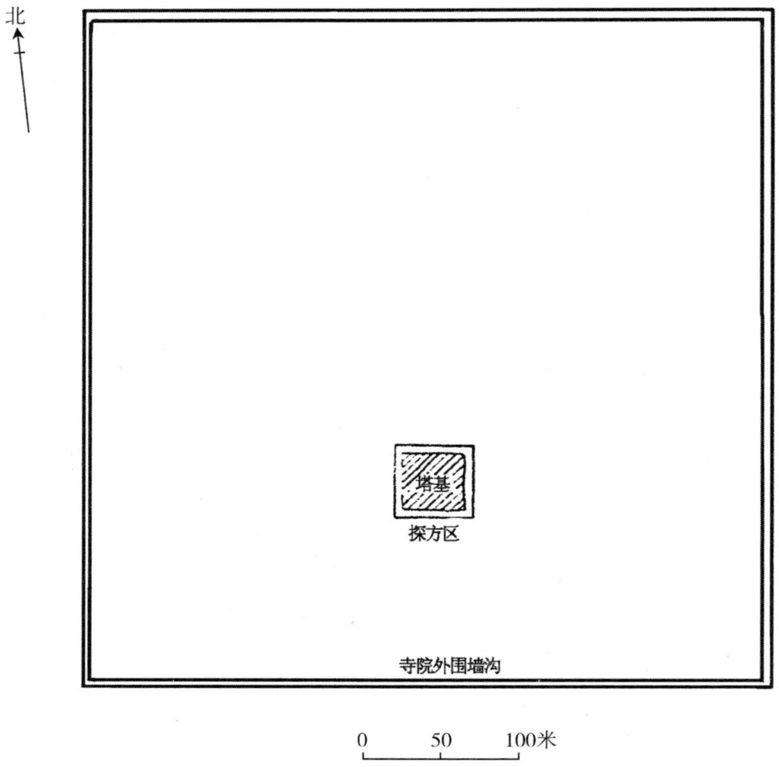

图七 邺城赵彭村东魏北齐佛寺平面图

庄严寺也有讲堂设置[67]。《续高僧传·灵干传》记其“年十四，投邺京大庄严寺衍法师为弟子，昼夜遵奉，无怠寸阴。每入讲堂，想处天宫无异也”[68]。又《续高僧传·慧远传》记载北齐隋间著名地论宗高僧慧远：

> （慧远）返就高都之清化寺焉，众缘欢庆叹所未闻。各出金帛为之兴会，讲堂寺宇，一时崇敞……又（慧远）当终之日，泽州本寺讲堂众柱，及高座四脚，一时同陷[69]。

知高都（今山西高平市）清化寺、慧远出家的本寺都有讲堂的配置。

多院式佛寺，这是北朝晚期大型佛寺新出现的变化，典型的实例是邺南城东魏北齐佛寺遗址。该遗址位于河北临漳县赵彭城村西南的邺南城朱明门（正南门）外大路东侧。2002 年，中国社会科学院考古研究所、河北省文物研究所组成的邺城考古队对寺院中心木塔基进行了发掘。为了了解寺院的布局，2003 至 2004 年又进行了钻探和试掘。据此，寺院的范围已经大体明了：寺院坐北朝南，平面呈正方形，边长 430 米，面积占一坊之地，其规模超过了洛阳永宁寺，寺院周围还有宽 5—6 米的壕沟环绕（图七）。从地理位置和规模看，应属于北齐皇家寺院。寺院遗址中心为木塔塔基遗址，塔基有边长约 45 米

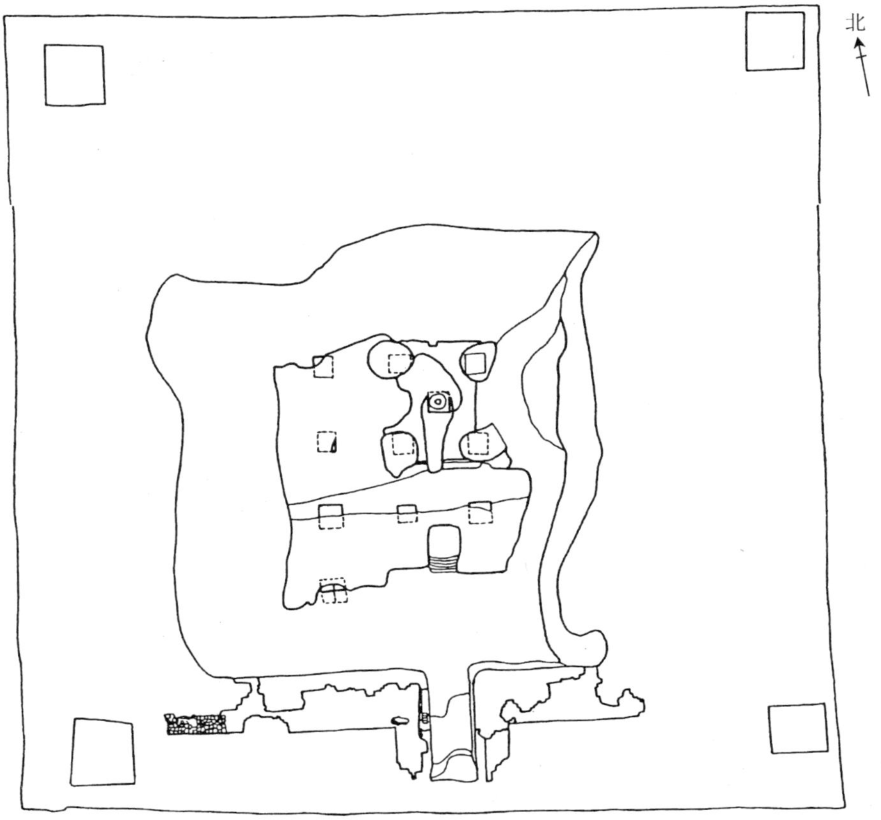

图八　邺城佛塔遗址

的方形地下基槽。基槽之上建筑佛塔地上部分，现存边长约 30 米夯土塔心实体、南侧斜坡踏道、南侧砖铺散水等（图八）[70]。目前在寺院东南和西南部已经各发现一处边长 110 米的方形回廊基址，可知这是两处大型院落。其中西南院落内中心靠北的位置发现有大型殿堂基址（图九）。从目前所知佛殿情况看，该寺院属于以塔为中心的多院式的平面布局，寺院周围不见有院墙，实际上每个院落的回廊起到了院墙作用。

双塔配置的佛寺，在北朝双塔的出现约在北魏孝文帝时期，如宕昌公王遇所建之晖福寺，据《大代宕昌公晖福寺碑》记载（图一〇）[71]：

散骑常侍安西将军吏部内行尚书宕昌公王庆时……于本乡南北旧宅，上为二圣造三级佛图各一区……爰自经始，三载而就，崇基重构，层楣叠起，法堂禅室，通阁连晖……太和十二年（488 年）岁在戊辰七月己卯朔一日建。

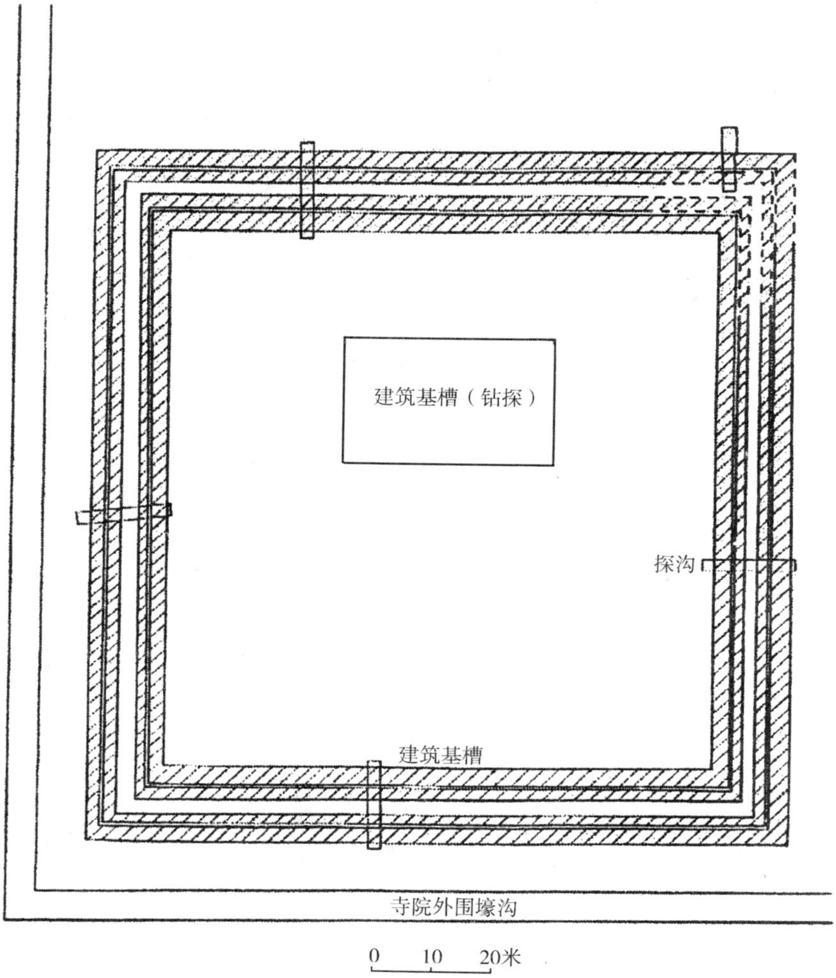

图九 邺城佛寺西南院平面

晖福寺双塔当是为冯太后和孝文帝做功德而建。寺院还有法堂、禅室的配置。它的出现可能受南朝影响，但与南朝建双塔的目的不同，更多的是受政治变化的影响，即北魏孝文帝祖母冯太后曾经两度临朝称制，朝野权贵多并称冯太后和孝文帝为“二圣”的历史背景有关。

二 寺院空间布局的演变

佛教从两汉之际传入中国以来，就开始了中国化的进程，佛寺制度也同样如此。中国早期佛教寺院为单塔配置的寺院，即是以塔为中心的、周有阁道围绕的中国传统院落式形制。“四方式”佛塔源于汉代重楼建筑形制，成为中国佛塔主要样式。这种寺院的配置与早期佛教依附于中国传统的神仙道教有关。东汉魏晋时将佛陀视为神仙的一种，受到敬仰。神仙好楼居，故将佛陀置于重楼中，符合中国传统的敬神观念。大约在4世纪时，单塔配置的寺院转变为由塔、佛殿和讲堂的配置。这种变化与东晋以来佛教摆脱依附关系，走上独立发展的道路密切相关。特别是与佛图澄、道安一系在中原和江南创立佛寺、弘传佛教有着密切的关系[72]。随着佛教的兴起，单一佛塔配置的佛寺已经不能适应佛教发展的需要。佛寺不仅要成为佛教信徒们供养、礼拜的地方，而且也要成为讲诵、传授佛法的场所。于是供奉佛陀偶像的佛殿，宣扬佛法的讲堂，便应运而生。尤其是讲堂的出现，应是中原地区佛教义学发展的必然结果。东晋南渡后，中原佛教义学在江南得到进一步的发展，并与魏晋玄学相融合，在高僧和士大夫中形成了崇尚清谈的学风。在寺院中举行法会、讲经论义十分普遍。甚至南朝帝王大臣都亲临法座，主讲佛理。这样讲堂在寺院中的作用突显出来，在东晋六朝的寺院中成为主要的配置。

南北朝时期，由于南北佛教各有偏重，南朝佛教重义理、尚清谈。因而南朝以建构巨型佛寺为主，南朝萧梁时期，皇家寺院出现模拟皇宫建筑规制。南朝佛寺除了承袭塔、佛殿和讲堂的基本配置外，还出现了多院落式的佛寺形式。有的寺院在大佛殿两侧设有夹殿，形成三佛殿的配置。有的在塔、殿、讲堂外，特别增加了佛阁的配置，如同泰寺内建有七层大佛阁，又如浙江新昌宝相寺梁代雕造完成的弥勒大佛前建有木阁[73]。南朝佛寺中大阁的出现很可能与塑造大像有关。值得注意的是，雕造大佛本是北朝的传统，大像窟在北朝石窟寺中较为流行，有的还存在着洞窟组合关系，如云冈第11窟（中心柱窟）、第12窟（佛殿窟）和第13窟（大像窟）的组合，云冈第6窟（中心柱窟）、第5窟（大像窟）的组合，与寺院中塔、殿、阁的配置十分相似。因此，佛阁出现在寺院配置中，其来源似与北朝雕造大佛窟有关。北朝重禅观、提倡个人修行。因此，除了兴建寺院外，还开凿模仿寺院的石窟寺。寺院大都为单院式。在寺院配置上，主要是前塔后殿单院式的形制，并不注重讲堂的设置，也不见有夹殿的配置。到北朝晚期始见多院式的大型寺院，其来源与南朝有关。北魏洛阳时期还出现大量只有佛殿的寺院。源于东晋时期的双塔配置，在南北朝时期得到了发展，南朝和北朝均有之，这是特殊的政治背景的产物。

三 结 语

上面我们对佛教寺院的空间布局进行了分析，大致梳理出其发展演变的脉络。纵观中国佛寺的发展过程，变化最为显著的是4世纪中后期的东晋十六国时期和5世纪末至6世纪初以后的北魏洛阳时期南朝萧梁时期。据此，可以分为三个阶段。

第一阶段，东汉至西晋时期，是中国佛寺的初创期。以中原洛阳为中心。

第二阶段，东晋十六国时期，是中国佛寺的发展期。以北方邺城、长安；江南建康为中心。中原佛寺布局传入江南。

第三阶段，南北朝时期，是中国佛寺发展的繁荣期。分别以平城、洛阳、邺城、长

图一〇 晖福寺碑拓片

安；江南建康为中心。北魏统一北方以后，佛教寺院布局出现南北分途的局面。北魏洛阳和南朝萧梁时期，南北都出现了模拟宫廷建筑规制的大型寺院。北朝晚期，南方佛寺布局影响到北方。

本文是《佛教寺院的类型、空间布局及其图像》中的一个章节，已提交由法国高等学院劳格文教授组织的“唐以前中国宗教史”多卷本，并将出版英文版。征得劳格文教授同意，作者可以自行发表中文版。

注　释

［1］东魏·杨衒之：《洛阳伽蓝记·序》，范祥雍校注《洛阳伽蓝记校注》，1页，上海古籍出版社，1978年。

［2］《魏书》卷114《释老志》记载：“神龟元年冬，司空公、尚书令、任城王澄奏曰：‘……都城之中，及郭邑之内检括寺舍，数乘五百，空地表刹，未立塔宇，不在其数。民不畏法，乃至于斯！自迁都已来，年逾二纪，寺夺民居，三分且一’”。3045页，中华书局，1974年。

［3］东魏·杨衒之：《洛阳伽蓝记·序》云：“逮皇魏受图，光宅嵩、洛。笃信弥繁，法教愈盛。王侯贵臣，弃象马如脱屣。庶士豪家，舍资财若遗迹。于是昭提栉比，宝塔骈罗。”范祥雍校注《洛阳伽蓝记校注》，1页，上海古籍出版社，1978年。

［4］梁·僧祐：《出三藏记集》卷13《康僧会传》记载：康僧会以赤乌十年（247年）至建业（今南京市），营立茅茨，设像行道。并以舍利威神，令孙权大为叹服，“即为建塔。以始有佛寺，故曰：建初寺。”513页，中华书局，1995年。

［5］《南史》卷70《郭祖深传》，1721页，中华书局，1975年。

［6］东魏·杨衒之：《洛阳伽蓝记·序》，范祥雍校注《洛阳伽蓝记校注》，1页，上海古籍出版社，1978年。

［7］梁·僧祐：《弘明集》卷1，5页，宋碛砂藏本，上海古籍出版社，1991年。

［8］《魏书》卷114《释老志》，3029页，中华书局，1974年。“佛图”本为“佛陀”之音译，汉地习惯称塔为佛图，唐玄奘《大唐西域记》卷1称：“诸窣堵波，即旧所谓浮图也。”（参见季羡林：《大唐西域记校注》卷1，103页，中华书局，2000年）故建有佛塔的寺院往往称为佛图。

［9］参见傅熹年主编：《中国古代建筑史》第二卷，176~177页，“两晋、南北朝、隋唐、五代建筑”，建筑工业出版社，2001年。

［10］《后汉书》卷29《舆服志上》记：“乘舆大驾，公卿奉引，太仆御，大将军参乘。属车八十一乘，备千乘万骑。”（3648页，中华书局，1965年）。

［11］宿白：《东汉魏晋南北朝佛寺布局初探》，《庆祝邓广铭教授九十华诞论文集》，47页，河北教育出版社，1997年。

［12］《后汉书》卷73《陶谦传》记载：“初，同郡人笮融，聚众数百，往依于谦，谦使督广陵、下邳、彭城运粮。遂断三郡委输，大起浮屠寺。上累金盘，下为重楼。又堂阁周回，可容三千

许人，作黄金涂像，衣以锦彩。每浴佛，辄多设饮饭，布席于路，其有就食及观者且万余人。”2368 页，中华书局，1965 年。笮融建寺约在 188～193 年间。参见汤用彤：《汉魏两晋南北朝佛教史》，51 页，中华书局，1983 年。

［13］东魏·杨衒之：《洛阳伽蓝记》卷 1 永宁寺条云：永宁寺“刹上有金宝瓶……宝瓶下有承露金盘三十重。”金盘应指塔刹之相轮，参见前引范祥雍校注本，2 页，上海古籍出版社，1978 年。

［14］参见宿白：《东汉魏晋南北朝佛寺布局初探》，《庆祝邓广铭教授九十华诞论文集》，31～49 页，河北教育出版社，1997 年。

［15］甘肃省文物局编：《甘肃文物菁华》，37 页，图 35，文物出版社，2006 年。

［16］《高僧传》卷 9《佛图澄传》：“往汉明感梦初传其道，唯听西域人得立寺都邑，以奉其神。其汉人皆不得出家。魏承汉制，亦修前轨。”汤用彤校注本，352 页，中华书局，1992 年。

［17］《魏书》卷 114《释老志》，3029 页，中华书局，1974 年。

［18］梁·僧祐：《出三藏记集》卷 13《康僧会传》，513 页，中华书局，1995 年。

［19］《魏书》卷 114《释老志》，3029 页，中华书局，1974 年。

［20］参见汤用彤：《汉魏两晋南北朝佛教史》，119 页，中华书局，1983 年。

［21］《洛阳伽蓝记》卷 4 记载：“宝光寺，在西阳门外御道北。有三层佛图一所，以石为基，形制甚古，画工雕刻。隐士赵逸见而叹曰：‘晋朝石塔寺，今为宝光寺也。’人问其故。逸曰：‘晋朝三十二寺，尽皆湮灭，唯此寺独存。’”前引范祥雍校注本，199 页，上海古籍出版社，1978 年。

［22］《洛阳伽蓝记》卷 2 记载：“崇义里，里内有京兆人杜子休宅。地形显敞，门临御道。时有隐士赵逸，云是晋武时人。晋朝旧事，多所记录。正光初来至京师，见子休宅。叹息曰：‘此宅中朝时太康寺也。’时人未信，遂问寺之由绪。逸云：‘龙骧将军王濬平吴之后，始立此寺。本有三层浮图，用砖为之。’指子休园中曰：‘此是故处。’子休掘而验之，果得砖数十万。兼有石铭云：‘晋太康六年岁次乙巳九月甲戌朔八日辛巳仪同三司襄阳侯王濬敬造。’”前引范祥雍校注本，88～89 页，上海古籍出版社，1978 年。

［23］《高僧传》卷 9《佛图澄传》，汤用彤校注本，352、354 页，中华书局，1992 年。

［24］宿白：《东汉魏晋南北朝佛寺布局初探》，《庆祝邓广铭教授九十华诞论文集》，37 页，河北教育出版社，1997 年。

［25］《高僧传》卷 9《佛图澄传》还记建武十四年“澄还寺，视佛像曰：‘怅恨不得庄严’”（355 页，中华书局，1992 年）。可知，佛殿内还供奉有佛像。

［26］《魏书》卷 114《释老志》，3030 页，中华书局，1974 年。

［27］《高僧传》卷 5《道安传》，汤用彤校注本，179～183 页，中华书局，1992 年。

［28］《高僧传》卷 5《竺法汰传》，汤用彤校注本，193 页，中华书局，1992 年。

［29］如戴颙所造瓦官寺造丈六金像（《高僧传》卷 13《慧力传》，汤用彤校注本，第 481 页）和东晋末僧洪在瓦官寺造丈六金像（《高僧传》卷 13《僧洪传》，484 页）。《晋书》卷 10《恭帝纪》记：“其后复深信浮屠道，铸货千万，造丈六金像，亲于瓦官寺迎之”（270 页，中华书局，1974 年）。傅熹年主编的《中国古代建筑史》第二卷“两晋、南北朝、隋唐、五代建

筑”，第二章两晋南北朝建筑第七节佛教建筑（167 页）中认为，“东晋十六国时，出现了以佛塔、讲堂为主体，兼有其他附属建筑的佛寺形态”，“佛殿是安置大型佛像的地方，故佛殿的出现首先与佛像造铸有关”（169 页，建筑工业出版社，2001 年）。大型佛像的铸造东晋时期就已经开始，前引《道安传》所造丈六佛像，东晋十六国时应有佛殿的配置。

[30] 宋·志磐：《佛祖统纪》卷 35 记载：“黄初元年吴主孙权于武昌建昌乐寺。”《大正藏》卷 49，331 页。

[31] 唐·张彦远：《历代名画记》卷 5 记载：晋“王廙，字世将，琅琊临沂人，善属词，工书画，过江后，为晋代书画第一，音律众妙毕综。元帝时为左卫将军，封武康侯。时镇军谢尚于武昌昌乐寺造东塔，戴若思造西塔，并请廙画”（109～110 页，人民美术出版社，1963 年）。

[32] 唐·道宣：《集神州三宝感通录》卷 1，《大正藏》卷 52，405 页。此事也见《高僧传》卷 13《慧达传》，《大正藏》卷 50，409 页。

[33] 参见张肖马、雷玉华：《成都商业街南朝石刻造像》，《文物》2001 年 10 期，图一七、图二〇。

[34] 据《高僧传》卷 5《昙翼传》记载：昙翼为道安弟子，曾随道安住檀溪寺，后受道安之命赴荆州，创立长沙寺（汤用彤校注本，198 页，中华书局，1992 年）。

[35] 唐·道宣：《律相感通传》，《大正藏》卷 45，第 877 页。

[36] 参见傅熹年主编：《中国古代建筑史》第二卷“两晋、南北朝、隋唐、五代建筑”，第一章三国建筑，第二节宫殿，24 页，图 1—2—1，曹魏洛阳宫殿平面示意图，建筑工业出版社，2001 年。

[37]《南史》卷 70《虞愿传》，1710 页，中华书局，1975 年。

[38]《高僧传》卷 13《僧亮传》记其造丈六金像事。“铸像既成，唯焰光未备，宋文帝为造金薄圆光安置彭城寺。至宋太始中（465～471 年），明帝移像湘宫寺，今犹在焉。”（汤用彤校注本，485 页，中华书局，1992 年）。

[39]《南史》卷 5《齐本纪下》，140 页，中华书局，1975 年。

[40]《法苑珠林》卷 12 感应缘，《大正藏》卷 53，374 页。

[41] 沈约：《南齐仆射王奂枳园寺刹下石记》“晋故车骑将军琅耶王劭。玄悟独晓信解渊微，于承祖文献公清庙之北造枳园精舍，其始则芳枳树篱，故名因事立。虽房殿严整，而宝刹未树。劭玄孙尚书仆射南徐州太守王奂……誓于旧寺光树五层……”《广弘明集》卷 16，宋碛砂藏本，218 页，上海古籍出版社，1991 年。

[42]《续高僧传》卷 1《宝昌传》，《大正藏》卷 50，426～427 页。

[43]《续高僧传》卷 5《僧旻传》，《大正藏》卷 50，462～467 页。

[44]《南史》卷 10《陈本纪下》，298 页，中华书局，1975 年。

[45] 唐·道世：《法苑珠林》卷 13，《大正藏》卷 53，385 页。

[46] 阙名《梁京寺记》同泰寺条记载：“梁武帝改年号大同，起同泰寺，在台城内。穷竭帑藏，造大佛阁七层，为火所焚。武帝舍身施财，以祈佛福。自大通以后，无年不幸”（《大正藏》卷 51，1024 页）。据此，可知原有七层佛阁，此重阁或为重建。

[47] 前引《法苑珠林》卷 13 东晋荆州金像远降缘又续记：开皇七年长沙寺僧迎金像还本寺，“开

皇十五年，黔洲刺史田宗显至寺礼拜，像即放光。公发心造正北大殿一十三间，东西夹殿九间……其东西二殿瑞像所居。”可知夹殿为正殿两侧之配殿，也供奉佛像。

[48] 唐·许嵩：《建康实录》卷17引《舆地记》记载：同泰寺有“大殿六所，小殿及堂十余所。”681页，中华书局，1986年。

[49]《南史》卷70《郭祖深传》，1721页，中华书局，1975年。

[50]《梁书》卷48《诸夷列传》，792页，中华书局，1973年。

[51]《魏书》卷114《释老志》，3037页，中华书局，1974年。

[52] 北魏·郦道元：《水经注》卷16《谷水条》，参见王国维：《水经注校》，542页，上海人民出版社，1984年。

[53]《魏书》卷7《高祖纪上》，147页，中华书局，1974年。

[54] 大同市博物馆：《大同北魏方山思远佛寺遗址发掘报告》，《文物》2007年4期，4~26页，图五为佛寺平面图。

[55]《北史》卷13《后妃传》记载：冯太后“又立思燕佛图于龙城”（496页，中华书局，1974年）。按冯太后卒于北魏太和十四年（490年），知此寺为太和年间（477~490年）所建。

[56] 20世纪90年代初，对朝阳北塔曾有初步的报导和研究，参见董高：《朝阳北塔“思燕浮图”基址考》，《辽海文物学刊》1991年2期，97~109页。张剑波、王晶辰、董高：《朝阳北塔的结构勘察与修建历史》，《文物》1992年7期，29~37页，图二。但详细的考古报告直到2007年才得以出版，参见辽宁省文物考古研究所、朝阳市北塔博物馆所编：《朝阳北塔——考古发掘与维修工程报告》，文物出版社，2007年。该书8页，图五为北魏思燕佛图建筑遗迹平、剖面图。编者认为，建于太和九年（485年）至十四年间（490年）。

[57] 前引《朝阳北塔——考古发掘与维修工程报告》的编者认为，围绕寺院周围进深二间的建筑遗址是殿堂，寺院“当是以佛塔为中心，后建佛殿，前筑山门，四周围有院墙。但具体情况还有待于进一步作全面深入的考察。”（129页）称为殿堂可能不太确切，应该为回廊址，极有可能作为僧房使用，而且，前有佛塔，后建佛殿的说法也没有根据，因为回廊址在西北角可以看到拐角的柱础，这样佛塔之后并没有容纳佛殿建筑的空间。朝阳北塔十分重要，是研究北魏平城时期寺院布局的重要实物资料。同时回廊址的发现，为推定洛阳永宁寺“僧房楼观一千余间”的位置，提供了很好的例证。

[58] 东魏·杨衒之：《洛阳伽蓝记》卷2秦太上君寺条，范祥雍校注：《洛阳伽蓝记校注》，2~4页，上海古籍出版社，1978年。《魏书》卷114《释老志》记载：“肃宗熙平中，于城内太社西，起永宁寺。灵太后亲率百僚，表基立刹。佛图九层，高四十余丈。”关于塔的高度，《释老志》所记可能更客观些。

[59] 中国社会科学院考古研究所：《北魏洛阳永宁寺》，科学出版社，1996年。

[60] 经多次发掘，永宁寺塔基共出土有2000多件彩塑，分为大、中、小三种。彩塑种类有佛、菩萨、弟子等。这些彩塑应是塔内壁龛和回廊周壁的。另外还出土了大量世俗人像，据研究，这些人物可能是帝后礼佛图。参见钱国祥：《北魏洛阳永宁寺塑像的初步研究》，《汉魏洛阳城遗址的研究》，446~459页，科学出版社，2007年。

[61] 内蒙古文物工作队：《内蒙古白灵淖城圐圙北魏古城调查与试掘》，《考古》1984年2期，

145～152页。

［62］东魏·杨衒之：《洛阳伽蓝记》卷2秦太上君寺条，范祥雍校注：《洛阳伽蓝记校注》，94页，上海古籍出版社，1978年，卷3景明寺条，132页，卷4融觉寺条，230页。

［63］参见范祥雍校注：《洛阳伽蓝记校注》，46页，上海古籍出版社，1978年。同书卷1景林寺条记载："景林寺在开阳门内御道东，讲殿叠起，房庑连属……寺西有园……中有禅房一所。"

［64］参见范祥雍校注：《洛阳伽蓝记校注》，39页，上海古籍出版社，1978年。

［65］《续高僧传》卷10《靖嵩传》，《大正藏》卷50，501页。

［66］《续高僧传》卷8《僧范传》，《大正藏》卷50，483页。

［67］《北齐书》卷4《文宣纪》记载：天保九年十二月"起大庄严寺。"66页，中华书局，1972年。

［68］《续高僧传》卷12《灵干传》，《大正藏》卷50，518页。

［69］《续高僧传》卷8《慧远传》，《大正藏》卷50，490～491页。

［70］中国社会科学院考古研究所、河北省文物研究所邺城工作队：《河北临漳县邺城遗址东魏北齐佛寺塔基遗迹的发现与研究》，《考古》2003年10期，3～6页，图一。朱岩石：《邺城遗址赵彭城东魏北齐佛寺遗迹勘探与发掘》，图二、六，《东亚地区六至七世纪佛寺塔基考古学研究》，中国社会科学院考古研究所汉唐研究室、日本东北学院大学大学院文学研究课，2005年3月。

［71］参见常盘大定、关野贞：《支那佛教史迹》卷一，图版68（2）晖福寺碑拓本。东京，佛教史迹研究会，1926年。

［72］从前述所举佛寺实例看，塔、殿配置的出现，与佛图澄有关。澄以道术，为石勒父子所重；塔、殿、讲堂配置的出现，与道安有关。安以义学显重于时，门徒遍布南北。塔、三殿堂配置与道安弟子昙翼有关。因此，有学者认为道安所建檀溪寺、竺法汰扩建瓦官寺都可能参考了后赵的官寺制度（傅熹年主编：《中国古代建筑史》第二卷"两晋、南北朝、隋唐、五代建筑"，158页，建筑工业出版社，2001年）。因此，探讨4世纪佛寺布局变化的原因，中原后赵佛教的兴起以及佛图澄、道安一系最值得关注，尤其江南佛寺重视讲堂的配置，与道安一系关系密切。

［73］宿白：《南朝龛像遗迹初探》，《中国石窟寺研究》，179～185页，文物出版社，1996年。

从考古资料看《商君书·徕民》的真实性

——兼谈战国晚期秦咸阳附近移民分布的特点

陈　力

（日本大阪外国语大学）

［内容提要］《商君书·徕民》中记载了一个所谓的“反行两登之计”。这个政策的主要内容是：招徕三晋之民，给予田宅爵位，让其生产，而秦人则赴东方战斗，杀伤敌人夺取土地。历来学者们依据文献对秦人的这种移民政策的真实性表示怀疑。本文首先分析了秦国奖励军功农耕政策的变化，指出从秦人政治史的角度看，这种移民政策是有可能存在的。接着，笔者利用前人关于秦咸阳附近秦墓的研究成果，对咸阳地区的三晋移民的状况进行了耙梳。考古资料证明，战国后期秦咸阳附近外来移民大增，这些移民大部分来自三晋。从墓葬形式和随葬品看，三晋移民的墓葬在礼制上与秦人墓葬看不到明显的差别，可以说这些移民已经被纳入秦国的爵位系统之中。因此从考古资料看《徕民》的相关记载有一定的真实性。从现有资料看，秦人在安置这些移民时似乎有一定的安置政策，在靠近首都咸阳的核心地区似乎没有安置大量的移民，在渭河北岸离秦咸阳稍远的地方，安置了一些移民。而在渭水南岸离秦咸阳比较远的地方，居住了大量的移民。

［Abstract］*Shangjunshu · Laimin* records a so – called “Reverse two way strategy（反行两登之计）”. The strategy is about: Beckon the people from Sanjin area and offer fields and residences with rank of nobility, making them cultivate on farm fields; while the Qin people go east fighting, killing enemies and occupying their fields. Scholars are doubtful about the authenticity of this immigration strategy of Qin people all through the ages according to historical documents. This article first analyze the change of policy about how to reward people for military contribution and farm cultivation in Qin state, pointing out the possibility of this immigration policy based on Qin people's political history. And while the author pack up the status of immigration from Sanjin area to the Xianyang area according to existed studying results of Qin tombs around Xianyang area. Archaeological data prove that immigrations boosted around Qin Xianyang area in late Warring States Period, most of these immigrations came from Sanjin area. No obvious differences of burial rank can be found between Sanjin and Qin people, this brings to the conclusion that these immigrations had been admitted to the Qin's rank of nobility. The relevant records in《Laimin》are authentic at some point. From the existing archaeological data, authority of Qin have their settle policy for settling down those immigrations, not many immigrations were arranged around the key area of the capital city Xianyang, a certain amount of immigrations were arranged at north of Weihe River comparatively away from the Xianyang city. Most of the immigrations were arranged at south of Weihe River far away from the Xianyang city.

《商君书·徕民》中记载了一个所谓的“反行两登之计”。这个“反行两登之计”的主要内容可以简单地归纳为：招徕三晋之民，给予田宅爵位，让其生产，而秦人则加入军队奔赴东方战斗，杀伤敌人，夺取土地。

众所周知，《商君书》一书是一本十分复杂的书。司马迁读过其中的《开塞》篇，《汉书》卷三十《艺文志》把它分类在法家类书籍中，所以说这部书至少在汉代就已经成形了。清朝以后，除去关于《商君书》版本、校释方面的研究以外，关于《商君书》真伪的论述渐多。以往多有全面否定《商君书》真实性的观点，而《徕民》被很多学者明言，认为其为伪书。近20年来，随着对该书研究的逐步深入，区别对待书中的各篇的学者逐渐增多。

由于《徕民》中记载的内容对于研究秦史也许十分有用。所以，虽然先学们认为《商君书》中的《徕民》一篇并非商君的作品，但是笔者认为还是应该对其进行更细致一些的分析。本文将利用文献资料和考古发现中的墓葬资料，对《徕民》篇中所说“反行两登之策”的真伪以及对《徕民》篇的性质作一次粗浅的考察。

需要说明的是：本文的主要目的是考察“反行两登之策”的真伪，而不是秦墓中的异文化要素。本文使用的材料中有很多都是考古学资料，由于本文的中心是考察《徕民》中的“反行两登之策”，所以对于相关的数量庞大的考古资料，文中并不作具体的分期和器物研究，而主要是利用先学们的研究成果，笔者将把重点放在有关移民的考古资料整理耙梳方面，并利用这些考古资料和研究成果，来证明《徕民》篇中所述“反行两登之策”是否存在过。同时，如果证明了此篇中一些内容的真实性，还要进一步延伸视野，看看外来移民在秦都咸阳地区是如何与秦民聚居杂处的。

一　对《徕民》篇的文献学考察

以往，学者们多是因为以下两个方面的原因，对《徕民》篇的真实性产生怀疑的：

首先，学者们从篇中记录的历史事件及名词方面进行了分析，进而认为该篇是伪书。《徕民》中有几处文字记录了明显不是商鞅时代的事件和名词，比如：“今三晋不胜秦四世”、“长平之胜”、有“孝公”和魏襄王等记载。基于此，学者们认定此篇“非出鞅手，明明显甚”。如胡适就据此认为《商君书》是假书，全盘否定[1]。而高亨等学者认为《徕民》是商鞅死后形成的作品，各篇写作时间不同[2]。也就是说，这些学者否定《徕民》

真实性的主要证据，是《徕民》中记载了商鞅时期以后的历史事件。

其次，很多学者还从秦国政治史，或者法家政治思想史的角度，对《商君书》以及《徕民》篇的真伪进行了辨析。比如蒋礼鸿《商君书锥指·叙》中说："今观其书，《徕民》一篇，时势多非商君时事，《史记》亦未言商君尝徕三晋之民。且篇中所言与全书重爵禄不轻施予之旨显然背戾，在廿四篇中最为不伦。唯其言制土分民之旨与《算地篇》同，斯乃习闻商君遗说者为秦画策，本其《农战》之说而变通之。纂《商君书》者因录其议，未为别白言之尔。"钱穆也认为本篇与商鞅的农战精神不符[3]。日本学者木村英一在其《法家思想之研究》第三章中说："（《徕民》）既不是商君自己的作品，也不是假托商君名义所写的文章"，他指出："（《徕民》的）作者自身是否以商君后学自居呢？这是很值得怀疑的"[4]。

这些学者否定《徕民》的主要依据是：《徕民》中记载的一些政策与商鞅的奖励农战政策相抵触。这种否定，比起上述依据文字的否定来，否定的态度更为彻底，因为依据文字的否定只是否定了《徕民》是商鞅的作品，并没有否定《徕民》中可能反映战国末期秦国的情况。而从秦国政治史方面的否定，从某种角度来说，包含了否定《徕民》中反映的战国末期秦国的状况的要素。所以，必须对这种论点进行分析和核实。

首先，这种观点的根基其实可以归结为，持有这种观点的学者认为秦国奖励农战的政策是一成不变的。这种观点无疑是不对的。秦国自孝公以来实行商鞅制定的奖励农战的政策，从商鞅到张仪、范雎，最后到秦始皇时期，虽然奖励军功，奖励耕织的政策主轴没有变，但是无论是统治思想还是政策的具体实行方法，还是有了很多变化的，一些文献资料证明，和《徕民》所载内容有密切关系的昭王时期就曾经对商鞅的农战政策进行了一定的修正。

关于此，文献方面的证据有两个，其一是《史记》卷七十三《白起王翦列传》昭王四十七年条的记载："秦（昭）王闻赵食道绝，王自之河内，赐民爵各一级，发年十五以上悉诣长平"[5]，这次普遍的赐爵是在长平战役前，这些人当然还并没有杀敌立功，却被赐予爵一级，这种做法和商鞅的奖励军功农耕的爵制是不同的，反映出了秦国奖励耕战政策具体内容的变化和变通。《徕民》篇中的记载确实是和商鞅时期的政策不相符合，如果用此篇来说明商鞅时期的爵制，当然有不对的地方。但是上述史料证明，秦国的奖励耕战政策是不断变化的，那么就不能因为《徕民》中记载了与商鞅制定的早期的农战思想相抵触，就否定该篇记录的内容在某些方面反映了战国后期秦国的真实状况。

其二：从时代背景来看，在长平之战中，赵国损失军队达 45 万人，秦国军队也损失了大约相当于一半军队，林剑鸣先生根据文献中的记载进行过统计，指出从孝公时期到秦统一的一百余年中，秦国共杀死六国人口 130 余万，平均每年将近十万人，没有被记录的还不知有多少，特别是在秦昭王时期，先后发动了许多次战争，共歼灭各国军队达数十万人[6]，中国有句俗话说："杀敌一千，自损三百"，像长平这种恶战，秦国军队的损失一定会比平常的战争更大，不然秦昭王也不会自己亲自去河内了。

当时充当战争急先锋的大多是精壮的中青年，在秦国的农战体制中，他们战时是在第一线战斗的军人，平日是农业生产的主力。战争中如此巨大的精壮人口消耗，已经超过了当时人口自然增长的弥补能力，秦国的精壮人口应该处于持续减少的状态。

其三：上述《白起王翦列传》的史料还说明：昭王时期，秦人大概就把三晋地区占领地的居民纳入了秦国直接使用的人力资源储备之中。据《史记》卷五《秦本纪》记载，河内地区是于昭王二十一年被司马错占领的，这里成为秦国土地后仅仅20余年，秦王就亲自来到这里，给这里所有居民赐爵一级，这固然是长平之战处于关键时刻的紧急举措，但是据此我们可以知道这里已经被纳入了秦国的爵制秩序之中。换言之，就是在长平之战前后，秦国统治者是积极地使用“三晋之民”的。

长平之战前后秦国精壮人口锐减，这是昭王末期秦国统治者面临一个巨大的难题，上述文献中秦人利用三晋人民为秦国服务，是解决人力资源不足问题的有效的做法。所以《徕民》中招徕三晋之民进行农业生产，而让秦民在外战斗的建议，有可能就是在这种背景产生的一种合理解决人力资源不足的方法。可惜，文献中可以佐证这种想法的资料还不多，我们不得不求助于考古资料来证明当时是否实际使用了这个解决难题的方法。

二　从考古资料看战国晚期以来秦国的移民

那么，从战国晚期的秦国考古资料中是否能看到《徕民》篇中记录的招徕三晋国民入秦国进行生产活动，让秦人在外承担战斗和占领任务的“反行两登之策”的要素呢？答案是肯定的，从墓葬资料中就可以发现不少有关外地入秦移民的信息。

据统计，在西安和咸阳地区迄今为止共发掘了3000余座秦墓。近几年考古工作者先后出版了《任家嘴秦墓》、《塔儿坡秦墓》、《西安南郊秦墓》等大型考古发掘报告，公开的资料比较丰富。

在利用这些考古资料的时候，首先不得不简单地介绍一下秦墓的概况。首先在关中秦墓的分期方面韩伟、叶小燕、陈平、滕铭予等诸位先学曾经进行过研究，他们对战国时期秦墓的分期有所不同，本文主要利用滕铭予先生的分期进行叙述。如上所述，《徕民》中有“自魏襄以来”等语，记录了长平之战，这篇文章可能涉及的是战国晚期秦国的国策，所以笔者在本文中主要讨论滕铭予先生所说的第九期（战国晚期到秦代）的资料，作为对比，也会使用一些第八期（战国中期）或者更早的资料。

据先学们的研究，春秋时期秦墓的特征是这样的：头向基本朝西，仅有少量朝北或朝南的墓葬。葬式以屈肢葬为主，有少量直肢葬。墓型多为土坑竖穴墓，有不少竖穴墓口大底小。墓葬中的日用陶器主要有鬲、盆（盂）、喇叭口罐。到了战国早期，头向、葬式、墓葬形制基本上与春秋晚期相同。青铜礼器极端衰落，釜的数量有所增加。到了战国中期，头向、葬式、墓葬形制基本上与战国早期相同，陶釜数量增加，出现了蚕形壶。到了战国晚期，在头向、墓葬形制和葬式方面都出现了很大的变化。头向给人十分杂乱的印象，直肢葬的墓葬大量增加，虽然还存在着土坑竖穴墓，但是洞室墓开始大量流行。仿铜陶礼器中出现了大量的中原列国式的器物。

那么，在有如此特征的千座以上秦葬中该如何甄别其中是否有外来移民的墓葬呢？关于这一点《塔儿坡秦墓》和《西安南郊秦墓》这两个发掘报告的编写者给我们了很多值得借鉴的经验，滕铭予先生的《秦文化：从封国到帝国的考古学观察》中进行了很多有益的分析，这些研究都是我们进行甄别的基础。

西安和咸阳地区的秦墓，在战国晚期以前，秦人墓葬中表现出的文化要素是比较单纯的。据任家嘴墓地的资料，春秋中晚期居住在任家嘴的居民，应该和关中西部的秦人有密切的文化联系，甚至可以考虑他们就是从关中西部迁徙而来的。属于春秋中期的 M86 的墓葬形制为口大底小的土圹墓，墓型和同期的关中西部亲人墓葬相同；葬式为屈肢葬，头向朝西，这也和关中西部秦人的埋葬习俗相同，该墓出土的 Aa 型陶有耳壶，方形圆角奢口，长方颈，扁腹，高喇叭圈足，耳部高出壶口，兽面形耳。和凤翔八旗屯 BM11 中发现的有耳壶酷似。另外一个春秋中期墓 M123 种发现的圆折腹的盂与宝鸡西泉 M2 中的盂相同[7]。

在春秋中期，不仅是居住在今咸阳地区的秦人与关中西部秦人关系密切，在渭河南岸居住的秦人也与关中西部有很密切的文化关系。西安南郊光华胶鞋厂墓地，是一处从春秋中期就开始被使用的秦人墓地，其中属于春秋晚期的 M75，无论从墓葬形式、葬式都与雍城附近发现的同时期秦墓类似，该墓随葬品的器物组合、型式乃至仿铜陶礼器上的彩绘纹饰都与凤翔高庄 M12 的陶器有十分类似的地方[8]。

到了春秋晚期至春秋战国之交，西安咸阳地区发现的秦墓资料和以前一样，仍然表现出与关中西部地区的秦人的密切关系。例如：任家嘴二期墓葬中，随葬仿铜陶礼器的墓葬，墓形仍然是竖穴土圹墓，葬式几乎全都是头向朝西的屈肢葬，这些都和关中西部凤翔高庄、八旗屯等地发现的同时期秦人墓葬一致。战国早期的情况与此基本相似。

总之，在战国早期以前，在今咸阳、西安地区生活的秦人的文化面貌是比较单纯的，从墓葬形制来看，无论渭水南岸还是渭水北岸的墓葬，都使用了竖坑土圹墓，墓的形制也十分相似，埋葬方式基本上都是屈肢葬，头向朝西。随葬品的器物组合和形制也都很雷同。无论是葬式还是随葬品，都和雍城一带发现的同时期秦墓相似。两者之间的文化关系不言而喻。

战国晚期以后，在今西安咸阳地区发现的该时期的墓葬的状况出现了十分明显的变化。首先，很多墓地被埋葬者的头向出现了混乱的状况。无论是在宝鸡地区凤翔高庄、八旗屯等地发现的战国晚期以前的秦人墓葬，还是在今西安咸阳地区发现的战国晚期以前的秦人墓葬，绝大部分被葬者的头向都是朝西的。比如任家嘴墓地，据发掘报告，整个墓地墓葬方向朝北或朝东有35座，朝东南或南方的有8座，朝西南或西的有132座，朝西北或北的有132座[9]。具体来看：任家嘴秦墓第一期共发现5座墓葬，除一座头向不明，剩下4座头向都朝西；任家嘴二期共发现葬式明确的墓葬28座，中间只有5座头向朝北，剩下的墓葬头向均朝西；任家嘴三期发现葬式明确的墓葬58座，仅有5座头向朝北，剩下的均西向；任家嘴四期、五期的状况也是相似的。在西安咸阳地区的另外几个秦人墓地中，发现有战国中期以前墓葬的墓地还有光华胶鞋厂墓地，在该墓地第三期（战国中期）墓葬中，被葬者的头向基本都朝西[10]。除此以外，长安客省庄发现的战国早期和中期的秦墓，被葬者的头向也大部分朝西。

战国晚期以后这种情况发生了变化。在被认为是传统秦人墓地的任家嘴墓地的被葬者基本上保持了传统的风俗，朝西埋葬。但是在作为移民聚落墓地的塔儿坡墓地中，头向朝西的墓葬有271座，朝北的有66座，朝南的有14座，朝东的有21座[11]，其比例明显不同于战国中期以前的墓葬。光华胶鞋厂墓地中，头向朝西的墓葬有52座，朝北的有14座，潘家庄世家星城墓地共62座秦墓，头向朝东者7座，朝西或西北及北者41座，其中朝北的有13座，这两个墓地大多数墓葬都属于战国晚期。所以滕铭予先生在总结战国晚期秦墓的头向特点时，认为这个时期的头向已经没有一定的规律了。[12]

在秦国周围地区的战国时期的墓葬中，以中州路、陕县后川墓地为典型的河南一带的墓葬中，被葬者的头向以向北者最多，占绝大多数。在以长治分水岭墓地为代表的山西一带，除了以北向为主以外，还有一些残留的东向墓葬。也许可以认为秦咸阳地区出现很多头向朝北的埋葬习俗，与三晋地区有很大的关系。

其次，战国晚期本地区秦墓中的随葬品，从形式和器物组合都有所变化，有了外来文化，特别是三晋两周地区的要素。比如光华胶鞋厂墓地第5期B类墓葬的器物组合分为两组，第一组是鼎、罐或鼎、壶、罐的组合，第二组为鼎、盒、壶的组合，第二组是三晋两周式的器物组合，显然是受到外来文化的影响形成的。

这些墓地中日用陶器墓中的随葬器物有三种组合：鬲、盂；釜、盂；釜、盒、壶。其中以第一种组合为多。[13]我们还可以再看看战国晚期到秦统一这个阶段本墓地出鼎、盒、壶陶礼器墓葬的构造，比如M86出土鼎、盒、壶，其墓型为Ad型，是竖穴土圹墓，这是一种秦人传统的墓型，被葬者头向朝西，使用了秦人特有的屈肢葬。出土此类器物组合的直线洞室墓有M85，头向等不明；M90，头向朝西；M102，仰身直肢葬，头向朝西；M108，头像朝东；M111，头向朝北。光华胶鞋厂中使用鼎、盒、壶陶礼器随葬的墓葬的主人的头向不同，表现出这些被葬者的文化渊源有可能是不同的。在流行洞室墓的战国晚期至秦统一时期，仍然恪守使用竖穴土圹墓、屈肢葬、头向朝西的M86，应该是秦人的墓葬，至于此墓中使用了鼎、盒、壶的器物组合，应该是因为这些东西已经成了社会上流行的随葬品（这些陶器上发现了“千”、“咸”、“杜市”等字样，说明这是买来的商品），被葬者家人在市场上买来这些流行的器物使用而已。另外几座头向朝北的墓葬，也许就是从三晋两周地区迁徙来的移民或其子孙。

关于塔儿坡墓地，从器物组合看既有以釜、壶、盆为中心的组合，同时也有典型的三晋两周式的鼎、盒、壶器物组合，呈现出纷杂的状况。滕铭予对于这种状况曾经进行过分析，她认为这表明塔儿坡墓地墓主人生前所属的群体其构成可能是比较复杂的，很可能是一个包含了不同人群的集合体。滕铭予先生同时指出：C类墓使用的器物组合多为秦文化墓葬中规范的器物组合，采用釜、壶、盆组合的墓葬有不少，葬式使用屈肢葬，较多的人继承了秦文化的传统，所以他们很可能原来就是属于秦文化的人群，同时C类墓中还有一定的三晋两周式的随葬品，也许或者他们之中的一些人也来自三晋两周地区[14]。通过滕先生的上述分析我们可以推测，塔儿坡秦墓所代表的人群大概是一个以及承秦人文化为主的人群，和与三晋两州地区文化有密切关系的一些人共同构成的。从墓葬的形式、头向和日用陶器来看，大概这个人群中秦文化更为主流一些。也就是说，有可能这个人群所在的共同体中，秦人要更多一些。

再比如：潘家庄墓地的墓葬在墓葬形制上，主要是直肢葬，秦人特有的屈肢葬很少。随葬器物为鼎、盒、蒜头壶组合的达40座，还出土了“南阳赵氏十斗”。这个有“南阳赵氏十斗”字样的陶器，应该不是从南阳郡（今河南南阳市）长途贩卖而来的，应该是从南阳迁来的姓赵的陶工在此地生产制造的。潘家庄墓地的葬式和塔儿坡等地有很大的不同，以直肢葬为主，鼎、盒、壶器物组合比塔儿坡墓地更普遍，我们上边曾经引用先学们的结论，即：直肢葬和鼎、盒、壶的组合属于三晋地区本期墓葬的特点，从具有这种特点的墓葬占上风的状况来看，可以推测在潘家庄墓地被葬者所在的人群中，秦人相对少一些，而与三晋两周地区有关的人更多一些。

总而言之，从墓葬资料中的头向数据和器物组合特征中可以看出，在战国晚期的秦国首都咸阳附近，出现了大量的与三晋两周地区有关的人群，他们或许是来自这个地区的人们的子孙，或许就是来自这个地区的移民。从墓葬资料来看，《徕民》中招徕三晋人民的建议，似乎的确是被秦国的统治者所接受，并在战国末期切实地实行了。

《徕民》中除了建议招徕三晋之民以外，还建议由秦人专任军事之事，三晋之民耕于内，秦人战于外，是《徕民》“反登两利之计”的左右两翼。关于秦人战于外的文献记载有很多，这里就不赘述了。关于秦人在外执行战争任务和占领任务的考古资料也有不少，兹略述于下：

比如，在山西侯马乔村墓地就曾经发现过37座围沟墓和很多使用日用陶器随葬的屈肢葬墓葬，无论是围沟墓还是屈肢葬墓中的随葬品，都有很浓郁的秦国特征，比如围沟墓中多陪葬秦式的釜、盂、罐和茧形壶，屈肢葬墓中的茧形壶等也属于秦文化的器物。围沟墓在关中地区发现过不少，屈肢葬更是秦人墓葬的一个特点。这些墓葬始于战国中期偏晚，一直延续到秦统一以后[15]。而在秦人于公元前322年（惠文王更元三年）占领这里之前，这里是魏国的领土。此外在河南三门峡地区也发现过不少秦人墓葬，比如在上村岭共发掘了75座秦墓，有竖坑土圹墓和洞室墓两种，竖坑土圹墓被葬者头向多朝西，洞室墓的被葬者头向比较多样。这些墓葬大多随葬品很少，随葬品有釜、盆、甑、壶等。原报告认为这个墓地可以分为早晚两期，早期大概相当于战国晚期，也有人认为这个墓地的早期要晚到秦统一前后[16]。20世纪50年代在郑州岗杜发现的墓葬中，也有属于战国晚期的秦人墓葬，关于这一问题，叶小燕先生作过研究[17]。另外在洛阳孙旗屯、洛宁县寻峪乡故县村等地也发现了战国末期的秦人墓葬[18]。除了在三晋两周地区以外，在江汉地区的云梦等地，也发现了不少属于战国晚期的秦人的墓葬，一些墓葬中发现了可以判断墓葬的绝对年代的铭文，墓主大都是和军事有关的秦人，另外在四川地区也发现了不少秦人墓葬[19]。这些墓葬应该都是移民到新占领地区的秦人墓，他们或直接或间接都应该担负着占领任务。

从今天的西安咸阳地区发现的秦墓的状况来看，《徕民》中所说的招徕三晋人民为秦人服务的现象是存在的，所以可以说《徕民》虽然不是商鞅的作品，但是此篇中关于“反行两登之计”的记载，是有一定的真实性的。

三 结 语

日本学者好并隆司先生认为，《徕民》是一个上奏文的抄录，其中的“臣”在这个上奏中和持传统商鞅学说思想的“王吏”发生了对立。这个意见是很中肯的[20]。

关于这种对立发生的背景，我们上文已经简单地说过：昭王时期，特别是长平战后，秦人发动了很多次对外战争，一方面占领了大量的领土，必须有军队驻扎巩固，同时秦国的人口，特别是精壮人口也发生了很大的消耗，出现了人口不足的现象，这种人口不足，无法由人口的自然增长来弥补。如何解决这个矛盾，成为秦政府的当务之急。同时，秦国统治者的对待六国的战略思想也发生了变化，以前是占一点土地就可以满足，到了昭王后期，已经变为范雎提倡的“不独攻其地而攻其人”的政策，具体地说，就是通过战争和其他手段，消减敌国人口，最后将敌国灭亡。《徕民》就是在“攻其人”大政策下，“臣”提出的一个实现该政策的具体方法：在杀伤敌人的同时，招徕敌国人民，减少其人口，增加本国的人口。

通过对《徕民》的文献分析和上述考古资料中三晋文化要素增加的状况来看，《徕民》中所提议的引入三晋移民的建议被秦国统治者采用了。当然，大概秦国统治者在实行这个建议的时候，对其作了一定的调整，上引史料中赐河内民爵各一级的史实，以及从墓葬所见秦都咸阳附近有大量三晋移民居住的现象，还有这些墓葬和当地的秦人墓葬在礼制规格上基本相同的状况来看，秦人招徕三晋移民，大概是给予了一定的爵位的，至于有没有给予“复三年”的优待，还有待于其他资料的论证和新史料的出现。

从秦墓资料还可以初步对秦国安置三晋移民进行简单的推测：比如，在像任家嘴这样的离都城核心区域比较近的传统的秦人聚落的墓地中，没有发现明显的三晋移民进入的痕迹，同样是位于渭水北岸的塔尔坡聚落的墓地，其居民的主体是秦人，同时也有一定的三晋移民，至于位于渭水南岸的光华胶鞋厂等地，外来文化要素明显，已经无法确认秦人是否是居民的主体了，从渭水南岸的潘家庄墓地的情况来看，很可能这里是一个以移民为中心的地方。这种现象是否是暗示我们秦国统治者当时的移民政策中有这样一个部分：在离首都核心地区比较近的地方，移民比较少，居民以秦人为主。在渭水北岸离首都核心地区稍远的地区，居民仍然是以秦人为主，但是同时也安置了一些移民。在渭水以南的地区，安置了大量的移民。

同时，“反行两登之策”的另一个侧面是秦人赴战场参加战争，关于这一点，笔者也列举了一些考古资料进行说明，文献记载也有很多，所以本文中没有进行详细的叙述。

应该说类似于“反行两登之策”的招徕移民的政策的实施，对秦国的发展产生过巨大的影响，在连年战争人口大量消耗的情况下，秦国借此保持了强盛的国力和军事力量。不能想象，没有充足的生产人口和兵员，秦国能维持如此的富强并最后实现了统一全国的壮举。

注 释

[1] 胡适：《中国哲学史大纲》，《中国现代学术经典·胡适卷》，247页，河北教育出版社，1996年。

[2] 参见高亨：《商君书注释》中《商君书作者考》等节，中华书局，1974年。

[3] 钱穆：《先秦诸子系年》卷三《商鞅考》，商务印书馆，2001年。

[4] 木村英一：《法家思想の研究》，大空社，1998年。

[5]《史记》卷七十三《白起王翦列传》。

[6] 林剑鸣：《秦史稿》，上海人民出版社，1981年。

[7] 咸阳市文物考古研究所：《任家嘴秦墓》，科学出版社，2005年。

[8] 西安市文物保护考古所：《西安南郊秦墓》第一编，陕西人民出版社，2004年。

[9] 咸阳市文物考古研究所：《任家嘴秦墓》第三节，科学出版社，2005年。

[10] 西安市文物保护考古所：《西安南郊秦墓》第一编，陕西人民出版社，2004年。

[11] 咸阳市文物考古研究所：《塔儿坡秦墓》第二章第三节，三秦出版社，1998年。

[12] 滕铭予：《秦文化：从封国到帝国的考古学观察》，40页，学苑出版社，2002年。

[13] 西安市文物保护考古所：《西安南郊秦墓》，143页，陕西人民出版社，2004年。

[14] 滕铭予：《秦文化：从封国到帝国的考古学观察》，145页，学苑出版社，2002年。

[15] 俞伟超：《方形周沟墓与秦文化的关系》，《中国历史博物馆馆刊》1993年2期；山西省考古研究所侯马工作站：《晋都新田》（下编），山西人民出版社，1996年；滕铭予：《秦文化：从封国到帝国的考古学观察》，学苑出版社，2002年。

[16] 黄士斌：《上村岭秦墓和汉墓》，《中原文物》1981年特刊；刘曙光：《三门峡上村岭秦人墓的初步研究》，《中原文物》1985年4期。

[17] 叶小燕：《秦墓初探》，《考古》1982年1期。

[18] 河南省文物研究所：《河南考古四十年》，河南人民出版社，1994 年。
[19] 湖北省博物馆：《1978 年云梦秦汉墓发掘报告》，《考古学报》1986 年 4 期。
[20] 好並隆司：《商君書研究》第五章，《商君書徠民、算地両篇よりみた秦朝権力の形成過程》，溪水社，1992 年。

稿　约

本集刊文本文体与格式要求规范，撰写格式参照本刊所发论文。照片与插图要求清晰，照片请预制成不低于300线的JPG格式，插图请预制成600～800线的JPG格式。

来稿请附作者简历（姓名，出生年月，工作单位，职称）和通讯方式（通信地址，电子邮箱，电话，传真）。中文稿件用简体字。中文稿请提供500字以内的中英文提要，同时提供大作的英文题目。英文稿件请参照国际论文格式惯例撰写，并提供300字词以内的提要和中文题目与提要。

限于人手并为提高工作效率计，本刊不退稿，请作者自留底稿。

文稿经采用后，作者可得到该卷书二册。因目前经费所限，本刊暂不支付稿酬。

投稿（论文、书评）请寄A4纸打印文本。待决定录用后请发送电子文本（word文档）。

论文、书评以及作者或出版社寄赠本刊之待评图书，请寄至下述地址：

广东省广州市新港西路135号

中山大学人类学系　刘文锁　收

邮编　510275

或

北京市王府井大街27号

中国社会科学院考古研究所　郭物　收

邮编　100710